健康保险系列丛书

健康保险产品创新

主 编 王绪瑾 宁 威

中国财经出版传媒集团
中国财政经济出版社

图书在版编目（CIP）数据

健康保险产品创新/王绪瑾，宁威主编．—北京：中国财政经济出版社，2018.4
（健康保险系列丛书）
ISBN 978-7-5095-8202-2

Ⅰ．①健…　Ⅱ．①王…②宁…　Ⅲ．①健康保险-产品开发-研究
Ⅳ．①F840.625

中国版本图书馆 CIP 数据核字（2018）第 066995 号

责任编辑：翁晓红　　　　　　　责任校对：李　丽
封面设计：李运平

中国财政经济出版社 出版

URL：http：//www.cfeph.cn
E-mail：cfeph@cfeph.cn

（版权所有　翻印必究）

社址：北京市海淀区阜成路甲 28 号　邮政编码：100142
营销中心电话：010-88191537　北京财经书店电话：64033436　84041336
中煤（北京）印务有限公司印刷　各地新华书店经销
787×1092 毫米　16 开　25.5 印张　491 000 字
2018 年 4 月第 1 版　2018 年 4 月北京第 1 次印刷
定价：76.00 元
ISBN 978-7-5095-8202-2
（图书出现印装问题，本社负责调换）
本社质量投诉电话：010-88190744
打击盗版举报热线：010-88191661　QQ：2242791300

《健康保险系列丛书》编委会

主　　任：宋福兴

副 主 任：董清秀　冯祥英　高兴华　伍立平　胡占民
　　　　　黄本尧　李晓峰　徐伟成　陈龙清

学术顾问：（按姓氏笔画为序）
　　　　　于保荣　马海涛　王　欢　王国军　王绪瑾
　　　　　王　稳　朱恒鹏　朱铭来　朱俊生　孙祁祥
　　　　　孙　洁　李　玲　李保仁　李晓林　杨燕绥
　　　　　余　晖　张　晓　卓　志　郑　伟　赵尚梅
　　　　　郝演苏　庹国柱　董朝晖　魏华林

编务统筹：蔡皖伶　范娟娟

总　序

健康是人类永恒的追求，是人民幸福的起点，党中央、国务院高度重视人民健康事业。习近平总书记在党的十九大报告中指出："人民健康是民族昌盛和国家富强的重要标志。"没有全民健康，就没有完美意义上的全面小康。发达国家的成功经验表明，没有成熟的健康保险，全民的健康权就难以得到根本保障。

目前，健康保险在中国的实践与发展中尚处于重要的探索阶段，理论体系的构建和指引尤为迫切和重要。编著《健康保险系列丛书》的初衷就是要梳理近年来我国专家学者的理论探索，系统总结行业的实践经验，提炼健康保险的经营规律，从立足本土实际、借鉴国际经验、揭示运营规律、展望发展趋势等维度，努力构建健康保险行业的知识理论体系框架，更好地为我国健康保险业的有序发展提供坚实的理论支持。这套丛书可谓是皇皇巨著，由中国人民健康保险股份有限公司组织编著，凝聚了来自保险、财政税收、公共管理、社会保障、医疗卫生等领域近40位知名专家学者的心血与智慧。

改革开放以来，特别是近十余年来，健康保险业发展迅猛，众多跨领域的专家学者进行了一系列理论研究，流派纷呈，有力地推动了行业的快速发展。但应该看到，这些研究还不成体系，还相对分散，研究的广度和深度与当前行业发展的实际需求还不相适应。历史证明，科学系统的理论指引是保险事业健康发展的根本保证。从保险业的实践来看，什么时候有正确的保险理论指导，什么时候保险业发展的形势就比较好，对经济社会发展的贡献就比较大。

当前，中国特色社会主义已进入新时代，社会主要矛盾已经转化为人民日益增长的美好生活需要和不平衡不充分的发展之间的矛盾。人民群众对美好生活的需要呈现多样化、多层次、多方面的特点，其中，健康服务正在成为人民过上美好生活的一个基本要求。习近平总书记在党的十九大报告中指出:"要完善国民健康政策,为人民群众提供全方位全周期健康服务。"按照党的十九大报告新的部署,完善国民健康政策,将促进健康与经济社会建设相互协调,促进"人口红利"转向"健康红利",全社会对健康投资和消费需求将日趋旺盛,消费结构升级将为健康服务创造广阔的发展空间,包括商业健康保险在内的健康产业进入了重要战略机遇期。专业健康保险公司要在把握重大战略机遇中实现持续快速协调发展,完成"服务国家治理体系和治理能力现代化"这一历史角色的转变,不仅需要从国内外行业自身发展实践的优势与不足中总结经验教训,更需要探究并构建科学、系统的理论体系来指引改革发展的进程。

近几年,商业健康保险发展势头强劲,专业健康保险公司在多层次医疗保障体系建设中发挥了积极的市场机制优势,在满足人民群众日益增长的健康保障需求中的作用也日渐凸显。特别是近些年,健康保险人只争朝夕,真抓实干,成绩卓著。然而在有速度、有效度发展的同时,尚未及时把积累的发展经验总结出来,更没有形成相对完善的以学术研究为先导的理论体系构建。未来,随着新医改的加速推进,商业健康保险的服务链条将逐渐延伸到社会保障、医疗卫生、保健养生等多个领域,跨行业特性使风险控制更加复杂,经营管理难度更大,市场竞争更趋激烈。如果拥有了原创性的理论研究成果,就可以获取行业的理论话语主导权,就能引领未来发展的战略制高点,就能及时应对行业中出现的新变化和新挑战,就能在激烈的市场竞争中获取其他企业难以比拟的发展优势。

习近平总书记在党的十九大报告中强调:"创新是引领发展的第一动力,是建设现代化经济体系的战略支撑。"企业应该成为创新的主体,而推动创新的根本力量是人才。专业健康保险公司的快速发展,关键是要建设一支规模宏大、结构合理、素质优良的创新人才队伍,要培养一大批熟悉市场运作、具备研究能力的专业技术人才。理论知识体系的研究和构建就可以培养和集结这样一批专门人才,使他们成为健康保险事业发展中的中坚力量。

《健康保险系列丛书》就是在这样的时代与文化需求的大背景下应运而生的。全套丛书分为理论基石类、实践操作类、探索提升类三类共计十六册。其中理论基石类五册,意在建立统一规范的工作语言环境,普及专业基础知识,分别有:《健康保险学》(西南财经大学卓志教授主编)、

《健康保险医学基础》（东南大学张晓教授主编）、《健康保险辞典》（中央财经大学郝演苏教授主编）、《健康保险与健康管理》（辛丹博士主编）、《健康保险制度与规制》（对外经济贸易大学王国军教授主编）。

实践操作类八册，重在梳理总结相对成熟的经验规律，解决目前实践中的困惑，为行业提供现实借鉴和趋势分析，分别有：《健康保险公司风险管理》和《健康保险经营管理》（对外经济贸易大学王稳教授主编）、《健康保险营销管理》（西南财经大学卓志教授主编）、《健康保险产品创新》（北京工商大学王绪瑾教授主编）、《健康保险精算》（中央财经大学李晓林教授主编）、《健康保险财务管理》（中央财经大学马海涛教授主编）、《健康保险信息技术与管理》（北京邮电大学王欢教授主编）、《健康保险客户服务》（北京大学孙祁祥教授主编）。

探索提升类三册，旨在探索未来健康保险业发展之道，分别有：《健康保险与医疗体制改革》（清华大学杨燕绥教授主编）、《健康保险与大数据应用》（北京航空航天大学赵尚梅教授主编）、《护理保险在中国的探索》（南开大学朱铭来教授主编）。

为确保丛书编著的专业性和权威性，这些专家学者搜集整理了大量资料，梳理研究了国内外最新的理论知识和实践经验，进行了多次学术研讨，反复斟酌、精益求精，在编著工作中倾注了大量心力。我们希望本丛书能为健康保险行业的从业人员、健康保险相关专业领域的研究人员提供实际操作的范本和理论参考，为健康中国战略和国家多层次医疗保障体系建设提供必要的理论建构、学术前瞻与路径导向。

前　言

随着《"健康中国2030"规划纲要》的出台，全民健康作为一项重要的国家战略，将融入所有政策中。2014年10月，国务院发布《关于加快发展商业健康保险的若干意见》（国办发〔2014〕50号），为健康保险的快速发展提供了难得的发展机遇。中国人民健康保险股份有限公司（以下简称"中国人保健康"）在健康保险发展黄金期，组合多方力量编写"健康保险系列丛书"，既是对现有经验的总结，又是对未来健康保险发展的展望；既可以作为基础教材，又可以作为实务工作的参考。在健康保险事业快速发展的时期，静下心来总结历史经验教训，尊重科学，找寻事物发展规律，必定会给整个健康保险行业留下宝贵财富。

在本书编著过程中，得到中国人保健康党委书记、总裁宋福兴先生的大力支持，以及公司首席健康管理运营官陈龙清先生、教育培训部蔡皖伶先生、范娟娟女士的指导与帮助。范娟娟博士到北京工商大学为编写组师生作"商业健康保险的国际经验借鉴"的学术报告，并在整个写作期间进行统筹、联络，付出了很多心血，使我们感受到中国人保健康从上至下工作人员的兢兢业业和对系列教材的重视。

本书共二十章，由王绪瑾和宁威构思并与其他作者一同讨论定稿。第一章、第二章为健康保险产品引论，从健康保险概念、要素、特征和功能对健康保险进行概述；从理论分类和一般分类两个标准讨论了健康保险产品分类。第三章至第七章是健康保险产品运行机理，涵盖了健康保险产品开发等一般原理，从产品基本特性、产品形态、定价因素、准备金管理和风险管理与监管约束五个方面，分别讨论了医疗保险、疾病保险、长期护理保险和失能收入保险四个具体险种运行机理。第八章至第十二章介绍了健康保险产品的海外发展，对美国、欧洲、日本、新加坡和中国台湾地区健康保险发展比较好的国家和地区，从产品发展过程、主要的健康保险产品和产品监管几个方面进行介绍。第十三章至第二十章是我国健康保险产品创新与监管，讨论了我国健康保险发展阶段和监管演变，中国大健康发展战略对健康保险产品创新产生的促进作用，我国健康保险产品发展现状，影响因素，产品创新的方向以及未来创新所可能产生的风险及其风险管理，讨论了健康保险产品创新机制，如何判断健康保险产品创新，以及产品创新的内外部条件。通过梳理健康保险产品监管规定和脉络，提出改进我国健康保险产品的建议。

初稿的写作分工为：陆彦婷负责第一章、第二章、第十九章；郭钟亮与张梓威合写第三章；郭钟亮负责第四章、第七章；张梓威负责第五章和第六章；张鹏负责第九章；李国庆负责第十章和第十六章中保险服务化和科技因素；宋传飞负责第十一章、十二章以及第十六章健康保险与医院的融合、健康保险产品外延部分；米宇婷负责第十三章；闫亚楠负责第十四章；第十五章由米宇婷和闫亚楠合写；张芸负责第十七章和第十八章；宁威负责第二十章。感谢宋占军博士从提纲讨论到初稿组稿、终稿统稿过程中付出的辛勤劳动。

健康保险产品作为健康保险发展的载体，同时承载着消费者的保险需求和保险公司的保险供给，作为传导载体，现代健康保险产品不仅可以体现保险公司的理赔基本服务，还体现了多种多样的附加服务和增值服务，使得保险公司的服务不仅出现在发生保险事故后，还能出现在被保险人需要的时时刻刻，这些服务既能使消费者感受到保险公司的存在，又能使保险公司实时把握消费者的需求。特别是在互联网快速发展的背景下，快速的传播渠道可以将好的健康保险产品传递到各个角落；反之，不好的产品也会快速传播出去。所以，健康保险产品是连接保险公司与消费者的纽带，也是连接保险公司前台与后台的纽带。保险消费者的健康保险需求随着经济的发展不断变化，产品创新考验着从业者们的创造力，保险市场中出现的新保险产品和类保险产品也在考验着监管者们的智慧。维护市场的合规、繁荣与稳定是未来很长一段时间需要探索的课题，本书难免有不妥之处，希望能够起到抛砖引玉的作用，得到同行专家和学者们的批评指正，以不断修正完善。

编者

2018 年 2 月

目录

第一章 健康保险产品概述 … 1

第一节 健康保险产品的概念 … 1
一、健康概念的演进 … 1
二、健康风险 … 2
三、健康保险 … 4
四、健康保险产品 … 5

第二节 健康保险产品的要素 … 7
一、保障责任 … 7
二、服务 … 9

第三节 健康保险产品的特征 … 11
一、精算技术复杂 … 11
二、健康保险产品的给付 … 12
三、长期险产品占主体 … 13
四、产品经营风险较大 … 13

第四节 健康保险产品的功能 … 14
一、经济补偿功能 … 14
二、资金融通功能 … 15
三、社会管理功能 … 16

第二章 健康保险产品分类 … 18

第一节 健康保险产品分类的理论研究 … 18
一、德国健康保险产品分类 … 18

  二、英国健康保险产品分类　　19
  三、美国健康保险产品分类　　20
  四、日本健康保险产品分类　　20
  五、其他国家和地区健康保险产品分类　　21
  六、我国健康保险产品分类　　22
 第二节　健康保险产品的一般分类　　24
  一、按保险责任分　　24
  二、按保险金给付的性质分　　25
  三、按保单期限分　　26
  四、按投保对象分　　27

第三章
健康保险产品一般运行机理　　29

 第一节　产品开发　　29
  一、产品开发概述　　29
  二、健康保险产品开发的主要环节　　30
  三、产品开发对公司运营的要求　　33
 第二节　投资　　34
  一、投资基本原理　　34
  二、投资策略　　36
  三、投资的监管约束　　37
 第三节　准备金评估　　38
  一、健康保险准备金评估的影响因素　　38
  二、赔款准备金评估　　40
  三、保单准备金评估　　41
  四、保费不足准备金　　42
 第四节　偿付能力评估　　42
  一、世界各国偿付能力监管体系概述　　43
  二、我国偿付能力评估体系　　44
  三、实施"偿二代"对中国健康保险产品的影响　　45
 第五节　内含价值评估　　46
  一、健康保险业务内含价值评估的必要性　　47
  二、健康保险业务内含价值评估原理　　47

三、健康险业务内含价值评估的步骤　　　　　　　　　48

四、内含价值评估的局限性　　　　　　　　　　　　　49

第四章
医疗保险产品运行机理　　　　　　　　　　　　　　52

第一节　保险基本特征　　　　　　　　　　　　　　52
一、医疗服务定义及特征　　　　　　　　　　　　　　52

二、医疗保险常见保险条款　　　　　　　　　　　　　53

三、医疗保险显著特征　　　　　　　　　　　　　　　55

第二节　医疗保险产品形态　　　　　　　　　　　　55
一、根据保障的费用项目和补偿内容分类　　　　　　　55

二、根据给付性质分类　　　　　　　　　　　　　　　56

第三节　医疗保险定价因素　　　　　　　　　　　　57
一、医疗保险精算特点　　　　　　　　　　　　　　　57

二、医疗保险定价原则　　　　　　　　　　　　　　　57

三、医疗保险定价所需的统计资料　　　　　　　　　　58

四、医疗保险纯保险费的测算　　　　　　　　　　　　59

五、医疗保险附加保险费的测算　　　　　　　　　　　60

六、医疗保险费率调整与经验分析　　　　　　　　　　60

第四节　医疗保险准备金管理　　　　　　　　　　　61
一、医疗保险未到期责任准备金　　　　　　　　　　　61

二、医疗保险未决赔款责任准备金　　　　　　　　　　62

第五节　医疗保险产品风险管理　　　　　　　　　　63
一、医疗保险产品风险管理界定　　　　　　　　　　　63

二、商业医疗保险的风险管理方法　　　　　　　　　　64

三、各部门商业医疗保险的风险控制方法　　　　　　　66

第六节　医疗保险产品监管　　　　　　　　　　　　68
一、医疗保险的定价监管　　　　　　　　　　　　　　68

二、医疗保险准备金提取的法定基础　　　　　　　　　69

三、医疗保险偿付能力监管的指标和方法　　　　　　　69

四、相关条例关于医疗保险的监管内容　　　　　　　　70

第五章
疾病保险产品运行机理   73

  第一节 疾病保险的基本特性   73
    一、重大疾病的定义   73
    二、重大疾病保险的定义   74
    三、重大疾病保险的基本特点   74

  第二节 疾病保险的产品形态   76
    一、按目标人群分类   76
    二、按保险期间分类   77
    三、按给付类型分类   77
    四、特殊的产品形态   78
    五、其他规定   79

  第三节 疾病保险的定价因素   79
    一、重大疾病保险定价的主要影响因素   79
    二、影响重大疾病保险费率的现实因素   84

  第四节 疾病保险的准备金管理   85
    一、定期完全修正法   85
    二、均衡净保费法   86

  第五节 疾病保险的风险管理与监管约束   86
    一、重大疾病保险风险因素分析   86
    二、疾病保险产品风险管理措施   89

第六章
长期护理保险产品运行机理   93

  第一节 长期护理保险的基本特性   93
    一、长期护理的定义   93
    二、长期护理保险的定义   94
    三、长期护理保险的保险责任   94
    四、长期护理保险的保险金给付   95
    五、长期护理保险的主要特点   97

  第二节 长期护理保险的产品形态   98
    一、按保障内容分类   98
    二、按承保条件分类   99

三、按保险金的给付方式分类　　　　　　　　　　　　　　99
　第三节　长期护理保险的定价因素　　　　　　　　　　　　　100
　　　一、长期护理保险定价的主要影响因素　　　　　　　　　100
　　　二、长期护理保险定价的主要方法和模型　　　　　　　　101
　第四节　长期护理保险的准备金管理　　　　　　　　　　　　104
　　　一、长期护理保险准备金　　　　　　　　　　　　　　　104
　　　二、长期护理保险准备金评估的管理　　　　　　　　　　106
　第五节　长期护理保险的风险管理与监管约束　　　　　　　　106
　　　一、长期护理保险风险因素分析　　　　　　　　　　　　106
　　　二、长期护理保险产品风险管理措施　　　　　　　　　　108
　　　三、长期护理保险的监管约束　　　　　　　　　　　　　109

第七章
失能收入损失保险运行机理　　　　　　　　　　　　　　　　111

　第一节　失能收入损失保险特性　　　　　　　　　　　　　　111
　　　一、失能及其界定　　　　　　　　　　　　　　　　　　111
　　　二、失能收入损失保险定义　　　　　　　　　　　　　　112
　　　三、失能收入损失保险常见保险条款　　　　　　　　　　113
　　　四、失能收入损失保险关于残疾的界定　　　　　　　　　114
　　　五、失能收入损失保险特征　　　　　　　　　　　　　　116
　第二节　失能收入损失保险产品形态　　　　　　　　　　　　117
　　　一、根据给付期间长短分为短期和长期失能收入损失保险　117
　　　二、既可以主险独立存在也可以附加险形式存在　　　　　117
　　　三、其他产品形态　　　　　　　　　　　　　　　　　　117
　第三节　失能收入损失保险定价因素　　　　　　　　　　　　118
　　　一、失能收入损失保险定价原理　　　　　　　　　　　　118
　　　二、失能收入保险定价影响因素　　　　　　　　　　　　118
　　　三、失能收入损失保险定价模型　　　　　　　　　　　　120
　第四节　失能收入损失保险准备金管理　　　　　　　　　　　121
　　　一、失能收入损失保险准备金　　　　　　　　　　　　　121
　　　二、失能收入损失保险准备金评估注意的问题　　　　　　122
　第五节　失能收入损失保险产品风险管理　　　　　　　　　　123
　　　一、失能收入损失保险产品风险管理界定　　　　　　　　123

二、失能收入损失保险产品风险管理方法　　　　　　　　　　123
第六节　失能收入损失保险产品监管　　　　　　　　　　　　　124
　　一、失能收入损失保险定价监管　　　　　　　　　　　　　124
　　二、失能收入损失保险准备金提取的法定基础　　　　　　　125
　　三、相关条例关于失能收入损失保险的监管内容　　　　　　126

第八章
美国健康保险产品的发展　　　　　　　　　　　　　　　　　128

第一节　美国主要保险产品形态的演变过程　　　　　　　　　　128
第二节　主要产品介绍　　　　　　　　　　　　　　　　　　　130
　　一、基本医疗费用保险　　　　　　　　　　　　　　　　　130
　　二、高额医疗费用保险　　　　　　　　　　　　　　　　　131
　　三、特种医疗费用保险　　　　　　　　　　　　　　　　　131
　　四、失能收入保险　　　　　　　　　　　　　　　　　　　131
第三节　美国健康保险产品的监管情况　　　　　　　　　　　　132
　　一、联邦法律对健康保险的监管　　　　　　　　　　　　　133
　　二、美国保险监督官协会对健康保险的监管　　　　　　　　134
　　三、地方政府对健康保险的监管　　　　　　　　　　　　　135

第九章
欧洲健康保险产品的发展　　　　　　　　　　　　　　　　　138

第一节　欧洲健康保险产品的发展过程　　　　　　　　　　　　138
第二节　欧洲主要健康产品介绍　　　　　　　　　　　　　　　142
　　一、德国　　　　　　　　　　　　　　　　　　　　　　　142
　　二、英国　　　　　　　　　　　　　　　　　　　　　　　145
　　三、瑞士　　　　　　　　　　　　　　　　　　　　　　　148
第三节　欧洲健康保险产品的监管情况　　　　　　　　　　　　149
　　一、欧洲健康保险监管情况概述　　　　　　　　　　　　　150
　　二、欧洲健康产品监管措施　　　　　　　　　　　　　　　151

第十章
日本健康保险产品的发展　　156

第一节　日本健康保险产品的发展过程　　156
　　一、日本健康保险系统演进历程　　156
　　二、日本健康保险体系　　160
第二节　日本主要健康保险产品介绍　　167
　　一、终身医疗保险　　168
　　二、定期医疗保险　　169
　　三、疾病告知型终身保险　　169
　　四、医疗保险　　170
　　五、恶性肿瘤保险　　171
第三节　日本健康保险产品的监管情况　　171
　　一、法定健康保险监管　　171
　　二、商业健康保险监管　　172

第十一章
新加坡健康保险产品　　177

第一节　新加坡健康保险的发展历程　　177
　　一、模式选择　　177
　　二、储蓄健康保险模式的特点　　177
　　三、新加坡健康保险的发展过程　　178
第二节　新加坡主要健康产品介绍　　180
　　一、医疗保险的3M体系　　180
　　二、新加坡护理保险制度——乐龄健保计划　　183
第三节　新加坡健康保险产品的监管情况　　184
　　一、新加坡的健康保险监管运作机制　　184
　　二、新加坡的健康保险监管情况　　185
　　三、MSA资金的使用和监管　　186

第十二章
中国台湾地区健康保险产品的发展　　189

第一节　中国台湾地区健康保险产品的发展过程　　189

　　　　一、以职业进行划分的分业保险的发展历程　　　　　　　189

　　　　二、全民健康保险时期台湾健康保险的发展历程　　　　　190

　　　　三、商业健康保险对全民健康保险的补充　　　　　　　　192

　　第二节　中国台湾地区主要健康保险产品　　　　　　　　　　193

　　　　一、一代健康保险与二代健康保险的分析　　　　　　　　194

　　　　二、二代健康保险制度的创新与不足　　　　　　　　　　197

第十三章
我国健康保险产品创新与监管　　　　　　　　　　　　　　　　　200

　　第一节　保险监管与健康保险产品发展　　　　　　　　　　　200

　　　　一、保险监管概述　　　　　　　　　　　　　　　　　　200

　　　　二、保险监管的具体内容　　　　　　　　　　　　　　　201

　　　　三、保险监管对健康保险产品发展的作用　　　　　　　　202

　　第二节　1998年之前的保险监管与健康保险产品　　　　　　　202

　　第三节　1998—2004年的保险监管与健康保险产品　　　　　　204

　　第四节　2005—2010年的保险监管与健康保险产品　　　　　　206

　　第五节　2011年至今的保险监管与健康保险产品　　　　　　　209

第十四章
中国大健康发展战略与健康保险产品创新　　　　　　　　　　　217

　　第一节　健康中国国家战略与全民小康　　　　　　　　　　　217

　　　　一、"健康中国"理念的诞生过程　　　　　　　　　　　219

　　　　二、健康中国内涵　　　　　　　　　　　　　　　　　　220

　　　　三、健康中国战略促进全民小康　　　　　　　　　　　　221

　　第二节　《"健康中国2030"规划纲要》对健康保险产品创新的促进　223

　　　　一、医疗保险创新　　　　　　　　　　　　　　　　　　223

　　　　二、重大疾病保险创新　　　　　　　　　　　　　　　　226

　　　　三、长期护理险创新　　　　　　　　　　　　　　　　　228

　　　　四、失能收入损失保险创新　　　　　　　　　　　　　　230

　　第三节　国家医药卫生体制改革文件对健康保险产品的引导方向　233

　　　　一、2009年新医改　　　　　　　　　　　　　　　　　　233

　　　　二、"十二五"医药卫生体制改革　　　　　　　　　　　235

　　　　三、"十三五"医药卫生体制改革　　　　　　　　　　　236

第十五章
我国健康保险产品发展现状　　239

第一节　我国健康保险产品供给现状　　239
　　一、商业医疗保险产品供给现状　　239
　　二、重大疾病保险产品供给现状　　241
　　三、长期护理保险产品供给现状　　244
　　四、失能收入损失保险产品供给现状　　246
第二节　我国健康保险产品创新探索　　249
第三节　目前健康保险产品发展的问题与原因　　252
　　一、产品结构失衡　　253
　　二、产品专业化不足　　253
　　三、产品缺乏创新　　254
　　四、重疾险疾病病种狭窄　　254
　　五、医疗保险产品保障时间短　　255
　　六、护理保险保障功能较弱　　255
　　七、失能收入损失保险供给不足　　256
　　八、税收优惠健康险发展不理想　　257

第十六章
健康保险产品创新的影响因素　　259

第一节　健康保险服务化　　259
　　一、健康保险服务化定义　　259
　　二、健康保险服务特征　　260
　　三、健康保险服务驱动产品创新的途径　　261
第二节　健康保险与医院的深度融合　　267
　　一、健康保险与医院融合的界定　　267
　　二、健康保险与医院的融合方式　　268
　　三、中国健康保险与医院深度融合的背景　　270
　　四、健康保险与医院融合的三种趋势　　277
　　五、健康保险与医院深度融合对于健康保险产品的影响　　278
第三节　保险科技不断发展　　279
　　一、保险科技定义　　279
　　二、典型保险科技　　279

三、科技对健康保险创新影响 281

第十七章
健康保险产品创新的方向 294

  第一节 医疗保险产品创新的方向 295
    一、医疗保险核心产品的创新 295
    二、医疗保险有形产品的创新 297
    三、医疗保险附加产品的创新 298
  第二节 疾病保险产品创新的方向 300
    一、疾病保险核心产品的创新 300
    二、疾病保险有形产品的创新 302
    三、疾病保险附加产品的创新 304
  第三节 护理保险产品创新的方向 305
    一、护理保险核心产品的创新 305
    二、长期护理保险有形产品的创新 307
    三、长期护理保险附加产品的创新 309
  第四节 失能收入损失保险产品创新方向 309
    一、失能收入损失保险有形产品的创新 310
    二、失能收入损失保险衍生产品的创新 312
  第五节 医疗责任和医疗意外保险产品创新的方向 313
    一、医疗责任保险产品的创新方向 314
    二、医疗意外保险产品的创新方向 314

第十八章
健康保险产品创新的风险管理 317

  第一节 健康保险产品创新风险管理导论 317
    一、健康保险产品创新的风险性 317
    二、健康保险产品创新的风险管理 320
  第二节 健康保险产品创新风险分析与控制 321
    一、健康保险产品创新风险的来源 321
    二、健康保险产品创新风险的特性 327
    三、健康保险产品创新风险的管理 330

第十九章
健康保险产品创新机制　336

第一节　健康保险产品创新动力机制　336
一、创新动力机制概述　336
二、外部创新动力因素　338
三、内部创新动力因素　340

第二节　健康保险产品创新的内部条件　341
一、依法实行公司制度　341
二、制定产品开发管理机制　342
三、建立保险精算制度和保险信息机制　344
四、加强营销推广工作　345
五、完善保险服务　347

第三节　健康保险产品创新的外部条件　349
一、法律保护　349
二、政府调节机制　355

第二十章
我国健康保险产品监管和政策建议　360

第一节　我国健康保险产品监管规定发展脉络　361
一、人身保险产品管理文件　361
二、健康保险产品监管文件　366

第二节　改进我国健康保险产品监管的建议　370
一、警惕不具备资格的主体开办类健康保险服务（或产品）　370
二、以香港保险为代表的非法销售保险产品　373

参考文献　377

跋　383

第一章

健康保险产品概述

第一节 健康保险产品的概念

一、健康概念的演进

健康是人们日常生活中老生常谈但又常谈常新的话题，许多词典和政府组织的文件都对健康的概念进行了界定。中共中央、国务院印发的《"健康中国2030"规划纲要》指出，健康是促进人的全面发展的必然要求，是经济社会发展的基础条件。在《辞海》中"健康"是指"人体各器官系统发育良好、功能正常、体质健壮、精力充沛并具有良好劳动效能的状态。通常用人体测量、体格检查和各种生理指标来衡量。"这个定义说明，健康是一种可衡量的状态，并提出"劳动效能"的概念，强调人并不是一个简单的生物有机体，而是具备劳动能力的。

1987年中文版《简明不列颠百科全书》认为，健康是"使个体能长时期地适应环境的身体、情绪、精神及社交方面的能力"，而疾病是"以产生症状或体征的异常生理或心理状态"，是"人体在致病因素的影响下，器官组织的形态，功能偏离正常标准的状态。""健康可用可测量的数值（如身高、体重、体温、脉搏、血压、视力等）来衡量，但其标准很难掌握。"这一定义在《辞海》的基础上又做了进一步完善，明确指出心理因素对健康的重要性，但仍未从社会人的角度定义健康的概念。

至今，人们仍在孜孜不倦地探索健康的奥秘。现代健康的含义是多元的，不仅包括生理上的没有疾病，还包括心理因素和社会属性。生理健康是身体的基础，生理上的缺陷或疾病会使人产生负面的心理情绪，心理情绪又进而影响人的社会适应性。同时，良好的社会适应性需要积极的心理状态来维持，良好的心理状态又要依赖健康的生理功能。世界卫生组织（WHO）早在1948年的《宪章》中就指出："健康不仅是没有病和不虚弱，而且使身体、心理、社会功能三方面的完满状态。"1990年，世界卫生组织又进一步将健康的概念从生物学意义扩展到了精神层面和社会层面：在躯体健康、心理健康、社会适应良好和道德健康四个方面皆健全。这就是现代健康的概念，已经超越了医学范畴，上升到社会这个更宏观的层面，更强调人的各方面"能力"。

二、健康风险

（一）健康风险概念

健康风险是指作用于人的身体、影响人的健康的风险，即在人的生命过程中，因自然、社会和人自身发展的诸多因素，导致人出现疾病、伤残以及造成健康损失的可能性。健康风险具有潜伏期长、联合作用明显、特异性弱、广泛存在等特点。

1. 潜伏期长

健康风险因素在侵入人体后并不会立刻影响健康，而是要经过长期的、反复的风险暴露后才会出现健康问题，乃至疾病。潜伏期难以确定和测量，不同病种的潜伏期差异较大，同时也与个人的身体素质紧密相关。潜伏期为健康风险因素干预提供了机会，是外界对身体进行健康管理的基础。

2. 联合作用明显

当多种健康风险因素同时作用于人体时，会明显增加致病的机会。例如，高血压、高血脂通常是心脏病的诱发因素，患有这两类疾病的患者若同时患有糖尿病，则会增加其患上心脏病的概率。

3. 特异性弱

与联合作用相对应的是特异性，特异性指的是风险因素与疾病之间一一对应的关系。健康风险的特异性较弱，一种健康风险因素可能会导致多种疾病的发生。例如，酗酒和肝病、肾病以及心脏病等多种疾病都有关联。

4. 广泛存在

健康风险因素广泛存在于我们的日常生活中。环境因素、行为因素等都是影响健康的重要因素，还有很多潜在的、不易察觉的、潜伏期长的风险因素增加了人们认识健康风险的难度。因此，人们在日常生活中要对显著的和潜在的健康风险因素引起足够的重视。

（二）健康风险要素

1. 个体行为风险因素

个体行为风险因素是指由个体生活方式、行为特征等差异产生的风险因素，如个人的受教育程度、风险意识和风险偏好、睡眠障碍、吸烟酗酒、缺乏体育锻炼、不健康的饮食习惯、久坐等。在影响健康的各类风险因素中，这些个体行为都会显著影响个人的健康状况，且通常占比较高。

2. 外部环境风险因素

外部环境包括了自然环境和社会经济环境。

（1）自然环境风险因素主要有气候变暖、水土流失，以及细菌、病毒、寄生虫、传染病等生物性风险因素以及核辐射、电磁辐射、光污染、农业等物理化学性的风险因素。瑞士再保险每年第一期《Sigma》杂志的主题都是上一年度全球的自然灾害风险和人为灾害，以此来引起学术界和实务界对此类风险因素的重视。

（2）社会环境风险因素主要包括国家政治制度、法律体系、道德风俗、健康观念差、就医理念不强等；经济风险环境则主要有国家的经济发展水平、政府财政收支水平、医疗卫生费用支出占比、国民收入水平等，通常较低的经济水平是影响健康的重要因素。

3. 生物遗传风险因素

医学科技的发展使人类能够更好地认识生物遗传风险，遗传特征、家族病史等为生物遗传与健康之间的联系提供了理论和实验依据。一些疾病具有家族内部的传递性，部分传染性疾病也会通过母婴传递给新生儿。

4. 医疗卫生风险因素

医疗卫生服务体系也是影响健康状况的重要风险因素，因其能为健康提供基础保障和治疗服务。医疗卫生服务体系的完善程度可以用以下指标来衡量：医疗卫生机构数、卫生技术人员数、每千人口拥有医疗卫生机构床位数、病床工作日数、诊疗人次数、误诊率、医疗服务水平等。在医疗卫生服务体系欠发达的地区，健康的风险因素也更多、更复杂。

（三）健康风险管理

1. 基本步骤

健康风险管理的基本步骤也适用一般风险管理步骤，即风险识别、风险评估、风险管理和实施调整。

（1）风险识别。这是衡量健康风险、控制健康风险的前提，识别风险的关键就是掌握风险识别的标准和技术。健康风险识别通常会通过对管理对象健康信息的全面采集，结合检测及监测项目，为进行近期及远期的健康风险评估，制定健康管理计划提供基础依据。

（2）风险评估。健康风险评估，是对个人健康状况及未来患病或死亡危险性的量化评估。一般风险评估的具体内容主要包括：一是确定风险事件在一定时间内发生的可能性及发生概率的大小，估计其可能造成的损失的严重程度；二是评估损失的大小；三是根据以上结果，进行风险预测，为控制管理风险的决策提供依据。

（3）风险管理。这是指面临风险的人通过一系列措施，减少风险发生的决策及行动过程。其本质是事前管理，其原则是以最小的成本获得最大的保障，主要目的是控制风险，处理风险，防止和减少损失的发生。

（4）实施调整。健康风险管理方案的实施是关键，在健康风险管理中这个过程被称为健康干预，在健康干预的过程中，要进行阶段性的评价和调整，才能有效地提高健康风险管理的效率。

2. 基本方法

健康风险管理的基本方法分为控制法和财务法。

（1）控制法。控制法是指在健康风险分析的基础上，针对存在的健康风险因素采取控制技术以降低健康风险事故发生的频率和减轻损失程度。主要表现为：在事故发生前，降低事故发生的频率；在事故发生时，将损失减少到最低限度。控制法主要包括风险避免和风险预防。

（2）财务法。财务法主要有风险自留和风险转移两种。风险自留是健康风险的自我承担，有主动自留和被动自留之分。风险自留的成本低，实施方便，但出现高频高损的健康风险时，往往会因为自我财务能力限制而难以承受风险，无法实现风险管理的效果。而风险转移是指为避免承担损失，而有意识地将健康风险的损失或与损失有关的财务后果转嫁给他人去承担的一种风险管理方式。转移风险又有财务型非保险转移和财务型保险转移两种方法。财务型非保险转移是通过签订合同将健康风险转移给他人承担的一种方式。保险转移即健康保险，投保人支付小额的保费，将大额的不确定的健康风险转移给保险人承担。

三、健康保险

关于健康保险（Health Insurance）的概念，国内外尚无统一的定义。简单来说，凡是以人的健康作为保险标的、以健康风险为保障责任的保险业务均可称为健康保险。美国健康保险学会（HIAA）认为，健康保险是由医疗保险、失能收入损失保险以及人身意外伤害保险组成，其对健康保险的定义是："为被保险人的医疗服务需求提供经济补偿的保险，也包括为因疾病或意外事故导致工作能力丧失所引起的收入损失提供经济补偿的失能保险。"在我国，健康保险不包括人身意外伤害保险，习惯上是指在保险的有效期间内，被保险人因疾病、分娩及其所造成残废或死亡，保险人按照合同的规定，承担给付保险金责任的保险，又称疾病保险（Illness Insurance）。[①] 2006年，中国保监会发布的《健康保险管理办法》明确了健康保险的种类，"健康保险是指保险公司通过疾病保险、医疗保险、失能收入损失保险和护理保险等方式对因健康原因导致的损失给付保险金的保险。"

当然，健康保险也被用来指代广义的健康保险保障体系。例如，中国保监会2008年颁布的《健康保险统计制度》将我国商业健康保险按照业务范围划分为三部分：健康保险业务、健康保障委托管理业务和健康服务业务。2014年10月，国务院发布《关于加快发展商业健康保险的若干意见》（国办发〔2014〕50号）将大病保险原本划入财产保险领域的医疗责任保险以及传统医疗费用保险之外的医疗意外、收入损失等保险也纳入商业健康保险范畴。[②]

四、健康保险产品

（一）健康保险产品的定义

产品是前述健康保险业务的实现形式，本书认为健康保险产品是符合监管规定的、由保险公司提供的、能够满足消费者健康风险保障需要的有形产品和无形产品的综合体。狭义上的健康保险产品是指在保险市场上由保险公司供给的、为消费者提供健康风险保障的风险管理工具。从广义上来说，保险产品包括保险市场上所有由保险公司提供的、可供保险消费者选择、消费和交易的一切保险产品和服务。以下分别从市场主体的角度和产品功能的角度具体解释健康保险产品的含义。

（二）市场主体角度

从监管部门的角度，健康保险产品是由一个及以上主险条款费率组成，可以附加若干附加险条款费率，保险公司可独立销售的单元。对政府监管部门来说，健康保险产品既要能够满足市场上不同层次的健康风险保障需求，又必须按照法律法规的要求开发和销售，并在监管部门审批、备案。前者说明健康保险产品不仅能配合社保体系

[①] 王绪瑾. 保险学（第六版）[M]. 北京：高等教育出版社，2017.
[②] 此次出台的《办法》是为鼓励商业健康保险业务的开展。事实上，我国《保险法》规定，健康保险属于人身保险业务范畴，而医疗责任保险属于财产保险业务范畴，因此，是否将医疗责任保险纳入健康险有待政府部门通过立法进一步明确。

覆盖基本健康保障需求，又是适销对路的能够满足市场多样化需求的商业补充险，促进健康保障保险体系的建立和完善。后者说明健康保险产品经营必须合法合规，不能越过监管红线，做好健康保险主业，坚持"保险姓保"，发挥健康保险产品稳健风险管理和保障的功能，不做市场风险的制造者和传播者。

从保险公司的角度，健康保险产品是以盈利为目的[①]，基于大数法则，借助精算技术开发的能够满足不同健康风险保障需求的商品，主要包括疾病保险产品、医疗保险产品、失能收入损失保险产品和护理保险产品等种类。健康保险产品是保险公司健康保险业务盈利的实现载体，保险产品开发、销售、消费过程产生价值增值，没有产品这个实体，健康保险业务利润无从谈起。具体来说，健康保险产品的利润来源主要是病死差、利差和费差。健康保险产品的利差和费差同其他保险产品一样，是由预定利率和实际利率、预定费率和实际费率的差异形成的损益。但健康保险产品的病死差有其特殊性，其中更多的是病差，即疾病的预定发生率与实际发生率的差异形成的损益。

从消费者的角度，健康保险产品是保险市场上可获得的、能够满足自身健康风险保障需求的、在自身经济可承受范围之内的商品。消费者通过支付保费，获得健康风险保障和服务。从经济学视角看，消费者选择健康保险产品是这样一个过程：在既定的收入预算约束和一定的价格水平下，选择能够使自己效用水平最大化的健康保险产品及其数量。消费者的效用水平通常用效用函数和无差异曲线来描述，购买健康保险产品来分散健康风险的消费者往往是风险厌恶者，其无差异曲线更陡，风险偏好水平更低。可见，决定消费者健康保险产品购买行为的是消费者的风险偏好水平、收入水平以及健康保险产品市场的可及性。

（三）产品功能角度

菲利普·科特勒的产品整体概念三层次说将产品按功能分为三个层次，第一层是核心产品，向消费者提供基本效用和利益，即满足消费者最直接的需求；第二层是有形产品，是基本效用和利益得以体现所必须借助的形式，如产品的品牌、包装、质量等，没有这些形式，产品的核心利益就不能够被消费者感知；第三层是附加产品，是顾客购买有形产品时获得的所有服务和利益，包括广告、质量保证、信贷等。

此理论也可以用于健康保险产品，即健康保险产品的核心产品是健康风险保障，满足消费者分散健康风险的需求，在健康受到影响或其他约定的保险事故发生时得到给付。健康保险产品的有形产品是保单，保单是保险人与被保险人签订保险合同的正

---

① 商业健康保险产品定价时会加入利润率因子，但保险公司经办的政策性健康保险产品必须遵循"保障为主、合理定价、收支平衡、保本微利"原则。

式书面证明，载明了合同双方的权利义务和责任，是合同双方履约的证明。健康保险产品的第三层无形产品是在满足消费者基本需求之外，健康保险产品为客户提供的防灾防损等全面风险管理服务。保险的本质是一种风险管理工具，保险在赔偿和给付的基本职能之外还有防灾防损等派生职能，这就决定了服务也是健康保险产品的题中应有之义。

此外，产品的整体概念还有四层次和五层次说，但都是在三层次说的基础上进行延伸和扩展，本书在此就不一一赘述，留给感兴趣的读者自行阅读。

第二节 健康保险产品的要素

一、保障责任

保障责任是健康保险产品承担给付或赔偿责任的保障范围，通常以健康保险产品合同的书面形式进行记载存档，合同中列明的法定或约定的保障责任即为保险条款。

（一）健康保险产品合同的概念

我国《保险法》第十条规定："保险合同是投保人与保险人约定保险权利义务关系的协议。"保险合同的双方当事人包括投保人和保险人，健康保险产品合同是双方权利义务关系的书面证明，保险合同的签订以自愿为原则，协商一致，公平公正，必须是双方明确的意思表示。健康保险产品合同是人身保险合同的一种，是以人的身体为保险标的，保险人在被保险人疾病、分娩以及由此所致的支出、残疾或死亡时，按照合同约定给付保险金的保险合同。

（二）健康保险产品合同的主体

健康保险产品合同的主体是在健康保险产品合同中承担责任、履行义务的人，包括健康保险产品合同的当事人和关系人。健康保险产品合同的当事人是指订立健康保险产品合同的双方，即投保人和保险人。其中，"投保人是指与保险人订立保险合同，并按照合同约定负有支付保险费义务的人。保险人是指与投保人订立保险合同，并按照合同约定承担赔偿或者给付保险金责任的保险公司。"[1] 健康保险产品合同的关系人是指不直接参与健康保险产品合同的订立，但在保险合同中享有权利、履行义

---

[1]《中华人民共和国保险法》第三十九条。

务的人，即被保险人和受益人。被保险人指的是受健康保险产品合同保障，并享有保险金请求权的人。投保人可以为被保险人。受益人是指由被保险人或者投保人指定，在保险事故发生或者约定的保险期限届满时，依照保险合同享有保险金请求权的人。

（三）健康保险产品合同的客体

健康保险产品合同的客体是保险利益。保险利益又称可保利益，是指投保人或者被保险人对人的身体具有的法律上承认的利益。即当被保险人因疾病而发生医疗费用支出或因疾病导致收入损失时，会导致投保人经济困难。健康保险产品合同明确保险利益的意义在于防止道德风险和防止赌博行为的发生。保险金的给付是以被保险人发生疾病或身故为前提，以补偿被保险人的经济损失、帮助被保险人尽快恢复到损失前的生活状态为目的。保险利益原则要求投保人对被保险人的身体具有保险利益，防止其为谋取保险金而对被保险人的身体进行故意伤害。同时使健康保险产品合同区别于赌博，保险金的给付不会让投保人获得额外的利益。

（四）健康保险产品合同的内容

健康保险产品合同的内容包括但不限于保险人的名称和住所、投保人、被保险人的姓名或者名称、住所，以及受益人的姓名或者名称、住所、保险标的、保险责任和责任免除、保险期间和保险责任开始时间、保险金额、保险费以及支付办法、保险金赔偿或者给付办法、违约责任和争议处理等。除法定内容外，投保人和保险人还可以就健康保险有关的其他事项做出约定，并记载于健康保险产品合同中。这些内容都以保险条款的形式记载于健康保险产品合同中，因此，保险条款就是保险单上规定的有关保险人与被保险人的权利、义务及其他保险事项的条文。下面就列举一些健康保险产品合同中的典型条款。

1. 保险责任条款

保险责任是指保险人承担的保险金给付责任。保险责任条款通常包括免赔额条款、比例给付条款和给付限额条款。

免赔额条款是指保险人对一定限度内的损失不承担给付保险金的责任。免赔额通常分为相对免赔额和绝对免赔额。健康保险条款中绝对免赔额是指只有当被保险人的费用支出超过约定的免赔额后才进行支付，且只支付超过约定额度的部分，免赔额以内的费用支付则由被保险人自行承担。相对免赔额是指当被保险人的费用支出超过约定的免赔额后按费用支出全数进行支付，而不扣除免赔额部分。健康保险产品中以绝对免赔额条款居多。

比例给付条款。这一条款是指，在费用支出超过免赔额的部分，由保险人和被保险人按照一定比例进行分摊，这有助于被保险人增强费用意识和风险意识，避免其对医疗资源的过度使用。

给付限额条款是指保险人给付的上限。由于健康风险的大小有高有低，被保险人的费用支出数额差异较大，保险人通过设置给付限额条款来控制支出水平。这一条款有助于加强健康保险产品管理，控制产品经营风险。

2. 责任免除条款

除外责任是指保险人不承担给付责任的事项。我国《保险法》第十七条对除外责任条款做出了明确规定："对保险合同中免除保险人责任的条款，保险人在订立合同时应当在投保单、保险单或者其他保险凭证上做出足以引起投保人注意的提示，并对该条款的内容以书面或者口头形式向投保人做出明确说明；未作提示或者明确说明的，该条款不产生效力。"

3. 保险费率条款

健康保险费率即健康保险产品的价格，是精算师根据健康保险产品定价模型厘定的，保险费率条款通常以费率表的形式出现。除保险费率条款外，健康保险产品合同中还会约定保费缴纳方式、缴纳期限和续保保费。个人健康保险产品大多采用年缴费方式，团体健康保险产品多用月缴费方式，也有季缴、半年缴和年缴的方式。有些长期或终身的健康保险产品则可以有限期缴清或终身缴费。

4. 观察期（等待期）条款

观察期也称等待期、免责期，从保单生效日起算。被保险人在健康观察期内的费用支出或收入损失，保险人不承担给付责任。这一条款是保险人为了防止逆选择、防止被保险人带病投保而设置的，从而保证保险人的利益。

5. 生存期条款

区别于观察期，生存期是从保险事故发生时起算的，在这段时间内被保险人发生的费用支出或收入损失，保险人不承担给付责任。这一条款是保险人为了防止被保险人明知保险事故即将发生而立马投保，以获得保险金给付，能够有效避免逆向选择，降低道德风险。

当然，在个人健康保险产品和团体健康保险产品中还有其他很多的特殊条款，本书在此不一一列举，感兴趣的读者可自行查阅。

二、服务

服务也是健康保险产品的重要组成要素，消费者在购买健康保险产品后，保险公司都会为其提供各种服务。随着保险市场的培育和成熟以及偿付能力监管的到位，过去产品在价格方面的初级竞争即将退出历史舞台，盲目的价格战将被服务竞争所代替，通过服务让客户更加深切地感受到保险公司在向客户让渡价值，这是服务这一要素在健康保险产品中的重要性的体现。具体来说，顾客让渡价值是顾客总价值与顾客总成本之间的差额。顾客总成本是客户购买健康保险产品时付出的时间、精神、体力、货币资金等，顾客总价值则是客户购买健康保险产品所获得的一系列保障和服务。扩大顾客让渡价值可以从提升客户总价值和降低客户总成本两个方面入手。通过提升服务数量和质量来增加客户在基本保障之外的总价值，提高其效用水平，同时降低客户在健康管理方面的总成本，这就是服务这一要素在健康保险产品中的重要价值。

本书提出健康保险服务化[①]的概念来讲述健康保险产品服务。保险服务是围绕着保险展业、承保、理赔、防灾防损、分保、保险投资及其附加服务活动的总称。保险服务化则是以客户服务为中心的理念，从环节上来说，它包括售前、售中和售后等一系列保险服务；从内容上说，不仅包括基本服务，也包括附加服务和延伸服务；不仅包括初级服务，也包括高级服务。

健康保险产品的服务也可以从基本服务、附加服务和延伸服务三个方面来描述。基本服务即健康保险产品的展业、承保、理赔、防灾防损、分保和保险投资；附加服务是与健康保险产品相关的免费体检、就医绿色通道以及预约挂号等服务；延伸服务则是健康保险产品上下游相关产业提供的有偿优惠的服务，如保健、旅游体验等。

（一）基本服务

健康保险产品的基本服务是健康保险产品的展业、承保、理赔、防灾防损、分保和保险投资工作，尤其是理赔和防灾防损工作要跟上，从而赢得客户信任。保证健康保险产品的基本服务即是要围绕健康保险产品合同做好展业、承保、理赔、防灾防损全流程的所有工作，按照合同约定的内容认真履行保障责任，这是保险的本质，也是保险区别于其他金融分支的重要特征。同时，保险公司要严格遵守法律法规，在监管部门的许可范围内经营。基本服务是健康保险产品的核心，只有做好核心，才能提高客户的满意度和信任感，为保险业良好的行业口碑和声誉打下坚实的基础，因此，在保险服务中要保证健康保险的基本服务。

（二）附加服务

健康保险产品的附加服务通常是由保险公司提供的与健康保险产品直接相关的服务，例如，为购买健康保险产品却未出险的客户提供免费的体检，为出险的客户提供就医绿色通道、海外就医、预约挂号以及基因检测等，更加便捷可及的多元化日常健康管理服务，简化其就医的流程和手续。随着现代网络技术的发展和手机等智能终端的推广，手机APP使得这些附加服务更加可及，降低客户的搜寻成本和费用成本，

---

① 王绪瑾，王浩帆. 论保险服务化［J］. 中国保险，2016（3）：7—11.

从而让所有购买了健康保险产品的客户都能体验到产品给自己的健康以及健康管理带来的便利，提高客户对健康保险产品的认可度和黏性，因此，在保险服务中，要鼓励健康保险附加服务。

（三）延伸服务

延伸服务则是从健康保险产业链的角度提出的，保险公司通过与产品上下游的相关产业进行跨界合作，为客户提供更全面的综合服务，使保险保障的核心功能得到更加全面系统的发挥。但延伸服务有别于附加服务，一是延伸服务通常是有偿服务，并不是由保险公司免费提供的，但购买了健康保险产品的客户可享受优惠；二是延伸服务是跨产业的服务，这些服务可能是来自医疗产业，也可能来自旅游业，不一而足。例如，购买了健康保险产品的客户可享受有偿的、优惠的保健，或者是享受有偿的、优惠的旅游体验等，因此，在保险服务中要创新健康保险延伸服务。

中国保监会统计数据显示，2016年保险公司开办的健康服务（指保险公司针对市场和客户的需求，通过整合各种社会医疗资源，所提供的健康体检、健康管理、健康预防、健康咨询等服务）为42.65万人次提供了服务，实现健康服务业务收入909.54万元。[①] 国家对保险业服务能力还有更高要求。2014年，国务院《关于加快发展现代保险服务业的若干意见》中提出，应"加快发展现代保险服务业"，对保险业的服务能力提出了多项具体要求。2017年全国金融工作会议也对保险业充分发挥长期保障服务功能寄予了很高的期望。同时强调保障责任和服务，坚持两条腿走路，才能更好地推进健康保险产品回归保障，切实做好"保险姓保"。

第三节 健康保险产品的特征

一、精算技术复杂

（一）健康保险产品的费率厘定基础多元

健康保险产品作为保险产品的一种，其定价的数理基础也是概率论和大数法则。健康保险产品的定价因子既包括死亡率、疾病发生率表、费用率、利率、安全附加、

---

① 中国保监会.2016年健康保险及相关业务情况分析［R］.2017-01-22.

利润率和退保率等一般测算因子,还包括疾病的发生率、伤残率、损失分布、疾病和伤残的持续时间、观察期、生存期以及免赔额等健康保险产品特有的测算因子。相比财产保险产品和寿险产品,健康保险产品的精算定价因子更多而且更复杂,其精算模型需要考虑更多的医学、药学等健康相关专业知识。健康保险产品的定价模型是疾病发生率的概率模型和健康保险损失分布的分布统计模型的集合。需要注意的是,在健康保险产品定价过程中,精算人员往往更重视区分不同职业和性别的人群,因为这两个是有明确定义边界的、可计量的且会显著影响健康状况的因素。另外,观察期、生存期以及免赔额等会在保单条款中载明,期限不同则保险人的责任期限也大相径庭。我国《健康保险管理办法》对健康保险产品的费率做出了规定,允许短期个人健康保险产品进行费率浮动,短期团体健康保险产品可以对产品参数进行调整,但产品在报送审批或者备案时需对浮动和调整的内容进行说明,并由精算责任人遵循审慎原则签字确认。

(二) 健康保险产品的准备金计提严格

健康保险准备金是指保险人为了保证未来保险金给付责任而预先提存的准备金。健康保险准备金是保险人针对健康保险业务或产品已有的或未来的负债而建立的准备金,包括保单准备金和赔款准备金。[①] 我国《健康保险管理办法》关于准备金计提的规定是,经营健康保险业务的保险公司应当按照中国保监会有关规定提交上一年度的精算报告或者准备金评估报告,其中应当详细报告健康保险的准备金计算基础、方法、结果以及对公司偿付能力的影响,并由精算责任人遵循审慎原则签字确认。经营健康保险产品的保险公司每年需按要求计提相应准备金,实时监测健康保险产品和健康保险业务的风险点,并定期披露偿付能力报告。

二、健康保险产品的给付

健康保险产品属于人身保险产品范畴,适用给付原则。但健康保险产品的给付又有其特殊性。学术界与实务界对健康保险是否适用补偿原则存在较大争议。在学术界,有专家学者认为,费用型医疗保险能够适用补偿原则;而实务界有些案例认为,所有人身保险产品均不能适用补偿原则。事实上,2006 年中国保监会颁布实施的《健康保险管理办法》中已经对这个问题做出了明确的解释,即补偿原则是适用于费用型医疗保险的。《健康保险管理办法》指出,健康保险是指保险公司通过疾病保险、医疗保险、失能收入损失保险和护理保险等方式对因健康原因导致的损失给付保

---

① 鲍勇,周尚成. 健康保险学 [M]. 北京:科学出版社,2015.

险金的保险,而其中的医疗保险是指以保险合同约定的医疗行为的发生为给付保险金条件,为被保险人接受诊疗期间的医疗费用支出提供保障的保险,同时明确了"医疗保险按照保险金的给付性质分为费用补偿型医疗保险和定额给付型医疗保险",并且"费用补偿型医疗保险的给付金额不得超过被保险人实际发生的医疗费用金额",这就支持了费用补偿型医疗保险适用补偿原则。明确健康保险的给付和损失补偿有助于坚持保险本质,坚持保险利益原则,区别于赌博,不使任何人从不确定性中获利。同时还有助于降低健康险产品的经营风险。

三、长期险产品占主体

按产品期限分,健康保险产品包括长期险产品和短期险产品。根据中国保监会的统计数据,从保费收入的口径来看,我国长期险业务占主体,且增长迅速。2016 年,短期健康保险原保险保费收入 1 013.86 亿元,同比增长 28.96%,占健康险业务的 25.08%;长期健康保险原保险保费收入 3 028.63 亿元,同比增长 86.46%,占健康险业务的 74.92%。[①]

四、产品经营风险较大

(一)信息不对称

阿罗提出,"信息的市场不完善性"是医疗卫生市场所特有的。他认为,疾病的难以预测和医疗的复杂性常常使得患者对自己接受的医疗服务认知不够,医疗资源的提供方——医院和医生掌握着更多关于医疗过程和医疗结果的信息,而患者只能被动接受,但也有学者认为不应夸大这种信息不对称。即使患者不具备良好的医疗知识储备,但至少能了解到一些医疗诊断惯例,因此患者面对医疗诊断并不完全是一无所知、无所适从的。同时,医学的特殊性在于其是一个不断试验的过程,任何医疗过程都不能确保达到预期效果。因此,尽管患者不能掌握充分的医疗信息,但信息不对称也未必发生,或者说信息不对称未必如此明显。

(二)委托代理关系

信息不对称使得医疗卫生市场出现了委托代理关系。在医患关系中,患者是委托人,医生是代理人。患者因为掌握的医疗信息较少,而将治疗的权利交给医生,由医

---

① 中国保监会. 2016 年健康保险及相关业务情况分析 [R]. 2017 - 01 - 22.

生对其进行治疗，为其提供医疗资源。但医患双方利益不一致就会出现委托人和代理人之间的矛盾，反而加剧了信息不对称。

（三）逆选择和道德风险

健康保险产品经营中的逆选择和道德风险远高于其他险种。逆选择主要表现为预期自己对医疗资源消费较高的人以及较频繁使用医疗资源的人更倾向于购买更多份、更高保额的健康保险产品。而高健康风险和低健康风险的人适用相同的产品费率，最终导致低风险的人因面对一个不利的价格而放弃投保，留下高风险的人群利用有利价格过度投保。这就是健康保险产品经营中的逆选择带来的投保不足和低效率。

健康保险产品经营中的道德风险包括事前道德风险和事后道德风险。事前道德风险表现为购买健康保险产品会降低消费者预防疾病的主动性和积极性，通常是认为人们将因健康保险产品的覆盖而疏于日常的疾病防护，进而导致健康保险产品的高出险率、高赔付率。事后道德风险则表现为保险事故发生后，被保险人倾向于夸大医疗费用支出，尤其是购买了采取相对免赔条款的健康保险产品的消费者，保险金额的巨大差异"激励"他们更多地消费医疗资源，造成医疗资源的浪费和低效率。

（四）引致需求

引致需求是阿弗里德·马歇尔在其《经济学原理》一书中首次提出的经济概念，是指对生产要素的需求，意味着它是由对该要素参与生产的产品的需求派生出来的，又称"派生需求"。在医疗健康领域，患者对医疗资源的需求以及医患关系中的信息不对称导致了对医院和医生的需求，患者对医生的依赖使得医生能够以自身收益最大化为目标，通过获取患者的需求信息，并影响其需求而获利，最终导致医疗费用的急剧上升和健康保险的高赔付和高成本。著名的罗默法则是对这一现象的直观描述："只要有病床，就有人来用病床。"

第四节　健康保险产品的功能

健康保险产品具有经济补偿、资金融通和社会管理的功能，在保障社会经济生活和调整国民经济运转中发挥着重要作用。

一、经济补偿功能

经济补偿功能是健康保险产品的基本功能，这一功能主要体现在分散风险、经济补偿和维护社会稳定。随着我国经济快速发展，人民收入水平日渐提高。与此同时，环境日益恶化，世界范围内疾病谱也发生了巨大的变化。人们对生活质量和身体健康的重视以及各类健康风险的高频高损特点共同催生了巨大的健康风险保障需求。健康保险产品能够对被保险人及其家庭的医疗费用支出等健康风险带来的损失进行赔偿和给付，减轻由健康风险带来的家庭财务压力，维持家庭的生活水平；同时，保险公司通过专业的防灾防损工作，为人们提供健康风险管理服务，维护了社会稳定。根据保监会的统计数据，2016 年，我国保险公司健康保险原保险保费收入 4 042.50 亿元，同比增长 67.71%，占原保险保费收入总额的 13.06%，较 2015 年末提高 3.13 个百分点。[①] 说明我国人民的保险意识正在逐步提高，人们越来越关注健康风险，并积极寻求健康保险等风险管理手段来转移健康风险，对健康保险产品经济补偿功能的认知能力和认可度也越来越高。如果说保费收入快速增长体现的是市场需求的日益高涨，那么赔付支出体现的则是保险公司经济补偿功能的发挥。2016 年，我国健康保险赔付支出为 1 000.75 亿元，同比增长 31.17%。其中，赔款支出为 743.08 亿元，同比增长 29.10%；给付支出为 257.67 亿元，同比增长 37.52%。[②] 高额的健康风险保障为我国人民抵御健康风险提供了一道坚实的屏障，有效防止和解决了"因病返贫、因病致贫"的难题，同时减轻了政府财政的压力。

二、资金融通功能

资金融通是健康保险产品的衍生功能，健康保险产品的资金融通功能主要是指保险产品在保险企业负债端的资金积聚，健康保险产品的资金融通功能对社会储蓄有一定的分流作用，并通过资产端的资金运用实现储蓄向投资的转化。产品是保险企业负债端的重要资金来源，保险企业通过出售健康保险产品获得保费收入，将零散的社会资金通过产品流入保险企业，形成资金积聚。稳定的现金流是保险企业的生命线，负债端现金流结构与健康保险产品结构息息相关。不同责任期限、不同给付方式、不同保险金额的健康保险产品对应不同的现金流，不合理的产品结构会使保险企业面临退保、集中给付和新业务等大幅变动的风险。因此，优化健康保险产品结构，有助于其资金融通功能的更好发挥，并促进保险企业的持续稳健经营。

由此可见，做好健康保险产品才能保证公司负债端现金流的高质量和高效率。当然，健康保险产品在保险企业负债端形成的现金流入需要保值增值，保险企业为了自身的稳健经营和满足偿付能力监管要求，会通过资产端的资金运用形成现金流入，与负债端的现金流相匹配，即所谓的资产负债管理。资产端的资金运用与金融市场的发

---

①② 中国保监会：2016 年保险统计数据报告 [R].

达程度密切相关，同时也与监管政策以及保险企业的风险偏好紧密关联。健康保险产品积聚大量社会资金，并通过资金运用保值增值，可见，其资金融通功能对促进我国健康保险市场的发展具有重要意义。

三、社会管理功能

社会管理功能是指对社会及其各个环节进行调节和控制的过程。健康保险产品的社会管理功能主要体现在社会保障管理、社会风险管理和社会关系管理三个方面。

（一）社会保障管理

"新国十条"强调了保险作为社会"稳定器"和经济"助推器"的作用，基本医疗保险、商业健康保险、社会福利、社会救济等共同构成健康保障服务体系，不同的健康保险产品在体系中发挥着不同的作用，通过产品实现对市场需求的细分，既能覆盖社会基本需求，也能涵盖高层次的健康风险保障需求。因此，健康保险产品具有社会保障管理功能。

（二）社会风险管理

健康风险管理是全社会的共同责任，保险公司具备专业的风险管理能力，从健康保险产品开发定价到承保理赔都是在对健康风险进行管理和处置。健康保险产品将社会健康风险转移至保险企业，同时为社会提供防灾防损服务，鼓励人们积极做好各类风险预防和控制措施，降低健康风险发生的概率和损失程度。因此，健康保险产品为全社会的健康风险管理提供了有效的工具。

（三）社会关系管理

健康风险带来的损失无处不在，健康保险产品是以保险合同的方式确定的由投保人支付保费，当被保险人发生保险事故时由保险人进行赔偿给付，因此通过健康保险产品对损失进行赔偿和给付能够提高保险事故的处置效率，为政府、企业和个人之间正常有序的社会关系创造有利条件，从而减少社会纠纷和社会摩擦，起到"社会润滑剂"的作用。

本章小结

本章从健康入手，阐述了健康风险和健康保险的定义，进而引出健康保险产品的概念，并从要素、特征以及功能三方面详细解释了健康保险产品，努力使读者对健康保险产品形成一个基本的概念认知。本书认为，健康保险产品是符合监管规定的、由保险公司提供的、能够满足消费者健康风险保障需要的有形产品和无形产品的综合体，包括了保障责任和服务等要素。相比于其他保险产品，健康保险产品的特征在于精算技术复杂、健康保险产品的给付、长期险产品占主体、产品经营风险较大。健康保险产品的功能主要包括经济补偿、资金融通和社会管理。本书的下一章将详细讲解健康保险产品的分类，夯实健康保险产品的理论基础，为后面章节的内容做进一步铺垫。

思考题

1. 健康风险区别于一般风险的特点是什么？
2. 健康风险的要素有哪些？
3. 健康风险管理的主要方法有哪些？
4. 请论述健康风险管理的具体步骤？
5. 请从不同角度论述健康保险产品的定义。
6. 请利用菲利普科特勒的产品整体概念划分健康保险产品的层次。
7. 试列举不少于三条健康保险合同条款。
8. 请论述健康保险的演进历程。

第二章

健康保险产品分类

第一节 健康保险产品分类的理论研究

一、德国健康保险产品分类

德国的健康险必须与人寿保险分业经营，商业健康保险公司可以在法律允许的范围内经营所有健康险产品。德国的商业健康保险产品一般可分为全面健康保险、长期护理保险、附加险以及特殊险种四类。全面健康保险产品的参保人群通常是法定的，专门为特定的健康保险产品覆盖人群中的法定险非强制人员设计和提供的，保费由雇主赞助。全面健康险产品提供商业健康保险全部的保障项目，不仅可以报销全额的医疗费用，更可以在牙科治疗费上设定一定的自付费用额度。长期护理保险产品是所有购买商业健康保险产品的居民都必须同时购买的产品，自 1995 年起，所有德国居民都必须拥有长期护理保险。长期护理保险除了全面健康保险产品中的部分外，还为被保险人支付高额的私人护理、家庭护理费用。附加险是为法定投保人设计和提供的，主要是提供法定保险之外的费用保险。具体包括门诊补贴医院服务选择补贴、牙科诊疗补贴、每日疾病津贴、每日住院津贴等。特殊险种则是为一些特殊风险提供的健康保险产品，如海外旅行保险。①

作为一家专业经营健康保险的公司，德国健康保险股份公司（DKV）目前是欧洲最大的商业健康保险公司，该公司的商业健康保险产品被明确定义为："补偿因疾病和意外事故而导致的经济损失的险种。"主要分为医疗费用保险、住院日额津贴保险和收入损失补偿保险（即失能保险）三种类型。从补偿的性质上来看，前两类保险主要是补偿被保险人在接受治疗的过程中所需的直接医疗费用支出，而收入损失补偿保险补偿的则是被保险人因健康受损带来的间接经济损失。医疗费用保险是根据被保险人在门诊、住院时发生的实际费用给付约定比例保险金的保险，根据未参加社会保险人群和已参加社会保险的需求不同又分为医疗费用综合保险和补充性医疗保险。住院日额津贴保险则是当被保险人必须住院时，保险人按照合同约定每天给付定额保险金的保险。收入损失补偿保险要求投保人投保时必须在职，保险期间有短期的，只保障当年，更多的是从投保时开始保障到被保险人退休时止，对该期间内丧失工作能力的被保险人每天支付约定额度保险金，支付期限有的较短，仅两年，也有的很长，如一直支付至保险合同中约定的退休年龄。②

二、英国健康保险产品分类

1942年英国《贝弗里奇报告》以"国民健康服务"为支柱，奠定了英国社会保险制度的基础。随后颁布的《国家健康服务法》《国民保险法》中将英国健康保险产品分为个人保险和团体保险两类，险种上主要有普通的商业健康保险、重大疾病保险和永久性或长期医疗保险。普通的商业健康保险产品能为消费者支付私人医院的诊疗费用以及住院费用，并保证患者能够减少排队时间，较快地进行手术。但一般只保可治愈的疾病，艾滋病或一些精神疾病可能会被排除在保障范围之外。重大疾病保险就是以特定重大疾病，如恶性肿瘤、心肌梗死、脑溢血等为保险对象，当被保人患有上述疾病时，由保险公司对所花医疗费用给予适当补偿的健康保险产品，通常采取一次性支付大笔赔偿金的方式。永久性或长期医疗保险通常是指护理保险，主要为消费者支付全部或部分的护理费用。

根据提供服务覆盖范围的不同，英国商业健康保险产品又可以划分为综合性保单、标准保单和限制性保单三类。综合性保单顾名思义，保障最全面、价格也最高，在一般的核心福利之外，还为消费者提供门诊服务等其他医疗服务。标准保单比综合性保单的范围小一些，在核心福利之外只提供少量的服务，价格也相对便宜。限制性

---

① 中国保险行业协会.商业健康保险国别研究报告［M］.北京：中国金融出版社，2015.
② 曾卓，李良军.商业健康保险的定义及分类研究［J］.保险研究，2003（4）：20—22.

保单保障范围最窄，价格也最便宜，并且可能添加很多的限制条件，如对昂贵的住院服务和护理服务做出限制，对就诊医院和医院住宿条件也会有限制。

三、美国健康保险产品分类

美国的商业健康保险由私营保险公司经营，蓝十字（Blue Cross）和蓝盾（Blue Shield）是主要的管理医疗服务提供商，美国联合健康集团、安森保险、安泰保险、恒诺、信诺五大以健康保险为主要业务的保险公司同时也是世界500强（2015）企业。这些私营保险公司从客户那里取得保费，并为客户提供医疗保险及相关服务，保障内容包括但不限于全科医生诊疗、专科医生诊疗、牙科、眼科、体检和普查，以及康复理疗、长期护理等保障服务项目，内容全面，覆盖面很广。在美国健康保险学会（HIAA）的会员资格考试的教材中，健康保险的定义是："为被保险人的医疗服务需求提供经济补偿的保险，也包括为因疾病或意外事故导致工作能力丧失所引起的收入损失提供经济补偿的失能保险。"相应的，健康保险产品可分为医疗费用保险、补充医疗保险、长期看护医疗保险、伤残失能保险和管理式医疗保险五类。医疗费用保险主要保障被保险人包括门诊、住院方面的基本医疗支出。补充医疗保险是为医疗费用保险所设置的免赔额、按比例自负部分、最高限额以上的费用及除外责任（如牙科治疗）提供保障的险种。另外，对约定疾病按保额支付保险金的险种（如重大疾病保险）也被归入了补充医疗保险中。长期看护医疗保险是一种为失去自理能力者提供的保障。当被保险人因意外或疾病丧失自理能力时，保险公司将为其补偿因雇人照看、护理导致的费用支出。伤残失能保险保障的内容与DKV所称收入损失补偿保险完全相同。管理式医疗保险属于一类比较特殊的保险，其保障的内容比较全面，甚至包括了免疫注射、体检等方面的内容。该类计划的提供者主要通过联合众多医院形成医院网络，与保险公司合作或自身经营健康保险来为其参加者进行医疗管理。

四、日本健康保险产品分类

日本保险业没有单独的健康保险定义，而是将健康保险归入与财产保险、人寿保险并列的"第三领域"。日本的《保险业法》中"第三领域"指"约定对意外伤害和疾病给付一定金额的保险金，并对由此产生的该当事人受到的损害予以补偿，收取保险费的保险"。根据该定义，常规意义上的意外伤害保险和健康保险都被包含其中了，去除意外伤害保险部分的险种，健康保险共可分为门诊保险、住院保险、疾病医疗保险、护理保障保险和收入补偿保险五类。门诊保险和住院保险是根据就诊方式的不同进行区分的；对约定疾病按保额支付保险金的险种（如重大疾病保险）单独作为一类被称为疾病医疗保险;而护理保障保险和收入补偿保险与美国健康保险学会所称的长期看护医疗保险、伤残失能保险是同一概念(见表2.1)。

表2.1　　　　　　　　　日本商业健康保险的主要种类

赔付金的种类		要件	赔付金额
住院	住院给付金	被保险人因剧烈、偶然、外来的事故致使伤害或因疾病住院时	住院给付金日额×住院天数
门诊	门诊给付金	保险人支付伤害住院给付金或疾病住院给付金理赔等,并且被保险人为治疗该伤害或疾病在门诊看病时	住院给付金日额×住院天数
手术	手术给付金	保险人支付伤害住院给付金或疾病住院给付金,并且被保险人为治疗该伤害或疾病接受所规定的手术时	住院给付金日额×所规定倍率
先进医疗	先进医疗给付金	被保险人因伤害及疾病住院,并且为治疗接受先进医疗所承担特别费用时	相当于先进医疗技术费的金额或固定金额(有的设定累计限额)

资料来源:中国保险行业协会:《商业健康保险国别研究报告》,中国金融出版社2015年版。

五、其他国家和地区健康保险产品分类

韩国的商业健康保险产品可以分为四种,即医疗费用保险、疾病保险、失能收入保险和护理保险。其健康保险产品形态与我国类似,后文会详细介绍我国的健康保险产品形态,在此就不做重复介绍。

我国香港地区主流的健康保险产品可以分为偿款产品、附加医疗保障产品、住院现金产品和危急现金产品四类。其中,偿款产品是健康保险市场上最为常见的险种,通常是补偿型健康保险产品,即为消费者的日常医疗开支提供费用补偿。其中的门诊保障是在诊疗费用超过一定免赔额后按次进行赔付,每次赔付额或每年诊疗次数有上限限制。其中的住院保障则是为住院患者提供手术费、诊疗费、药费以及住宿费等费用进行补偿,通常是采取定额给付的方式,并对每次、每年或终身的费用支出设有限额。附加医疗保障产品是当医疗费用超过基本医疗保险合同的赔付限额时,为被保险人提供额外的医疗费用补偿。住院现金产品是按照被保险人的住院天数支付赔偿金,每天的保障额度都是固定的。这类产品的保额不与实际发生的住院费用挂钩,因此通常被视为非诊疗费用补偿来源,在公立医院就诊的患者尤其偏好这款产品。危急现金产品即重大疾病保险产品,是保险公司在确认被保险人罹患保险合同中规定的重大疾病后,向被保险人支付现金赔偿的一种健康保险产品。我国香港地区的这类产品通常

是作为人寿保单的附加保障进行销售。在这种情况下，保险赔偿金额即可视为是承保的保险公司预付在保单持有人身故或保单到期时需支付的保险赔偿金额。

我国台湾地区保险相关规定有：健康保险产品是健康保险人于被保险人疾病、分娩及其所致残疾或死亡时，给付保险金之责的一类保险产品。商业健康保险商品主要针对被保险人因疾病、分娩或意外而就医治疗时，提供医疗费用补偿、手术费用补偿、住院日额津贴或其他相关津贴。我国台湾地区的商业健康保险产品经历了较长时间的演变，产品形态日益丰富，保障范围越来越广泛，保险公司的承保能力也逐步提升。主要的健康保险产品形式可分为医疗保险、重大疾病保险、癌症保险、长期护理保险。台湾地区的医疗保险主要覆盖被保险人的住院费用、手术费等相关费用，期限通常为一年期或带保证续保条款的长期产品，给付方式主要有实支实付医疗保险、日额型医疗保险和两者择优款。重大疾病保险产品主要覆盖心肌梗死、冠状动脉绕道手术、脑中风、慢性肾衰竭、癌症、瘫痪、重大器官移植手术这七类疾病。随着医疗水平的进步和保险公司承保能力的提升，台湾地区商业健康保险市场中重大疾病保险的保障范围越来越广，特色化差异化的产品也越来越多。台湾地区的癌症保险覆盖了癌症及其相关的风险条件，包括原位癌、癌症住院、癌症手术、癌症门诊、癌症死亡等基本给付项目。该产品的保障责任近年来也呈现出多元化的发展趋势。长期护理保险主要针对被保险人因身体功能丧失或认知障碍等原因，日常生活起居需要他人协助的情况，长期护理保险产品通常是一次性或定期（一般是按照年度、半年度、季度或月度的频率）给被保险人支付护理保险金。

六、我国健康保险产品分类

《保险知识读本》中定义健康保险为："以被保险人的身体为保险标的，保证被保险人在疾病或意外事故所致伤害时的费用或损失获得补偿的一种人身保险。"中国保监会2006年颁布实施的《健康保险管理办法》中将健康保险定义为："保险公司通过疾病保险、医疗保险、失能收入损失保险和护理保险等方式对因健康原因导致的损失给付保险金的保险。"后者的定义中删去了前者定义中包含的意外责任，并沿用至今，成为目前我国健康保险产品分类的重要依据。

中国保监会2000年印发的《人身保险产品定名暂行办法》（保监发〔2000〕42号）将我国健康保险产品如下分类："按保险责任，健康保险分为疾病保险、医疗保险、失能收入损失保险和护理保险。疾病保险是指以保险合同约定的疾病的发生为给付保险金条件的保险。医疗保险是指以保险合同约定的医疗行为的发生为给付保险金条件，为被保险人接受诊疗期间的医疗费用支出提供保障的保险。失能收入损失保险是指以因保险合同约定的疾病或者意外伤害导致工作能力丧失为给付保险金条件，为

第二章 健康保险产品分类

被保险人在一定时期内收入减少或者中断提供保障的保险。护理保险是指以因保险合同约定的日常生活能力障碍引发护理需要为给付保险金条件,为被保险人的护理支出提供保障的保险。医疗保险指以约定的医疗费用为给付保险金条件的保险。"《健康保险管理办法》中也对健康保险产品进行了上述分类。

廖丹（2013）① 总结了截至 2013 年我国健康保险产品形态和结构,细化到了各类产品下的子类（见表 2.2）。此外,刘金章、王晓珊（2015）提出可以根据承保标准分类:简易健康保险、老年健康保险、特种风险健康保险、次健体健康保险。简易健康保险产品由保险代理人上门收取保费,保险人不仅提供保费、保险期限和保险金额均小的健康保障,而且可以任意撤销保单。老年健康保险产品则主要针对身体健康但在 60 岁以上的老人,以补充实际医疗费用与社会保险保障的差额。特种风险健康保险产品是保险人对特殊疾病制定出的特种条款,并以特定费率进行承保,具有个性化特征。次健体健康保险产品则是对没有达到标准条款规定的身体健康要求的被保险人所实行的承保方式,一般通过提高保费或重新规定承包范围,或者将某些疾病独立出来列为除外责任等方式来完成承保工作的一类健康保险产品（见表 2.2）。

表 2.2 我国商业健康保险产品基本结构

医疗保险				疾病保险		护理保险		失能收入损失保险
普通医疗保险	综合医疗保险	补充医疗保险	特种医疗费用保险	重大疾病保险	特种疾病保险	普通护理保险	理财型护理保险	
住院医疗保险；门诊医疗保险；手术医疗保险	对住院床位费、检查检验费、康复治疗费等进行补偿	补充型高额医疗费用保险；社保补充医疗保险	牙病保险；处方药保险；意外伤害医疗保险；旅游医疗保险	防癌疾病保险；肝病疾病保险；白血病疾病保险；重大疾病保险	高原特定疾病保险；生育保险；输血感染保险	日常看护护理保险；长期看护护理保险；近视眼护理保险	个人护理保险（万能型）	长期失能收入保险；短期失能保险

由此可知,健康保险产品的分类通常与各国对健康保险产品的定义紧密相关（王冶军、王沁,2016）。② 前述的几种健康保险产品定义和分类都明确包括了保障特定疾病的保险,也就是说,重疾险无可争议地应属于健康保险;而重疾险、防癌险及保障收入损失的失能保险有长期的,也有短期的,则说明保险期间的长短也不是判断是否属于健康保险的标准;主附险也是同理。事实上,有很多著名保险公司的健康保

---

① 廖丹. 商业健康保险产品结构矛盾与调整 [J]. 时代金融,2013（6）:153.
② 王冶军,王沁. 健康保险概念辨析与理论综述 [J]. 中国卫生政策研究,2016（8）:55—60.

险都既包括了重疾险、防癌险，也包括了一般的医疗险；既包括了长期险，也包括了短期险；既包括了主险，也包括了附加险。对健康保险产品的明确分类是为了更好地定义健康保险产品，更加细化健康保险产品责任，从而为消费者的健康风险提供更全面的保障。我国健康保险产品不仅要积极吸收海外成功的实践经验，更要紧密联系国情，为市场提供适销对路的健康保险产品。

第二节　健康保险产品的一般分类

一、按保险责任分

健康保险产品最普遍的分类方式就是按照保险责任分，可以分为疾病保险产品、医疗保险产品、护理保险产品和失能收入损失保险产品。

（一）疾病保险产品

对被保险人因疾病、分娩引起的收入损失、费用支出或因疾病、分娩所致死亡或残废，保险人按照保险合同规定承担给付保险金责任的保险。疾病保险的责任范围可包括：一是工资收入损失，即被保险人因疾病或分娩引起的无法正常工作所引起的经济上面的损失，保险公司会依据条款进行这部分的金额补偿；二是业务利益损失，即被保险人因疾病或分娩引起的无法正常工作导致业务严重受到影响导致的既得经济利益的损失，保险公司会依据有关条例进行合理的补偿；三是医疗费用，即被保险人因疾病或分娩导致的医疗方面的经济支出，保险公司会依据条款进行补偿；四是残疾补贴，即被保险人因为疾病导致的肢体残缺或损失带来的劳动力丧失等一系列问题，保险公司会依据条款中约定的残疾等级来进行经济补偿；五是丧葬费及遗属生活补贴等，即被保险人因疾病或分娩住院而随之带来的一些生活花销，保险公司会按照条款进行经济补偿，通常都有固定的额度，同时若被保险人因疾病或分娩死亡，保险公司会依据条款进行丧葬费用的补贴。疾病保险一般不包括因意外伤害所致的各项损失，即只有因疾病或分娩引起，或间接引疾病和分娩引起的一系列损失，才可算作疾病保险的可保范围。也可以说疾病保险就是指以保险合同约定的疾病的发生为给付保险金条件的保险。

（二）医疗保险产品

商业医疗保险是国家医疗保障体系的组成部分，单位和个人自愿参加，是社会医疗保险的有益补充。医疗保险通常是指由保险公司经营的，为消费者提供医疗费用补偿和给付的营利性健康保险产品。消费者缴纳保费，在遇到重大疾病时，可以从保险公司获得一定数额的医疗费用补偿和给付。医疗保险产品可分为报销型医疗保险和给付型医疗保险。报销型医疗保险是指患者在医院里所花费的医疗费由保险公司按照实际金额来报销，一般分门诊医疗保险与住院医疗保险。给付型医疗保险是指患者明确被医院诊断为患了某种在合同上列明的疾病，由保险公司根据合同约定的金额来给付给患者治疗及护理。

（三）护理保险产品

护理保险产品是指为因年老、体弱、无人赡养及因疾病或者伤残原因导致的需要长期被护理的群体所提供的费用补偿性保险产品。以因保险合同约定的日常生活能力障碍引发护理需要为给付保险金条件，为被保险人的护理支出提供保障的保险。与其他保险产品相比，护理保险产品侧重于提供长期护理保障，为消费者提供护理费用和支出的补偿。

（四）失能收入损失保险产品

失能收入损失保险也称为失能保险，主要是指给因疾病或者意外伤害导致丧失工作能力或者暂时丧失工作能力的被保险人在一定时期内收入减少或中断收入的保障的健康保险产品。简单来讲，就是在保险范围内因疾病或者意外生病或者受伤导致无法继续工作所造成的经济损失保险公司会给予一定的经济补偿。同时与意外保险的区别在于，失能保险的给付期与意外保险不同，失能保险并非必须一次性付清，而是有连续性的。这就使得被保险人可以根据实际需要和当下的财务状况参考实际分期领取。其中对被保险人因工伤导致的工作能力完全丧失，最高可给予240个月，100%保险金的赔付。例如，李某是工厂的组装工人，保险期间因为突发的机器故障导致双手受伤，经医院鉴定，李某属于一级伤残，彻底丧失了工作能力。故意据保险约定，李某属于因工伤造成的完全失能，保险公司应该给予100%的赔付。同时，在未来的20年内李某每个月还可以向保险公司领取一定金额的佩服。

二、按保险金给付的性质分

（一）费用补偿型

费用补偿型医疗保险，与定额给付型医疗保险同属于健康保险的范畴，其共同点是当被保险人患病后，保险公司会对其已经发生或将要发生的医疗费用进行合理部分的补偿，以帮助被保险人能得以如期受到相应的治疗，使得被保险人能够尽快康复，不过二者之间还是有着明显的区别。费用补偿型保险的保险金给付方为定额给付，即在保险额度和责任范围内，对被保险人的医疗费用采取花多少补偿多少的原则，若被保险人从第三方处获得补偿，那么保险公司仅补偿其差额部分；若投保人向多家保险公司投保，那么补偿的保险金由各保险公司按比例分摊。定额给付型保险是一旦发生保险合同约定的事项即给付保险金额，无须在治疗行为结束后凭相关资料索赔，有利于在事故发生之初给予被保险人及时的救助。而费用补偿型为事后补偿，即根据被保险人实际发生的费用计算给付金额，在治疗行为结束后进行补偿，存在一定的时间滞后性。

（二）住院津贴型

住院津贴型保险又称津贴型医疗险，是当被保险人因疾病或意外伤害导致住院治疗后，由保险公司依据合同中的补贴标准，向被保险人按次、日或者按项目支付保险金的一种医疗保险。此类保险与实际发生的医疗费有没有关联，所以无须提供发票。

（三）定额给付型

定额给付型医疗保险是指保险责任的承担，不以实际损失的发生为条件，只要合同中约定的条件成立，不论存在几份合同，每份合同中的保险人都应当按照合同中的约定，承担起各自的保险责任；不论是否有第三人对被保险人已经履行了赔偿责任，也不论是否有其他保险人对被保险人支付了保险赔偿。此外，定额给付型住院医疗保险理赔时往往无须提供发票原件，手续简单，不容易有理赔纠纷。且与是否拥有社会医疗保险或是否拥有其他保险公司的医疗保险都不冲突，可以是额外的保障。

三、按保单期限分

（一）长期健康保险产品

长期健康保险产品较少，通常都是重大疾病保险，重大疾病保险是指当被保险人患保单指定的重大疾病确诊后，保险人按合同约定定额支付保险金的保险。其保险期限分为定期和终身，定期一般是 5 到 20 年不等。该险种保障的疾病有心肌梗塞、冠状动脉绕道术、癌症、脑中风、尿毒症、严重烧伤、突发性肝炎、瘫痪和主要器官移植手术、主动脉手术等，对于这些疾病的具体内容在保险合同中有详细的释义。因该险种保障程度高，需求量大，在我国较为流行，所覆盖的病种呈现增多的趋势。从我国的健康保险产品期限机构来看，以长期产品为主导。

（二）短期健康保险产品

除重大疾病保险外，基本上健康保险产品的期限一般都为一年期，若需要多年限一般是采取重复购买的方式。医疗保险一般为短期健康保险产品。短期健康保险产品适应了保险公司对于不确定医疗风险的管控和费率调整需求，但不能为参保人提供长期稳定的保障。为解决参保人的长期保障问题，短期健康保险产品通常通过保证续保条款来实现短期健康保险产品的连续承保。

四、按投保对象分

（一）个人健康保险产品

个人健康保险通常是以单个自然人为投保单位进行投保的一种模式，通常投保人和被保险人是同一人，一般都是个人的购买行为。在个人经济能力能够承担的情况下，消费者可以考虑购买个人健康保险产品。投保人对个人健康保险产品中的个别条款有一定的选择权，保险人一般会根据投保人的选择计算或调整保险费。

（二）团体健康保险产品

团体健康保险一般为公司企业为员工购买的健康保险，团体保险是以团体为保险对象，以集体名义投保并由保险人签发一份总的保险合同，保险人按合同规定向其团体中的成员提供保障的保险。它不是一个具体的险种，而是一种承保方式。团体保险一般有团体人寿保险[1]、团体年金保险、团体意外伤害保险和团体健康保险等种类。

本章小结

本章详细讲解了健康保险产品的理论分类和一般分类。从海外经验和我国的保险市场的实践来看，按照健康保险产品的保障责任分类是目前主流的做法，这种分类方法有助于保险公司针对不同保障责任的健康保险产品安排不同的人力物力进行研发，同时也有助于市场营销和推广人员进行有针对性的宣传，同时便于消费者理解健康保险产品的功能和作用。但这种分类是市场层面的大致分类，各保险公司在设计开发健

---

[1] 仅含死亡保险责任。

康保险产品时要综合考虑经营战略目标，结合自身市场地位，在对健康风险需求和经济承受能力进一步细分的基础上，建立满足不同需求层次的健康保险产品体系，提高生产者剩余，增加健康险产品的营利性。

至此，健康保险产品的概念部分已经结束，接下来的章节将以本章第二节的分类为基础讲解健康保险产品的运行机理。产品创新离不开产品的设计原理，通过健康保险产品的定价、准备金、风险管理和监管的内容使读者对健康保险产品的设计思路和经营脉络有一个清晰的认识。

思考题

1. 健康保险合同的具体内容由哪些部分组成？
2. 健康保险在服务上区别于一般保险的特点是什么？
3. 健康保险在准备金计提规则上有哪些不同于一般保险的特点？
4. 健康保险产品的主要经营风险有哪些？
5. 健康保险的产品功能主要有哪些？
6. 试论述健康保险产品合同的概念、主体和客体。
7. 试论述健康保险产品的服务要素。
8. 试从不同角度对健康保险产品进行分类。

第三章

健康保险产品一般运行机理

第一节 产品开发

一、产品开发概述

(一) 产品开发过程

产品开发的过程一般包括产品设计和产品实现两个部分。产品设计主要包括产品开发的构思、分类、可行性评估等；产品实现主要包括产品费率的确定、保单现金价值的确定以及保单条款内容和形式的设计，同时，向监管机构提出申请、准备营销材料、建立合适的销售及管理系统等内容也属于产品实现的一部分。

产品开发是一个连续的过程，包括开发构思的评价、细致的修改与完善，到最后形成一种适应市场需求的产品。然而，产品的问世并非开发过程的结束，在产品投入市场之后，还需要对产品在营销和管理中所遇到的问题和阻碍进行分析，以便及时地进行修正。

(二) 产品开发需考虑的因素

在产品开发的过程中，保险公司通常应当充分了解内外部的制约因素，大体上包括以下几方面：

1. 经济和社会环境

从宏观角度分析，保险公司开发新产品应当充分考虑当时的经济发展水平及社会大环境的影响，其中老年人口的变化趋势及医疗技术的发展将会对健康险产品的需求和经营产生较大的影响。

2. 监管环境

监管因素是影响产品设计的重要外部因素，保险公司在开发产品时必须严格遵守监管的要求。

3. 公司的目标

产品设计的初衷必然是服从和服务于公司的发展战略和策略，倘若产品实现后与公司发展战略发生偏离，应及时对产品设计进行修改。

4. 目标市场和销售渠道

产品开发出来后必须与目标市场和销售渠道达成匹配，否则易造成市场遇冷的局面。

5. 公司系统的支持

产品的销售和管理离不开后台系统的强力支撑，后台系统的稳定才能使得产品在推广过程中无后顾之忧。

二、健康保险产品开发的主要环节

（一）健康保险的产品设计

健康保险产品的设计是对保险标的、保险责任、保险费率、保险金额、保险期限等重要内容进行组合，从而形成满足消费者需求的保险商品的过程。

在健康保险的产品设计中，除了要考虑投保范围、保险责任、保险期限等一般因素以外，还需要特别关注责任免除、续保、核保和理赔原则等。根据所承保的风险，就一些特殊条件进行约定，如观察期或等待期、免赔额、共付比例、给付限额等。

2017年5月中国保监会在《关于规范人身保险公司产品开发设计行为的通知》中明确指出："保险公司开发的健康保险产品，应重点服务于消费者看病就医等健康保障规划，并不断提高保障的覆盖面和保障的针对性。"由此可见，将来健康保险产品开发的重心应放在客户的消费体验上，符合消费者长期健康规划的产品才能最终受到市场的追捧。

（二）健康保险产品的定价

影响健康保险定价的因素很多，包括发病率、疾病持续时间和损失额度，以及医疗费用、医疗机构级别、地区差异等。由于种种特殊因素的存在，使得健康保险在定价过程中拥有其独特的地方。

1. 健康保险定价的基本原则

与其他人身保险产品一样，健康保险的定价也必须遵守保费充足、合理、有竞争性和公平的原则。

2. 健康保险定价的原理

健康保险通常依据平衡原理进行定价。采用平衡原理测算出的保费称为风险保费。在这种保费制度下投保人交付的保费与被保险人的实际风险水平是一致的，即在整个保险期限内各类被保险人群的总保险费与整个给付和核保、核赔等管理费用的支出总额一致。在定价中要估测各类被保险人群真实风险的大小，即根据风险因素的不同水平将被保险人分类后分别计算保险费。平衡原理是商业健康保险定价的主要原理，在应用中形成了以下几种保费制度：

（1）自然保费制，又称逐年变动费率。它是根据各年龄的预测疾病发生率和次均赔付费用测算出来的，保险合同每年签发一次，期满续保，随着被保险人年龄的增加，费率每年发生变化。

（2）平准保费制，又称均衡保费。被保险人在保险合同有效期内每年都缴纳等额的保险费，保费不随年龄增长而增长。这要求测算保险费时要考虑预期赔付金额的逐年变化，建立年龄准备金以应付将来的费用。

（3）等级保费制，又称累进保费制。它是根据性别和年龄段将被保险人划分为风险程度相近的多个小群体，即按性别和年龄段制定不同费率的保费制度。

（4）经验保费制，在团体健康保险业务中经常使用。经验保费是基于投保团体以往实际医疗给付情况制定的。这一保费制度体现了各参保团体间的公平性，有预防损失和降低给付额的作用。

3. 健康保险定价的数理基础

（1）大数法则。与其他人身保险一样，健康保险定价也是利用概率论和数理统计的方法，其中最重要的数理基础仍然是大数法则。大数法则是用来说明大量随机现象由于偶然性相互抵消所呈现出必然数量规律的一系列定理的统称。健康保险定价中主要运用的大数法则包括切比雪夫大数法则、贝努利大数法则和泊松大数法则三种。其中，切比雪夫大数法则是健康保险定价中最重要的一项，为保险机构合理收取纯保费提供了科学依据。

（2）疾病分布与医疗费用分布。医学实践证明，疾病发病频率为离散型分布，分布形式主要有二项分布、泊松分布和负二项分布三种形式。但以某些特殊疾病为对象的险种由于发病原因复杂，外部条件如特定的地区、气候等的影响相当显著，则需要借助一些复合型的分布来达到预测效果。在发生次数的分布形式确定后，可以用历史数据进行模型拟合和参数估计,并以此为依据来估量风险。

每次发生的医疗费用的分布称为损失分布,它描述每次费用发生的变化规律,其特点是右偏态,带有一条长尾,预示着发生极大医疗费用支付的可能性。健康保险医疗费用损失分布主要包括 Γ 分布、对数正态分布、韦伯分布等。

(3) 健康保险定价的精算假设。短期健康保险产品的定价假设包括疾病率假设(主要为疾病发生率和平均损失额)、费用率假设(含佣金、其他销售费用、固定费用和税金等)和风险边际假设。

长期健康保险产品中经常采用平准费率,因此在此类产品的定价中,除了一年期产品的上述假设外,还需要对被保险人的死亡率、投资收益率、退保率和医疗费用的长期趋势做出假设。

其他影响定价的因素还有保障类型、保障程度和给付限额、逆选择风险、核保方式、除外责任、免赔额、共付比例、国家的法律法规等,这些影响因素的作用不可忽略,需要在保费计算和调整时加以考虑。

4. 健康保险定价所需的统计数据

(1) 外部数据。这是指来自保险机构外部的与业务有关的数据,包括公开发表的有关疾病发生率、各类疾病的实际医疗费用、平均住院天数、平均住院费用等。使用外部数据作为定价依据时必须注意数据的可信度和权威性,以及数据的观察基础是否与定价时的情况一致。

(2) 内部数据。这是指反映保险机构内部各地区、各部门和各类就健康保险业务经营状况的数据,包括承保人数、保费收入、申请索赔的人数、人均申请索赔次数、次均给付金额以及据此计算出的相关数据和指标等。在健康保险经营中相关业务数据的积累和统计分析是精算中非常重要的一项工作。

只有在掌握了大量准确可靠的内外部数据的基础上,才能确定不同风险类别人群的预期索赔率、预期给付金额以及给付率、退保率等保费计算所需的统计资料。

(三) 保证续保产品的特殊性

保证续保健康保险的含义是指保险合同中规定可以保证被保险人续保至规定年数或特定期限。保险人可根据约定随被保险人年龄调整保费,但调整权必须对同一类别的所有保单而不是个别保单行使。

《健康保险管理办法》中规定,保证续保条款是指在前一保险期间届满后,投保人提出续保申请,保险公司必须按照约定费率和原条款继续承保的合同约定。而对于保险期间不超过一年但含有保证续保条款的健康保险,应界定为长期健康保险。对于保证续保健康保险,《健康保险管理办法》还要求明确保证续保条款的生效时间,且不得约定保险公司在续保时有调整保险责任和责任免除范围的权利。

在欧美国家一些成熟市场中，监管规定均要求所有的医疗险提供保证续保条款。保险人可以按照约定随年龄调整费率，另外也可以根据医疗费用的普遍上涨，以及整个被保险人群体的赔付经验，对整个群体调整费率。与此同时，这些市场中的医疗数据搜集和医疗行为都相对规范，有充分且准确的经验数据用于定价，医疗险的定价准确性相对较高。另外，由于提供保证续保条款，医疗险的核保和理赔审核都较为严格。而保证续保条款也起到了鼓励人们从年轻时、健康状况较好时即开始投保的习惯。

由于保证续保健康保险具有长期险的特性，其在定价、准备金提取和偿付能力标准等方面均遵循长期险的精算原理。保证续保健康保险的被保险人通常经过较严格的核保筛选，在投保初期均属于风险较低的人群。而随着年龄的增长，其中一部分人的健康风险可能显著上升。由于保证续保条款不允许保险人拒绝高风险人群的续保，也不允许单独针对高风险的人群提高保费，因此针对高风险人群的较高赔付支出需要依靠低风险人群来补贴，从而达到被保险人整体赔付水平的平衡。而在高度竞争的市场中，这一补贴往往难以实现，因为较低风险的被保险人容易在市场上获得更低价格的保障从而退出其原有的保险计划。针对这一问题，美国考克兰协作组织于1995年提出，通过在投保初期收取"期初额外费用"的方式，作为对未来整体风险提高的准备。这一理论尽管并非尽善尽美，对于数据精度的要求也较高，但仍是目前一些英、美国家保险公司采用的定价原则。

三、产品开发对公司运营的要求

产品开发对于公司运营提出了多方面的要求，具体包括资本金、系统、投资和外部支持等方面。

（一）资本金要求

新产品的退出首先会面临资金约束。对资本的需求取决于承诺的保险给付的"风险性"，不同产品的资本需求差异可能很大。精算师在开发产品时应模拟公司运作，对比发行新保单前后的财务状况，评估公司是否有能力支持该笔业务，以及该业务是否能够满足资本的收益率要求。

（二）系统需求

所谓的系统包括销售管理系统、业务系统、精算系统等。对于与现有产品类似的比较简单的产品，当前的系统几乎不需要修改。而健康保险具有种类繁多，条款复杂等特殊性，因此需要及时对系统进行相应的改进。在产品开发过程的早期应提出相关问题，并会同其他部门评估改进系统的成本和收益。

（三）投资管理

保险条款中的各种保证都会构成保险公司对于客户的负债，对此保险公司应该通过资产负债管理减少保证的风险。在产品开发时，应结合公司的投资管理能力对于产品保证部分的风险进行评估。另外，有些利益虽然是不保证的，但是基于同业竞争甚至是与其他金融机构的竞争，寿险公司和健康险公司有必要采取积极的投资策略，这也对公司的投资管理能力提出了更高的要求。

（四）再保支持

健康保险产品由于其具有的特殊性，在风险管理方面需要更加细致慎重。再保险作为分散风险的一种手段，在风险管理方面能提供许多专业性的支持。在产品开发的过程中与再保险公司合作，获得再保险公司有关未来人口、经济形势因素的判断等方面的支持，对健康保险产品的延续大有益处。

第二节 投资

作为驱动现代保险业发展的"两个车轮"，承保业务和投资业务互相补充，各自发挥着举足轻重的作用。保险公司通过承保端获取保费，通过合理有效的投资获取利润，进而优化承保端，实现保费收入的增加，形成良性循环，有利于保险公司的长期发展。在承保端出现亏损的情况下，保险公司可通过优化投资渠道实现投资盈利，从而实现总体盈利。

一、投资基本原理

（一）资金来源

1. 资本金、公积金、总准备金和未分配利润

为了满足企业开业和运营的要求，以及为了保证偿付能力，各国政府一般都对保险公司的开业资本金规定了最低限额。我国《保险法》第六十九条规定："设立保险公司，其注册资本的最低限额为人民币二亿元。"而为了满足企业扩展业务、增设分支机构的需要，很多企业在设立时的资本额度都高于法定的最低开业资本要求。除开

业时筹集的资本金之外，企业还可能在经营过程中扩充资本金。

资本金除用于开业和开设分支机构过程中的消耗之外，保险企业只有在弥补亏损时才需要动用资本金，因此这部分资金具有较强的稳定性和长期性，可作为保险公司进行长期投资的资金来源。一般情况下，资本金可用于投资的资金是资本金扣除保证金之后的余额，我国目前保证金的比率为20%。

同时，公积金和未分配利润也是保险投资的重要来源。

2. 各种保险责任准备金

各种保险责任准备金包括未到期责任准备金、未决赔款准备金。这部分资金来自保费收入，在没有用于赔付保险金之前，均可用于保险投资，是保险公司重要的资金来源。

3. 保险企业借入资金

保险客户是保险公司最重要的债务人，除此之外，保险公司在某些情况下也会像一般企业一样，出于满足经营过程中资金需求的目的向其他债务人借债，还可以发行债券和次级债。

（二）投资原则

1. 安全性原则

责任准备金是健康险资金的重要组成部分，是人身险公司对被保险人的负债资金，最终要用于对被保险人的赔偿与给付。保证健康险资金运用的安全是其由负债性决定的。如果健康险资金投资资产的安全性较差，就有可能出现投资收不回而导致人身险公司在保险事故发生后付不起赔款或保险金的局面，甚至会导致人身险公司破产。

2. 收益性原则

在满足安全性的前提下，获取一定的投资收益是健康险资金运用的内在要求和根本目的，也是提高其综合竞争力的重要途径。人身险公司的盈利主要来自两个方面，一方面是承保利润，另一方面是投资收益。当前承保利润日益减少，提高健康险资金运用收益水平无疑就是人身险公司生存与发展的基本条件。提高投资收益有利于人身险公司增强自身的实力，从而吸引更多的客户，实现经营的良性循环。

3. 流动性原则

流动性是由健康险资金的特点以及健康险经营风险的不确定性与损失的不确定性决定的。流动性原则要求在任何时候投资项目都能够以合理的价格迅速获得现金以保证各种赔偿与给付。由于保险事故的发生具有随机性，每次的赔付金额也是不确定的，因此资金运用中必须保持足够的流动性，以随时满足保险赔偿和给付的需要。健康险资金投资运用时，并不是要求所有的投资资产都具有流动性，可以将一部分资金分散到变现能力强的项目上,而另一部分资金可投入到收益稳定但变现能力相对较弱的项目上,既保证一定的收益又保证总体上具有流动性。

(三) 投资目标

1. 与负债相匹配的目标

任一机构投资者制定的投资策略,一定要与其负债相对应。而作为负债经营的保险公司,投资的首要目标是能够偿还到期的负债。通常来说,人身险公司的负债主要是各种准备金,其中很大比例为长期责任准备金。因此,人身险公司的投资需要进行一定比例的长期投资。对于短期和即将到期的负债,则需要投资于短期性、流动性强的金融产品。另外,人身险负债在时间和数量上都具有一定的不确定性,这对于资产的流动性提出了一定要求。

2. 盈利的目标

利润最大化是每个现代企业的目标,保险公司也不例外。从国际经验上看,能够聚集大量资金的保险业已经将提供资金管理服务作为其保障服务之外的另一个重要业务支柱和盈利来源。

二、投资策略

为实现投资者的投资目标,需要制定具体的投资策略。在制定投资策略的过程中,通常需要运用到投资组合管理理论以及资产负债管理理论。

(一) 投资组合管理理论

投资组合理论是健康险资金运用风险管理的最基本原理。通常利用收益率的方差或者标准差表示风险的大小。投资组合的整体风险取决于组合中各资产的方差和各资产收益率之间的相关性。对于健康险资金来说,资产投资组合管理就是通过构建和调整资产投资组合,达到以下目的:

一是尽可能地使未来获得的现金流与不同保单可能发生的赔付、满期给付的资金量和期服相匹配;二是有效的分散投资风险;三是在投资风险一定的前提下,使得投资收益最大化。在追求一定的投资收益时,实现投资风险最小化;四是可能的充分利用各投资渠道。

对于健康险公司来说,可以通过各种资产的组合优化实现预期收益。资金运用的系统风险与其预期收益率和所承担的风险成正比,预期收益率越高,系统风险就越大。对于非系统风险,可以利用投资组合原理,实现资产的多样化组合来分散风险。利用投资组合理论,健康险公司可以将资金运用不同的投资对象,根据各投资对象的特征设定不同的投资比例,并根据市场的现状和公司的经营战略及时调整各投资资产的比重,控制投资风险,实现整个投资组合的收益最大化目标。

(二) 资产负债管理理论

资产负债管理理论是伴随着寿险资金运用的实务发展起来的,是关于寿险资金运用和实践的理论。与寿险公司类似,健康险公司的资产负债管理主要是其资产的管理、负债的管理以及两者之间关系的管理,主要包括四个方面:资产与负债的期限结构状况、总量结构状况、资产与负债的内部结构以及资产收益与负债成本是否协调。健康险公司应在充分考虑资产和负债特征的基础上,制定合理的资产组合策略,使不同的资产、负债在数额、期限、性质和成本效益上相互匹配。

资产负债的期限匹配是健康险公司资产管理最重要的内容之一,它要求资金在运用中,短期负债搭配短期资产、长期负债搭配长期资产,负债的赔付时间应该与资产收益的现金流时间上进行合理配置。除了期限匹配外,健康险公司的资产负债管理还包括总量规模、性质和成本收益的匹配。总量规模是指资金运用总量与负债收入总量大体平衡。在考虑投资计划时,需要考虑健康险产品未来的现金流量,使得投资计划有足够的现金流补给。性质匹配是指资产负债的内部结构匹配。资产投资对象需要考虑负债的特点,以满足健康险资金运用的流动性原则。成本收益匹配是指投资收益要满足未来赔付的需要,避免出现利差损的问题。

三、投资的监管约束

保险资金的有效监管是维护保险资金运用秩序,保证保险企业偿付能力,促进保险市场健康发展的重要保证。因此,很多国家都对保险公司资金运用进行一定的监管。中国保监会 2010 年 7 月 30 日颁布了《保险资金运用管理暂行办法》,并于 2014 年 4 月 4 日做了进一步修订,2018 年 1 月 26 日颁布了《保险资金运用管理办法》,保险资金运用的监管新框架和格局已经基本形成。主要内容包括以下几个方面:

一是限制可投资的资产种类;二是限制投资于任何一种资产上的额度;三是要求资产与负债从流动性上匹配;四是对同类风险最大标的数量的限制;五是对资产管理人的资格要求;六是总资产中某一类资产的比例要求;七是要求提取资产负债不匹配准备金;八是对资产与负债不匹配程度的限制。

第三节 准备金评估

保险公司的责任准备金，是保险公司为了履行所出售的保单责任及其相关支出所做的资金准备，是保险公司的主要负债。

保险公司的经营过程与普通企业不一样，其特点是：业务收入发生在先，主要成本支出发生在后。保险公司根据大数法则的原理，承保大量同类的个别风险，并通过管理和运用客户预先缴纳的保费所形成的保险基金，达到分摊损失和分散风险的目的，同时也希望获取提供这种金融服务的商业利润。但是，保险公司的经营是负债经营，而且对保险合同受益人的负债具有很大的不确定性。因此，保险公司的经营者最为关注的问题就是公司对客户的负债究竟有多大。

健康保险准备金是保险公司针对其承担的健康保险业务引起的已有或未来负债而建立的基金。健康保险承保的风险具有变动性和不易预测性，加上同时具备寿险和财产保险的一些特征，因此健康保险业务的准备金也具有其特殊性。对于精算师来说，必须对各类健康保险准备金做出准确恰当的估计并在此基础上按照法定或通用会计准则对保险公司的负债或责任做出合理的评估。一般情况下，将健康保险准备金分成三类：赔款准备金、保单准备金和保费不足准备金。

一、健康保险准备金评估的影响因素

健康保险责任准备金的评估过程实际上是根据过去的经验状况对未来的赔付情况来进行的预测。但仅依靠历史数据预测未来赔付情况只能是初步的、粗略的估计，尤其是在数据质量、完整性受到限制的情况下，未来赔付支出的预测结果将受到严重质疑。

因此，负责健康保险准备金评估的精算师必须对影响健康保险准备金评估的各种因素十分清楚，包括内部因素和外部因素。

（一）内部因素

影响健康险业务责任准备金评估的内部因素主要包括：业务的组合与规模、承保标准、费率水平、保单条件、索赔处理、延迟模式。其中，承保、费率、保单条件及索赔处理因素，保险公司可以较好地控制，而业务组合与规模则受到市场环境的制约，只能得到部分的控制。

1. 业务组合与规模

在评估责任准备金时，精算师应充分了解业务组合、业务构成特征，并时刻关注它们的变化情况。

2. 承保标准

承保标准的变化会引起险种风险特征的改变，从而改变索赔频率和平均索赔成本。如果降低承保标准会扩大业务规模，但会增加索赔频率和提高平均索赔成本。相反，如果提高承保标准，则会缩小业务规模。承保标准的改变带来的影响难以量化，但在评估准备金时应考虑它对准备金带来的影响。

3. 费率水平

它的改变可看作是承保标准改变的一部分。

4. 保单条件

提供健康保险业务的保险公司可以通过在保险合同中设置等待期条款、免赔额及可调整费率条款。而这些保单条件的设置都会对责任准备金的评估产生一定的影响。

5. 索赔处理

保险理赔直接关系到最终赔付额的支出，对责任准备金有着重要的影响。

6. 延迟模式

理赔延迟是产生赔款准备金的最主要原因，也是评估赔款准备金的复杂性和技术困难的原因。赔付延迟随险种的不同而不同，有长尾业务与短尾业务之分，但赔付延迟还与保险公司的事故报告机制和理赔管理水平直接有关。选择不同的精算模型和方法来评估赔款准备金，会产生不同的评估值，在评估时应充分考虑该因素的影响。

此外，准备金评估还受到再保险类型、再保险摊回赔款是否能够实现、自留额等因素的影响。评估准备金时应对再保前业务和再保后业务分别评估，确定再保险对准备金的影响。

（二）外部因素

影响健康保险责任准备金评估的外部因素主要包括：通货膨胀和其他经济因素、法律、政治及社会因素、重大传染流行疫病、会计准则等保险公司无法控制的因素。

1. 通货膨胀

通货膨胀对赔付成本有着较大的影响。当通货膨胀率较高，未来赔付支出也会相应增加，因此，在评估责任准备金时，必须要考虑通胀因素，尤其是对未决赔款准备金的估计。许多估计未决赔款准备金的方法都明确包含了通货膨胀的处理，有些方法虽没有明确提出通胀的假设条件，却隐含了通胀趋势的考虑。

2. 其他经济因素

其他经济因素主要指承保周期、投资收益、汇率等除通货膨胀以外的经济因素。

3. 法律、政治及社会因素

它们是造成索赔延迟和平均索赔成本变化的重要原因。

4. 重大传染流行疫病

该因素是造成健康险业务巨灾和潜在索赔的主要原因。

5. 会计准则

会计准则的变更会对准备金的评估产生重大影响。不同的会计准则基础，对准备金评估要求的谨慎程度会有所不同。

二、赔款准备金评估

赔款准备金是指保险人对在保单有效期内已发生但尚未理赔的保险事故未来的赔偿和给付提取的准备金。对于健康保险公司来说，给医疗提供者的人头费支出也属于赔款准备金。赔款准备金包括已发生已报告未决赔款准备金和已发生未报告未决赔款准备金。

在计算健康保险的赔款准备金时，需要关注以下假设（不仅仅限于这些假设）：季节性影响，实际赔付经验与表定准备金的混合，根据失能原因修正表定准备金，其他失能收入保障条款，失能收入冲销，生活费用成本调整等。

（一）季节性影响

某些类型的保单在不同季节的理赔成本有很大的差异。对于这种情况需要多年的数据以便合理估计出季节性因素的影响，然而保险金水平的改变、保险条款的变更及其他趋势的变动也会对季节性因素的作用产生影响。因此，实务中通常只对已有多年的业务，并且这些业务的保险利益结构未发生显著改变的保险合同考虑季节性影响因素。

（二）实际赔付经验与表定准备金的混合

对于表定准备金而言，承保人通常需要对其根据行业经验数据进行信度估计，以得出一个可以反映承保人经验信度的合适准备金水平。保险人可以根据自身的经验数据的信度及监管机构的允许程度范围以内对表定准备金进行修正。对表定数据进行的任何修正，最终都将需要进行准备金充足性测试以检验此修正是否恰当。精算师必须要保证保险公司在毛保费评估的情况下持有充足的准备金。

（三）根据失能原因修正后的表定准备金

有些保险公司根据自身的经验数据得到了特定原因导致的失能后的终止率数据，

不同原因导致失能的被保险人索赔时的终止率会存在较大差异，而不同的索赔终止率对赔款准备金也会产生不同的影响。因此，保险公司可以根据自身经验数据得到的导致失能的不同原因对表定准备金进行修正。同样地，根据失能原因对表定准备金进行的任何修正，最终也需要精算师进行准备金充足性测试以检验此修正是否恰当。

（四）失能收入冲销

我国健康保险市场上目前失能收入保险产品较少，但在保险市场发达的美国、加拿大等国家，有着众多的失能收入保险产品。在美、加两国，不仅商业保险公司会向民众提供商业失能收入保险，甚至连社保等机构都为其所覆盖的特定人群提供一定的失能收入保障。而通常商业保险公司在设计失能收入保险时为防范道德风险，会将保险金额设定在被保险人失能前收入的75%以下。并且保险合同条款中会明确规定不允许被保险人重复保险以在失能后从多个保险人处获得高于失能前的收入水平。因此，对于被保险人可从多个渠道获得失能给付的情况下，这些向该被保险人提供失能给付的保险人在确认赔款准备金时都要减去失能收入冲销这部分。

（五）生活费用成本调整

对于有生活费用成本调整附加险的保单的赔款准备金，通常需要考虑过去及将来生活费用成本递增的趋势。不过，目前没有法定最低标准规定通货膨胀假设。

（六）对于非失能险的表定准备金的调整

对于失能收入保险之外的其他健康保险，保险人往往也会根据自身的实际赔付经验或由于合同条款的改变导致未来可能出现的赔付预期的改变，对表定准备金进行一些调整。同样地，这些修正调整，都需要进行准备金充足性检验以证明这些修正调整是恰当的。

三、保单准备金评估

保单准备金是指为了履行健康保险合同未来的给付责任而提留的准备金。所有的个人及团体健康保险保单，只要保险人对该保单未来的期望赔付金额现值大于保险人在未来可从被保险人处收取的净保费期望现值时，就需要对此保单提取保单准备金。

保单准备金通常在长期保险中体现为保险人所收取的保费与当年的保险成本不相匹配所造成的。例如，对于诸如个人失能收入保险、长期护理保险、医疗保险来说，均有根据投保年龄不同而设置的费率。长期健康保险通常提供保障至被保险人一定年龄（60周岁或65周岁）或终身，而且自签发保单之日起按投保时年龄对应的费率收取平准保费。由于健康保险给付成本随年龄的增加而上升，所以如同长期寿险那样，需要提留附加准备金，其数额等于未来给付的精算现值和未来保费的精算现值之差。不可撤销或保证续保保单若采用平准费率，则相当于长期健康保险保单，也需要按类似的原理提取责任准备金。对于短期健康保险，只要保险公司在评估日后负有承担保险金给付的责任，就需要提取保单准备金。

由于健康保险的特殊性，其在提取保单准备金时需要特别关注以下假设因素：

（一）通货膨胀率

通货膨胀率的增加必然会引起健康保险公司的未来健康保障成本的上升，进而导致健康保险公司提取更多的准备金。

（二）疾病发生率表的选择

在一些健康保险市场比较发达的国家，通常保险监管部门会发布疾病发生率表，也会规定某些健康保险合同评估时必须采用规定的疾病发生率表。

（三）未来疾病发生率提高

精算师在评估保单准备金时，尽管需要采用对未来经验的最佳预测的假设，但不能假设未来疾病发生率改善。

四、保费不足准备金

健康保险准备金评估时如果某保单的未来保险收入加上对该保单已提取的责任准备金不足以保障对该保单的在剩余合同期间内的赔付（含理赔费用），则应按其差额提取保费不足准备金。在计提保费不足准备金时，需要考虑某些情况下可能存在人为缩短合同期间（比如退保）或人为延长合同期间（如对于提高费率的监管限制）。通常采用毛保费评估方法来计算保费不足准备金。

对于健康保险公司的某些纯管理型服务业务来说，当未来的管理费不足承担保险公司在未来将为此管理业务所支出的费用成本时，需要按照与提取保费不足准备金类似的方法提取相应负债。

第四节　偿付能力评估

对于经营健康保险业务的保险公司来说，其在向客户提供健康保险收取保险费的同时，也向客户承诺了在客户发生约定保险事故时给付保险金的责任。为对其所作承诺提供必要的保证，保险公司必须要为其健康险业务保留足够的资本，从而可以满足清偿被保险人的需要。因而对于经营健康保险业务的保险公司，需要在其日常运营中定期对其资本充足性进行评估，而资本充足性对于监管机构而言，反映为保险公司的偿付能力评估。

保险公司偿付能力是指其履行保险合同约定的赔偿或给付责任的能力。保险公司必须具有足够的偿付能力，才能保障被保险人，增强投保人的信心。保险监督管理部门对于保险公司偿付能力监管分为两个层次：一是正常层次的监管。从理论上讲，如果正常年度没有巨灾发生，只要监管保险公司厘定适当、公平、合理的保险费率，自留与其自有资产相一致的承保风险，并提足各项准备金，使保险资金增值，保险公司就有足够的资金应付赔偿和给付，维持其偿付能力。二是偿付能力额度监管。在非正常年度，保险公司可能发生巨额支付，使实际赔偿或给付超出预定额度。此外，投资收益偏离预期目标、定价和准备金的精算假设与实际经历产生偏差等，都会危及保险公司的偿付能力。这就要求保险公司能够保证其实际资产减去负债后的余额经常保持法定的最低额度，以应付可能产生偏差的风险。

一、世界各国偿付能力监管体系概述

世界各国偿付能力监管大体分为三种类型：美国型、欧盟型和原日本德国型。

（一）美国型

属于这种类型的主要有美国、加拿大等，其特点是政府实施两个层次全方位的偿付能力监管，政府既负责条款、费率，又负责最低偿付能力额度。其监管主要通过分析各类监管报表和现场检查来实现，采取的主要手段有保险监管信息系统（IRIS）、财务分析和偿付能力追踪系统（FAST）、风险资本（RBC）和现金流量分析。

（二）欧盟型

属于这种类型的主要有欧盟各国、澳大利亚、新加坡等，其特点是政府不直接干预保险公司的承保和投资，偿付能力监管的重点在第二层次，即偿付能力额度监管，政府通过立法，严格规定资产和负债的评估办法，间接控制第一层次。

（三）德日型

属于这种类型的主要有1996年以前的日本和1994年7月1日欧共体保险市场一体化前的德国，其特点是除一些特别保险外，保险市场都执行统一的保险条款和保险费率,禁止保险市场价格竞争,政府主要执行第一层次的偿付能力监管,即监管保险条款费率,以及各项准备金的提存和资金运用,不监管保险公司的最低偿付能力额度。

通过上述比较分析可以看出,世界各国在进行偿付能力监管时出现两个趋势:一是强化第二层次,弱化第一层次的监管;二是重视动态的偿付能力监管。

二、我国偿付能力评估体系

我国在建立偿付能力监管体系时,选择了以"英国型"为主要参考模式。"英国型"监管体系用简单的方法较为合理地处理了复杂的风险状况,而且实施这种监管所需的信息均可直接从现有的财务报表、监管报表和精算报表中获得。信息来源充足准确,操作方法便捷,恰好满足了我国监管体系建立初期的需求。

(一) 第一层次监管

在第一层次——正常层次的监管方面,监管主要体现在对保险费率的监管,规定准备金的提存,规定保险公司对个别风险自留额和全部风险自留额这三个方面上。

(二) 第二层次监管

在第二层次——对偿付能力额度的监管方面,《保险法》规定:"保险公司的实际资产减去实际负债的差额不得低于金融监督管理部门规定的数额。"据此,中国保监会在《保险公司管理规定》中规定如下:

1. 评估实际资产价值

健康保险公司各类资产在资产负债表上的价值乘以其认可比率等于该类资产的认可价值,各类资产的认可价值之和等于实际资产价值。

2. 评估负债和计算实际偿付能力

负债方面,中国保监会颁布的偿付能力编报规则也对此作了明确的规定。其中明确了"除对资本性负债进行特别规定外,保险公司的各项负债和对外保证担保形成的或有负债为认可负债"以及"保险公司的各项负债应当以账面余额作为其认可价值,本规则另有规定的除外";同时,对于目前保险公司普遍发行的次级债,规则中也详细规定了其负债的认可标准。另外,编报规则突出了再保险对于偿付能力影响的重视,将再保险准备金从总准备金中剥离开,作为资产项目放入应付再保准备金科目中,这样能够更加清楚地显示出再保险对于公司偿付能力额度的影响。

3. 计算最低偿付能力额度

对于短期健康险和短期意外险最低偿付能力额度的计算方法与财产险相同:首先

分别按保费法和赔款法计算最低偿付能力额度,然后将其比较,取其中较大的一项作为该公司的最低偿付能力额度。而对于长期健康险和长期意外险的最低偿付能力额度计算,参照长期寿险的最低偿付能力额度计算方法。健康保险公司的最低偿付能力额度等于其长期业务的最低偿付能力额度加上其短期业务的最低偿付能力额度。

4. 评估偿付能力的充足性

计算出实际偿付能力和最低偿付能力额度后,就可以评估偿付能力的充足性。如果一家健康保险公司的实际偿付能力大于最低偿付能力额度,就被认为偿付能力充足;反之,就被认为偿付能力不足。对于实际偿付能力不足的情况,根据其严重程度,分别采取不同的处理方式。

三、实施"偿二代"对中国健康保险产品的影响

(一)"偿二代"简述

2016年1月,中国保监会正式颁布了《中国保监会关于正式实施中国风险导向的偿付能力体系有关事项的通知》,第二代偿付能力监管制度(以下简称"偿二代")正式实施。"偿二代"全称"中国风险导向的偿付能力体系",英文简称是C-ROSS,是基于中国保险市场独特的现实情况提出的。

中国"偿二代"在采纳国际通行的二支柱框架的同时,在风险分层理论、二支柱的逻辑关联、资产负债评估框架、寿险合同负债评估、风险管理要求与评估(SARMRA)、风险综合评级(IRR)、市场约束机制等多个方面,充分体现了中国新兴保险市场的特征,具有中国的原创性贡献。多轮定量测试结果表明,中国"偿二代"是一套科学的监管体系,实现了预定的建设目标。

随着中国对外开放和市场化改革的深入以及"偿二代"实施,中国保险市场将更开放、更有效率,对全球保险市场的持续发展和国际保险监管规则的建设,都将产生积极的影响。

(二)"偿二代"核心要素

1. "偿二代"核心目标

官方口径"偿二代"的建设目标有三个:一是科学全面地计量保险公司面临的风险;二是守住风险底线,确定合理的资本要求;三是积极探索适合新兴市场经济体的偿付能力监管模式,为国际偿付能力监管体系建设提供中国经验。

从市场的角度看,"偿二代"最重要的使命是保障中国保监会"放开前端、管住后端"的监管思路,在国内金融业进一步推进市场化改革的背景下,"偿二代"既是

中国保险监管的重大改革,又承载着"实现资本监管体系全面转型"的重任。

2."偿二代"核心手段

"偿二代"核心是"三支柱"的监管体系,包含了定量监管、定性监管和市场约束。

定量资本监管要求是第一支柱,主要防范能够量化的风险,通过识别和量化各类风险,要求保险公司具备与其风险相适应的资本。主要包括五部分内容:量化资本要求、实际资本评估标准、资本分级、动态偿付能力测试和部分监管措施。

定性监管要求是第二支柱,是在第一支柱的基础上,进一步防范难以量化的风险。主要包括四部分内容:风险综合评级、保险公司风险管理要求与评估、监管检查和分析以及第二支柱监管措施。

市场约束机制是第三支柱,是引导、促进和发挥市场相关利益人的力量,通过对外信息披露等手段,借助市场的约束力,以及监管部门第三支柱监管举措加强对保险公司偿付能力的监管。

(三)"偿二代"对中国健康保险产品开发的影响

在"偿一代"的框架下,以高保证利率或承诺高结算利率的万能险为代表的高现金价值产品,并没有额外的资本要求,而在"偿二代"的框架下,这些产品的资本占用明显提高,保险公司很可能会考虑减少相关业务。因此,公司需要平衡好产品类型、业务规模、营业利润和承担的风险之间的关系,合理制定公司的业务规划。

但这并不意味着,在"偿二代"下健康保险产品的期限越长越好。因为影响保险公司偿付能力的因素很多,并非只有新业务内含价值一项。销售长期限的保障型产品,确实会由于新业务价值较高,会对保险公司的资本溢额产生正的影响,但如果缺少久期匹配的资产项目,也会产生较大的利率风险,进而影响保险公司的偿付能力。

所以,"偿二代"对于健康保险公司负债端的影响不会是单方向的,保险公司需要结合自身实际做出更加综合的考虑,考虑的因素包括资产策略、产品策略、资本管理策略以及风险管理的最终目标等。

第五节　内含价值评估

内含价值评估是国际上使用较多的评估方法,内含价值是指在不考虑公司未来新业务销售能力的情况下现有公司的价值,可视为寿险公司进行清算转让时的价值。内含价值是对一个寿险公司的经济价值的估计,不包括未来新业务产生的价值,直接反映寿险公司当前的经营成果。

一、健康保险业务内含价值评估的必要性

中国保监会于 2005 年颁布了《人身保险内含价值报告编制指引》，其中明文规定，为科学衡量人身保险业的发展状况，建立统一的价值评价标准，完善保险公司信息披露制度，所有人身保险业务，包括：人寿保险、年金保险、意外伤害保险和健康保险必须按期向保监会报告其内含价值。我国健康保险业务使用内含价值法进行评估的必要性体现为以下四点：

第一，当前只有内含价值的方法才能较为准确地反映出我国健康保险公司的价值。由于我国缺乏繁荣的公开市场和足够多的同业对比，无法使用市场法进行价值评估，并且专业健康保险公司成立时间相对较短，使用内含价值评估可以避免年限较短导致的自由现金流不足的缺陷。

第二，通过内含价值法形成的内含价值报告，管理人员不仅能知道公司的内含价值，更能从其中获得投资收益率之类重要的信息，并且识别影响公司价值较大的信息。它们将在近期或者未来对公司产生较大影响。此外，公司管理层还可以借此按重要性对行动进行排列，以帮助制定战略决策，例如，产品组合、分销渠道、市场选择、是否退出等，并估算管理决策和行动对于未来的影响。

第三，使用内含价值评估，通过对利率、通货膨胀率、死亡率、疾病率、医疗费用上涨等假设的敏感性分析后，可以对市场的发展做出合理的预测。

第四，在内含价值评估的过程中，还可从显示出公司下属各子公司或二级机构的价值创造能力，公司可以据此合理进行资源配置，将更多的资源投入未来有希望的业务或机构，从而实现整个公司的更好更快的发展。

二、健康保险业务内含价值评估原理

内含价值是指在充分考虑总体风险的情况下，适用业务对应的资产未来产生的收益中可以分配给股东的利益的现值。内含价值的计算公式为：

内含价值 = 调整后资产净值 + 有效业务价值

由于健康险业务中的仅有长期险期缴业务能够带来未来的现金流，因此计算的有效业务价值即是长期险期缴业务在评估日之后带来的利润贴现值。对于短期业务和长期趸缴业务，所有续保可以视为新业务进行处理。

因此，健康险业务的内含价值 = 该业务调整后资产净值 + 长期健康险期缴业务扣除偿付能力额度成本之后的有效业务价值。

三、健康险业务内含价值评估的步骤

（一）保单分组

一项健康保险业务拥有了大量的健康险保单。最简单的方法就是将这些保单按照各种指标（如根据投保人的年龄、性别、险种、投保期限等）进行分组，这样可以简化计算，并且不降低评估的准确性。但是如果要处理那些保单数量不多且分组指标又比较笼统的分组时，这里面的数据就不能充分反映现实了，有必要对该分组进行再次细分。

健康险保单分组可以先根据缴费期限的不同进行分类，分为期缴业务和趸缴业务。由于长期健康险种能够给保险人带来长期稳定的保费收入，因此它将成为内含价值评估的重点。在将保单按照缴费期限分类以后，可以根据健康保险的特性按险种、团体险或个人险、投保人年龄性别等标准进一步细分，从而形成具有代表性的模型单元。每个模型单元类似一个典型保单，它凝合了该同质保单组最主要的运行特征。对该模型单元根据这组保单的特征设定各种参数，模拟其实际运行状态，即可测定该组所有保单未来的现金流状况。

（二）参数设定

模型单元构造完毕以后，就需要对影响各个模型单元现金流的参数进行假设，假设分为精算假设和经济假设。精算假设主要是为目标健康险业务自身情况设定假设，包括：死亡率、疾病率、续保率、退保率、费用率和准备金假设等，经济假设则是对整个行业和经济大环境设定，包括风险贴现率、医疗费用增长、承保周期、利率选择等。上述假设除了准备金假设采用法定评估准则外，其余的假设都采用最优估计。其中，疾病率、医疗费用上涨、承保周期和续保率是健康保险所特有，或对健康保险业务的影响相对较大。

（三）对未来利润进行预测并贴现

在各项参数假设确定以后，就可以编写有关的计算程序或使用精算软件（如TAS、Prophet），对各个保单分组进行未来现金流的模拟，并据此预测出未来各个年度的利润情况。将它们按照已经设定的风险贴现率贴现到评估时点加总，便可得到现有业务价值。

（四）调整后资产净值

调整后资产净值一般是指按市场价值计价的资产减去负债，包括最低偿付能力的要求。该净值是健康险业务的法定资本和盈余、资产评估准备金、自主投资准备金、保单分红责任这四项的总和。

（五）变动分析

计算出内含价值的数值后，评估并没有结束，如果不对内含价值进行变动分析，内含价值的计算几乎毫无意义。通过对比本期的评估结果与上期的评估结果并分析引起其变动的原因，可以清楚地看出哪些因素为健康险业务创造了新价值，哪些因素减少了健康险业务的价值，为公司改善健康险业务经营提供依据，帮助公司在决策时朝着增加公司价值的方向发展。这应该是内含价值评估的本意之所在。

（六）敏感性测试

在主要计算过程完成后，必须对所采用的各项假设进行敏感性测试，目的在于测试各种因素（利率、赔付率、死亡率、费用率、续保、责任准备金评估基础等）的变化对健康险业务内含价值的影响，确保所用的假设对应于不同的经济环境和业务经营状况是合理的。一方面，有助于了解、检测风险，使得公司能及时采取有效措施进行防范，实现健康险的稳健经营；另一方面，有助于公司在决策时朝着增加公司价值的方向发展。

四、内含价值评估的局限性

然而，内含价值法本身是有一定缺陷的，并且在我国刚刚兴起，应用并不多，因此，实际操作中会遇到很多困难。

（一）内含价值评估计算过于复杂、深奥

内含价值的计算是一项系统工程。不仅需要来自健康保险公司内部大量的数据，而且对评估人员要求极高。因此，内含价值评估很多情况下只是流于形式，不少公司只是草草地计算、敷衍了事，而一般的小型保险公司甚至没有实力可以计算出其内含价值，此外，如此复杂的方法不利于股东的理解。

（二）内含价值法对风险考虑得较少

为了更多地增加内含价值，管理层很可能将资产更多投向收益与风险都较高的资产，如果用于评估内含价值的风险贴现率没有相应的变化的话，内含价值仅仅是由于高风险资产替换低风险资产而增加的一种假象。若是公司资产面临的风险增大却没有及时调增风险贴现率，会使得健康保险公司的内含价值虚增。

(三) 内含价值法对于假设参数比较敏感

内含价值的假设参数包括疾病率、通货膨胀率、残疾率、风险贴现率、死亡率、投资收益率、医疗费用上涨等诸多假设，而这些假设参数的设定主要都由精算师或其他评估人员选取，假设条件稍稍变化都有可能引起内含价值的巨大变化，不同的人会给出不一样的假定。另外，使用内含价值法进行价值评估时，精算师们必须根据现实情形对精算假设进行更新和修改，从而反映出最新的状况，因此，可能数年之内公司的内含价值可能会出现不小的变动。

(四) 敏感性分析无法充分衡量公司所面临的风险

由于内含价值法中很多假设之间都是紧密联系的，敏感性分析是以一种离散的方法体现公司的风险。对于某一假设的敏感性分析未能真正估计出健康保险公司在未来将取得的盈利和所面对的风险。

(五) 对健康保险内含价值法理解不够

我国投资者对健康保险缺乏足够的了解，对内含价值法的理解更是有限，同时，我国本身精算教育兴起时间较短，国内就健康保险价值评估的研究显得有些缺乏。

本章小结

本章从产品开发、产品投资、准备金评估、偿付能力评估和内含价值评估五方面阐述了健康保险产品运行的一般机理。第一节从产品开发的主要环节和对公司运营的要求两方面阐述了健康保险产品开发的注意事项，同时也是健康保险产品创新的基础内容。第二节从投资的基本原理、投资策略、投资监管约束三个层面阐述了健康保险产品投资的相关内容。第三节从准备金评估的影响因素、赔款准备金评估、保单准备金评估和保费不足准备金评估四方面阐述了健康保险准备金评估的分类及主要内容。第四节从世界各国偿付能力监管体系入手，详细阐述了我国偿付能力评估体系及实施"偿二代"对我国健康保险产品的影响。第五节从健康保险内含价值评估必要性、内含价值评估原理、内含价值评估步骤以及局限性四个层面阐述了健康保险内含价值评估的各项内容。本章在书中起到承上启下的作用，承接健康保险产品的各项理论基础，同时开启下面四章分险种阐述的产品运行机理。通过本章内容，读者可以对健康保险产品的设计思路和经营脉络有一个清晰的认知和了解。

思考题

1. 健康保险产品开发应该注意些什么?
2. 请叙述健康保险产品的保费制度。
3. 健康保险产品开发对公司运营的要求有哪些?
4. 健康保险产品的投资有哪些需要关注的问题?
5. 健康保险产品评估包括哪些类型?
6. 健康保险产品的准备金评估包括哪些层面?
7. 各国健康保险产品的偿付能力评估有哪些异同?
8. 健康保险产品内含价值评估的原理是什么?

第四章

医疗保险产品运行机理

第一节 保险基本特征

一、医疗服务定义及特征

医疗卫生实践中将医疗服务定义为：医疗服务机构对患者进行检查诊断、治疗康复和提供预防保健、接生、计划生育等方面的服务，以及与这些服务相关的提供药品、医疗用具、病房住宿等的业务。医疗服务属于服务业的范畴，当然，它也具有自己特殊的属性。

（一）专业性很强

从医疗服务人员来看，他们经过多年严格的医学教育，具备扎实的专业知识和技术水平，才能为医疗消费者提供某一种类型的医疗服务；从医疗服务流程来看，医疗服务的流程复杂多变，分工细，涉及多学科、多部门，需要医疗机构内部各个方面的广泛配合与协作才能共同完成任务；从医疗设备设施和医学技术来看，医学总是处于科学技术的前沿，医疗机构的设备设施通常都具有高科技的特征。

（二）提供方主导

由于高度的专业性，医疗服务提供方与接受方存在严重的信息不对称，医疗服务提供方通常处于主导地位,而接受方并不具备专业的医疗知识,需求带有较大的波动性,唯一能做的就是遵照医嘱,双方未形成积极有效的互动关系。因此,医疗服务提供方的决策成为服务接受方能否合理选择医疗服务项目的关键。

(三) 差异性大

医疗服务的每一项措施都是针对一个具体的人,而人体是一个复杂的系统,每一个人都存在着个体差异,使得医疗服务模式和服务手段具有个性化的特点。同一类患者的不同患病时期或者同一种疾病类型的不同患者,在临床症状、生理体征、生化指标、心理状况等方面都有可能存在很大差异。

(四) 高风险性

第一,从服务对象看,医疗服务的供给涉及人的健康和生命,每一个服务对象都具有特殊性,存在个体差异;第二,由于疾病谱不断变化和发展,难以预测其趋势和结果,导致疾病的阶段诊断和康复概率很难准确预测;第三,从医学本身看,医学科学的发展也有一定的局限性,疾病的诊断和治疗有其模糊性和经验性,一些治疗手段和药品存在一定的毒副作用。

(五) 费用支付多源性

人的一生都有可能遇到难以预测的突发性重大疾病风险,个人和家庭往往难以短期内筹措并支付高额的医疗费用,需要通过政府再分配或者医疗保险来解决支付问题。来自家庭的代际转移、企业的疾病补贴和政府的二次分配丰富了医疗费用的支付途径。

(六) 社会性

医疗服务界定了基本医疗保险的待遇范围,为职工提供基本的医疗保障;合理控制了基本医疗保险基金支出,使有限的基本医疗保险基金发挥最大的效用。高标准的医疗服务不仅有利于提高我国公民的健康水平,维护公民的基本权利,而且有利于我国社会目标和经济目标的实现。

二、医疗保险[①]常见保险条款

医疗费用分摊条款是医疗保险常用条款之一,通常采用免赔额和比例赔付两种形式,国内常用的医疗费用分摊方式主要有以下几种。

---

① 依据《健康保险管理办法》关于医疗保险的定义,是指以保险合同约定的为被保险人接受医疗、康复等费用支出提供保障的保险。在实际中,根据产品的不同,保障范围也有所不同。

（一）免赔额

免赔额是指在保险事故导致的损失中由被保险人自己承担的金额。被保险人发生的医疗费用在免赔额以下的部分由自己承担，超额部分由保险人补偿。具体形式包括每次事故固定金额免赔、每次事故固定比例免赔、日历年度固定金额免赔和日历年度固定比例免赔。

（二）比例给付

保险人对超过免赔额的部分按照约定的比例给予赔偿，如80%，剩余的20%则由被保险人承担。

（三）限额给付

不论被保险人在保险期限内一次患病还是多次患病，保险人只对该限额内的医疗费用予以补偿，当实际医疗费用超过规定限额后，超额部分不予补偿。

（四）保证续保条款

保证续保条款是指在前一保险期间届满后，投保人提出续保申请，保险人必须按照约定费率和原条款继续承保的合同约定。含有保证续保条款的医疗保险产品，应当明确约定保证续保条款的生效时间。含有保证续保条款的医疗保险产品不得约定在续保时保险人有调整保险责任和责任免除范围的权利。目前，市场上的医疗保险的保证续保条款可以分为三类。

1. 首年保证续保条款

含有首年保证续保条款的保险产品，只要被保险人通过首年的投保审核，便可直接享有保证续保权。续保时，保险人不得因被保险人的健康状况发生变化而拒绝其继续投保，或者对个人提高保险费，增加除外责任，但是保险人有时会规定一个保证续保权终止额度，超过了这个额度，就不再保证续保了。

2. 准保证续保条款

少数保险公司推出了3年后可以申请保证续保的医疗保险，即消费者投保的前3年，投保人年年核保，如果被保险人通过核保，便可在3年后申请每年保证续保。这样，保险人可以避免道德风险，消费者也能获得长期、稳定的保障。

3. 每5年保证续保条款

目前，大部分医疗保险将保证续保期限设置为5年，即如果消费者连续投保医疗保险产品满5年，经保险人重新审核并同意继续承保后，保证续保期间将再延续5年。

三、医疗保险显著特征

从精算的角度看,医疗保险的特征如下。

(一) 医疗保险金的给付具有补偿性

医疗保险与其他类型健康保险所具有给付性质不同,医疗保险金的给付表现为补偿性。补偿是对被保险人因疾病或意外事故导致的伤残医治所发生的医疗费用支出和所发生的其他费用损失给予经济上的补偿。

(二) 医疗保险的保险费计算和责任准备金的提存方式与其他保险不同

由于医疗保险的补偿性,保险人预期赔付是不确定的,所以保费计算与责任准备金的提取依赖于对将来医疗保险损失的准确预测。

(三) 医疗保险索赔率的预测难度大,费用难以控制

每个人都会遇到疾病风险,有的人甚至会多次遇到这种风险,但医疗保险索赔率波动大,较难预测,每个人每次医疗开支也会存在较大差距。因此,医疗保险相对于其他保险项目来讲,其风险的预测和费用的控制是一个重要问题。

第二节 医疗保险产品形态

一、根据保障的费用项目和补偿内容分类

(一) 基本医疗保险

基本医疗保险又称为"普通医疗保险",负责补偿被保险人因疾病或意外伤害所导致的基本医疗花费,保障额度较低,一般在几万元左右,基本的保险责任有住院医疗费用保障和手术医疗费用保障。

(二) 综合医疗保险

综合医疗保险又称为"大病医疗费用保险",能对合理的、必需的常规医疗费用

进行补偿，不管在项目范围还是补偿程度上都远远超过基本医疗保险。所谓"合理的、必需的常规医疗费用"是一个相对的范畴，具有变动性、地域性和阶段性特点，在不同时期、不同地区有不同的标准和内涵。保险人一般讲该标准作为该医疗服务费用的最高给付额，但当实际花费低于这一标准时，则按照实际医疗费用给付。

（三）补充医疗保险

基本医疗保险和综合医疗保险都可以作为社会医疗保险的替代品，但当投保人只需要特定的医疗费用保障时，补充医疗保险应运而生。常见的补充医疗保险产品有：

1. 住院津贴保险

保险金的给付不以被保险人的实际住院费用为基础，而是根据住院日数按日给付住院津贴，或根据手术等治疗项目的使用次数按次给付治疗津贴。

2. 补充型高额医疗费用保险

补充型高额医疗费用保险的投保人是已有公营或私营基本医疗保险保障的团体或个人，保险责任是对基本医疗保险支付限额以上，合理的、必需的医疗费用按一定比例进行补偿。

3. 特殊疾病医疗保险

以被保险人罹患特定疾病为保险事故，当被保险人被确诊为患有某种特定疾病时，保险人对被保险人治疗该病的医疗费用进行补偿，以满足被保险人的经济需要。

4. 特种医疗费用保险

特种医疗费用保险一般包括牙病、处方药、眼科检查和视力矫正、器官移植和意外伤害医疗保险。

二、根据给付性质分类

（一）费用补偿型医疗保险

费用补偿型医疗保险是指根据被保险人实际发生的医疗费用支出，按照约定的标准确定保险金数额的医疗保险，其给付金额不得超过被保险人实际发生的医疗费用金额。市场上的普通住院医疗保险产品大部分是补偿型，一般有一定的比例给付，给付时要求及时准确地确定医疗费用。

（二）定额给付型医疗保险

定额给付型医疗保险是指按照约定的数额给付保险金的医疗保险，保险人按照被保险人住院天数以及手术项目给付保险金，保险金的数目按照住院天数以及手术项目的不同而定。这种给付方式一般不需要提供医疗费用单据，保险人只要按照合同规定的补贴标准，对投保人进行赔付，而且和其他社会医疗保险的给付不发生矛盾。

由于国内市场的定额给付型的保险常称为"住院津贴/补贴保险"，被保险人因疾病经医院诊断必须住院治疗的，在扣除免赔天数后开始给付住院日额保险金。由于保险人能够对定额给付型医疗保险产品进行比较好的风险控制，该类产品成为目前国内商业健康保险市场上比较成熟的销售较好的医疗保险产品。

第三节　医疗保险定价因素

一、医疗保险精算特点

医疗保险精算是指利用精算学的基本原理对医疗保险经营管理中的保险费和责任准备金等进行的科学测算。虽然医疗保险在分类上归属于人身保险，但其保费测算过程具有较多的非寿险精算的特征，具体表现在：

第一，医疗保险是用发病率（确切地讲是医疗服务利用率）来测算保险成本，而不是寿险精算中的死亡率。

第二，每一次索赔平均赔付额的估计在医疗保险中更加困难，所以保险机构必须用疾病发生的有关数据预测赔付的频率和每一次赔付的预期数额，为了测算某一医疗保险计划的纯保费必需假定两项，一是赔付的频率，二是平均赔付额。

第三，由于大多数医疗保险的保险期限较短，对投资收益和利息的考虑不如寿险精算重要，但对保险费测算结果的监测和调整非常重要。

二、医疗保险定价原则

医疗保险保费测算的基本原理是收支平衡原理，即对保险人而言，其承担风险的开支与获得的保险费收入相等，对被保险人而言，其通过保险避免的平均损失额与缴纳的保险费相等。和人寿保险等其他人身保险业务一样，医疗保险的保险费测算必须遵循充足、合理、有竞争性和公平的原则。

（一）充足性原则

医疗保险定价时必须保证所有医疗保险投保人缴纳的保险费足以弥补保险人所有

的保险金给付、管理费用和佣金等各类支出的总和，即保费充足的原则。目前国内各保险公司在医疗保险产品定价时非常重视这一原则，因此，通常会常用比较保守的定价策略，这是造成目前医疗保险产品价格相对较高的主要原因。

（二）合理性原则

医疗保险产品定价时必须让所有医疗保险的投保人都感到他向保险人缴纳的保险费是值得的，即保费合理性原则。遗憾的是，目前国内各保险公司在医疗保险产品定价时对这一原则重视不够，以至于他们并没有注意到投保人对现有医疗保险产品价格过高的抱怨。

（三）竞争性原则

某一个保险人针对某一种医疗保险产品制定的价格不能明显高于其他公司的同类产品，即竞争性原则。

（四）公平性原则

所谓公平性原则，是指每个医疗保险投保人缴纳的保险费应该与被保险人期望可获得的保险金给付一致，即投保人缴纳的保险费应该与被保险人的风险状况相一致。利用这一原则计算保费时，要估测各类被保险人群真实风险的大小，即根据风险因素的不同水平将被保险人分类后计算保险费。需要注意的是，有时即使是年龄和性别都相同的被保险人，其风险状况也不相同，因此，为了使这一原则能得到更好的贯彻实施，精算师还要得到核保人员的帮助，即通过医疗保险核保，对被保险人进行进一步的风险分类以采用更加公平的保险费率。

三、医疗保险定价所需的统计资料

在进行医疗保险保费测算时，为了对疾病发生率和疾病持续时间等做出一个合适的假定，精算师必须依靠一定的既往统计资料。在医疗保险保费测算时可利用的统计资料有内部资料和外部资料之分。

（一）外部资料

医疗保险精算中所使用的外部资料，是指来自保险机构外部的一切与保险业务有关的资料。目前国内精算实践中可利用的外部资料主要有各种公开发表的有关疾病发生率、各类疾病的实际医疗费用、平均住院天数、意外伤害发生率、平均住院费用、次均门诊费用等统计资料。由于在新产品开发时，外部资料往往是唯一可用的数据，因此，利用外部资料时，必须注意审查资料的可信度和权威性，还要注意资料的观察基础是否与厘定时的情况一致，即该资料所属地区和人群的基本特征是否与被保险人群相同，资料的可移植性如何及搜集方法是否恰当等。

（二）内部资料

医疗保险精算中可利用的内部医疗，是指反映保险机构内部各地区、各部门和各类医疗保险业务经营状况的资料，包括各类保险业务的承保人数、保险费收入、申请索赔的人数、人均申请索赔次数、次均赔付金额以及据此测算出的其他相关数据和指标等。由于外部资料通常不能完全满足精算的需要，测算结果的可信度也较差，如果保险人拥有足够的内部资料以供保费厘定之用，那么会大大增加结果的可信度。当然对于新产品的开发，保险人只能利用外部资料，但是在产品经营过程中，做好医疗保险经营过程中相关业务数据的积累和统计分析是保险精算中非常重要的一项工作。

四、医疗保险纯保险费的测算

（一）测算风险保费

风险保费是恰好补偿预期承保风险成本的保费。在测算医疗保险的风险保费时，需要估计医疗保险的赔付频率 P 和次均赔付额 $\overline{X}$，纯保险费 P_{net} 是两者的乘积，即 $P_{net} = P \cdot \overline{X}$。

这里将赔付频率和次均赔付额分别考虑，是由于在多数情况下，影响赔付频率和赔付额的因素往往是不同的，分别考虑有利于赔付率和赔付额的准确估计。

（二）测算安全附加费的

在计算人寿保险的保费时，由于计算保费所用的生命表是根据大量人群的统计数据得来的，安全附加费的重要性较小。而在医疗保险的保费时，由于很难得到符合精算要求的发病率和医疗费用数据，经常需要考虑附加一定的安全费用。所以，在医疗保险纯保费的计算过程中，还要根据具体情况在简单纯保费的基础上加上一定的安全附加费。

（三）医疗费用上涨的计算

医疗费用上涨是指下一年医疗服务成本比上一年增加的比例，它反映的是由于药品价格上涨、医疗服务价格调整等原因导致的医疗服务费用增长的幅度。需要注意的是有时即使同样的产品，因为免赔额不同，医疗费用的年增加系数也不相同，免赔额越高，增加系数越高。

（四）测算保险因子

保险因子反映的是引进保险机制后使被保险人医疗需求和费用增加或减少的效应，简记为 f(R)，表示补偿比例为 R 时的医疗费用是无保险（即补偿比例 $R=0$）是医疗费用的 f(R) 倍。只有当被保险人使用的不是保险损失数据时，才需要考虑保险因子的因素。

五、医疗保险附加保险费的测算

除了补偿预期赔付的纯保险费外，各类保险机构还需要一定的费用开支和业务花费，因此，保险机构必须额外收取一笔费用来弥补招揽业务和日常管理的费用支出；对保险人而言，还需留有一定的利润空间，所有这些都必须由投保人来承担，这就是附加保费。

商业医疗保险中的营业费用是用于印刷单证、招揽业务、支付雇员工资和定点医院管理、进行核保和理赔管理、客户访问等多项业务开支的总和。实际应用中常将其确定为总保费的一个比例，称为"营业费用率"。它的确定需要各保险人对实际营业费用进行分析并对未来的费用情况进行准确预测，还需要考虑营业税和保险保障基金等的缴纳比例等。目前国内各商业保险人进行医疗保险产品定价时，个人医疗保险业务的营业费用率一般定为20%，团体医疗保险业务的营业费用率一般定为15%左右。保险人在确定附加保费时往往还将预计的合理利润隐含于其中。

六、医疗保险费率调整与经验分析

对于短期医疗保险，由于医疗费用的增长以及医疗服务利用的变化等因素，精算师必须不断监测该医疗保险产品的实际给付情况和整个医疗保险业务的运行状况，及时发现医疗保险产品价格和影响因素的显著变化并提出对医疗保险产品价格进行调整的方案。由于影响医疗保险费率的因素较多，且影响因素的水平和作用也会随时间不断变化，从理论上来说，任何一个假定的变化（如伤病发生率、平均医疗费用、费用率等），都有可能成为医疗保险费率调整的原因。具体在医疗保险费率调整过程中，要意识到医疗损失不是静态的，而是动态的。同时，也应注意到各因素之间相互抵消的影响，例如，一方面由于医疗费用的增长，需要调高费率，但另一方面由于伤病发生率的减少可能会降低费率，所以医疗保险的调整需要细分原因，分类讨论。

衡量医疗损失的两个关键指标是医疗服务利用率与医疗服务费用水平。影响医疗服务利用的风险因素是指能导致医疗服务利用发生或增减其发生概率的各种潜在原因，包括被保险人的年龄、性别、职业、健康状况、经济收入、疾病严重程度、距医疗机构的远近和保险计划规定的保障项目、保障程度等。除了分析影响医疗服务利用的风险因素外，还应注意，利用医疗服务的被保险人每年或每次医疗服务的花费并不相同，即使因为同样的疾病住院治疗，实际的住院费用也可能相差悬殊。这是因为被保险人的年龄、性别和病情造成的差异，还有来自医生或医院的原因。这些影响医疗服务费用的潜在原因，就是影响医疗服务的风险因素，它们也是医疗保险中重要的风险因素和各类医疗保险机构非常关心的内容。

第四节　医疗保险准备金管理

在医疗保险实践中，各类医疗保险准备金的计算和提取标准的确定是医疗保险业务管理中的一项重要工作，因为它既是保险公司进行医疗保险业务盈亏分析的依据，也是保险监管部门进行偿付能力监管的重要基础。因此，在医疗保险精算研究中，各类医疗保险准备金的计算方法也是值得深入研究的一项内容。医疗保险中比较重要的准备金有以下两种。

一、医疗保险未到期责任准备金

（一）一年期医疗保险的未到期责任准备金

对保费采用年缴方式的一年期医疗保险业务来讲，进行业务考核或会计核算时必须扣除当年缴纳保费中承担续年责任的那部分保费，这就是未到期责任准备金，又称"未赚保费准备金"。未到期保险责任准备金应当真实反映保单的未来风险。对一年期医疗保险业务而言，由于保险期间较短，实际风险不会与预期差别太大，且业务的风险分布比较平均，因而按照时间比例提取的未赚保费准备金基本可以反映实际风险。目前通行的做法包括按年（1/2）、按季（1/8）、按月（1/24）和按日（1/365）计算法。由于计算时所用时间单位的不同，一年期医疗保险未到期责任准备金 V 的计算公式有以下几种不同的形式。

当观察期的时间计量单位为季时，未到期保费准备金可用按季平均估算法（1/8法）计算，公式如下：

$$V = S_1 \times \frac{1}{8} + S_2 \times \frac{3}{8} + S_3 \times \frac{5}{8} + S_4 \times \frac{7}{8}$$

式中，S_i 为第 i 承保缴费季度所缴保费总额。

当观察期的时间计量单位为月时，可假定各月中每天的保费均匀一致，用以下公式计算未到期保险费准备金（1/24 法）：

$$V = \sum_{m=1}^{12} \frac{(2m-1)}{24} \times S_m$$

式中，m 为保单承保缴费的月份，S_m 为承保缴费月份所缴保费总额。

当观察期的时间计量单位为天时，未到期保险责任准备金可按 1/365 计算，采用的公式为：

$$V = \frac{\text{保单到期日} - \text{准备金评估日}}{\text{保单到期日} - \text{保单生效日}} \times \text{保费收入}$$

保险人在确定保险合同准备金时，可以将单项保险合同作为一个计量单元，也可以将具有同质保险风险的保险合同组合作为一个计量单元。计量单元的确定标准应当在各个会计期间保持一致，不得随意变更。

（二）长期或终身医疗保险的未到期责任准备金

长期或终身医疗保险的未到期责任准备金也称"医疗保险的保费准备金"。从精算角度讲，在长期或终身医疗保险业务中，由于采用均衡保费，每年收入的保险费与赔付的保险金是不等的，前期保费收入大于保险金赔付，后期保费收入小于保险金赔付额。因此，保险人必须把前期剩余的保费收入以复利形式积存起来才能弥补后期的不足。

与长期寿险责任准备金的计算一样，长期医疗险未到期准备金的计算也有两种方法，一种方法是用计算时点将来可能赔付的保险金现值减去将来要收取的净保费现值，称为将来法。若设 x 为投保年龄，m 为保单经过年度，则保单经过 m 年后积存的年龄准备金 mV_x 的计算公式为：

$$mV_x = Ax + m - Px \times ax + m$$

上式，说明 X 岁投保缴纳的均衡保费现金价值的差额将由保险人累积起来，$X+m$ 岁投保的被保险人将缴纳更高的均衡保费。

另一种方法是用计算时点已收入的净保费终值减去已赔付的保险金终值，称为"过去法"。若过去法准备金用表示，则计算公式为：

$$mV_x = \sum_{\xi=0}^{m-1} \frac{D_{x+\xi}}{D_{x+m}} \times px - \sum_{\xi=0}^{m-1} \frac{D_{x+\xi}}{D_{x+m}} \times k_{x+\xi}$$

二、医疗保险未决赔款责任准备金

未决赔款准备金是在观察期内发生、到观察期满尚未结案赔付的保险事故所提取的准备金。与寿险业务不同，医疗保险的未决赔款准备金是非常重要的，它一般包括已发生已报案未决赔款准备金和已发生未报案未决赔款准备金（IBNR）。未决赔款的发生是由报案延迟和理赔处理延迟造成的。在医疗保险业务中对所有未决赔款都应提取未决赔款准备金。

（一）已发生已报案未决赔款责任准备金

保险人应当采用逐案估损法、案均赔款法等方法，以最终赔付的合理估计金额为基础，同时考虑边际因素，计量已发生已报案未决赔款准备金。

1. 逐案估损法

该方法是对已发生、已报案但尚未赔付的医疗保险案件个别地加以分析估计，将可能发生的赔付金额加以提存的方法，对案件的个别轨迹主要依据理赔管理人员的经验和主观判断。该法的缺点是不够准确且带有主观性，仅能对已通知（报案）的案件加以估计。

2. 案均赔款法

如果未决赔案数目较多，各案的赔付金额相差不多且赔付发生在观察期内比较均匀时，可根据过去经验，求出各类赔付的平均值，乘以各类业务现有的未决赔案数，即可得到准备金的近似值。

（二）已发生未报案未决赔款责任准备金

保险人应当根据医疗保险风险的性质和分布、赔款发展模式、经验数据等因素，采用链梯法、案均赔款法、准备金进展法、B－F法、随机模型等方法，以最终赔付的合理估计金额为基础，同时考虑边际因素，计量已发生未报案未决赔款准备金。

第五节　医疗保险产品风险管理

一、医疗保险产品风险管理界定

人类在进行物质资料生产和日常生活中，不可避免地会遭遇意外事故和各种致病因素所导致的健康损害和经济损失。对个人来讲，要防止上述危险事故并独立承担经济损失是非常困难的，但可以依靠集体的力量，利用保险的方式对少数人健康损害导致的医疗花费进行补偿，这就是医疗保险。人们通过对风险的认识，发现依靠概率论和大数法则,可以测算出一定时期内健康损失发生的频率和损失额,据此可以确定补偿损失所需的保险成本,即医疗保险参保人必需缴纳的保险费,这一过程就是对健康或疾病风险进行估测并据此确定保险费的过程。

本书所说的医疗保险风险并不是指上述的疾病和健康损失发生的可能性,而是指保险机构承保上述疾病风险后,实际医疗费支出偏离预期结果的不利可能性。基于这样的考虑,我们将医疗保险的风险控制定义为利用风险管理的基本理论,识别、描述各种因素对医疗费用的影响和强度,并对医疗费用的支出或赔付进行动态监测和实时控制的过程。

二、商业医疗保险的风险管理方法

在商业医疗保险领域,医疗保险的风险控制是保险公司和政府部门都非常重视的一个问题。对保险公司来讲,医疗保险的风险控制关系到该项业务的经营成败,是有关公司生存与否的大问题,因而在商业保险公司的经营中,如何找到医疗成本的有效控制方法和管理技术是非常重要的研究课题。

商业医疗保险由于是自愿投保,道德风险和逆选择都较社会医疗保险大得多,对风险控制的重视程度也较后者高。与社会医疗保险不同的是,为了降低逆选择风险,商业医疗保险的保险费率需要根据被保险人的风险水平分别制定,即同一保险计划的参保个人或单位缴纳的保险费各不相同。此外,在商业医疗保险中,核保过程也是进行风险控制的一个重要手段,是将个体或团体的风险程度与保费测算时的假设相比较,并确定是否需要增收保险费或除外某些保险责任的过程。

商业医疗保险中传统的风险控制方法也是从医疗消费的需方和供方同时考虑。现将其常用的控制方法和技术分述如下。

(一)需方控制

同社会医疗保险一样,商业保险公司的医疗保险合同中也广泛采用费用分担的方法来增加被保险人的费用意识,降低医疗费用。常用的方法包括免赔额、比例共付、服务项目限额、总额限制等。在团体医疗保险业务中,投保单位费用分担的形式包括建立共保基金和风险基金等。

除了上述几种费用分担方式外,在商业医疗保险中,核保过程也是风险控制中的一个重要环节。医疗保险的核保是根据被保险人的危险程度将其分类的过程,一般按核保标准将被保险人分为三种风险类别,即标准风险、次标准风险和拒保风险,然后根据风险分类的结果确定是按标准风险承保、按次标准风险加费承保或是拒绝承保。个人医疗保险核保时考虑的风险因素包括被保险人的年龄、性别、健康状况、职业、经济收入、业余爱好和生活习惯等。团体医疗保险核保时要考虑的风险因素有团体所在行业、团体的性别和年龄构成以及既往的医疗费用支出情况等。

商业医疗保险中的风险控制方法还包括保险合同中的除外条款，即在保险合同中规定对于容易导致逆选择、道德风险或费用不易控制的疾病或治疗方式不予赔付，包括军事行为或战争导致的损伤、自伤自残、既往疾病的治疗、康复或美容手术、牙科矫形或视力矫正治疗等。

商业医疗保险中的等待期也是不同于社会医疗保险的风险控制方法，它是为了消除既往疾病的影响，预先确定的一段时间，在此期间发生的保险事故，保险人不予赔付。等待期使保险人不必为保险合同生效后已知既往症导致的医疗花费支付保险金。住院医疗保险合同规定的等待期一般为15—30天，但意外伤害导致的医疗费用除外。

（二）供方控制

除了对被保险人的控制外，保险公司也很重视对医疗机构的控制措施，传统的商业医疗保险，由于采用被保险人到医疗机构就诊或治疗后，再向保险公司申请赔付的方式，保险公司与医疗机构间大多通过经济合同的方式确定费用支付方式，并规范医疗机构的行为。保险公司除了利用全国性的医疗服务数据与医疗机构协商确定合理必需的医疗费用和偿付方式外，对医疗机构的控制措施还包括以下几种。

1. 医疗服务利用审查

即对被保险人医疗服务利用的必要性和服务质量进行审查和评估，包括审查确认非急诊住院的必要性并规定其合理的住院期限，审查急诊住院的必要性，病人入院后通过电话和探视进行监测等。

2. 第二外科手术意见

即审查部分手术治疗的必要性时，要参考第二名外科医生的意见，对未通过 SSO[①] 的部分择期手术降低赔付比例。常见的需进行 SSO 的手术有扁桃体切除术、阑尾切除术、胆囊切除术、白内障摘除术、冠状动脉造影术等。

3. 住院费用明细审查

即对医院提供的各项住院费用单据进行审查，确定各项服务收费的合理性，一般需要的情况包括住院总费用过高，每日费用较高，辅助药费占总费用比检查费用超过总费用的比例较高等。

除了上述方式外，对医疗服务合理性的审查还包括门诊利用审查、长期住院者的个案管理等。

---

① second surgical opinion，简称SSO。

(三) 管理型保健计划

除了上述传统型医疗保险的风险控制外，近年来，管理型保健代表了风险控制方法研究的发展趋势。管理型保健开始仅指传统医疗保险中一些费用控制方法和技术，如医疗服务利用审查就是一种管理保健技术。现在，管理型保健已远远超出了这一范畴，它是将医疗服务的费用控制与对服务提供的控制相结合，用以平衡医疗费用、利用度和服务质量的系统方法。目前常见的方式主要有健康维护组织（HMO_s）和选择型服务组织（PPO_s）。

HMO_s中的保险人又是医疗服务的提供者，即它不仅要为被保险人的医疗服务承担费用补偿责任，还管理服务的提供机构，这对整个医疗服务的成本控制非常有利。HMOs的拥有者可以是全国性的组织、商业保险公司甚至可以是医学院校或医院。

PPO_s通过协议将医疗服务的服务选择型服务提供组织方和消费方联系起来，它并不直接提供服务，而是作为中介人，它综合了传统型医疗保险的优点，对于网络内的医疗服务提供较高的补偿比例。既有效地控制了费用，又不像那样限制了被保险人对医疗机构的自由选择，有利于保证医疗服务的质量。

管理型保健与以往传统补偿型医疗保险的区别在于管理型保健计划中，医疗机构也要承担风险，而传统的医疗保险中只有被保险人和保险公司承担风险，这样就能促使医疗机构增加保健和预防方面的开支，合理有效的安排治疗、节约服务成本，从而有效地控制整个医疗成本。管理型保健的另一项特征是服务利用管理，它可以保证被保险人能得到必需、合适、高质量而又最经济的医疗服务。

正因为管理型保健有上述优点，它在控制医疗费用方面的作用越来越受到人们的重视。不仅在商业医疗保险领域，社会医疗保险中也越来越多地采用管理型保健的方法和思路。

三、各部门商业医疗保险的风险控制方法

在商业医疗保险经营过程中，风险控制是关系到保险公司经营成败和生死存亡的大问题，所以这一工作从一开始就受到各大保险公司的高度重视。在目前国内商业医疗保险的经营活动中，由于缺乏经验和数据积累，对医疗保险的风险因素知之甚少。保险公司很难对被保险人群的疾病风险进行准确评估和定价，对个体风险的评估和分类也缺乏足够的依据，缺少医疗保险风险控制方法已成为制约商业医疗保险发展的瓶颈。因此，只有尽快找到一系列符合商业医疗保险规律，并适合我国国情的风险控制方法，才能保证我国商业医疗保险的快速健康发展。本书作者认为，商业医疗保险的风险控制涉及保险经营的各个环节，是需要保险公司内部各个相关部门协作配合的

"系统工程",具体内容包括以下几个方面。

(一) 产品开发时的风险控制

在商业医疗保险的产品开发阶段,除了在条款设计时恰当地应用除外责任、规定合理的免赔额、自付比例和支付限额外,对被保险人群的疾病风险进行准确的估计,并在此基础上制定合理、准确的保险费率也是整个风险控制工作取得成功的基础。商业医疗保险由于是自愿投保,逆选择风险较大,在保费测算阶段必需根据已知最重要的风险因素,将被保险人分类后测算保险费率,实践一般对不同性别和年龄段的被保险人采用不同的费率。

(二) 核保时的风险控制

由于测算保费时考虑的风险因素不能太多,分组不能过细,在投保人提出投保申请时,还需将投保人或投保团体的风险水平与保费测算时的假定相比较,以确定是否需要增收保费或除外某些保险责任。实践中常将被保险人按危险程度进一步分类,然后按照核保标准得出是按标准风险承保、按次标准风险加费承保还是拒保的结论,这就是商业医疗保险中的核保过程。核保过程是商业医疗保险进行风险控制的重要手段之一。国外的商业保险公司大都拥有自己的专业核保人员和核保所需的技术手册。国内的商业医疗保险尚处在起步阶段,各大保险公司在承保医疗保险业务时深感核保专业人员和技术资料的缺乏,既不能简单借用寿险的核保规则,国外保险公司的经验也不一定适合国内实情。同时作为商业秘密,一般也很难拿到国外保险公司详细的医疗保险核保手册。因而,利用现有资料和数理统计的方法,尽快编制出适合我国国情和商业医疗保险发展规律的核保手册,对整个风险控制工作都有非常重要的意义。

(三) 理赔时的风险控制

在医疗保险的经营过程中,防范道德风险也是一项非常重要的工作。在目前国内的医疗保险市场中,被保险人隐瞒既往病史,不如实告知,医疗服务提供方开大处方,提供不必要的检查和治疗服务转嫁费用,甚至与被保险人相互勾结共同欺骗保险人的情况时有发生。加上相关法律法规尚不健全,以至防范道德风险成为医疗保险风险控制中的另一重大难题。为此,保险公司除了在条款设计和核保时对此加以限制外,理赔时进行严格的调查和审核是极其重要的控制措施。

此外,国内外的实践都证明,要做好商业医疗保险的风险控制。除了采取上述措施外,对赔付率指标进行动态的统计监控是整个风险控制工作最终取得成功的关键。

总之,做好商业医疗保险的风险控制必须从险种开发时就加以重视,核保、理赔、统计监控等各个环节都不能放松。与社会医疗保险相比,商业医疗保险可使被保险人享受更好的医疗服务。但社会医疗保险不保的项目或范围很多本身就是难以有效控制的风险部分。因此，商业保险公司必须采取较社保机构更加有效的风险控制方法。此外，商业保险公司还要通过一系列方法和手段不断提高工作效率、降低管理成本和增加客户的满意度，如建立强大的计算机信息管理系统、根据客户的需求随时改进自己的险种和服务方式、高度重视对工作人员的培训和工作流程等。只有这样，才能使商业保险公司在盈亏平衡点附近挖掘出利润潜力。

第六节　医疗保险产品监管

近年来，我国的商业医疗保险业务有较快的发展。此项新业务的开展既向保险公司提出了提高医疗保险专业管理水平的新要求，也给政府监管部门对医疗保险的监管，特别是精算监督提出了一系列新问题。从以上的分析可以看出，医疗保险精算除了具有非寿险精算的一些特征外，还有其自身特点，这就要求在进行该项业务的精算监督时一定要考虑医疗保险发展的客观规律及其自身特点，不能简单地比照其他人身保险业务特别是寿险业务的模式进行，为此，根据医疗保险精算的自身特点对其精算监管提出以下的政策建议。

一、医疗保险的定价监管

目前保险公司在进行医疗保险新产品开发时需向保险监管部门报送保险条款、费率计算依据和计算方法。虽然已有部分学者对保险监管部门严格审核保险条款和费率的监管方式提出了不同意见，但不可否认，在现实条件下，保险条款和费率的审核仍是保险监管中一项非常有效的技术手段。

从前面的分析可以看出，尽管医疗保险保费与寿险保费的计算原则相同，但医疗保险保费计算中用到的统计数据要比寿险复杂得多。寿险主要利用死亡率来计算预期给付费用，而医疗保险则要考虑发病率和疾病持续时间。寿险保费计算依据的死亡率可利用经验生命表中固定的死亡率模型，医疗保险保费计算时则要依据相应的疾病率表和疾病持续时间表。

目前保险公司在进行医疗保险产品定价时一般都采用卫生统计部门公开发表的数据，保险监管部门对采用哪一个机构的哪一类统计数据来计算医疗保险的保险费并没有硬性规定。从规范管理的角度考虑，监管部门还是应对各保险公司计算医疗保险保费所依据的疾病统计资料做出一些指导性的规定。随着医疗保险事业的逐步发展，保险公司将越来越不愿采用公开发表的数据，因为这类数据大多是整个人群的横断面调查资料，无法真实反映被保险人群疾病发生率和持续时间的某些特征，被保险人对医疗服务的需求和服务价格的变化也非常迅速，使得数据需要不断更新，而公开发表的资料一般无法满足这一要求。因此，保险监管部门今后还应及时利用保险公司的经验数据编制保险业用的疾病率表和疾病持续时间表。

由于疾病发生率、持续时间的长短和医疗费用都有显著的城乡差别和地区差异，在医疗保险的精算监管中也应考虑这一特点，应针对不同地区制订不同的监管政策或技术标准。

此外，虽然目前的医疗保险业务以一年期险种为主，但随着市场竞争的加剧，采用平准保费的长期和终身型医疗保险险种必将逐步进入市场，在计算该类医疗保险保费时，虽然生命表和预定利率可以直接引用寿险的标准，但在医疗保险平准保费中非常重要的退保率表却是寿险精算中经常都未被考虑的，这就要求在今后的定价监管中也要制订出相应的医疗保险退保率标准或经验数据表。

对于国际上通用的团体医疗保险的经验费率和医疗保险的无赔款优待费率，保险监管部门也应及早加以研究并制定出相应的政策。只有这样，才能保证医疗保险费率的充足、公平、合理，并能规范各保险公司在医疗保险市场上的价格竞争。

二、医疗保险准备金提取的法定基础

目前保险监管部门对各类保险业务准备金提取的规定都相对简单，缺乏具体的计算标准和实施细则，由于目前医疗保险产品以一年期业务为主，实践中一般参照财产保险业务未满期责任准备金和未决赔款准备金的提取标准。而从以上的分析可以看出，即使对于一年期医疗保险业务来讲，未满期保险费责任准备金和未决赔款准备金的计算也是相当复杂的，保险监管部门应尽快制订出适用于一年期医疗保险业务的准备金法定标准。今后随着长期和终身型医疗保险业务的出现，还应参照寿险责任准备金的法定基础并结合医疗保险自身特点制订出长期医疗保险责任准备金的提取标准。

三、医疗保险偿付能力监管的指标和方法

由于自身人力和技术手段的限制，目前我国保险监管部门的工作重心主要集中在对保险公司及中介机构经营的"合规性"监管方面。要实现对保险市场的有效监管，监管部门必须尽快把监管工作的重点转到对保险公司偿付能力进行监管上来。如果说医疗保险保费的计算方法为该项业务的经营提供了前提，各类医疗保险准备金的计算则是保险公司进行该项业务偿付能力分析和监管机构进行偿付能力监管的具体依据。

随着保险监管职能部门组织的进一步完善和技术水平的提高，一定能根据医疗保险精算的特点，制订出对医疗保险偿付能力进行有效监督的监管体系。只有通过完善的医疗保险准备金法定监管制度和科学的偿付能力监测指标体系才能实现对医疗保险业务的有效监管，防范和化解医疗保险业务经营中各类风险的发生。

四、相关条例关于医疗保险的监管内容

（一）《健康保险管理办法》中关于医疗保险产品的监管内容

第二十一条 保险公司拟定医疗保险产品条款，应当尊重被保险人接受合理医疗服务的权利，不得在条款中设置不合理的或者违背一般医学标准的要求作为给付保险金的条件。

保险公司在健康保险产品条款中约定的疾病诊断标准应当符合通行的医学诊断标准，并考虑到医疗技术条件发展的趋势。健康保险合同生效后，被保险人根据通行的医学诊断标准被确诊疾病的，保险公司不得以该诊断标准与保险合同约定不符为理由拒绝给付保险金。

第二十二条 保险公司设计费用补偿型医疗保险产品，必须区分被保险人是否拥有公费医疗、社会医疗保险的不同情况，在保险条款、费率以及赔付金额等方面予以区别对待。

第二十三条 保险公司可以在医疗保险产品中约定，以被保险人在指定医疗服务机构网络中进行医疗为给付保险金的条件。

保险公司指定医疗服务机构网络应当遵循方便被保险人、合理管理医疗成本的原则，引导被保险人合理使用医疗资源、节省医疗费用支出，并对投保人和被保险人做好宣传解释工作。

第二十九条 保险公司销售费用补偿型医疗保险，应当向投保人询问被保险人是否拥有公费医疗、社会医疗保险和其他费用补偿型医疗保险的情况。

保险公司不得诱导被保险人重复购买保障功能相同或者类似的费用补偿型医疗保险产品。

第三十条 保险公司销售本办法第二十三条规定的医疗保险，应当向投保人告知约定医疗服务机构的名单或者资质要求，并提供查询服务。

保险公司调整约定医疗服务机构网络的，应当及时通知投保人或者被保险人。

第三十一条 保险公司以附加险形式销售无保证续保条款的健康保险产品的，附加健康保险的保险期限不得小于主险保险期限。

第三十二条 保险公司销售费用补偿型个人医疗保险产品，应当在犹豫期内对投

保人进行回访。

保险公司发现投保人被误导的，应当做好解释工作，并明确告知投保人在犹豫期内解除保险合同的权利。

（二）《健康保险管理办法（征求意见稿）》中关于医疗保险产品的监管内容

第二十四条　被保险人同时拥有多份有效的费用补偿型医疗保险保单的，可自主决定理赔申请顺序。

第二十七条　医疗费用保险产品可以在定价、赔付条件、保障范围等方面对贫困人口适当倾斜。

第三十条　鼓励医疗费用保险产品对新药品、新医疗器械和医疗新方法在医疗服务中的应用支出进行保障。

在修订稿中，增加第六章"健康管理与医保合作"，主要表现为医疗保险层面，在此以第五十六条、第五十七条举例说明。

第五十六条　健康保险产品提供健康管理服务，其分摊入净保险费中的成本不得超过保险费的20%。

超出以上限额的服务，应单独定价，不计入保险费，并在合同中明示健康管理服务价格。

第五十七条　保险公司经营医疗保险，应当加强与医疗服务机构和健康管理服务机构的合作，积极介入医疗服务行为，监督医疗行为的真实性和合法性，并可对医疗费用支出的合理性和必要性提出建议。

通过对修订稿中关于医疗保险的部分进行阅读，可以发现针对医疗保险产品的监管存在如下趋势：一是针对医疗保险产品的监管涉及面不断拓宽，风险监管与行为监管并重；二是加强了保险公司与医疗服务机构和健康管理服务机构的合作，增强了经营医疗保险市场的活力，医药器械厂商、健康管理部门等机构积极介入医疗服务行为，逐步形成医疗保险产品链条，便于医疗服务，有利于改善健康保险的经营环境；三是在保险扶贫等领域逐步体现了医疗保险正外部性功能。

本章小结

本章从医疗保险基本特征入手，阐述了医疗保险的产品形态，进而从定价因素和准备金管理两个层面分析了医疗保险的精算技术，并从产品风险管理及产品监管方面形成了以医疗保险产品为核心的学术闭环，让读者对医疗保险产品有一个全面的认知。相比于其他保险产品，医疗保险在日常生活中更为常见，其特征在于给付具有补偿性、索赔预测难度大及精算技术与其他保险产品有所不同。产品定价层面，纯保费、附加保费的测算及费率调整与经验分析均是医疗保险产品定价的关键因素。准备金管理层面，医疗保险与其他种类健康保险相同，同样测算未到期责任准备金和未决赔款责任准备金。产品风险管理层面，医疗保险主要在产品开发阶段、核保阶段和理赔阶段进行风险控制。最后，本书从定价监管、准备金提取监管、偿付能力监管以及实务中针对医疗保险的监管条例，阐述了现今医疗保险产品的监管制度。本章是医疗保险产品的运行机理，是健康保险产品运行机理的重要组成，通过本章内容，读者可以对医疗保险产品的设计思路和经营脉络有一个清晰的认识。

思考题

1. 请列举医疗保险的常见条款。
2. 医疗保险产品的基本特征是什么？
3. 医疗保险的产品形态有哪些？
4. 请叙述医疗保险产品的定价原则。
5. 医疗保险产品定价需要注意哪些因素？
6. 医疗保险的准备金有哪些种类？
7. 医疗保险产品的风险管理应该从哪些层面进行？
8. 请叙述有关医疗保险的监管内容。

第五章

疾病保险产品运行机理

第一节 疾病保险的基本特性

疾病保险是以疾病作为保险金给付条件的人身保险。疾病保险属于定额给付型保险，当被保险人罹患合同约定的疾病时，保险公司按保险合同规定的保险金额给付保险金，而不考虑被保险人实际支出的医疗费用。

近年来，随着医疗科技的迅速发展，使得各种医疗检查、治疗的费用不断攀升，尤其是重大疾病保险的治疗花费，更是普通家庭的经济能力所无法覆盖的。正是由于这个问题的存在，重大疾病保险得到了极大的发展。重大疾病保险的存在，将在一定程度上缓解重大疾病对于患者家庭财务状况的巨大冲击。由于目前市场上的疾病保险产品类型多为重大疾病保险，故本书以重大疾病保险为例，介绍疾病保险产品的运行机理。

一、重大疾病的定义

重大疾病保险涉及很多与医学相关的知识，一直以来保险界、医学界、法律界对重大疾病定义的理解都存在很多争议。一般而言，满足以下条件的疾病才能在医学上将其归类为重大疾病保险：一是危及生命；二是支付高额的医疗费用；三是影响患者的生活质量。

对于保险行业而言，一般认为可以承保的重大疾病保险需要满足以下几个条件：一是需要有清楚的定义，即对是否由该疾病所致的责任，两名医生应能分别独立诊断且结论是一致的；二是重大疾病判断的精算基础应能可靠地获得或至少能推算出来；三是承保"随机选择"的疾病，即重大疾病保险的承保范围不应导致逆选择结果；四是重大疾病应该有一个比较理想的生存率；五是只对危及生命的疾病进行定义；六是其他一些严重危及生命的疾病也包括在内。满足以上条件的疾病种类非常多，保险公司往往只选择发病率较高的20—30个大病作为重大疾病保险承保的病种，但目前随着市场竞争日趋激烈，各大保险公司也在不断扩大承保重大疾病的类型。

为了更好地规范保险市场，同时方便消费者比较和选择重大疾病保险产品，中国保险行业协会与中国医师协会于2007年颁布了《重大疾病保险的疾病定义使用规范》，其中规定了成人重大疾病保险产品的保险责任必须包含恶性肿瘤、急性心肌梗塞、脑中风后遗症、冠状动脉搭桥术（或称"冠状动脉旁路移植术"）、重大器官移植手术或造血干细胞移植术、终末期肾病（或称"慢性肾功能衰竭尿毒症期"）六种疾病。

二、重大疾病保险的定义

重大疾病保险是指被保险人在保险期限内被确诊患有保单规定的重大疾病保险或因疾病身故时由保险人一次性给付保险金的健康保险产品。重大疾病保险和寿险虽然都属于定额给付性保险，但两者的本质区别是给付条件的不同，重大疾病保险的给付条件是被保险人确诊患有约定的疾病，而一般寿险是以被保险人的死亡或伤残作为给付条件。

重大疾病保险金主要有两方面的用途：一是为被保险人支付因疾病、疾病状态或手术治疗所花费的高额医疗费用；二是为被保险人患病后提供经济保障，尽可能避免因被保险人无法工作，失去收入而让家庭在经济上陷入困境。一些重大疾病保险含有死亡给付责任，重大疾病的给付责任只是作为死亡责任的提前给付；另一些重大疾病保险只包含重大疾病的给付责任，不具有死亡给付责任。个人重大疾病保险大多是长期或者终身保险，短期重大疾病保险产品一般存在于团体业务中。

三、重大疾病保险的基本特点

（一）承保风险具有复杂性

承保风险是每个人和每个家庭都必须面对的风险，其复杂性主要表现为：一是疾病种类繁多，其表现往往因年龄、个人体质和家族遗传而异；二是社会环境的变化、人类生活习惯的改变往往会引致新的疾病，如疯牛病、非典型肺炎等；三是有相当种类的疾病至今还没有被人类所认识，但时刻威胁人类的生命安全；四是随着医学发展，有些"重大"疾病变成了"常见"疾病。

（二）定价具有特殊性

与人寿保险不同，重大疾病保险的定价基础不是完全依赖于被保险人的死亡率、利息率和营业费用率，其定价具有特殊性，具体表现为三个方面：一是定价基础是各种疾病的发生率，而关于疾病发生率的数据往往不够完备，也将导致重大疾病保险定价的精确性相对寿险而言略微有点弱；二是医疗技术的进步可能导致疾病的诊断比预期提前，从而出现保险金过早给付，故重大疾病保险在准备金计提方法上也具有特殊性；三是疾病定义的明确性将影响保险产品责任范围的界定，从而在很大程度上影响产品的定价。

（三）理赔专业性强

由于重大疾病保险涉及保险学和医学方面的知识，专业性相对于寿险而言具有更强的专业性。在理赔过程中，对重大疾病定义的不明确或者对保险条款的曲解都会引起争议，因此重大疾病保险理赔所需要的文件、信息比一般寿险的理赔要多，调查程序也更加复杂，需要多方进行有效的沟通方能得出合理的理赔，这就导致了重大疾病保险的理赔成本相对较高。

（四）等待期和生存期的规定

重大疾病保险条款中等待期和生存期的规定是保险公司控制风险的重要工具，在产品定价时也必须充分考虑这些因素。

等待期又称为观察期，是指在保单生效后的一段时间之内，发生保险事故不能获得全额赔付。等待期条款的设定，主要是为防范被保险人的逆选择风险和道德风险。在国内重大疾病保险产品中，等待期一般为30—90天。由于各种疾病导致的逆选择风险不同，等待期的长短也可能因"病种"而异，癌症的等待期可达90天，其他重大疾病则相对较短。但是在等待期内，由于意外事故而导致的残疾则列在保险责任范围之内。

在附加型的重大疾病保险中一般都有生存期的规定。所谓生存期是指被保险人在被确诊罹患重大疾病后，还须存活过一定的时期，如果被保险人在生存期间内死亡，则不能从保险人处获得重大疾病部分的保险金给付，只能领取身故保险金。在实务中，生存期的设置是有效区分重大疾病保险金和死亡保险金的重要标志。一般而言，较合理的生存期至少应为30天。生存期的规定主要有两个方面的原因：一是区分那些罹患重大疾病后在某一期间内存活和已经死亡的人，重大疾病保险主要是为了补偿那些身患重大疾病而继续生存的被保险人；二是给予保险人充分的时间进行调查、核实，以判定是否应该履行保险金给付责任。

（五）其他条款规定

在重大疾病保险中还有高龄投保限制条款和保费豁免条款。高龄投保限制条款的目的是为了降低高年龄阶段的重大疾病风险给产品定价以及公司经营造成的风险。保费豁免可以作为一种特殊形式的保险金，值得注意的就是在实际操作中只能粗略估计这些定价因素，因此会给产品的定价带来很大的风险。

第二节 疾病保险的产品形态

一、按目标人群分类

（一）普通重大疾病保险

普通重大疾病保险是最早出现的重大疾病保险，以整个社会群体，凡年龄在1周岁以上、60周岁以下，身体健康，能正常工作或劳动的人作为保障对象，承保人一生中最可能面临的几种重大疾病，如恶性肿瘤、急性心肌梗塞、脑中风、重要器官移植等。对特定社会群体所面临的特定疾病风险，如妇科病、男性病、儿童疾病等均不作考虑。

（二）女性（男性）重大疾病保险

专门以女性或男性作为承保对象，单独设计女性或男性重大疾病保险。由于性别的差异，男性和女性患同种重大疾病的概率不同，不少与性别有关的特定疾病对健康有非常大的危害，例如，女性的骨质疏松症、乳腺癌、子宫癌，男性的前列腺癌。倘若为男性和女性设计同一份保单，从费率上看显然是缺乏合理性的，也违背了公平性的原则。

（三）儿童重大疾病保险

专门以婴儿、儿童作为承保对象而设计的重大疾病保险。由于儿童体质、遗传、出生环境方面的原因，患病的概率显著高于成人。特别是儿童特有的疾病，例如，主型脑损伤、再生障碍性喷血、失聪、严重心肌炎等都会给家庭带来沉重的经济负担。投保儿童重大疾病保险可以满足这些儿童的需求，提高其患病后家庭的生活质量。

二、按保险期间分类

（一）定期型重大疾病保险

定期型重大疾病保险为被保险人在固定的期限内提供保障，被保险人在此期限内罹患合同约定的重大疾病将得到约定的保险金给付。如果在约定时间内，没有罹患重疾，则到期后合同终止，保费不返还，可以理解为纯消费型。固定期间有两种确定方式，一种是按年数来确定（如10年、20年、30年等），另一种是按被保险人的年龄确定（如保障至70岁）。

（二）终身型重大疾病保险

终身型重大疾病保险为被保险人提供终身保险，此类产品大都含有身故保险责任，费率也比较高，缴费方式比较多样。此外，终身型基本上都带有保费返还性质，有些返还所交保费总和，有些则是按保险金额返还，因此其价格相对较高。

三、按给付类型分类

（一）提前给付型

提前给付型重大疾病保险的保险责任包括死亡、全残和重大疾病，保险金总额为死亡保额，其中包括重大疾病和死亡给付两个部分。在保险期限内如果被保险人罹患了保单中所列明的重大疾病，则可以提前领取一定比例的死亡保额作为重大疾病保险金，用于医疗费用的支出。当被保险人死亡时，剩余比例的保险金由受益人领取。如果被保险人没有发生重大疾病事故，全部保险金将作为死亡保障。此种产品出现后深受市场青睐，但其重要缺陷是重大疾病保险金的提前给付会相应降低死亡保险金的给付，而身患重大疾病的被保险人往往没有资格再购买其他死亡保障类的保险产品。

（二）附加给付型

附加给付型的重大疾病保险通常作为终身寿险的附加险。它的保险责任同样包括死亡、全残和重大疾病。不同于提前给付型重大疾病保险的是附加给付型重大疾病保险中规定了生存期，通常为 30 天。如果被保险人死亡或者全残，保险人给付死亡保险金；如果被保险人罹患重大疾病且在生存期间内死亡，保险人给付死亡保险金；如果被保险人罹患重大疾病且过了生存期间仍存活，则保险人给付重大疾病保险金，待被保险人身故时再给付死亡保险金。此类保险最大的优点在于死亡保障不会因为重大疾病保险金的给付而减少。其缺点是保费相对高昂，同时容易出现逆选择，此外生存期的规定也容易导致理赔时产生过多的纠纷。

（三）独立主险型

独立主险型的重大疾病保险的保险责任也包括死亡、全残和重大疾病，但是死亡、全残和重大疾病的责任是相互独立的。死亡保额和重大疾病保额为单一保额，通常数额一致。保险期限可以是终身的，也可以是定期的。如果被保险人在保险期限内罹患保单载明的重大疾病，无论是否死亡均给付重大疾病保险金，保险责任终止；如果被保险人在保险期限内不是因为身患重大疾病而死亡，则保险人给付死亡保险金，保险责任终止。此类产品的优势在于一定的保费支出能够获得最充分的重大疾病保障，而且费率比较低廉。缺点是身患重大疾病的被保险人基本上丧失了重新购买其他寿险的机会。

四、特殊的产品形态

（一）比例给付型

比例给付型的重大疾病保险是专门针对特定种类的重大疾病而设计的。根据所患的疾病种类给付不同比例的重大疾病保险金，使重大疾病保障更具有针对性，保费也可以相应降低。例如，有的保单规定，发生心脏搭桥手术给付保险金额的 25%，剩余的保险金用于条款中规定的其他重大疾病的给付，当重复发生同一疾病时也会多次给付，直到保险金额用完为止。此类产品的优点是疾病的覆盖范围较为广泛，给付方式相对有弹性。缺陷是保障相对不足，而且容易出现逆选择。

（二）年金方式给付型

在一些重大疾病保险中会规定，当被保险人身患重大疾病时，保险公司不是一次给付所有的保险金，而是采取年金给付的方式，按月给付保险金，直到该被保险人死亡为止。此类产品最大的优点在于可以最大限度地满足被保险人在生存期间的需要，如支付住院费用、购买营养品等。

(三) 回购式选择型

针对提起给付型重大疾病保险存在的因领取重大疾病保险金而导致死亡保障降低的不足，回购式选择型重大疾病保险规定：如果被保险人在一定期间后仍然存活，可以以某一固定费率买回原保险金额的一个比例（如30%），使死亡保障有所增加，经过一定期间，如果被保险人仍然存活，又可再次购买原保险金额的一个比例，经过数次回购之后，保险金额可恢复到最先购买时的水平。因此其克服了提前给付型重大疾病保险的缺陷，为患重大疾病的被保险人提供了足够的死亡保障。此类产品最早出现于南非，在澳大利亚和英国相对较为普遍。回购式选择型重大疾病保险的缺点在于容易出现逆选择，因此对于"回购"的前提条件的设定至关重要。

五、其他规定

除以上所述的产品形态外，重大疾病保险还有一些其他特殊的产品责任条款，例如，保费豁免，即缴费期内被保险人第一次罹患重大疾病，投保人可以豁免保费，保单继续有效。又如，保费返还，是对于独立主险型重大疾病保险而言，如果被保险人在保单规定的保险期间内没有患重大疾病，则保单期满时保险公司将无息退还所交保费。

第三节 疾病保险的定价因素

一、重大疾病保险定价的主要影响因素

由于重大疾病保险的定价具有特殊性，因此在定价过程中，建立合适的精算假定是很重要的一个环节，精算假定是指在一定的精算模型中对定价的影响因素进行讨论和合理的假设。对于长期重大疾病保险而言，定价的影响因素主要有重大疾病的发生率、死亡率、利率、退保率、费用率、利润率等因素。

(一) 重大疾病的预期发生率

重大疾病预期发生率是重大疾病保险定价中考虑的最重要因素，也是定价和评估的基础。这里所涉及的预期发生率类似于定期寿险定价中的预期死亡率。在保险责任

仅仅包含重大疾病给付时，预期发生率就是疾病的发生率；在包含死亡给付保险责任时，预期发生率则是重疾发生率与重疾引起的死亡率之和。由于重大疾病保险产品的形态比较多，不同产品形态的疾病预期发生率计算方法也不同，下面将按照产品的种类进行分类讨论。

1. 提前给付型产品的预期发生率

提前给付型产品的保险责任包含重大疾病和死亡两种，而且是当被保险人被确诊罹患某种重大疾病时保险人按照一定的比例给付保险金。由于生存期间的存在，我们可以将重大疾病责任和死亡责任两部分分别确定和计算。计算提前给付型重大疾病保险的预期发生率时，我们需要考虑疾病的发病率和生存期间的总死亡率。

在进行推导之前我们假设所有的投保人在投保时都是处于健康状态并对一些函数作如下定义：

l_x：x 岁的生存人数；

ld_x：x 岁有过患病经历的生存人数；

ki_x：x 岁时第一次患病的生存人数；

d_x：在 x 岁至（x+1）岁之间的死亡人数；

dn_x：在患重疾的人数中不是由于重疾引起的 x 岁的死亡人数；

dd_x：在患重疾的人数中由于重疾引起的 x 岁的死亡人数；

dg_x：在 x 岁至（x+1）岁之间没有患重疾的死亡人数；

i_x：在 x 岁至（x+1）岁之间患重疾的可能性，即重疾发病率；

a_x：在 x 岁至（x+1）岁之间，由重疾引起的死亡占死亡总人数的比例；

q_x：年龄 x 岁的死亡率。

一般来说，我们得到的关于死亡率的统计数据可以分为两类：一是罹患疾病的人群死亡；二是健康状态的人群由于重疾之外的其他原因而发生死亡。在保单年龄为 x 岁的条件下，从来没有患重疾的人数可以从健康生存人数（$l_x - ld_x$）减去初次患病的人数 ki_x 和 x 岁的未患病人数 dg_x 得到。患重疾且仍然生存的人数就因为死亡而减少，而死亡则可能是由重大疾病引起的 dd_x，也可能是由其他的原因引起的 dn_x。因此在提前给付保单条件下，索赔总数为：$ki_x + dg_x$。在一般的统计中，我们一般很难对 dn_x 和 dg_x 进行直接统计，但是我们可以通过 i_x、a_x 和 d_x 推导得出，推导过程在此省略。

2. 独立主险型重疾产品的预期发生率

独立主险型重疾产品的给付条件是在被保险人被确诊罹患保单规定的某种疾病且存活时期超过保单规定的生存期间才进行给付。在计算预期发生率的时候我们需要获取重大疾病的发生率，但是要排除患病者在生存期间死亡的现象。因此必须掌握各种疾病的发生率以及在发病后一定时间之内的死亡率，或者疾病的治愈率。假设疾病的发病率用 i_x 表示，在生存期间患者的死亡率为 q_x，那么预期发生率就为：$i_x - i_x q_x$。

表 5.1 和表 5.2 为 2006—2010 年我国人身保险业 25 种重大疾病经验发生率表。

表 5.1　　　　　　　　　25 种病种经验发生率男表（CI3）

年龄	ix	Kx（%）	年龄	ix	Kx（%）	年龄	ix	Kx（%）
0	0.000595	2.60	35	0.001396	35.78	70	0.038500	67.25
1	0.000530	11.01	36	0.001550	37.71	71	0.041480	66.67
2	0.000469	14.18	37	0.001732	39.80	72	0.044662	65.92
3	0.000420	15.63	38	0.001945	42.03	73	0.047245	65.03
4	0.000393	16.42	39	0.002190	44.34	74	0.049972	64.06
5	0.000378	17.03	40	0.002474	46.67	75	0.052903	63.05
6	0.000359	17.87	41	0.002800	48.95	76	0.056087	62.01
7	0.000344	18.98	42	0.003172	51.11	77	0.059566	60.99
8	0.000331	19.76	43	0.003595	53.10	78	0.062548	60.01
9	0.000319	20.64	44	0.004070	54.91	79	0.065766	59.06
10	0.000310	21.48	45	0.004600	56.54	80	0.069520	58.14
11	0.000303	22.21	46	0.005183	58.01	81	0.073459	57.21
12	0.000301	22.82	47	0.005817	59.34	82	0.077563	56.29
13	0.000302	23.30	48	0.006502	60.57	83	0.081201	55.43
14	0.000307	23.62	49	0.007235	61.69	84	0.085051	54.65
15	0.000318	23.72	50	0.008018	62.70	85	0.089178	53.97
16	0.000334	23.54	51	0.008854	63.64	86	0.093649	53.38
17	0.000354	23.02	52	0.009753	64.54	87	0.098518	52.87
18	0.000379	22.18	53	0.010719	65.42	88	0.103839	52.41
19	0.000408	21.16	54	0.011752	66.25	89	0.109632	51.94
20	0.000441	20.18	55	0.012842	66.98	90	0.115226	51.42
21	0.000478	19.50	56	0.013971	67.55	91	0.121086	50.79
22	0.000519	19.33	57	0.015120	67.95	92	0.127085	50.04
23	0.000565	19.80	58	0.016274	68.16	93	0.133086	49.13
24	0.000616	20.84	59	0.017430	68.22	94	0.138967	47.49
25	0.000670	22.26	60	0.018591	68.16	95	0.144605	45.23
26	0.000726	23.83	61	0.019770	68.06	96	0.149921	43.00
27	0.000782	25.33	62	0.020984	67.97	97	0.155199	40.88
28	0.000838	26.65	63	0.022254	67.95	98	0.159675	38.70
29	0.000893	27.78	64	0.023600	67.97	99	0.164318	36.72
30	0.000949	28.80	65	0.025290	68.02	100	0.169022	34.91
31	0.001009	29.86	66	0.027409	68.04	101	0.173944	33.29
32	0.001078	31.05	67	0.030020	68.01	102	0.179050	31.83
33	0.001162	32.43	68	0.032422	67.90	103	0.184345	30.53
34	0.001267	34.01	69	0.035071	67.66	104	0.189837	29.39
						105	0.195500	19.55

表 5.2　　25 种病种经验发生率女表（CI4）

年龄	ix	Kx（%）	年龄	ix	Kx（%）	年龄	ix	Kx（%）
0	0.000815	2.60	35	0.001596	43.58	70	0.025119	61.09
1	0.000651	19.70	36	0.001770	45.24	71	0.027204	60.70
2	0.000533	21.07	37	0.001962	47.04	72	0.029458	60.25
3	0.000448	22.53	38	0.002171	48.95	73	0.031386	59.76
4	0.000377	24.10	39	0.002398	50.94	74	0.033501	59.24
5	0.000332	25.77	40	0.002643	52.92	75	0.035859	58.71
6	0.000304	27.20	41	0.002909	54.81	76	0.038512	58.16
7	0.000286	28.80	42	0.003195	56.54	77	0.041472	57.58
8	0.000289	30.02	43	0.003503	58.06	78	0.043977	56.97
9	0.000301	31.32	44	0.003834	59.36	79	0.046729	56.29
10	0.000322	32.32	45	0.004188	60.48	80	0.049920	55.55
11	0.000346	32.97	46	0.004564	61.47	81	0.053258	54.75
12	0.000369	33.22	47	0.004933	62.40	82	0.056702	53.91
13	0.000390	33.07	48	0.005288	63.28	83	0.059933	53.08
14	0.000408	32.57	49	0.005636	64.13	84	0.063221	52.24
15	0.000424	31.80	50	0.005986	64.92	85	0.066581	51.38
16	0.000438	30.85	51	0.006348	65.63	86	0.070056	50.46
17	0.000451	29.78	52	0.006731	66.28	87	0.073705	49.50
18	0.000465	28.67	53	0.007143	66.84	88	0.077300	48.52
19	0.000480	27.62	54	0.007592	67.31	89	0.081165	47.51
20	0.000496	26.77	55	0.008081	67.64	90	0.084876	46.45
21	0.000515	26.24	56	0.008616	67.84	91	0.088764	45.31
22	0.000538	26.20	57	0.009197	67.90	92	0.092736	44.06
23	0.000568	26.69	58	0.009830	67.83	93	0.096689	42.66
24	0.000605	27.69	59	0.010520	67.61	94	0.100547	40.78
25	0.000651	29.05	60	0.011280	67.24	95	0.104229	38.29
26	0.000704	30.61	61	0.012127	66.72	96	0.107687	35.90
27	0.000764	32.19	62	0.013086	66.08	97	0.111101	33.66
28	0.000831	33.70	63	0.014186	65.33	98	0.113990	31.45
29	0.000905	35.10	64	0.015460	64.52	99	0.116966	29.46
30	0.000987	36.44	65	0.016933	63.70	100	0.119940	27.63
31	0.001078	37.77	66	0.018181	62.94	101	0.123049	26.00
32	0.001182	39.12	67	0.019700	62.30	102	0.125869	24.47
33	0.001302	40.53	68	0.021419	61.82	103	0.128762	23.10
34	0.001439	42.01	69	0.023306	61.45	104	0.131727	21.88
						105	0.134800	13.48

（二）利率

因为货币具有时间价值，在重大疾病保险产品定价时还要计算不同时点货币的现值或终值，即要进行折现或计算利息，所以在重大疾病保险产品定价时还需要考虑利率因素带来的影响。过高的预定利率无疑会增加保险公司的给付负担，过低的利率又会导致客户的退保。因此怎样设定合理的利率也是一个至关重要的因素，进行设定时不仅要结合自身的发展战略和规划，同时还要结合宏观经济形势。我国人身保险利率标准的规定，并未明确规定重大疾病险是否参照寿险办理，实务上在设计重大疾病险时还是以寿险方式处理，实际上重大疾病险的设定利率通常比同期寿险保单保守，其用意除了降低利率风险外，也可弥补因疾病率假定所造成的损失。实务中预定利率一般设为 2.5%。

（三）死亡率

对于人身保险来说，死亡率是产品定价的一个重要考虑因素。死亡率对短期健康保险产品定价的影响不大，但在长期或终身健康保险产品定价时必须考虑其影响。死亡率对确定生存和死亡给付非常重要，在计算长期健康保险产品的费率时，要防止的是被保险人"活得太久"，所以应该采用养老金业务用生命表。由于重大疾病保险产品的特殊性要求我们应该分病种进行死亡率的统计，并且统计除了重疾（保单所覆盖的疾病种类）之外其他因素引起的死亡率。在保险定价实务中，精算人员会对现有死亡率数据进行分析、拟合，进行修匀之后，进而将其用在定价当中去。

（四）退保率

退保率是指除被保险人死亡以外的其他原因使健康保险合同失效的概率。投保人的退保是健康保险公司在经营长期重大疾病保险业务过程中必须面对的问题。正常原因和范围内的退保是长期重疾保险在定价时应予以考虑，对那些影响保险公司稳健经营的大量非正常退保更应该重视。相对于容易罹患重大疾病的人群来说，他们对重疾产品的需求更加迫切。由于市场上重疾产品的差异性，投保人可能会进行相互比较，选择其他公司的产品期望获得更多的保障或优惠。对于那些投资动机成分较大的投保人来说，当市场利率或者收益率上升，而现有长期重疾保险的收益无法弥补他们的机会成本损失时，就会产生退保的动机。或者由于其他某种原因也会导致投保人的退保行为。由于退保，保险公司可能会面临年龄准备金积累不足的风险，增加公司的经营成本，如前期的保单制作成本等。因此，在重大疾病保险定价的过程中必须对各年龄的退保率及其变化趋势做一个比较准确的估计。

(五) 附加费用率

在保险业务中，佣金是费用的重要部分，大多数为所收取保费的一定比例。因此，在定价假设中只需要确定一个合适的比例即可。保险公司的其他经营管理费用也将会影响到产品的定价。这些费用包括保单的开发成本和管理费用，工作人员的薪金等。一般来说，可以将费用分为固定费用和边际费用两类。固定费用多为一次性的费用，而边际费用即与保费或者保额或保单的销售量有一定的关系。由于其他不确定因素引起的管理费用的增加也可以考虑进去。费用率的假定不合理会对保险公司的经营带来很大的影响，预期费用率过低会导致最终保险公司的偿付能力不足，损害被保险人的利益。

二、影响重大疾病保险费率的现实因素

随着医疗技术发展和新诊断技术的不断出现，一方面，一些重大疾病得以提前诊断，如早期癌症、轻度中风和轻度心肌梗塞等。疾病的早期诊断导致重大疾病保险的赔付率大幅增加，而通常在重大疾病保险产品定价时并没有考虑到承担这种早期诊断情况下的给付责任；另一方面，随着时间的推移，某些重大疾病的发病率正在呈现增长趋势，如前列腺癌和乳腺癌，尤其是乳腺癌。由于过去的产品定价是以历史数据为基础的，并没有考虑到疾病发生率的变化趋势，所以目前的费率对于疾病发生率趋于增加的情况下是不适应的。因此应谨慎使用保证费率，保险人应能根据疾病率的变化适时调整费率以降低经营风险。

在实际经营中，近年来重大疾病保险索赔率的逐年攀升已导致保险公司赔付支出大幅增加，为此，虽然可以制定更保守的固定费率，但产品价格的提高又会降低对消费者的吸引力，在激烈竞争的市场环境下，轻易提高价格可能带来的是市场份额和竞争优势的丧失。因此，采用浮动费率的、保险期间为1年、可保证续保的重大疾病保险产品可能是另一种选择。

目前，国外大部分保险公司的重大疾病保险产品都含有非保证费率条款，但在实践中调整费率仍存在许多问题。对于已经出售的保单，如果提高费率，则客户可能难以接受，存在大量退保的风险。另外，过于频繁的费率调整，也会影响公司的信誉。从精算技术上看，费率调整后保单后期准备金及保单现金价值评估等处理起来也会遇到很多麻烦，因为费率调整难免会造成退保率、失效率和逆选择风险的变化，这些都会给责任准备金及保单价值评估造成麻烦。此外，不同费率下评估的准备金与现金价值的差异如何处理也是一个问题。

而国内目前的重大疾病保险产品，大多数条款均设定为不可解约和均衡保费，只

有少数产品设立了可调整保费或阶梯式保费条款。主要原因是考虑消费者的消费习惯上不易接受，另外保费在事后调整可能引发客户脱落（不缴保费，不退保）的逆选择效果。

第四节　疾病保险的准备金管理

重大疾病保险由于其自身的特殊性，在提存责任准备金时需要考虑更多的因素。其中，医疗技术的进步导致一些未显现出来的重大疾病（如皮肤癌）在体检过程中得到确诊，而这些疾病往往需要一段时间之后才会爆发，对于这种情况下的保险金提前给付，保险公司必须做好更为严格的准备金管理。寿险准备金的提存以长期责任准备金为特征，重点在被保险人死亡率和利率等经济因素的长期预估中，此外还关系到利润和费用的长期释放与分配，但实务操作中大部分都可通过比较规范的公式来计算和估计。重大疾病保险一般都是长期的，其定价具有一部分寿险特征，因而其责任准备金的评估也与寿险类似，当然其给付责任的长期估计更加困难。长期重大疾病保险通常提供保障至一定年龄（60岁、65岁）或终身，而且自签发保单之日起即按投保时年龄对应的费率收取平准保费。由于重大疾病给付成本随年龄的增加而上升，所以如同长期寿险那样，需要提留附加准备金，其数额等于未来给付的精算现值和未来保费的精算现值之差。保证续保保单若采用平准费率，则相当于长期重大疾病保险，也需要按类似的原理提取责任准备金。重大疾病保险准备金的计提一般分为定期完全修正法以及均衡净保费法两种。

一、定期完全修正法

修正准备金方法在准备金定义中，从未来给付的精算现值中减去的不是均衡净保费的精算现值，而是定义一系列分段纯保费，以未来给付的精算现值减去这些分段纯保费的精算现值作为准备金。通常是把纯保费分为三个不同水平，虽然理论上可以分成更多个水平。这三个纯保费水平分别表示如下：初年度纯保费记为 α；往后 $j-1$ 年的纯保费记为 β；j 年之后的纯保费即为原来的均衡纯保费 NP_x。修正准备金法主要有：一年定期完全修正法、两年定期完全修正法以及 Zillmer 方法。根据中国保监会下发的文件《健康保险精算规定》，长期重大疾病保险的法定责任准备金评估参照长期寿险法定责任准备金评估方法，即采用定期完全修正法。

二、均衡净保费法

均衡净保费方法是计算如重大疾病保险等长期健康险准备金的一种重要方法，这种方法也是最基础的准备金计算方法，它对许多因素进行了简化，不考虑任何费用，计算基础为均衡净保费。

短期重大疾病保险责任准备金评估与非寿险类似，一般采用1/24毛保费法或1/365毛保费法，提取金额应当不低于下列两者中较大者：一是预期未来发生的赔款与费用扣除相关投资收入之后的余额；二是在责任准备金评估日假设所有保单退保时的退保金额。未到期责任准备金不足的，应当提取保费不足准备金，用于弥补未到期责任准备金和前款两项中较大者之间的差额。

第五节 疾病保险的风险管理与监管约束

一、重大疾病保险风险因素分析

(一) 纯粹风险

重大疾病保险通常采取确诊定额给付方式，因此重大疾病保险产品的纯粹风险主要来源于疾病发生率长期波动。相对于寿险产品定价采用的死亡率，我国保险业疾病发生率数据还很缺乏，主要是因为我国保险业经营重大疾病保险时间有限，来自于保险实际经验赔付数据较少，甚至在高年龄段完全没有经验理赔数据。对于一年期的重大疾病保险产品来说发生率风险相对较小，根据行业或公司内部经验数据定价即可，因为在短期内疾病发生率波动相对较小。但是对于长期重大疾病保险来说，由于保险产品的保障期限很长甚至保障至被保险人终身，在如此漫长的时间内，如何合理预测疾病发生率十分困难。

虽然目前重大疾病保险产品中承保的病种数目不断增多（通常有30—60种），但是出险疾病主要集中在其中的几种，出险率前5种疾病占总出险率近95%。目前来看，重大疾病保险产品中疾病发生率长期波动主要来自于几类主要疾病，由于集中度很高，疾病发生率此消彼长的平衡效应较弱；另外，对于目前发病率不高的疾病，未来可能会升高。疾病发病率从长期看具有较大波动性，通常是经过十几年甚至几十年的发展才会产生较大变化。因此，疾病发生率长期波动大，短期相对稳定是重大疾病保险纯粹风险最大特点。

（二）设计风险

早期的重大疾病保险通常为确诊后一次给付型，与寿险给付方式比较类似。随着近年来保险市场竞争加剧，保险公司纷纷对重大疾病保险产品进行创新和升级，一个升级方向是增加疾病种类，从最初的保障十几种疾病增加到几十种；另一个升级方向是从一次性给付转向多次给付。以上在产品设计方面的创新和升级会加大保险公司风险。

对于增加疾病种类，通常所增加的是当前发病率极低的病种，因此在短期内不会对产品营利性带来多大负面影响，而且增加病种后费率水平提高有限，有利于增强产品竞争力，促进销售，因此很多保险公司十分乐于扩大疾病范围。但是，目前保险行业对于所增加的疾病缺乏深入的研究，对新增疾病未来变化趋势缺乏合理预测。在对疾病的致病因素、长期趋势无法掌握的情况下盲目纳入保障范围，意味着对被保险人要承担数年甚至数十年的保险赔付责任，可能会对未来产品营利性带来很大威胁。

重大疾病保险产品设计过程中还可能产生各种"倒挂风险"。一是保险金额与现金价值倒挂。对于终身重大疾病保险产品，兼具疾病保障功能和较强的储蓄功能随着保单年度递增，保单现金价值也随之递增，有可能出现保单现金价值超过保险金额的情况，这样即使没有发生保险事故，理性的被保险人也会选择提前退保，从而获得更大收益，但这样会导致实际经验偏离定价假设，使产品营利性受到损害。二是疾病保障与身故保障倒挂。重大疾病保险中除了疾病保障之外，通常还会提供身故保险责任，如果疾病保额低于身故保额，被保险人确诊疾病后有可能会选择暂不报案，待身故时领取更高额的保险金。三是疾病保障与满期给付倒挂。一些与两全保险组合销售的重大疾病保险，产品组合一般约定保险期间届满且被保险人未确诊重大疾病的，给付约定额度的生存保险金。但是，如果生存保险金超过疾病保险金，被保险人在保险期间届满前患病的，可能选择不报案，等待合同期满时领取更高额度的满期保险金。以上几种倒挂，都会导致实际经营结果偏离产品定价假设，从而影响产品的营利。

（三）引致风险

重大疾病保险通常具有鲜明的保障功能，体现在保额与保费的比值很高，参保人可以通过投入有限的保费获得高额的保障，因此来自于参保人的逆向选择风险比较突出。重大疾病保险的逆向选择主要有以下两种表现：一种表现是带病投保，即被保险人在投保时已患合同约定的疾病，保险合同生效后要求理赔；另一种表现是被保人投保前已存在可能大大提高理赔风险的其他疾病，例如，被保险人已患有肝炎，投保包括肝癌保障责任的重大疾病保险,投保后获得赔付的概率将比其他被保险人高很多。对于团体重大疾病保险而言,带病投保逆向选择问题更为突出,团体重大疾病保险的保险期限通常是一年,相比个人重大疾病保险费率更低、保额更高,另外,团体重大疾病保险中的投保人是产生逆向选择风险主要来源之一,可能是投保人对被保险人的健康状况确实缺少了解,也可能是投保人故意隐瞒,以获得较低的保险报价。

重大疾病保险的道德风险主要来自于被保险人,来自于医疗机构的道德风险相对较小。一方面,部分被保险人投保重大疾病保险后潜意识中认为已经安排了风险转移,因此对自身健康关注度有所下降,无意间增多了不利于保持和维护健康的生活方式、饮食习惯等,长此以往被保险人身体健康状况下降,罹患疾病的可能性提高;另一方面,被保险人还有可能通过与医疗机构串通伪造病历,对于达不到保险合同定义的疾病夸大为符合产品理赔标准的疾病。

(四) 关联风险

重大疾病保险的关联风险因素比较复杂而且对产品影响较大,主要体现在医疗技术发展和法律制度变化导致的保险产品赔付风险加大。医疗技术发展导致的关联风险主要体现在以下三个方面:

第一,医疗技术进步使疾病治愈的可能性提高,但也会使一些疾病的诊断提前进而导致保险赔付提前。过去某些疾病发展到中晚期才能够被诊断出,但现在可以在早期发现,对于患者来说可以减少病痛折磨并提高治愈可能性,且可以节省治疗费用,但是对于保险公司而言,诊断提前意味着提早赔付,在赔付金额固定的情况下,对保险产品实现利差益、费差益造成不利影响。

第二,医疗技术进步导致重大疾病保险实际功能脱离保障的本意。重大疾病保险产品设计的本意旨在补偿高额的医疗费用和收入损失,但是随着医疗技术进步,一些疾病可以通过较低的成本治愈,而且对被保险的劳动能力影响很小,这样可能引发道德风险:如被保险人主动寻求患病获得高额保险金,之后通过支付少许医疗费用治愈。今后随着医疗技术的发展,尤其是克隆技术在疾病治疗中的应用,"重大疾病"的范围可能产生颠覆性改变。

第三,医疗技术发展还可能使疾病的确诊方式和标准发生变化,导致各类理赔纠纷,使产品的定价基础与实际理赔偏离。例如,目前重大疾病保险中通常含有的冠状动脉绕道手术,理赔条件之一是实际实施了开胸手术,但是随着医疗技术发展,现在可以通过微创介入方式治疗;又如,保险公司要求肝癌确诊需要活检并出示病理报告,但是对于晚期肝癌患者活检会对身体再次造成伤害。类似以上疾病定义,都可能随着医疗技术发展而不合时宜,导致保险公司与被保险人之间的理赔纠纷。理赔纠纷导致的保险公司败诉或者通融赔付,都会加大产品定价基础与实际理赔的偏离。

二、疾病保险产品风险管理措施

近年来，随着重大疾病保险市场竞争加剧，重大疾病保险产品出现多种创新形态，保险公司重大疾病保险产品开发风险有所增加。在产品开发源头有效控制风险，对达到产品预期的盈利水平至关重要。

（一）定价风险管理

1. 分析每种疾病的发生率及发展趋势

目前我国保险市场上最受消费者欢迎的重大疾病保险是包含多病种的长期重大疾病产品，但是在定价时对各种疾病的未来发生率趋势缺乏数据支持。在这种情况下，可以通过以下方式获取发生率数据：一是从同业保险公司或者借助再保险公司获取数据，如一些具有国际背景的再保险公司，通常对各种疾病发生率有长期持续研究，并且可以采用部分国外经验数据弥补本国数据的不足；二是借助卫生部门公开披露的数据，如中国卫生统计年鉴等；公开卫生数据是基于社会人群数据，在产品定价时可以作为参考，但不能直接用于产品定价；三是以监管机关公布的准备金评估发生率作为参考。中国保监会于2013年11月发布了重大疾病保险用于评估法定准备金的6种疾病和25种疾病发生率，可以在此基础进行产品定价。

重大疾病保险产品定价前，一定要对每种疾病的发生率及发展趋势进行分析，这不仅可以提高产品定价的准确性，还有利于未来进行经营回顾分析。

2. 疾病发生率加入合理的风险边际

风险边际也称作风险加成，是指在最优估计发生率的基础上，加入安全系数。疾病保险产品的发生率风险加成应遵循以下原则：第一，风险加成应该适当，避免过高或过低。较高的风险加成能够大大降低产品亏损风险，但是如果风险加成过高，势必导致产品的费率提高，在销售过程中降低竞争力。第二，风险加成前后应进行敏感性测试。当疾病保险中含有多种疾病发生率，或者疾病保险中同时包括疾病保障、身故保障等多项保险责任时，应对各定价参数或发生率进行敏感性测试，掌握每一个定价参数变化对费率水平、盈利水平的影响。第三，通过评估风险水平确定风险加成大小。疾病保险的主要风险在于长期发生率上升，因此，应当对远期发生率进行相对高的加成，而对近期发生率可以少加成或不加成，对远期发生率进行较高加成后，可以有效规避远期不利风险，而远期加成经折现后对费率影响小；如果对远期和近期发生率采用同样的加成，可能出现近期产品盈利很好而远期亏损状况。

总之，风险加成必须与风险大小匹配，这样才能保证产品费率平滑和长期盈利平稳。

3. 进行合理的风险分类

重大疾病保险产品的风险分类是指根据不同类别被保险人的风险水平测算费率，也称为分类风险定价。风险分类可以获得相对同质的风险子集，有利于保持费率公平性并减少逆向选择和道德风险。目前我国保险市场上重大疾病保险产品的分类变量主要包括年龄和性别。分类变量的选取既要考虑可操作性、实施的成本，也要考虑风险是否进行了有效区分，分类变量过多或过少都有可能诱发额外风险。在重大疾病产品定价时可以考虑的风险分类方式包括：一是按照年龄和性别厘定费率，这是对风险特征进行的最基本区分；二是进一步区分优选体和非优选体，在具体的操作实务中通常需要根据体检结果区分；三是根据地域发病率差异进行区别定价。我国幅员辽阔，地区疾病谱、疾病发生率差异很大，有必要根据地域发病率差异分别厘定费率。

（二）设计风险管理

由于我国商业健康保险疾病发生率数据缺乏，重大疾病保险的经营风险仅仅通过定价难以完全规避；另外，重大疾病保险的逆向选择风险也是加大长期经营风险的重要因素，因此有必要通过产品设计进一步规避风险。在产品设计中提高风险管理效果的途径主要有以下几个方面：

1. 通过设置观察期降低逆向选择风险

重大疾病保险的主要风险之一是逆向选择风险，即被保险人对自身健康水平更为了解，对未来发生重大疾病的可能性有一定预估，因此当被保险人发现自己健康状况出现变差的信号时，会更加倾向于投保，并有可能在投保后较短的时间内确诊疾病和申请理赔。保险公司可以在产品保险责任设计时通过增加观察期降低投保人的逆向选择。具体可以采取的方式包括：一是可以约定在保险合同生效一定期间内，如180天或一年，对于被保险人发生保险事故的，保险公司不承担给付保险金的责任；二是可以约定在保险合同生效一定期间内降低保障水平，如规定在合同生效一年内，被保险人发生保险事故的，保险公司给付实际缴纳的保险费与10%保额之和；三是可以设计阶梯递增型的保险责任，规定保险金额在前几个保单年度逐年递增，一定期间后提高到100%保险金额。

设置较长的观察期虽然可以更好的降低逆向选择风险，但是也会降低保险产品的市场竞争力，降低保险产品对客户的吸引力。因此，重大疾病保险产品观察期的设计应兼顾风险控制和产品的市场竞争，在两者之间把握平衡。

2. 通过丰富责任组合弱化疾病风险

疾病发生率具有长期上升风险，而死亡率相对稳定，国民寿命有延长趋势。通过产品责任组合，可以在一定程度弱化疾病发生率上涨对产品营利性的负面影响。根据目前我国保险监管规定，长期疾病保险中可以包含身故保险责任，但是身故给付不能高于疾病给付；监管制度还要求疾病保险中不能包含生存给付责任。但是，保险公司可以通过产品组合提供生存给付，最常采用的方式是将疾病保险设计为主险，将两全保险设计为附加险，两全保险的生存责任设计为保险期间内被保险人未发生重大疾病且生存至保险期间届满，保险公司按照主附险保费之和给付生存保险金，即返还主附险所缴保费。

3. 通过责任免除规避系统性风险

保险条款中设置责任免除，可以对保险责任中一些特殊情形不承担保险责任。设置责任免除条款的初衷主要有两方面，一方面，对于被保险人和受益人违反法律、违背道德和公序良俗的行为，保险公司不予赔付。例如，被保险人因拒捕、打架斗殴导致的医疗行为，保险公司不承担保险责任；另一方面，对于可能造成保险赔付系统性风险的情形，保险公司为了长期稳健经营，通常会在责任免除中列明不予赔付。

本章小结

本章详细阐述了疾病保险的相关运行机理，并着重针对重大疾病保险进行讲解。重大疾病保险的主要特点包括承保风险具有复杂性、定价具有特殊性、理赔专业性强以及包含等待期和生存期间的规定，与寿险相比更加复杂。紧接着本章按照目标人群、保险期间、给付类型对疾病保险的产品形态进行了细致的分类，细数了目前市场上存在的各类疾病保险产品及其特征。重大疾病保险定价的主要影响因素包括重大疾病的预期发生率、死亡率、利率、退保率、费用率、利润率等因素。其中疾病发生率是定价的最重要因素，也是定价和评估的基础。本章也重点讲解了疾病发生率如何作用于重大疾病保险的定价过程。对于疾病保险的准备金管理，为保证提取的准备金充足率，一般分为定期完全修正法以及均衡净保费法两种。最后，本章着重分析了重大疾病保险的各类风险因素，包含定价风险、设计风险、道德风险以及经营风险，与此同时相对应地给出了风险管理的措施，并根据监管约束进行了进一步的说明。

思考题

1. 承保重大疾病保险的条件有哪些？
2. 请叙述重大疾病保险的主要特点。

3. 重大疾病保险的产品形态包括哪些？
4. 请列举影响重大疾病保险定价的因素。
5. 影响重大疾病保险的现实因素有哪些？
6. 重大疾病保险准备金的计提方法有哪几种？
7. 重大疾病保险的风险因素包括哪些？
8. 请列举重大疾病保险的风险管理

第六章

长期护理保险产品运行机理

第一节 长期护理保险的基本特性

一、长期护理的定义

人口老龄化、重大疾病、慢性疾病以及伤残等使人们面临失能风险,严重失能不仅丧失活动能力,还需要专人护理以维持其日常活动,长期护理由此而产生。为了应对需要长期护理的失能者所面临的财务风险,长期护理保险已经成为重要的风险管理手段。明确长期护理的概念是进一步分析长期护理保险的基础和起点,其中,美国医疗保险协会(HIAA)定义比较有代表性,其认为,长期护理是指"在一个较长的时期内,持续地为患有慢性疾病,譬如早老性痴呆等认知障碍或处于伤残状态下,即功能性损伤的人提供的护理。护理项目包括医疗服务、社会服务、居家服务、运送服务或其他支持性的服务"。这些服务可以由不需付钱的家庭成员或朋友等非正规护理保险人员提供,即所谓非正规护理,也可以由受过专业培训并持有执照的专业正规医护人员提供,即所谓的正规护理。长期护理与传统健康维护服务有显著区别:传统健康维护的主要目的是治愈疾病或保全生命,而长期护理的目的是为慢性疾病或丧失日常生活能力者进行恢复和修补,并使不利降至最小化,尽最大可能长期地维持和增进患者的身体机能,提高其生存质量。

因此，长期护理可以定义为：个体由于意外、疾病或衰老导致身体或精神受损而致使日常生活不能自理，在一个相对长的时期内需要他人在医疗、日常生活或社会活动中给予广泛帮助。长期护理可以针对任何年龄的人，不仅仅是老年人，但通常老年人需要长期护理的占总需要护理人数比例较高。

二、长期护理保险的定义

长期护理保险在我国是一种新型的健康保险。国外长期护理保险的发展较为成熟，对长期护理保险的定义包括以下几种。美国人寿管理协会（LOMA）把长期护理保险定义为："长期护理保险是为了那些由于年老或严重疾病或意外伤害的影响需在家或护理机构得到稳定护理的被保险人支付的医疗及其他服务费用进行补偿的一种保险。"科隆通用再保险公司关于长期护理保险的定义是："长期护理保险是指当被保险人非常衰弱以至于在没有其他人帮助的情况下不能照顾自己，甚至不能利用辅助设备时，给付保险金的一种保险。"

长期护理保险其本质是指对被保险人因为年老、严重或慢性疾病、意外伤残等导致身体上的某些功能全部或部分丧失，生活无法自理，需要入住安养院接受长期的康复和支持护理或在家中接受他人护理时支付的各种费用给予补偿的一种健康保险。长期护理通常周期较长，一般可长达半年、数年甚至十几年，其重点在于尽最大可能长久地维持和增进患者的身体机能，提高其生存质量，并不是以完全康复为目标，更多的情况是使病人的情况稍有好转，或仅仅维持现状。

三、长期护理保险的保险责任

长期护理保险的保险责任是为被保险人因接受护理服务而发生的费用进行补偿。对于不同的保单，保险责任也存在着差别。对于有些保险公司的长期护理保险，保单上规定只有在被保险人接受正规护理服务时，才对其产生的护理费用进行补偿，而有些长期护理保险对被保险所接受的无论何种形式的护理而发生的费用都进行补偿。对于第一种补偿方式，在有些情况下被保险人需要护理服务却没有到专业护理机构进行护理，保险人不会对被保险人的护理费用进行补偿。这种情况下被保险人的利益受到损失，这种保险责任的设计不利于长期护理保险的长期发展，所以目前的长期护理保险大多数采用第二种补偿方式。

长期护理保险的保险责任中一般不仅只包含护理责任，在被保险人没有出现因护理得到理赔的情况下，在被保险人死亡时，保险人一般也会给付保险金。这就是长期护理保险的"两全设计"。两全保单的保险责任既包含一般护理保险的护理责任，又包含传统寿险的死亡给付责任。但是需要注意的是这两种保险责任不能重复给付，如果被保险人因为失能接受护理而得到保险人对其护理费用的补偿，被保险人死亡时保险公司不再进行死亡保险金的给付，如果被保险人没有发生失能情况，被保险人死亡时受益人可得到死亡保险金。两全保险责任的设计会避免被保险人没有出现失能情况而死亡所受到的保费损失。从长远角度看，这种两全保单的设计有利于长期护理保险的发展。

四、长期护理保险的保险金给付

（一）给付条件

保险公司按照国际惯例决定保险金的给付条件，从而确保被保险人是否可以领取保险金，通常采用人体机能障碍程度的标准和认知能力障碍程度予以确定。

1. 人体机能障碍标准

对于人体机能障碍标准，国际上将其划分为两种判定标准，分别是"日常生活活动标准"（ADL）和"器械辅助日常生活活动标准"（IADL）。日常生活活动包括进食、穿衣、洗澡、移动、行动、如厕、外出七个方面。如果一个人无法独立完成上述7个活动中的一项或几项，则称为日常活动失能。IADL以ADL为基础，包含了更多的日常活动：购买生活用品、打电话等使用电器设备、做饭及其他家务活动及理财等。IADL不仅衡量了老人的体力能力，也衡量了老人在管理财务方面的智力能力。当被保险人按照ADL标准被判断为日常活动失能时，可以要求保险人进行给付。

2. 认知能力障碍标准

对于认知能力认定标准，在不同国家有不同的定义，常用的标准有美国保险公司所广泛采用的定义。认知能力损伤体现为智力的恶化或损伤，一般能够通过医院的诊断或者标准的测试进行确认，对智力损伤的诊断或测试可从三个方面进行：一是被诊断者的长短期记忆能力；二是对周围有关系的人、熟悉的地点或时间的认识程度；三是思维判断能力。如果被诊断者在这三个方面中的任一点存在问题，则可以诊断为智力损伤。在被保险人以智力损伤为由向保险公司要求给付护理保险金时，保险公司皆会采用与被保险人面对面提问和观察的方式来判断被保险人是否属于认知能力损伤。同时保险公司结合医院临床的诊断结果来决定是否给付护理保险金。

（二）给付形式

护理保险金的给付一般有以下几种形式。

1. 实物给付

实物给付，即提供护理服务，对于需要长期护理的被保险人，保险公司直接为其提供长期护理服务而不是费用补偿，这种给付形式对保险公司的服务水平及相关的专业能力都有较高的要求，只有少部分保险公司选择这种给付形式。

2. 现金给付

按照给付金额是否可变可以分为确定给付和发生额给付。确定给付是指保险人按照保险合同中事先约定的保险金额对被保险人进行补偿，这种给付方式对产品费率厘定的要求较低，但是容易引发被保险人的道德风险，不利于保险公司的风险管理。发生额给付是指按照被保险人实际发生的护理费用进行补偿，最高补偿限额不超过保险合同中约定的保险金额。这种给付方式对保险公司的费率厘定水平要求更高，但是在一定程度上控制了被保险人的道德风险。

（三）给付限制

长期护理保险的保险金的给付限制包括给付时间限制、给付水平限制、既存状况限制和除外责任限制。

1. 等待期的规定

等待期是指在投保人与保险人签订合同的一段时间内，通常为90天或180天，如果被保险人被诊断为丧失生活能力而需要护理服务时，即使被保险人符合领取保险金的条件，保险公司也不用承担赔偿责任。如果等待期结束后被保险人仍处于生活能力失能状态，保险公司才会对其发生的长期护理费用进行补偿。一般来说，较长的等待期可以降低长期护理保险的价格。等待期的设置主要是为了防范逆选择给保险公司带来的风险。

2. 保险金额的限制

保险金额限制了保险公司给付保险金的最大额度。如被保险人购买了一份保额为50万元的最大终身给付保险金额的长期护理保险保单，则一旦发生护理费用，每天按实际发生费用从该额度中扣除，扣完为止。

3. 既存状况规定

既存状况是指在被保险人签订保险合同之前已经存在的疾病。保险公司会对被保险人的既存状况设置一个观察期（一般为90天或180天），在观察期内被保险人由于既存状况而发生护理费用，保险人不承担给付责任。若在观察期外被保险人因为既存状况发生的护理费用保险人则不能拒绝赔付责任。

4. 除外责任限制

和其他保险合同一样，长期护理保险合同中一般也会对除外责任进行明确的规定。对于长期护理保险来说，常见的除外责任包括被保险人故意自伤、犯罪、酒后驾驶、吸毒、战争、遗传性疾病等。被保险人在一些极限运动中造成的日常活动失能保险公司一般也视为除外责任。

五、长期护理保险的主要特点

（一）长期性

较之于传统的医疗保险、残疾收入保险等期限以半年、一年短期险种为主的短期险种，长期护理保险主要保障部分或全部身体机能失能，需要长期在家或专业的护理机构长期由他人护理的被保险人，且大部分长期护理保险都可以进行续保，如续至退休或续至特定的年龄，以保证被保险人可以长期接受服务。

（二）持续性

长期护理保险的目标在于持续维持和增进被保险人的身体机能，提高其生存质量，一般并不是以完全治愈或康复为完全终结或阶段性终结，更多的是使被保险人的身体机能好转或持续地维持现状，这与传统医疗保险、残疾收入保险等有明显的差异。

（三）保值性

由于长期护理保险通常承保期限较长，为保证若干年后保险金仍然能够支付逐年上升的保险费用，保险产品通常包含通货膨胀保护条款，以实现保险金的保值增值。有的保险产品允许被保险人不断增加其保单的保额，以抵消通货膨胀的影响；有的保险产品不规定保险金给付总额，仅规定随着通货膨胀增加而增长的每日给付金额；有的保险产品按每年一定的比率调整给付额。

（四）现金价值高

长期护理保险承保期限长，保费一般采用均衡保费制，因此保单具有显著的储蓄特点，未来呈现一定的现金价值积累。当被保险人撤销其保单时，保险人应向其提供不丧失价值的选择权。例如，被保险人可以进行展期保险，或者进行减额缴清保险，或者获得一定的现金补偿，等等。

第二节　长期护理保险的产品形态

一、按保障内容分类

（一）单一长期护理保险

该种保险是最早出现的长期护理保险，除非附加附约，否则仅仅承担长期护理责任，即在保险期间内被保险人接受符合条件的护理服务，保险公司按规定给付保险金。这种保单潜在的问题是倘若被保险人缴纳多年保费后没来得及领取保险金就已经死去，其家属将容易产生对保险公司订单不满情绪，从而使保险公司的社会形象受到损坏。

（二）综合责任长期护理保险

此类保险是在承担长期护理责任的基础上，增加生存和死亡给付责任，更好地发挥护理保险的长期储蓄功能。其中，生存给付可采取年金给付或者一次性给付的方式。

（三）失能收入损失保险的延续及扩展

失能者在退休前，购买长期护理保险，在其退休后，保险公司提供给被保险人与失能收入补偿等额的保险金。在投保时不需要核保，只是要比正常人多缴一些保费，实际上是将失能收入损失保险自动转为长期护理保险。

（四）医疗费用保险附约

长期护理保险也具有医疗费用保险的功能。不过两者的主要区别在于，医疗费用保险是对被保险人偶然性的急性疾病提供费用补偿，而长期护理保险则是对被保险人因慢性疾病或健康状况恶化所发生的费用提供保障。不过两者都属于健康保险，也都涉及费用补偿，所以可以将长期护理保险视为医疗费用保险的一种延伸和扩展。

二、按承保条件分类

（一）指定护理机构型

这类长期护理保险只承保在专业的护理机构进行护理所产生的费用，即对被保险人的护理金的支付以入住专业的护理机构为条件。这种方式有利于避免被保险人的道德风险，也有利于保险公司控制风险，但因为必须入住专业机构容易流失许多潜在客户。

（二）综合护理服务型

此类保险不论被保险人在何处接受护理服务，家里或护理机构，保险人都提供保险保障。由于两种护理方式所产生的费用有很大差异，保险公司通常针对这两种方式制定不同的给付限额，但由于家庭护理的复杂性，使保险人面临较大的经营风险。

三、按保险金的给付方式分类

（一）发生额给付型

此类保险按照实际发生额给付保险金，在被保险人提出申请后，保险公司根据其长期护理产生的实际费用进行给付，限额以保单所约定的保险金额为限。若采取按实际发生额给付的方式，必然发生被保险人多次到保险公司领取保险金的情况，对保险公司的理赔系统的要求就会相应提高。

（二）定额给付型

此类保险在被保险人提出申请后，无论实际发生额大小，保险人都按照保单约定的固定金额进行给付。如果实际发生额小于固定给付额时，这种给付方式会诱发被保险人的道德风险，不利于保险公司的风险控制。

第三节　长期护理保险的定价因素

一、长期护理保险定价的主要影响因素

长期护理保险是众多险种的一类，因此影响一般保险产品定价的因素，如利息率、费用率、退保率等会对长期护理保险产品的定价有很大的影响；长期护理保险属于健康保险的范畴，因此影响健康保险定价的一些因素，如疾病发生率、等待期也对长期护理保险产品定价有一定影响。另外，作为一个特殊的险种，一些关系险种本身的因素会对它的定价产生直接的影响，如转移概率和转移强度。另外，护理发生率、护理时间长短也会对产品定价产生一定的影响。

（一）转移概率和转移强度

转移概率是指被保险人从一个状态转移到另一个状态的概率。在健康保险定价中，除了死亡状态不能转移到其他状态之外，其他各个状态之间都有相应的转移概率，转移概率的估计准确与否直接影响长期护理保险定价合理与否。从数理统计的角度可知，转移概率可以从转移强度中求得，在精算实务中，往往通过估计转移强度估计转移概率。

（二）护理发生率

护理发生率是指当被保险人因疾病或受意外伤害出现护理状态的概率，它的表达式可以定义为 $S_x = \dfrac{r}{L_x}$，其中 r 是一年内有部分人由于疾病或受意外伤害而需要长期护理的周数。在转移概率不易求得的情况下，可以通过估计护理率来进行定价。

（三）疾病发生率

在健康数据资源缺乏的情况下，定价中就以疾病发生率来代替护理发生率。我国健康险发展历史较短，统计数据不十分充分，在这种情况下就可以用疾病发生率代替护理发生率对长期护理保险产品定价，各公司也可以从国际再保险公司取得数据进行定价。

（四）利率

利率是影响保险产品定价的重要因素。长期健康保险产品是长期产品，定价时要慎重考虑利率的影响，在长期护理保险产品定价时要明确利率假定。保监会没有明确规定长期护理保险的利率假设，而实务中是以寿险方式处理，但长期护理保险的设定利率通常比同期寿险保单保守，是保险公司在没有丰富的定价经验的情况下，为了谨慎起见所致。

（五）退保率

退保率是影响保险公司定价的重要因素，一般应基于本公司或同业的经验数据，但新险种的失效率假设通常基于精算人员的估计。因为每张保单都可以为公司带来收益，退保会对长期护理保险的稳定经营有很大的影响，所以在长期护理保险定价过程中必须对各年龄的退保率及其未来发展趋势做准确估计。

二、长期护理保险定价的主要方法和模型

对长期护理保险进行定价主要采用三种理论方法：曼联方法、减量表模型和多状态马尔可夫模型。

（一）曼联方法

1. 基本原理

曼联方法的假设前提是，在年龄 x 时因失能而导致的护理费用得到补偿，以后各年的护理周数与 x 岁时的失能状态有关，不考虑 x 岁以前的状态。基于全体人口得出的年平均护理周数，也称为护理率来计算保费，为了能运用利率因子以及生存率，护理率必须依每年分开计算。

令 L_x 表示在年龄 $[x, x+1]$ 之间的生存人数。如果在这一年内有部分人由于失能而需要长期护理的周数为 r，那么每一个人的平均护理周数就为 $\frac{r}{L_x}$，用符号 $s_x = \frac{r}{L_x}$ 表示，它表示在年龄 x 时的护理率。如果对每个病人每周给付 1 元保险金，假设年中给付保险金，根据精算原理，那么它在年龄 x 岁时的精算现值为 $v_{1/2}^{1/2} p_x s_x$。$s_x^{e/m}$ 表示失能发生在年龄 x 时，免责期为 e 年，保险金给付期限为 m 年的护理率。

换算符号：$H_x^{0/all} = v^{x+1/2} l_{x+1/2} s_x^{0/1} + v^{x+3/2} l_{x+3/2} s_x^{1/1} + v^{x+5/2} l_{x+5/2} s_x^{2/1} + \cdots$

$$K_x^{0/all} = \sum_{t=0}^{\infty} H_{x+t}^{0/all}$$

那么一系列护理保险金的给付在 x 岁时的精算现值为：$(AS)_x^{0/all} = \dfrac{K_x^{0/all}}{D_x}$

所以，对于保险期限为 n 年，保险金给付期限为 m 年，没有免责期的长期护理保险：

趸缴纯保费为：$(AS)_{x:n]}^{0/m} = \dfrac{K_x^{0/m} - K_{x+n}^{0/m}}{D_x}$

均衡年缴纯保费为：$(PS)_{x:n]}^{0/m} = \dfrac{K_x^{0/m} - K_{x+n}^{0/m}}{N_x - N_{x+n}}$

2. 模型评价

运用曼联方法计算长期护理保险业务的保费和准备金，公式和原理等方面是比较直观和简便的。进行产品定价时，做出相应的护理率精算假定，根据一定业务期间后的护理率差益（损），调整其预期精算假定，稳定业务质量，其原理与传统寿险业务根据死差益（损）调整预期死亡率的原理相似。但是该方法并没有考虑护理服务等级对于护理费用的影响，如果不根据护理服务等级分别得出护理率，那么由此计算出来的保费，可能会由于接受护理服务人群分布的不均匀性而导致不准确，使得保费收入不足以支付未来保险金赔付。

（二）减量表模型

在一定的时间段内，我们所考察的群体中每个个体的状态可能会发生改变。原来处于健康状态的人可能要接受长期护理服务，病人的状态可能好转也可能恶化，也就是说，在一定的时间段内，处于某种状态的人数是会发生改变的。减量表模型就是考察人数的改变情况，继而计算状态转移概率的。

1. 基本原理

在减量表模型中，l_x 表示在确定年龄 x 仍生存的人数，$_t d_x$ 表示在年龄 x 和 $x+t$ 之间人数的变化量。符号的左上角或右上角会标上小写字母以表示受观察对象的状态，也就是处在不同的减量表中，左上角表示初始状态，右上角表示最终状态。

假设总体模型是由 k 个相互联系的减量表组成，每一个表都会接受来自其他 $k-1$ 个表的增加量和由于转移到其他 $k-1$ 个表以及死亡状态而发生的减少量。有公式表示如下：

$$^a l_{x+t} = {}^a l_x + \sum_{\substack{i=1 \\ i \neq a}}^{k} {}_t^i d_x^a - \sum_{\substack{i=1 \\ i \neq a}}^{k} {}_t^a d_x^i - {}_t^a d_x^d$$

$_t^{ih} d_x^j$ 表示在生命表人口中，年龄在 x 和 $x+t$ 之间，从表 h 转移到表 j 的总人数，此生命表人口是由年龄 x 时处在表 i 的相近群体组成。那么对于年龄从 x 到 $x+t$ 的每一个非终止状态 i，我们得出：

$$_{t}^{i}l_{x}^{i} = {}^{i}l_{x} - \sum_{\substack{h=1 \\ h \neq i}}^{k+1} {}_{t}^{ii}d_{x}^{h} + \sum_{\substack{h=1 \\ h \neq i}}^{k} {}_{t}^{ih}d_{x}^{i}$$

$$_{t}^{i}l_{x}^{j} = - \sum_{\substack{h=1 \\ h \neq i}}^{k+1} {}_{t}^{ij}d_{x}^{h} + \sum_{\substack{h=1 \\ h \neq i}}^{k} {}_{t}^{ih}d_{x}^{j}$$

$_{t}^{i}P_{x}^{j}$ 表示在年龄区间 $[x, x+t)$ 考察的个体从状态 i 转移到状态 j 的概率，此概率是一条件概率：

$$_{t}^{i}P_{x}^{j} = \Pr[S(x+t)=j | S(x)=i] = \frac{_{t}^{i}l_{x}^{j}}{{}^{i}l_{x}}$$

2. 模型评价

通过构造减量表模型，获知其各年龄段各状态之间人数的变化量，从而计算出状态转移概率，在此基础上计算的保费和责任准备金是满足保险公司偿付能力要求的。这种方法与现行的保险公司产品定价方法类似，在现有的定价模型基础上作合理的假设与修改，可以计算长期护理保险的费率。但是，减量表模型没有列出各状态之间人数变化量组成，例如，从护理状态转移到健康状态的人群中，在起始年龄时就处于护理状态的人数所占的百分比，在起始年龄时处于健康状态的人数所占的百分比，运用公式计算状态转移概率时必须要区分对待。

（三）多状态马尔可夫模型

多状态马尔可夫模型是由固定数目的状态组成，在不同的状态之间有相互转移的可能性和相应的转移概率，利用这些转移概率可以进行保单的设计以及保费和准备金的计算。它是一种有别于传统寿险精算模型的方法，特别是要涉及不同的健康状态分类和状态的转移时，更能发挥其优势。运用多状态马尔可夫模型对长期护理保险进行定价，关键是确定健康状态分类标准，从而对特定人群进行调查，计算或统计出不同健康状态之间的转移概率。

1. 基本原理

多状态马尔可夫模型运用马尔可夫链过程，为了求出初始状态到目标状态的转移概率，必须了解这两个状态之间存在的可能状态类型，通过分别求出这些状态之间的转移概率来达到目的。为了简化分析，假设在较短的时间间隔内，模型的转移比率是常数。

模型中的一些符号含义：

$r_{ij}(s,x)$：年龄为 x，性别为 s 的个体从状态 i 转移到状态 j 的年转移比率（$s=0$ 代表男性，$s=1$ 代表女性），矩阵形式为 $R(s,x)$。

$p_{ij}(s,x,y)$：性别为 s 的个体在给定的年龄 x 处在状态 i，而在年龄为 y 时处在状态 j 的概率，矩阵形式为 $P(s,x,y)$。

如果把以上两个概率均看作是关于 y 的数量函数，那么：

$$P(s,x,y) = \exp\left[\int_x^y R(s,z)dz\right]$$

因为假设了模型的转移比率为常数，因此，转移概率可以简化为：

$$P(s,x,y) = \exp[(y-x)R(s,x)]$$

对于每一个时间间隔 $[x,y_1),[y_1,y_2),\cdots,[y_{n-1},y_n)$，假设 $R(s,z)$ 是常数，因此：

$$P(s,x,y_n) = P(s,x,y_1)P(s,y_1,y_2)\cdots P(s,y_{n-1},y_n)$$

2. 模型评价

运用多状态马尔可夫模型对保险产品定价，这是一种新的定价方法，对健康保险精算师来说，也是一种挑战。借助长期护理医疗统计的庞大资料库，依性别及年龄建构各种不同健康状态转移概率模型，可以应用离散型马尔可夫模型对长期护理保险产品进行定价。因为不同的护理等级所需要支付的护理费用是不同的，多状态马尔可夫模型密切联系被保险人的健康状态，能够体现护理费用的差异。这对保险公司来说，定价时考虑的因素更加全面，使得准备金的提取更加合理而且充分，这是运用多状态马尔可夫模型进行定价的最大优点。然而，我国健康保险业尚不成熟，长期护理医疗统计的庞大资料库的建立暂时无法实现，因此运用多状态马尔可夫模型定价仍存在极大的难度。

第四节　长期护理保险的准备金管理

一、长期护理保险准备金

长期护理保险索赔主要来自于护理院、家庭卫生保健、辅助生活设备、附加保险利益以及选择护理。长期护理保险的索赔准备金主要有 DLR 准备金、ICOS 准备金、未决赔款准备金、IBNR 责任准备金、已终止但未来在此索赔责任准备金、损失调整费用准备金、诉讼准备金以及豁免保费准备金几种。

（一）DLR 准备金（Disabled Life Reserve）

DLR 准备金是指保险人提取的已知赔案未来可能发生长期失能而导致赔付护理保险金的准备金。当被保险人的长期失能索赔得到保险人认可时，保险人在保单约定的期限内负有支付保险金的责任。相应地，保险人必须提取这部分责任准备金。通常

DLR 准备金占所有长期护理保险赔款责任准备金的最大部分，它是未来可能支付的护理保险金的精算现值，已赔付尚未结案的未来赔款也包含在内。同时，已报告未决赔款准备金也可包含在内。DLR 准备金评估通常采用逐案评估法，在估计责任准备金的时候，根据不同的索赔类型和产品类型，其评估假设也有所不同。

（二）ICOS 准备金（In Course of Settlement）

ICOS 准备金是指已发生赔案中被保险人已接受护理服务但服务提供者尚未获得赔付而计提的准备金，它是长期护理保险所有赔款准备金中最小的部分。ICOS 准备金的评估时间段是上次赔付时间到准备金评估日。通常，对所有的已知赔案都有 DLR 和 ICOS 准备金。ICOS 准备金采用逐案评估法，在评估时，准备金数额等于未赔付天数与日津贴数额的乘积。

（三）未决赔款准备金

未决赔款准备金是指为已发生已报告未决赔案提取的赔款准备金。已发生已报告未决赔案中，一部分赔案在得到裁决时就终止，而保险人对剩下的部分赔案仍负有赔款责任。未决赔款准备金可以在 DLR 中评估，也可以在 IBNR 中估计。如果在 DLR 中估计，需要假设无须赔款的赔案占所有已报告未决赔案的比例，并且采用逐案评估法。在评估时，不同类型的赔案和产品的评估假设是不同的。

（四）IBNR 责任准备金

IBNR 责任准备金是指为已发生未报告赔案提取的责任准备金。IBNR 责任准备金可以包含已报告未赔款赔案的准备金。估计 IBNR 的经典方法是索赔滞后法，通过估计 IBNR 索赔次数、索赔次数与次均赔付额的乘积来估计 IBNR。在估计 IBNR 时，也可采用估计损失率方法。对不同类型赔案和产品必须采用不同的评估假设。

（五）已终止但未来再次索赔准备金

已终止但未来再次索赔准备金是指目前已经终止赔付，但在未来被保险人可能再次需要护理而提出索赔的责任准备金。有些已经终止赔付的赔案，在评估日后有可能再次发生索赔，必须计提责任准备金。这些赔案并没有指定一个新的发生日，对于这类赔案，可以采用过去赔付模式估计准备金，或者用索赔次数与次均索赔额的乘积来估计。如果赔案过早的终止，此类准备金将会占全部赔款准备金中很重要的一部分。

（六）其他准备金

其他准备金包括损失调整费用准备金、诉讼准备金以及保费豁免准备金。调整费用准备金是指为未来索赔调整相关的费用提取的准备金。诉讼准备金是指为可能存在的诉讼费用提取的准备金。豁免保费准备金在保单利益有保费豁免时计提，等于未来可能豁免的保费现值。

二、长期护理保险准备金评估的管理

长期护理保险责任准备金评估的精确性依赖于所获得索赔数据的完整性，必须对获得的数据进行检查、识别并更正其中存在的问题，如评估所必要的数据是否已经获得，数据的版本是否可靠等。长期护理保险准备金评估需要的数据包括申请者在评估日的年龄、索赔期（评估日减去发生日）、申请者性别、保险金额、免责期、索赔类型以及产品类型、保险金结构、已赔付数额、日津贴、服务和赔付的最近日期、剩余保险金、在发生日和赔付日的索赔次数。

长期护理保险理赔数据库通常存在一些问题：发生日期记录不准确、将一个索赔分为两个或将两个索赔合并为一个、服务日期与赔付日期及发生日期不匹配、错误的赔款、一张保单多次重新记录、赔付超过最大保额、数据每个月都在改变、通货膨胀保险金计算不准确以及新索赔记录更新不及时，等等，这些问题必须得到解决。

在中国，长期护理保险的保险金给付方式有一次性给付和分期给付两种方式。一次性给付的长期护理保险的责任准备金评估比较简单，与长期寿险责任准备金评估方法类似。分期给付的长期护理保险的责任准备金评估比较复杂，由于保险金支付的数据较长，主要是评估 DLR 准备金，多采用逐案评估法和年金评估法等。未来随着长期护理保险的发展，保险责任的不断复杂化，其责任准备金评估也将更复杂。

第五节　长期护理保险的风险管理与监管约束

一、长期护理保险风险因素分析

（一）纯粹风险

护理保险纯粹风险主要包括两个方面：一是随着居民慢性病发病率提高，老年人口中完全失能、半失能人数占比持续增加，如中风后遗症、帕金森病等患者不断增多，这将导致护理的需求会不断增长，未来护理发生率相比重大疾病的发生率有更大不确定性，给护理保险产品定价带来困难；二是被保险人的寿命延长风险。长寿风险不仅会导致养老金业务经营风险，长寿对长期护理保险也会产生较大的经营风险，随着居民预期寿命的延长，护理保险金支付频率和额度会不断上涨，如果定价不足，将导致产品亏损。

（二）设计风险

护理保险的给付标准，或者说保险合同中对护理条件的定义一直以来广有争议，这是护理保险最显著的设计风险。

除此之外，由于护理保险金是向达到护理条件的被保险人支付，如果在给付护理保险金期间被保险人身体状况有所好转，不再符合给付护理保险金条件，保险公司应终止给付。但是在产品定价中，由符合护理条件向不符合护理条件转化的概率，以及再次转化为符合护理条件的概率，保险业本身缺乏相应的经验数据，而且即使有一定的经验数据，在产品管理中也由于过于复杂而缺乏可操作性。因此，在定价中对于护理状态之间的互相转化的简化处理，也是产品设计主要风险之一。

（三）逆选择和道德风险

相对于疾病保险和医疗保险，护理保险的逆向选择风险具有更强的隐蔽性，而且风险释放的周期更长。引发长期护理保险事故的主要原因是各种慢性疾病，如高血压、糖尿病等，这些疾病形成与发展是一个漫长的过程，参保人在年轻时可以根据自身已患的慢性疾病情况选择性投保护理保险，而保险公司对早期参保人的逆向选择风险很难防范。

护理保险的道德风险与长期疾病保险相似，但是比长期疾病保险管理难度更大。参保人有可能在进行鉴定时对身体失能状态有意夸大，无论是保险公司核赔部门，还是医疗机构，对参保人夸大失能状态往往难以进行有效的核查。除此之外，参保人康复之后，一般不会主动通知保险公司终止领取护理保险金，保险公司亦难以对参保人的健康状况定期核查。

（四）经营风险

护理保险的保险期限较长，保险期限内社会医疗保障政策变化可能导致护理保险经营风险。具体表现在：第一，目前我国尚未建立政府主导的社会护理保障制度，但是未来随着我国社会保障制度的完善，很有可能逐步建立社会基本护理保障制度，对护理条件的标准进行明确界定。第二，由于社会保险具有强制性，社会护理保障制度建立后，社保与商保叠加，一方面可能会引发部分参保人的退保；另一方面可能会引发部分参保人的过度保障，诱发参保人通过保险获益的各种道德风险。

二、长期护理保险产品风险管理措施

(一) 定价风险管理

1. 护理发生率与护理标准的定义相匹配

目前我国保险业尚没有护理保险的经验发生率数据,护理保险产品定价的发生率主要由再保险公司提供,数据主要来源于欧美国家护理保险理赔经验。由于不同国家、不同保险市场的护理定义标准并不统一,因此我国保险业在使用国外的护理发生率数据时,应首先分析护理标准定义的差异,并且根据护理定义的差异对发生率数据进行相应调整。

2. 考虑导致护理发生的主要疾病发生率趋势

导致护理保险事故发生的原因除了意外伤害之外,主要就是几种老年人特定疾病。医学统计数据显示,导致老年人发生护理的主要疾病是帕金森病和阿尔茨海默病,虽然目前这两种疾病发生率绝对值比较低,但是发病率呈现出两个趋势特点:一是增长速度明显,从世界卫生组织发布的报告数据可以看出,这两种疾病发生率平均每20年翻一番;二是呈现出低龄化趋势。因此,保险公司在开发长期护理保险产品时,需要重点对可能引发老年护理的疾病进行分析,对未来疾病发生率趋势进行仔细测算,并且建议对远期发生率进行相对保守的风险加成处理。

3. 选择合适的死亡率规避长寿风险

随着未来医疗技术进步和人们生活水平提高,人均寿命将不断延长。对于护理保险而言,一方面是护理发生率的提高和向低龄化发展,另一方面是由于寿命延长导致的护理保险金给付次数、额度增加,这些风险因素应在长期护理保险产品的定价中予以考虑。在护理保险产品定价过程中,可采用养老金生命表作为定价基础死亡率,并且可以在此基础上将死亡率进一步调低,以应对未来人均寿命的不断延长。

(二) 设计风险管理

1. 保险金采取定额给付方式

根据实际发生的护理费用支付保险金虽然可以较好满足未来被保险人的护理费用支出,但是对保险公司带来很大经营风险。由于通货膨胀、人力成本的提高,未来护理成本不断增长是必然趋势,保险公司很难预测未来的护理费用水平。而采取定额给付的方式,即无论被保险人未来实际花费的护理费用是多少,保险公司均按照投保时约定的固定金额支付保险金。这种方式锁定了未来的保险金给付额度,保险公司面临的风险相对较小可控。

2. 设计为寿险或重大疾病保险附加险

一方面是未来巨大的护理保障市场需求，另一方面是保险公司护理保险产品供给面临着护理标准定义不统一、护理发生率数据缺乏等现实困难。如果将护理保险设计为主险形式独立销售，保险公司可能会面临较大的经营风险。但是如果将护理保险设计为附加险形式，附加于终身寿险或终身重大疾病主险之上，并且采取提前给付的方式，可以将护理责任与寿险责任、重大疾病责任相互中和，大大降低长期护理保险的经营风险。

3. 加入费率可调条款

类似于长期重大疾病保险中的费率可调条款，长期护理保险中也可以考虑加入费率可调条款。当未来护理发生概率严重偏离保险定价假设时，保险公司保留根据发生率变化调整续期保险费的权利。虽然在具体操作上不可能是某一家或两家保险公司调整费率，而应由整个行业协商共同调整费率，费率可调条款仍可以在一定程度上保护业务长期稳健经营。

三、长期护理保险的监管约束

对于长期护理保险的监管条例通常涵盖于健康保险中，专门对于长期护理保险的政策并不多。中国保监会于2016年发布《关于规范人身保险公司产品开发设计行为的通知》，规定："护理保险产品在保险期间届满前给付的生存保险金，应当以被保险人因保险合同约定的日常生活能力障碍引发护理需要为给付条件。"因此，保险人应对被保险人的身体状况进行细致严谨的核查，进而实施赔付，此举进一步地规范了长期护理保险的给付条件，减少了被保险人的逆选择和道德风险，同时可降低现有的赔付率，使得长期护理保险的费率厘定更加公正合理。

本章小结

本章详细讲解了长期护理保险的相关运行机理。先从长期护理的定义出发，进而阐述长期护理保险的保险责任，并针对长期护理保险的给付条件和给付方式进行了分类与说明，同时阐述了长期护理保险具有长期性、持续性、保值性以及现金价值高等特点。第二节按照保障内容、承保条件、保险金的给付方式对长期护理保险的产品形态进行了细致的分类，说明目前市场上存在的各类长期护理保险产品及其特征。第三节则针对长期护理保险的定价，分别阐述了各类影响长期护理保险定价的影响因素，包含转移概率、护理率、疾病发生率、利率及退保率，同时引入了几个主流的定价方法与模型，包括曼联方法、减量表模型、多状态马尔可夫模型，本章详细对比了这三种定价方法的优势和缺陷并给予了相对性的评价。第四节介绍了长期护理保险的准备金类型，并说明目前针对长期护理保险准备金的评估管理。最后，着重分析了重大疾病保险的各类风险因素，包含定价风险、设计风险、道德风险以及经营风险，与此同时，相对应地给出了风险管理的措施，并根据监管约束进行了进一步的说明。

思考题

1. 请列举长期护理保险的主要特点。
2. 长期护理保险的产品形态包括哪些？
3. 长期护理保险的给付方式有哪些？
4. 请叙述长期护理保险的给付条件。
5. 影响长期护理保险定价的因素有哪些？
6. 长期护理保险的定价方法有哪几种？
7. 长期护理保险的风险因素包括哪些？
8. 请列举长期护理保险的风险管理措施。

第七章

失能收入损失保险运行机理

第一节 失能收入损失保险特性

一、失能及其界定

随着人口、职业和生活环境的不断变化，职业与非职业伤害以及慢性非传染性疾病导致的健康问题除了在治疗上带来高额的医疗费用以外，还造成劳动者劳动能力不同程度的丧失（即失能）。失能，即丧失工作能力，无法获得正常收入。失能不仅给个人及家庭带来伤害，使其陷入经济困境，生活质量下降，还影响社会福利水平与经济发展。为了获得失能收入保单规定的定期收入给付，被保险人必须符合保单上有关失能或完全失能的定义，保险人则据此定义来判定被保险人是否有资格获得收入赔付。

保险公司在失能收入损失保险中一般可采用如下三种方式定义失能。

（一）职业性失能定义

职业性失能定义是国外失能收入损失保险中采用最多的一种定义，可见于美国、英国、德国等欧美国家。在失能收入损失保险发展初期，失能收入保单将完全失能定义为使被保险人不能履行任何职业主要职责的一种失能。由于这一定义十分严格，使得大多数被保险人都没有获得失能收入给付的资格。因此，大多数公司逐渐放宽了完全失能的定义。目前，国外大多数保险公司使用的完全失能的定义是：如果被保险人在失能初期由于失能不能履行被保险人惯常职业的基本职责，则该被保险人可被认定为完全失能；而在失能后的一个约定时期（通常为2年或5年）的期末，如果被保险人不能从事与其所受教育、培训或经验相当的任何职业，才被认定为完全失能。

还有一种更特殊的定义是所谓的推定完全失能。推定完全失能的情形一般仅限于彻底的和永久失明、任意两肢功能丧失以及语言和听力丧失。如果其中之一出现，则被保险人自动被认定为完全失能，因而可以获得保单约定的失能收入给付，即使他后来在原职业被全职雇佣也是如此。

（二）工作任务定义

目前，英国部分保险公司的失能收入损失保险产品采用失能的工作任务定义。工作任务定义通常是指日常工作活动（ADWs）或者功能性评估测试（FATs）。在这种定义下，被保险人如果无法完全以下5项工作任务中的2个小时，就能获得赔付。第一，平面行走200米；第二，从桌面上拿起1千克的物体，并持物行走5米；第三，使用钢笔、铅笔和键盘；第四，能够听到安静房内正常讲话的声音；第五，能够读出16号的印刷字体。基于工作任务的定义可能有助于消除索赔中的主观风险。

（三）日常活动能力定义

在中国保险市场上，广泛使用日常活动能力（ADLs）定义，即通过对日常活动能力的测定来评价被保险人是否具有工作能力。若被保险人无法完成6项日常活动中的3项时，则可获得赔付。第一，穿衣：自己能够穿衣及脱衣；第二，移动：自己能够从一个房间到另一个房间；第三，行动：自己能够上下床或上下轮椅；第四，如厕：自己能够控制进行大小便；第五，进食：自己能够从已准备好的碗或碟中取食物放进口中；第六，洗澡：自己能够进行淋浴或盆浴，并要求是永久性的（至少为6个月）。失能的日常活动能力定义比职业定义和工作任务定义更为严格。

二、失能收入损失保险定义

依据《健康保险管理办法》关于失能收入损失保险的定义，是指以因保险合同约定的疾病或者意外伤害导致工作能力丧失为给付保险金条件，为被保险人在一定时期内收入减少或者中断提供保障的保险。由上述定义可知，失能收入保险的责任范围仅包含"疾病"和"意外伤害"而导致的失能，而不包括由于生育和工伤等其他原因引致的失能（一般由社会保险给予保障）。

失能收入损失保险的主要目的是为被保险人因丧失工作能力导致收入的丧失或减少提供经济上的保障,但不承担被保险人因疾病或意外伤害所发生的医疗费用。无论从历史还是当前来看,失能收入损失保险作为应对失能风险的重要手段,在稳定人们生活水平、维护个人尊严、保持社会稳定、促进经济发展等方面发挥着重要的作用,很好地体现了保险的损失补偿和社会管理功能。

三、失能收入损失保险常见保险条款

(一) 既往症除外条款

大多数保险人将疾病定义为保险合同有效期内首次发生的疾病。规定首次发生的目的是为了除外被保险人投保前就已经存在的疾病,实务中为了防止被保险人的不如实告知和故意隐瞒既往存在的疾病或症状,一般都有既往病症除外的条款。

(二) 等待期条款

大多数失能收入损失保险保单都规定了等待期,也称为免责期,是指自被保险人失能到开始领取失能收入损失保险金所需要等待的约定时期。设置等待期的目的有三个:一是在等待期结束后才能确定被保险人是否是失能,因为有些失能在等待期内可以转化为健康;二是可以降低保险人理赔费用,从而保持较低保费,有利于保险人之间的竞争;三是对于短期失能,被保险人可以依靠自己的积蓄维持生活,以减少公司的理赔费用,降低成本。短期和长期个人失能收入损失保单中的免责期长度一般为30天至6个月。团体保单的免责期一般与最大给付期有关。大多数团体短期失能收入保单规定:由于意外事故导致的失能没有免责期,由于疾病引起的失能有一周的免责期。大多数团体长期失能收入损失保单都规定了为期30天到6个月的免责期,不过这种安排一般应与短期失能险相协调。也就是说,长期失能收入给付期之前的免责期长度的设定不应短于短期失能险的给付期。

(三) 给付金额条款

失能收入损失保险提供的保险金有一定的限额,低于被保险人失能以前的正常收入。如果对失能收入损失保险提供的收入补偿不加限制,失能的被保险人可能获得与其工作期间一样多的正常收入或者更多。在这种情形下,被保险人因失去财务激励而缺乏返回工作岗位的动力,而且可能会有意延长失能时间。失能收入损失保险的提供者一般有两种方法确定失能收入给付金额:一种是收入给付公式;另一种是固定给付金额。团体失能收入损失保单通常规定一个收入给付公式,保险人用以确定向失能被保险人应给付的保险金额。收入给付公式将失能收入损失保险金表述为被保险人失能前收入的一个约定百分比，通常为60%—75%。个人失能收入损失保险通常规定一个固定给付金额，保险人将依此定期向完全失能的被保险人提供失能收入保险金，但该保险金额等于其失能前正常收入的约定比例，如50%—75%之间，且不高于规定的固定给付金额。

（四）补充给付条款

失能收入损失保险除了在被保险人完全失能时提供给付外，还可以提供其他补充给付。常见的补充给付主要有部分失能给付、加保选择权给付以及生活费用调整给付。某些失能收入损失保险保单在被保险人遭受部分失能时，即被保险人不能完成其原职业的某些工作或全职从事其职业的失能，在约定期间内给付部分失能收入保险金。具有固定给付金额的失能收入损失保险可能包含加保选择权，即给予被保险人根据其收入的增加而相应增加保险金额的权利。该条款一般规定：被保险人在加保时，必须证明其收入有相应增加；加保的数额也有相应的最大限额。在加保时，被保险人无须提供可保证明。生活费用调整给付为失能被保险人提供定期增加的失能收入保险金。通常，其增长与生活费用增长相对应。当保单或保单附加条款提供生活费用调整保险金时，通常需要根据某一标准指数（如CPI）定义生活费用的增加。

四、失能收入损失保险关于残疾的界定

残疾和全残是失能收入损失保险中两个非常重要的概念。残疾是指由于伤病等原因在人体上遗留的固定症状，并影响正常生活和工作能力。导致残疾的原因通常有先天性的残障、后天疾病遗留、意外伤害遗留等。失能收入损失保险对先天性的残疾不给付保险金，并规定只有满足保单载明的全残定义时，才可以给付保险金。在失能收入损失保险保单中，关于残疾的定义有很多种，这里讨论完全残疾和部分残疾的定义。

（一）完全残疾

完全残疾一般是指永久丧失全部劳动能力，不能参加工作（原来的工作或任何新工作）以获得工资收入。商业保险中常见的全残定义有以下几种。

1. 全残

目前多将残疾分成两个阶段：在致残初期，如被保险人不能完成其惯常职业的基本任务，则可认定为全残或完全丧失工作能力，被保险人就可按规定领取保险给付；在致残2—5年后，被保险人仍不能完成任何与之所受教育、训练或经验相当的职业

任务，可认定为全残，并继续领取残疾收入给付直至保险期满。这种定义可能导致被保险人自愿重返任何一种有收入的职业后就不能再领取全残保险给付。

2. 绝对全残

失能保险单中将全残定义为绝对全残，即该残疾使得被保险人不能从事任何职业。现在大多数公司已经不再采用此种苛刻的定义。

3. 原职业全残

一些收入保障保险对从事某些特定职业者（如钢琴师、医师、牙医、律师或会计师等）签发的保单进一步放宽了对全残的限制，规定如被保险人因伤残不能完成原职业的基本任务时，就可认定为全残，也可以领取约定的保险金，而不论他是否从事其他有收入的职业。

4. 收入损失全残

被保险人由于残疾而遭受收入损失，就可被认定为全残。这种保险单提供的残疾收入保险金包括两种情况：一是被保险人因全残而丧失工作能力；二是被保险人尚能工作，但因伤残而致使其收入降低。

5. 推定全残

在某些情况下，被保险人患病或遭受意外伤害，最终是否残疾在短期内难以判定，为此，保险公司往往在保险条款中规定一个定残期限，如180天。如果被保险人发生的伤残在定残期限届满时尚无明显的好转征兆，将自动被认定为全残。

6. 列举式全残

有的保险公司还在保单中列举出被保险人可以被认定为"全残"的情况。这些情况通常包括：双目永久完全失明；两上肢腕关节以上或两下肢踝关节以上缺失；一上肢腕关节以上及一下肢踝关节以上缺失；一目永久完全失明及一上肢腕关节以上缺失；一目永久完全失明及一下肢踝关节以上缺失；四肢关节机能永久完全丧失；咀嚼、吞咽机能永久完全丧失；中枢神经系统机能或胸、腹腔部脏器机能极度障碍，终身不能从事任何工作，为维持生命必要的日常生活活动，全需他人扶助等。

（二）部分残疾

部分残疾是指部分丧失劳动能力。如果把全部残疾认为是收入全部损失，那么部分残疾则意味着被保险人还能从事一些有收入的其他职业（显然这种职业的收入比原来职业的收入少）。在这种情况下，保险人给付的将是全部残疾给付的一部分，其计算公式如下：

部分残疾给付 = 全部残疾给付 × （残疾前的收入 − 残疾后的收入）/残疾前的收入

五、失能收入损失保险特征

表7.1是失能收入损失保险与其他人身保险险种的对比,通过该表,可以总结出失能收入损失保险显著特征如下。

表7.1 失能收入损失保险与其他人身保险险种的对比

项目	失能收入损失保险	长期护理保险	医疗保险	人寿保险
标的	身体	身体	身体	生命
给付条件	对因意外或疾病导致的暂时或永久失能收入损失补偿	对因年老、严重或慢性疾病、意外伤残等导致的长期护理费用支出补偿	对因意外或急性疾病接受治疗导致的医疗费用支出补偿	对死亡或满期生存按约定金额为受益人提供经济保障
保障期间	保障通常在被保险人达到退休年龄时终止	保障期限通常较长,有的甚至至终身	保障时间通常一年,可续保,有的保障可至终身	除定期寿险外,保障通常是终身的
保险性质	补偿性	补偿性	补偿性	给付性
有无现金价值	无	有	无	有
受益者	被保险人本人	被保险人本人	被保险人本人	被保险人本人或受益人,通常为受益人
有无免责期	有	有	有	无

第一,保障期间通常在被保险人达到退休年龄时终止。由于失能的定义多数是在工作的情境之中发生的,因此保障期间通常在被保险人退休时终止。

第二,无现金价值。由于失能收入损失保险的保险责任有限,不仅受到时间限制(如不超过24个月),而且受到金额限制(失能前正常收入的一定百分比),因此,失能收入损失保险一般并无现金价值。

第二节　失能收入损失保险产品形态

一、根据给付期间长短分为短期和长期失能收入损失保险

根据给付期间的长短，失能收入损失保险分为短期失能收入损失保险和长期失能收入损失保险。个人保险和团体保险通常有不同的划分标准。短期团体失能收入损失保险规定的最大给付期间少于1年，通常为13周、26周或52周。长期团体失能收入损失保险规定的最大给付期间多于1年，一般会延长至被保险人正常退休或70岁。个人失能收入损失保险规定的最大给付期间很少低于1年。短期个人失能收入保险规定的最大给付期间为1—5年，长期个人失能收入损失保险规定的最大给付期间至少为5年。通常个人长期失能收入损失保险的最长给付期间可以延长至被保险人65岁或退休；在某些情形下，甚至可以为被保险人提供终身给付。

二、既可以主险独立存在也可以附加险形式存在

失能收入损失保险产品可以是独立保险产品的主险，也可以是附加在其他主险（一般是人寿保险）上的附险。在国外，失能收入保险产品大多数是以主险的形式出现。而在我国，真正的失能收入损失保险产品很少，一般只是在人寿保险的保险责任中有一项全残（完全失能）给付，这种给付事实上是当被保险人在全残时当作死亡处理，不能算作真正意义的失能收入损失保险。

三、其他产品形态

某些失能收入损失保险为与企业经营相关的某些特殊的费用提供给付，包括关键人物失能保险、失能买卖协定保险和企业一般管理费用保险。关键人物保险是指如果一个被保险的企业关键人物因失能而不能工作，企业将因失去这一关键人物的效力而遭受经济损失，这种损失能够被关键人物失能保险的失能给付所抵消。失能买卖协定保险提供的给付旨在为收购失能的合伙人或业主在企业中拥有的权益提供资金。企业一般管理费用保险为失能的被保险人支付其对企业一般管理费用的分摊额。保单通常将一般管理费用定义为经常的和必要的经营费用，包括雇员工资、租金、电话、电和

煤气的使用费以及维持企业经营所需要的其他费用。

第三节 失能收入损失保险定价因素

一、失能收入损失保险定价原理

失能收入保险定价要遵从一般保险商品定价的基本原则，如充足性、公平性、合理性、可行性、稳定性及弹性等原则。在这些基本定价原则下，失能收入保险的定价遵循的是收支平衡原理，不管是社会医疗保险管理机构还是商业保险公司的失能收入保险，保险费测算时都要遵循该原则，即保险公司和保险机构所承担的风险开支与获得的保险费收入相等，投保人交付的保险费与被保险人的实际风险水平是一致的。

通常，健康保险费用可以分解为发生次数及每次费用两个部分，它的基本构架是基于寻找疾病发生次数与每次给付金额的分布上。如果知道了疾病发生次数以及每次给付金额的具体分布形式，那么计算某段时期内的总给付额就成为可能，再根据收支平衡的原则就可以进行健康保险定价。

失能收入保险这种健康保险与其他的健康保险有所不同，一是它的给付金额都是约定的，一般为正常收入的一定比例，因此没有必要寻求每次给付金额的分布；二是它采用的是转移概率（即从健康状态转移到失能状态的概率），这个转移概率借助于历史数据以及实际经验，可以构造一些特殊的方法来进行估计，如增量-减量表方法、Markov方法等。

二、失能收入保险定价影响因素

正如前面所言，失能收入保险定价中需要估计的是转移概率或转移强度，因此，失能收入保险定价的影响因素主要有以下几个方面。

（一）转移概率和转移强度

转移概率是指被保险人从一个状态转移到另一个状态的概率。在失能收入保险定价中，涉及的转移概率有：健康到失能的转移概率、健康到死亡的转移概率、失能到健康的转移概率和失能到死亡的转移概率。失能收入保险定价主要用到的是健康到失能的转移概率。因此，转移概率的估计至关重要，毫不夸张地说，失能收入保险定价的基本问题事实上就是一个转移概率的估计问题。转移强度类似于死亡强度，它可以从转移概率中求得，反之，转移概率也可以从转移强度中求得。有时在定价实践中，估计转移强度比估计转移概率更为简单和方便，其在定价应用中也很广泛。

（二）失能发生率和失能起始率

失能发生率是指当被保险人在患疾病或遭受意外伤害时表现出失能状态的概率，它的计算时间是在等待期初。这与失能起始率不同，失能起始率是指在等待期后被保险人仍处于失能状态的概率。显然，失能发生率大于或等于失能起始率。正如前面所言，失能收入保险纯保费的计算是基于转移概率基础上的，但是在很多情形下，转移概率不易求得，而是通过失能起始率或失能发生率来进行估计。

（三）疾病发生率

在国外，有些国家（如英国）的失能收入保险定价方法中采用疾病发生率代替失能发生率。在失能收入保险的基础数据缺乏或不全时，采用疾病发生率代替失能发生率来计算纯保费对失能收入保险的研发有重要意义。

（四）康复率和死亡率

虽然康复率和死亡率在失能收入保险定价中没有被直接应用，但是它也对定价产生一定的影响。

（五）利率

因为货币有时间价值，在长期健康保险产品定价时还要计算不同时点货币的现值或终值，即要进行折现或计算利息，所以在长期健康保险产品定价时还需要利率假定或规定预定利率。我国人身保险利率标准的规定，并未明确规定长期健康险是否参照寿险办理，实务上在设计长期健康险时还是以寿险方式处理，实际上长期健康险的设定利率通常比同期寿险保单保守，其用意除了降低利率风险外，也可弥补因疾病率假定所造成的损失。

（六）退保率

这里的"退保"是指除被保险人死亡以外的其他原因使健康保险合同失效的事件。退保率是指上述事件发生的概率。退保对长期失能收入保险的经营有很大的影响，由于退保，保险公司可能会面临年龄准备金积累不足的风险，因此，在商业失能收入保险平准保费的计算过程中必须对各年龄的退保率及其变化趋势做一个比较准确的估计和假定。

(七) 等待期

等待期的长度和保费的高低直接相关,等待期越长保费越低。

(八) 失能持续时间

失能持续时间是指被保险人处于失能状态的时间。失能持续时间的长短对纯保费的影响很大,因为失能持续时间决定了失能保险金给付时间的长短,同时还能影响转移概率和转移强度。

(九) 费用

就毛保费而言,费用占了很大一部分,主要是代理人佣金。代理人佣金一般都很高,新业务尤其如此。除了代理人佣金以外,计算毛保费时,还要考虑保险人的年行政管理费用和理赔费用等。

(十) 统计数据

计算失能发生率或失能起始率的统计数据对保险定价有影响。若是本国的统计数据完全,计算就基于本国数据;若是本国的统计数据缺乏,可以采用与本国情形相近的国家或地区的统计数据。

三、失能收入损失保险定价模型

由于失能收入损失保险金的支付方式一般是按周、按月支付,短期失能收入损失保险按天支付,因此在国外的理论研究中,失能收入损失保险多采用连续年金精算现值的定价方法。简单地说,设失能保单的保险期限为 n 年,保险金额为 1,无等待期,则根据精算平衡原理——预期赔付现值与纯保费收入现值相等,失能收入损失保险的纯保费计算公式为:

$$\bar{a}_{x:n}^{12} = \int_0^n {}_t p_x^{12} v^t dt$$

如何估计转移概率 ${}_t p_x^{12}$ 成为失能收入损失保险定价的关键,在国外的保险实践和理论研究中,产生了不同的估计方法,从而也产生了失能收入损失保险定价的所谓的挪威方法、曼联方法等。

挪威方法与曼联方法均给出了理论上纯保费的近似计算方法,都是以失能率而非失能发生率作为精算基础,但在定价中都没有考虑到在保险期内康复对失能发生率的影响,如果被保险人在保险期内失能后康复,当再次失能时仍然当作保险期内的首次失能，导致出现实际与预期定价的偏差。但相比挪威方法而言，曼联方法通过使用近似中心失能率，增强了定价的可应用性和可操作性，在实际定价中使用较为广泛。

第四节　失能收入损失保险准备金管理

一、失能收入损失保险准备金

（一）失能收入损失保险赔款准备金

当已发生合同约定的保险事故，根据保险合同保险人产生了给付保险金的义务，但是至评估日该赔案的应付赔款没有完全给付完毕，则在此种情况下保险人需要提取赔款准备金。对于失能收入损失保险而言，保险人的负债应在被保险人发生失能事件的发生日加以确认。保险人有时对于短期失能选择使用滞后法确认负债，此时保险人使用赔款支出日而非失能开始日作为"发生日"，这种方法下保险人要为犹豫期内的赔款单独提取赔款准备金。

（二）失能收入损失保险责任准备金

从理论上讲，失能收入损失保险的责任准备金等于未来索赔期间各个时点上的预期赔付现金流的精算现值。失能收入损失保险的责任准备金评估与其保险金支付方式有关。目前，中国保险市场上失能收入损失保险的保险金支付方式主要有两种：一次性支付和分期支付。一次性支付的失能收入损失保险的责任准备金评估方法与寿险类似，而分期支付的失能收入损失保险的责任准备金评估方法则与年金类似。

DLR 准备金（Disabled Life Reserve，DLR）是保险金分期支付的失能收入损失保险必须计提的。因为分期支付的支付期限比较长，必须考虑在支付期间内现金流以及被保险人健康状态的变化。这类准备金是根据标准的失能终止表（Standard Termination Table）并基于经验索赔数据来评估的。在评估 DLR 准备金时，必须考虑的一个重要因素是保险金支付流（Benefit Stream），包括社会保障、工伤保险、退休金、重返工作的收入、康复期的过度赔付，等等。将这些不同来源的支付现金流纳入到 DLR 准备金评估中，是健康保险精算师必须面临和解决的问题。

二、失能收入损失保险准备金评估注意的问题

第一,失能的界定对失能收入损失保险责任准备金的影响很大。对于长期失能收入损失保险而言,欧美等国家通用的定义是在最初的两年内一般采用原职业定义,在两年以后一般采用任何职业定义。失能的界定影响索赔者返回工作的动力及时间,从而影响失能赔付终止时间及赔付终止率。中国目前的失能收入损失保险都采用最为严格的日常活动定义,这种定义对赔付终止率和终止时间变动的影响都很小,准备金评估时可暂不考虑。

第二,失能保险金申请者在从事兼职工作获得收入但按保单约定仍属于失能时,可获得部分赔付。在支付部分保险金时,保险人的成本比没有支付部分保险金的成本高很多。但另一方面,部分保险金可以鼓励申请者积极主动返回有报酬的工作,这可以加快索赔终止的速度。

第三,在准备金评估时,必须精确预测估计保险金支付流,但大多数时候这个工作很难完成。例如,如果一个保险金申请者现在能完成50%的工作或一周能工作20小时,但却难以确定他的工作是否能够得以继续并能继续多久。一种比较合理的假设是它能够持续获得当前收入直到保险金支付期结束。作为精算师必须做出更为谨慎的假设,即申请者的收入只能持续到当前月末。在这两种观点之间理应寻找一个平衡点,估计申请者愿意并且能以兼职的工作方式工作多长时间以及获得多少收入。无论如何,精算师必须将保险金支付流和保险金终止支付假设综合起来考虑。如果有可能,尽可能考察公司以往的经营数据,以获得更为可靠的数据。

第四,当公司将短期失能收入损失保险(STD)和长期失能收入损失保险(LTD)联合在一起经营时,责任准备金评估有其自身的特点。在处理时,既可以把两者当作一个产品处理,也可以把两者当作两个不同的产品处理。通常,STD作为LTD的补充产品,在STD保险金支付责任终止时,刚好满足LTD的免责期条款,LTD保险责任开始。公司的经营经验表明,在免责期内没有赔付的LTD产品比在免责期内有STD的LTD产品更能刺激申请者积极主动地返回工作。

第五,在失能收入损失保险产品中,有许多产品选择权。这些选择权影响索赔支付流及索赔终止率,在准备金评估时,必须谨慎考虑。第一种选择权是生存者收入保险金,即如果申请者在失能期间死亡,将获得额外的3个月或6个月的保险金;第二种选择权是工作奖励保险金,这种选择权允许申请者在返回工作的第一年或两年内,工作收入和保险金赔付总额达到失能前收入的100%;第三种选择权是养老金补充保险金,在被保险人失能以后,为其建立一个补充养老保险金计划;第四种是失能附加保险金,如果申请者失能严重到失去日常活动能力时,将为其提供更高的保险金。其

他的选择权,如教育保险金、配偶保险金等也影响保险金支付流及准备金评估。

第六,失能收入损失保险索赔具有季节性,特别在评估 IBNR 时,必须加以考虑。另外,责任准备金评估的另一个重要方面是准备金边际。合理地建立和释放准备金以及保证准备金的充足性,其中重要的问题是估计准备金边际。

第五节　失能收入损失保险产品风险管理

一、失能收入损失保险产品风险管理界定

本书所指的失能收入损失保险产品风险,与前述其他产品风险相同,均是基于保险公司视角,当保险机构承保失能风险后,实际支出偏离预期结果的不利可能性,包括实际赔付支出偏离定价预期与实际费用支出偏离定价预期两种情况[①]。

基于这样的考虑,将失能收入损失保险产品风险管理定义为利用风险管理的基本理论,识别、描述可能因素对失能收入损失保险产品资金池的影响强度,并对失能收入损失补偿的费用或赔付进行动态监测和实时控制的过程。

二、失能收入损失保险产品风险管理方法

(一) 经营初期

经营初期风险定性控制由于失能收入损失保险在我国经营时间并不长,保险业相对缺乏经验数据的积累,对失能风险的评估多数停留在"粗估"阶段,对失能收入损失保险经营风险的控制也只能建立在定性判断的基础之上。但由于发展失能收入损失保险的业务需要,各类保险机构不得不承保而且时刻面对这些尚未完全了解的风险和风险因素,在这种情况下进行失能收入保险的风险控制,只能针对经营中的一些关键环节,采取定性控制为主的风险控制方法。定性控制的关键是必须知道哪些风险是可以测量的,哪些风险是可以回避的,哪些风险又是无法避免的,在此基础之上采取一系列行之有效的控制措施。具体到失能收入损失保险而言,针对不同职业的失能风险一定是可以测量的,这是保险差别定价的基础;而被保险人失能收入给付期限的确

---

① 由于失能收入损失保险通常没有现金价值,因此,实际投资偏离预期的情况在此忽略不计。

定所引致的道德风险，将直接影响资金池的收支平衡，这个风险却是无法避免的，唯一能做的便是在给付期限过长引发的道德风险和给付期限过短导致的保障不足之间做出权衡。

（二）经营中期

经营中期风险定量控制随着失能收入损失保险业务的不断发展，保险经营者及精算师对失能风险的风险因素有了一定的了解，随着被保险人数的增加和统计资料的逐渐丰富，对各类风险因素的作用强度和作用机制也有了较为深刻的认识。保险公司对失能风险的评估更加准确，对失能风险因素的分析和风险控制措施的选择开始建立在对统计资料进行数量分析的基础上，即定量控制。

失能收入损失保险的产品开发战略应该本着先易后难的原则，先以附加险形式开发探索，再以主险形式开发；先开发短期失能收入损失保险，再开发长期失能收入损失保险，尽量做好短期与长期的衔接。这一原则既符合失能收入损失保险风险控制工作的规律，实践证明也非常有效。

商业保险公司在开发失能收入损失保险产品时，必须对失能风险的风险因素进行详细的分析，包括被保险人的年龄、职业、既往病史、保障类型、免赔额和共付比例等。根据以上思路，可将各种定量的风险控制措施和方法贯穿应用于条款设计、保险费测算、核保和理赔管理等各个环节。如在测算保费时按年龄、职业制定费率，在条款中根据保障类型确定相应的免赔额、共付比例和支付限额。在核保过程中，根据被保险人的职业、既往病史差别对待。上述建立在定量分析基础上的风险控制措施在实践中证明是很有效的。

（三）经营后期

经营后期，失能收入损失保险风险管理的关键，是采用整体控制的方法，实时动态监测失能收入损失产品实际的费用或赔付支出，做好失能收入损失保险资金池的收支相抵，略有盈余。

第六节 失能收入损失保险产品监管

一、失能收入损失保险定价监管

作为健康保险的一个类别，保险公司在开发失能收入损失保险时需要向保险监管部门报送保险条款、费率计算依据和计算方法。而实务中针对产品定价的监管基于定价基础和所使用的方法,因此,失能收入损失保险定价监管包括以下几个层面。

(一) 针对定价因素做出指导性规定

目前保险公司在进行失能收入损失保险产品定价时一般都采用卫生统计部门公开发表的数据,保险监管部门对采用哪一个机构的哪一类统计数据来计算保险费并没有硬性规定。由于定价因素缺乏统一的标准,全行业缺少统一的失能发生率表,定价过程中经常出现不同标准所导致的费率差异。从规范管理的角度考虑,监管部门还是应对各保险公司计算失能收入损失保险保费所依据的失能统计资料做出一些指导性的规定。

由于不同职业的失能发生率、失能持续时间的长短都有显著的城乡差异和地区差异,在失能收入损失保险的精算监管中也应考虑这一特点,针对不同地区制订不同的监管政策或技术标准。

(二) 规范权衡产品定价处理方法

由于短期失能收入损失保险与长期失能收入损失保险产品定价的处理差异,两类险种既可以分别视为两款产品处理,也可以将短期失能收入损失保险视为长期失能收入损失保险的除外责任处理,从而作为一款险种进行定价。监管应该如何权衡两种定价方式,仍是未来需要解决的问题。

(三) 汲取团体失能收入损失保险定价经验

或许现阶段我国失能收入损失保险的团险渠道并不完善,但是对于国际上通用的团体失能收入损失保险的经验费率和无赔款优待费率,保险监管部门也应及早加以研究并制定出相应的政策。只有这样,才能保证失能收入损失保险费率的充足、公平、合理,并能规范各保险公司在保险市场上的价格竞争。

二、失能收入损失保险准备金提取的法定基础

在《健康保险管理办法》中并无专门针对失能收入损失保险准备金的条例,而失能收入损失准备金作为一种健康保险,准备金提取的法定基础与一般健康保险相同,具体如下。

(一) 未决赔款准备金

1. 已发生已报案未决赔款准备金

对已经发生保险事故并已提出索赔、保险公司尚未结案的赔案，保险公司应当提取已发生已报案未决赔款准备金。保险公司应当采取逐案估计法、案均赔款法等合理的方法谨慎提取已发生已报案未决赔款准备金。保险公司如果采取逐案评估法之外的精算方法计提已发生已报案未决赔款准备金，应当详细报告该方法的基础数据、参数设定和估计方法，并说明基础数据来源、数据质量以及准备金计算结果的可靠性。

2. 已发生未报案未决赔款准备金

对已经发生保险事故但尚未提出的赔偿或者给付，保险公司应当提取已发生未报案未决赔款准备金。保险公司应当根据险种的风险性质和经验数据等因素，至少采用链梯法、案均赔款法、准备金进展法、B-F法中的两种方法评估已发生未报案未决赔款准备金，并选取评估结果的最大值确定最佳估计值。保险公司精算责任人判断数据基础不能确保计算结果的可靠性，或者相关业务的经验数据不足3年的，保险公司应当按照不低于该会计年度实际赔款支出的10%提取已发生未报案未决赔款准备金。

（二）未到期责任准备金

对短期健康保险业务，保险公司应当提取未到期责任准备金。短期健康保险提取未到期责任准备金，应当采用下列方法之一：1/24毛保费法（以月为基础计提）或1/365毛保费法（以天为基础计提）。根据风险分布状况可以采用其他更为谨慎、合理的方法，提取的未到期责任准备金不得低于方法（一）和方法（二）所得结果的较小者。

三、相关条例关于失能收入损失保险的监管内容

失能收入损失保险在中国发展缓慢，在《健康保险管理办法》中只做出了失能收入损失保险定义的界定，并无专门针对该类型保险产品的监管措施。在2017年准备修订的《健康保险管理办法（修订稿）》中对失能收入损失保险也无具体的修订措施。

而在保监人身险〔2017〕134号文件《中国保监会关于规范人身保险公司产品开发设计行为的通知》中，提到"做好新形势下人身保险产品监管工作，规范保险公司产品开发设计行为，切实发挥人身保险产品的保险保障功能，回归保险本源，防范经营风险"。该文件中关于失能收入损失保险产品开发的监管内容如下：保险公司开发设计的失能收入损失保险产品在保险期间届满前给付的生存保险金，应当以被保险人因合同约定的疾病或者意外伤害导致工作能力丧失为给付条件。

第七章
失能收入损失保险运行机理

本章小结

失能收入损失保险在我国发展较为缓慢，在商业健康险保费收入所占比重很小。本章从失能收入损失保险的特征入手，阐述了失能收入损失保险的产品形态，进而从定价因素和准备金管理两个层面分析了失能收入损失保险的精算技术，并从产品风险管理及产品监管层面形成了以失能收入损失保险为核心的学术闭环，让读者对失能收入损失保险产品有一个全面的认知。产品定价层面，定价原理、影响因素及定价模型是失能收入损失保险产品定价的关键因素。准备金管理层面，DLR 准备金是分期支付的失能收入损失保险特有的准备金，并且指出了失能收入损失保险准备金评估应该注意的一些问题。产品风险管理层面，本书从产品经营初期风险定性控制、经营中期风险定量控制和经营后期风险整体控制，对失能收入损失保险产品的风险管理进行了较为详细的阐述。最后，从定价监管、准备金提取监管以及实务中针对失能收入损失保险的监管条例三部分，阐述了现今失能收入损失保险产品的监管制度。本章是失能收入损失保险产品的运行机理及健康保险产品运行机理的重要组成部分，通过本章内容，读者可以对失能收入损失保险产品的设计思路和经营脉络有一个清晰的认识。

思考题

1. 请列举失能的几类定义。
2. 请列举失能收入损失保险常见保险条款。
3. 失能收入损失保险产品的基本特征是什么？
4. 失能收入损失保险的产品形态有哪些？
5. 失能收入损失保险产品定价需要注意哪些影响因素？
6. 失能收入损失保险的准备金有哪些种类？
7. 失能收入损害保险的准备金评估应该注意哪些问题？
8. 失能收入损失保险产品的风险管理应该从哪些层面进行？

第八章

美国健康保险产品的发展

在美国,健康保险深入人心。除政府提供的基本医疗保险外,居民已习惯购买商业健康保险,为自己将来的生活加一道安全锁。据统计,美国投保商业健康保险的人数已超过全美国人口的70%,而商业保险公司每年支付的医疗费用高达3000亿美元,占美国全年医疗卫生费用总支出的30%。如此高保险密度和深度的美国健康保险市场与其产品的发展是密不可分的。

第一节 美国主要保险产品形态的演变过程

20世纪50年代以前,美国也曾经靠传统的商业健康保险支付医疗费用,主要的保险产品都是传统的费用报销型健康保险产品,但随着医疗服务费用的日益增多,美国健康保险出现了经营严重亏损的局面,类似我国公费医疗所遇到的困难。自1973年颁布《健康维护组织法》以来,美国的健康保险制度不断完善,形成了现在的政府健康保险计划、私营健康保险计划和管理型医疗保险计划"三位一体"的医疗保险体系,彻底由传统的费用报销型向管理式医疗转型。截至2016年,美国传统意义上费用报销型健康保险产品市场占有率越来越低,目前已不足2%。各种管理式医疗产品服务的市场占比近60%。管理式医疗产品一方面将健康管理和健康维护纳入健康保险服务,丰富了健康保险的服务内涵;另一方面加强了"医"、"保"合作,吸收医生和医院参与,促使其合理使用医疗资源,强化对医疗行为的管控,缓解了医疗费用的快速上涨。

第八章
美国健康保险产品的发展

管理式医疗保险计划虽完善了美国健康保险体系，但是以市场化的商业健康保险作为主体地位的美国医疗保障体系仍然存在问题。一是保险覆盖面不足，保障程度受限。目前，仍有约15%的美国民众没有任何健康保险，未享有相应的健康管理福利。二是医疗费用昂贵，医疗公平性不足。对此，美国政府一方面大力支持商业健康保险发展，充分发挥市场机制作用，鼓励企业和民众为健康投资；另一方面通过医疗保险改革法案（Health care reform in the United States）等措施纠正医疗保险过度市场化带来的弊端。通过财税政策鼓励民众购买健康保险。长期以来，美国联邦政府把税收优惠政策作为引导企业和个人加大健康保障投入的重要措施，对于雇主和个人购买健康保险给予了"慷慨"的税收支持。相关税收政策如表8.1所示。

表8.1　　　　　　　　美国购买健康保险的相关税收政策

	对个人的税收激励	对公司的税收激励
个人购买商业健康险	所购买商业健康保险产品的免赔额和2 700美元（家庭5 400美元）两者取较大值的金额可以税前列	雇主为员工购买健康保险的费用可以税前列支，且没有上限
自由职业者购买商业健康险	2007年之后，购买健康保险支出100%免税	

在政府的税收激励下，美国的健康保险产品更多以团体健康保险作为重要的发展方向，形成了团体医疗费用保险、团体残疾收入保险和团体人寿保险等三类主要的团体健康保险。

团体医疗费用保险所起的作用是，当被保险人在保险责任期开始后，因疾病而住院治疗时，保险人将负责给付其住院费用、治疗费用、医生出诊费用以及透视费用和化验费用等。团体医疗费用保险计划包括团体住院保险、牙险（Dental Insurance）、视力险（Vision Insurance）、产险等。团体医院保险通常会要求雇主或雇员选择PPO、HMO计划等其中的一种或几种，每个计划的要求和特点，收费和给付都不同，雇员应当选择最适合自身的。

团体残疾收入保险是为被保险人应付主要因为疾病或受伤而无法工作导致收入减少的状况而设计。当雇员出现因疾病或受伤而残疾或其他原因，不能继续工作时，团体残疾保险对减少雇员和雇主的损失能起很大作用。残疾险投保时雇员须选择一个等待期，1周、1个月、3个月或半年。这个等待期是指发生残疾险后到失能险给付开始的时间。等待期越长，月保费率越低。一个等待期同时适用于团体短期残疾险和补充残疾险。团体残疾险理赔额与因残疾失去收入的雇员赔偿不相冲突。支付额限制在雇员1周内收入的2/3，最大金额为500美元。一般规定，个人可以从一系列保险总金额中选择，但团体残疾险给付受限制在被保险人常规的补偿金额的一定百分比内（如60%、66.7%或70%）。很多时候，团体残疾保险只对完全残疾的受益人进行给付。完全残疾的定义一般是指雇员无法胜任当前的工作或者与其所受到的教育和培训经历不相称。团体残疾保险主要包括团体短期残疾保险、团体补充残疾保险、员工赔偿保险。

团体人寿保险是一种低成本回报较多的,事实上是所有雇员期待的一个险种。它形成了有3个及3个以上雇员的雇主的团体险的基石。雇主基于雇员的职业和职位为每个雇员选择比较适中的保险额,即金额在15 000美元到50 000美元之间(或者如果有10个或更多雇员也可达到100 000美元)。主要有团体固定人寿险、团体意外死亡或意外事故保险、团体补充人寿保险、家属团体人寿保险。

除大力发展团体健康保险外,商业健康保险机构还会根据不同客户开发基本医疗费用保险、高额医疗费用保险、特种医疗费用保险以及联邦健康保险的补充保险。同时,各健康保险产品在定价、核保核赔、支付方式等方面都做了相应的创新,在保险服务上,不仅在于疾病发生以后的费用补偿,而且应以提供多种健康管理服务,促进客户的健康为最终目的。

在美国等健康保险业发达的国家,保险公司为客户提供的服务不仅仅是理赔服务,而且包括预防保健、年度体检、康复等多种服务项目的健康管理服务,重视和鼓励客户保持健康的身体,以减少医疗费用的支出,因此,美国的健康保险产品在设计时,更多地融入了"健康管理为主,健康理赔为辅"理念。

第二节　主要产品介绍

美国健康保险学会(HIAA)对健康保险的定义是:"为被保险人的医疗服务需求提供经济补偿的保险,也包括为因疾病或意外事故导致工作能力丧失所引起的收入损失提供经济补偿的失能保险"。[①] 美国作为世界上商业健康保险最成熟的市场,其健康保险产品种类丰富,保障内容较为丰富全面。如医疗保险不仅包括住院、急诊、处方药、牙科、眼科、体检和免疫,还包括精神健康和家庭护理等内容,提供了较为全面的保障范围,较好满足了不同人群的需求。总结起来可以分为以下四类:

一、基本医疗费用保险

基本医疗费用保险的保障范围包括住院费用、外科手术费用、门诊费用三方面费

---

① 曾卓,李良军. 商业健康保险的定义及分类研究[J]. 保险研究,2003(4).

用。住院费用保险金一般分为住院费（床位费）、医药费和医院杂项费。每年住院最长天数（45天、90天、120天等）和每项费用支付的最高限额保险公司都有规定。外科费用保险可作为住院费用保险的附加险或与住院保险合二为一，统称住院保险。保险公司会列出每种手术的一般价格和最高限价，也会对住院手术费的最高给付限额做出规定。门诊费用通常和其他费用一起承保，如综合医疗费用保险，保险公司按一定比例（50%—100%）给付，与住院费用的给付共同构成医疗费用保险的保险责任。[1]

二、高额医疗费用保险

高额医疗费用保险的承保范围是严重疾病和伤害事故引起的高额医疗费用的支出。保额一般在25万美元至100万美元。它包括补充高额医疗费用和综合高医疗费用保险，补充高额医疗费用是用于支付基本医疗保险不予支付的部分，如免赔额以上的部分。综合高额医疗费用保险是将几种基本医疗费用保险和补充高额医疗费保险结合在一起的保险。

三、特种医疗费用保险

特种医疗费用保险主要是对基本医疗费用保险的补充，主要包括为牙科费用、眼科费用、处方药费、长期护理提供保险。长期护理保险是为失去自理能力者提供保障，当被保险人因意外或疾病丧失自理能力时，保险公司将为其补偿因雇人照看、护理导致的费用支出。[2]

四、失能收入保险

上述三种保险都属于医疗费用保险，相对于医疗费用保险，失能收入保险处于次要地位。失能收入保险是指对被保险人因疾病或意外事故导致残疾后，不能正常工作而失去原来的工资收入的补偿保险。[3] 失能收入保险的给付金额与被保险人伤残或患病前的收入水平有关，保险金给付期也依据被保险人丧失工作能力的时间而有长短之分。在短期的失能收入保险中，保险金以被保险人周工资的60%为限；在长期的失能收入保险中，保险金给付额在被保险人月工资的75%—80%之间。[4]

---

[1] 仇雨临. 员工福利管理 [M]. 复旦大学出版社，2010.
[2] 曾卓，李良军. 商业健康保险的定义及分类研究 [J]. 保险研究，2003（4）.
[3] 黄占辉，王汉亮. 健康保险学 [M]. 北京大学出版社，2006.
[4] 仇雨临. 员工福利管理 [M]. 复旦大学出版社，2010.

第三节　美国健康保险产品的监管情况

美国对健康保险实行联邦政府和州政府双重监管的制度，联邦政府和州政府都拥有独立的保险立法权和管理权。各州的保险监督管理部门按法律赋予的权利行使管理和监督权，以保险公司的偿付能力和保护投保人的利益为主要监督管理内容。由于健康保险的特殊性，这一领域受到政府非常严格的监管，而且美国联邦政府的劳动部、卫生部、国防部、人力资源部以及卫生保健基金管理委员会等不同职能部门都对健康保险的不同方面负有监管责任。

1871 年美国成立了国家保险委员会（National Association of Insurance Commissioners，NAIC）。NAIC 成立的目的是协调各州对跨州保险公司的监督管理，尤其着重对保险公司财务状况的监督管理。在 NAIC 的努力下，美国各州保险法的内容差别不大，各州的保险管理活动也趋于一致。

美国的商业健康保险同时受到多个部门的监管和诸多法律法规的规范和约束，其中绝大部分的监管内容重点在于保护投保人和弱势群体的利益。这样的监管要求在一定程度上促使保险公司提高服务质量和自身的管理水平。

管理式医疗的模式不论是 Medicare、蓝十字蓝盾，还是商业保险公司都广泛采用，在美国健康保险市场占据了 60% 以上的份额。图 8.1 列出了管理式医疗的法律法规体系。

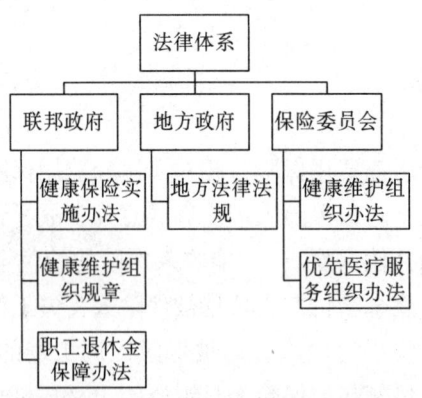

图 8.1　管理式医疗的法律法规体系

资料来源：胡爱平，王明叶：《管理式医疗——美国的医疗服务与医疗保险》，高等教育出版社 2010 年版。

一、联邦法律对健康保险的监管

联邦政府先后颁布了《健康维护组织规章》《职工退休金保障办法》《健康保险实施办法》，1973年颁布的《健康维护组织规章》在组织结构和经营业务方面对具有国家资质的健康维护组织制定了统一的规范；1974年颁布的《职工退休金保障办法》对雇主直接参与管理的医疗福利计划作了监管规定；1996年颁布的《健康保险实施办法》是联邦政府首部健康保险管理的法规，对电子数据交换的统一标准和消费者权益保护方面做了一系列的规定。

《健康维护组织规章》在组织形式上体现对健康险消费者保护的规定有：一是不得以客户的健康状况、年龄、职业、收入等因素作为承保的依据；二是制定客户投诉的听证和解决机制；三是在健康维护组织的职责范围内确保客户的切身利益，必须在服务合同中明确规定，当组织因破产或财务危机而发生债务纠纷时，医疗机构不得损害客户的个人利益。规章还要求管理式医疗组织建立一套客户申诉程序，保险公司必须在30天之内解决客户的投诉，对于严重的案例，在条件许可的情况下，必须在5天之内解决。[①]

《职工退休金保障办法》规定私营部门雇主赞助的福利的最低标准，"福利性收益"包括了健康保险。

《健康保险实施办法》规定保险方不得拒保患有疾病的客户，也不允许使用等待期等限制性条款，不可以根据客户的健康状况的不同而采取不同的费率标准。"保证续保"的要求规定失去团体健康险并且希望续保的个人可以在个险市场上继续购买此险种。而且，《健康保险实施办法》对消费者隐私权保护的规定更严格，包括消费者对健康信息具有拥有权、医疗信息的使用和公开具有限制性、个人健康信息保护必须遵循相关的规范和操作流程、在隐私保护方面违规有相应的处罚措施等。

除了以上三部法规外，联邦政府还有其他法律直接或间接地与健康保险的监管相关。

《健康保险转移与审计法》针对私营和公共赞助的健康保险计划和保险公司的条件制定了联邦健康保险要求，保证特定的职工和其他个人在特定的条件下，其保险得以保留或更换。该法限制了对已经存在的医疗条件下的保险时间的终止，禁止以健康状况等为理由歧视。[②]

《雇员年龄歧视法律（ADEA）》保护40岁以上（含40岁）的劳动者不因自己的

[①] 胡爱平，王明叶.管理式医疗——美国的医疗服务与医疗保险[M].高等教育出版社，2010.
[②] 李超民.美国社会保障制度[M].上海人民出版社，2009.

年龄而受到区别对待。它规定所有的在职雇员，不论年龄大小，必须有资格享有同样的健康保险，而且不要求高龄雇员为此保险比年轻雇员缴纳更多的保费。

《民权法》第七章禁止各种形式的就业歧视，包括源于种族、肤色、性别宗教与国籍的歧视。这些指导原则规定雇员福利包括团体健康保险福利不能因雇员性别而区别对待。

《反妊娠歧视法案》规定由雇主资助的团体健康保险应为怀孕、生育和相关的医疗条件提供保障。而且，享受团体健康保险的雇员的妻子也应该与女性雇员拥有同样的保障项目。

《雇员休假法》规定在分娩或收养孩子期间，或需要护理患重病的家属，或自己患病的雇员，允许员工在任何12个月的时间内，为合理事由停薪休假，至多不超过12周。在他们休假期间，要求雇主继续对员工提供应有的团体健康保险给付。

从以上规定看出，众多法规在保护健康险消费者权益方面体现的监管中心思想有：一是反歧视，不因投保人的健康状况、年龄、性别或其他情况而区别对待；二是为美国人民提供充足的、可承担的健康保险产品，如《职工退休金保障办法》规定的福利的最低标准等；三是对侵犯消费者权益的行为制定了处罚措施，如《健康保险实施办法》中违反隐私保护的规定，民事赔偿最高标准为 25 000 美元，刑事赔偿标准高达 250 000 美元。而我国对于健康保险尚未形成专业的监管体系，监管部门放任保险公司自由选择承保对象，对那些特殊人群，如老年人、有过既往病史的人、孕妇等，保险公司通通拒之门外或者采取高加费来承保，这样做对投保人和保险公司来说都是不利的。站在投保人的角度来说，需要购买健康保险的时候买不到，健康需求得不到保障，极大地挫伤了群众购买健康保险的积极性；站在保险公司的角度来看，由于它把一部分人拒绝在承保范围之外，压缩了自身的市场规模，减少了保费收入，所以发展也受到了限制。

二、美国保险监督官协会对健康保险的监管

美国保险监督官协会（NAIC）对健康保险的监管包括规范健康保险的标准法、《健康维护组织办法》和《优先医疗服务组织规范法案》。

NAIC 关于健康保险的标准法的规定有：

第一，个人事故与疾病保险条款法中包括了个人健康保险的某些条款的规定。

第二，团体保险界定与团体保险标准条款模型法。它定义了可以投保的团体，包括团体健康保险中的某些条款规定。

第三，新生儿标准法。它规定在包括由被保险人抚养子女的保单下，被保险人的新生儿也一样享受保险。

第八章
美国健康保险产品的发展

第四，团体健康保险强制转换标准法。它要求团体健康保险给予被保险人权利，在其雇佣关系终止或团体保单终止时能够将团体健康险转换为个人健康险。

第五，团体赔偿的协调规定与准则。它确立了超额保险条款的一致性，以避免由于几个保单持有人所持保单条目不一致引起的索赔延迟或误解。[①]

《健康维护组织办法》在组织结构和业务经营方面为健康维护组织制定了法律规范，建立了管理监督体系，确定了资产和债务偿付的最低标准、医疗服务质量管理标准、有关医疗福利和限制保障的信息公开要求、内部申诉流程以及费率调节机制等。[②]

制定《优先医疗服务组织规范法案》的目的是鼓励保险公司通过优先医疗服务组织（PPO）来保证医疗服务的质量和控制医疗成本。体现保护消费者权益的规定：保险公司必须明确告知客户有关网络内外医疗福利待遇的差别。因为 PPO 的特点是当参保人员选择服务网络外的医疗服务时，自付费用要比使用服务网络内的高 20%。所以明确告知客户这一区别，对于客户选择网络内外的服务具有重要意义。

NAIC 制定的法规主要从健康保险条款的标准化、对管理式医疗的组织——健康维护组织的组织结构和业务经营以及优先医疗服务组织的规章制度做出规定，保单条款的标准化、规范的经营制度等，都使美国商业健康保险的发展规范化，让消费者更加放心。

三、地方政府对健康保险的监管

地方政府最重要的规范措施是为管理式医疗组织颁发执业许可证。为获得执业许可证，管理式医疗必备的条件有偿付金的充足性、服务网络的广泛性、医疗服务的可及性（包括 24 小时急诊服务）、服务利用管理程序、医疗质量管理程序、客户投诉程序等。除了执业许可证，地方法律对保险业务也有许多的规定。

（一）保险费率的厘定

美国各州对保险费率监管的目标是费率公平、足够和无歧视。公平是指保险费率与被保险人的风险符合，并不会因为被保险人的健康状况较差而收取过高的保费；足够是指在精算的基础上，费率对保险公司来说是充足的，不会因为收取的费率过低而导致保险公司破产；无歧视是指相似的风险应有接近的价格。[③] 相对于团体投保人，个人投保人的专业水平和协商力量更弱，更容易由于保险人管理的缺陷而遭受损失，

[①] 张健. 美国健康保险的监管 [J]. 中国保险管理干部学院学报，2000（2）.
[②] 胡爱平，王明叶. 管理式医疗——美国的医疗服务与医疗保险 [M]. 高等教育出版社，2010.
[③] 段昆. 美国保险业的监管制度及其借鉴 [J]. 中国软科学，2003（3）.

因此对个人健康险的费率监管应该更加严格，而对团体健康险的监管可以相对宽松。这样的安排更加促进个人和团体健康保险业务的发展。

（二）强制性福利

大部分地方法律制定了强制性福利保障的规定，如精神健康治疗、毒品上瘾治疗等服务保障，一旦某种服务被列为强制性福利保障，所有管理式医疗组织的保险产品中就必须涵盖此项服务。

（三）医生激励机制

《医生激励机制管理办法》规定禁止使用某些经济激励机制，会诱导医生拒绝、减少、限制、拖延使用某些特殊和必要的治疗。这条规定是在控制医疗费用的前提下，为了保证病人接受的医疗服务的质量而制定的。如果只是一味地节约医疗费用，而病人需要的治疗没有提供，病情受到延误，就得不偿失了。

（四）外部审核制度

地方法律规定，当保险公司拒赔时，客户有权要求进行外部审核。保险公司拒赔的项目通常与非必需治疗或实验性检查有关。制定这一规定可以有效地保护健康险消费者的权益，当客户和保险公司就理赔的项目和金额出现分歧时，并不是由保险公司独断专行，而是引入与双方都无利益冲突的外部审核机构进行审核，保证结果的公平和公正。

本章小结

本章从美国商业健康保险现状出发，引出美国主要的商业健康保险产品形态的演变过程，并介绍了其中主要的保险产品，进而展现美国健康保险产品的监管体系及相关法律，使读者全面系统地了解美国商业健康保险的相关知识。从20世纪50年代起，美国逐步从传统的费用报销型向管理式医疗转型，逐步形成了现在的政府健康保险计划、私营健康保险计划和管理型医疗保险计划"三位一体"的医疗保险体系，该体系下，健康保险产品涵盖了基本医疗费用保险、高额医疗费用保险、特种医疗费用保险、失能收入保险四大类，以满足不同人群的需求；同时，又通过联邦政府和州政府的独立保险立法权和管理权对健康保险实施双重监管，以监管保险公司的偿付能力，保护投保人的利益。通过本章的介绍，读者可以对比学习后续欧洲、日本的健康保险产品发展等章节，全面系统地了解健康保险产品海外发展情况。

思考题

1. 简述美国主要健康保险产品形态的演变过程。
2. 简述美国主要的团体健康险。
3. 简述美国"三位一体"的医疗保险体系。
4. 简述美国管理式医疗保险计划存在的问题。
5. 简述美国管理式医疗保险的作用及理念。
6. 简述美国主要的健康保险产品。
7. 简述美国管理式医疗的法律法规体系。
8. 美国地方政府对健康保险的监管体现在哪几个方面？

第九章

欧洲健康保险产品的发展

第一节 欧洲健康保险产品的发展过程

健康保险起源于17世纪的西欧。当时由于工业革命以后，各国经济迅速发展，大量农民和手工业者成为产业雇佣工人，他们的收入水平与身体状况有着密切联系，生病不仅会造成收入损失还会造成失业。当时尚没有社会保险制度，产业工人为了减轻由于恶劣的生活和工作条件而产生的风险，自发地采取方法来团体互助，共同分担风险。他们成立了"共济会""友谊会"等组织，筹集资金解决工人面临的人身风险。不仅同行业的工人，同一地区的农民们也相继组织起互助性团体，集资以便在患病时可以相互帮助。但是，这种会员之间的保障并不稳固。直到1693年英国人哈雷制成了第一张死亡表，有了科学的计算保费的方法，英国才陆续建立起承保寿险的组织。

1883年，德国政府颁布了《医疗保险法》，建立了地方疾病基金会，这是世界上最早的社会健康保险组织。此后在瑞典，工人自愿组织起的"医疗互助社"也显现出了健康保险的雏形。而英国全民公费医疗制度高支出低效率的情况给其健康保险的发展创造了条件，在1980年，英国参加私人健康保险的人数已经达到350万人。20世纪上半叶，医疗保险在欧洲以各种形式被推广传播开来，覆盖的人群也从低收入的工人扩展到较高收入人群，保障的范围也逐步扩大。1922年，日本首先实行社会健康保险，健康保险制度由此传出欧洲。

第九章
欧洲健康保险产品的发展

如图9.1所示,除英国、爱尔兰、斯洛文尼亚和荷兰以外,参与OECD的大部分欧洲国家商业健康保险的覆盖率都呈上升趋势,这与社会医疗费用增长、国民健康保健意识增强、国家政策变化有关。

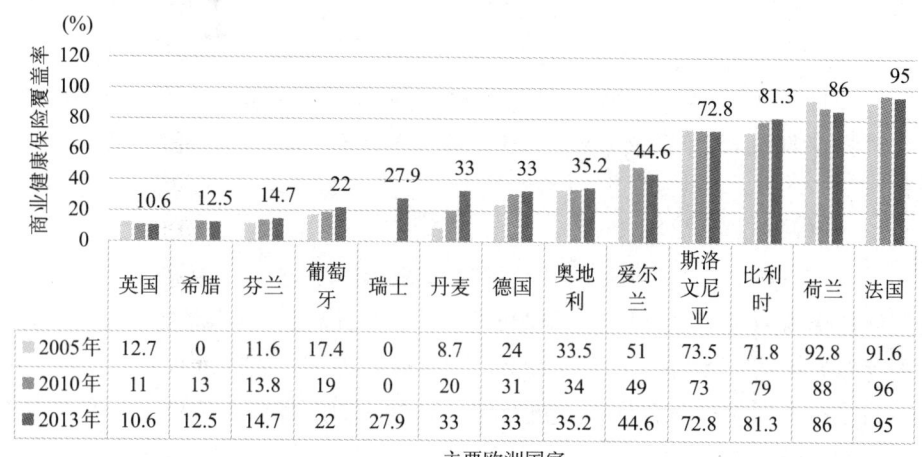

图9.1　2005—2013年欧洲商业健康保险覆盖率变化及趋势

资料来源:OECD Health at a Glance 2015:OECD Indicators。

健康(医疗)保险的产生和发展,与疾病风险的特殊性有着重要的联系。 方面,疾病风险需要社会提供医疗保障;另一方面,一般商业保险无法也不愿意承担如此复杂、广泛的风险,所以,健康保险不可避免地被纳入社会保险的范畴。欧洲一直是健康保险发展最为成熟的地区之一,商业健康保险的覆盖率很高,法国、荷兰等社会保障程度高的国家,商业健康保险的人口覆盖率甚至达到了90%以上。它的医疗卫生保障体系改革一定程度上决定了全球医保的发展方向。而公共医疗保障体系对商业健康保险的规模起着决定性作用,法定和公共医疗保险制度的相关规定在很大程度上决定了商业健康保险的市场地位。2004年《OECD国家私人健康保险》(Private Health Insurance in OECD Country)根据商业健康保险在国家医疗保障体系中的地位,将其发展模式分为:基本型(primary)、重复型(duplicate)、费用补充型(complementary)和项目补充型(附加型)(supplementary)。

这四类商业健康保险发展模式的主要特征是:

(一)基本型商业健康保险产品

即商业健康保险产品是部分人群唯一或主要的医疗保障来源。它可细分为基本主导型商业健康保险和基本替代型商业健康保险。

1. 基本主导型商业健康保险

采用基本主导型商业健康保险模式的国家，是将公共医疗卫生资源提供给最需要的小部分人群，或弥补部分医疗健康保障市场的产品供给不足，国家的大部分国民的诊疗和医疗健康产品都是由商业健康保险提供的。在欧洲，实行这一模式的代表国家是荷兰、瑞士、西班牙等。以荷兰为例，政府颁布了 HIA（Health Insurance Act）法案，以立法的形式强制全体国民购买商业医疗保障，违反该规定的人需要在购买保险时，交付脱保期间所有保费130% 的罚款（Van Ginneken et al., 2008；Maarse, 2009）。

2. 基本替代型商业健康保险

基本替代型商业健康保险是对社会保险的替代，即不愿参加社会医疗保险的部分国民可以选择购买商业健康保险来满足自己对医疗健康服务及产品的需要。以德国为例，医疗保障体系以强制法定保险为主，商业保险为辅，高收入人群（包括自由职业者）可在社会保险和商业保险中进行选择，购买商业保险的人同时可免缴社会保险保费。

（二）重复型商业健康保险产品

它与公共医疗或社会保障并行，通常存在与公立和私立医疗机构并行的医疗体系中。实行这一模式的国家大多是为了缓解公共医疗卫生体系的压力。这种模式允许国民在拥有了社会公共医疗保障的前提下，购买保障内容相同但保障程度更高的商业健康保险，增加了医疗服务的自由性，给高收入人群提供了更多更好的选择。在欧洲，实行这一模式的代表国家有爱尔兰、芬兰、意大利等。

（三）费用补充型商业健康保险产品

即商业健康险对社会医疗保障范围内的个人自付费用给予补偿，以提高医疗保障支付比例。在欧洲，实行这一模式的代表国家有德国、奥地利、西班牙等。以法国为例，它实行全民医疗保险，合法居民在购买医疗保险时需自己承担一定费用，主要是大部分诊疗项目自付费用和个人执业医生高出社会保险标准价格的收费。为降低自付费用支出，大部分法国人就会购买费用补充型商业健康保险。

（四）项目补充型商业健康保险产品

这类产品是对社会医疗保障体系无法覆盖的医疗项目部分进行补充，用以提高医疗保障层次。具有代表性的欧洲国家有：德国、法国、荷兰等。

表9.1是对欧洲代表性国家商业健康保险产品发展模式的归纳总结。

第九章
欧洲健康保险产品的发展

表 9.1　　欧洲商业健康保险产品发展模式

国家	公共医疗保障体系的保障群体	商业健康保险的地位
德国（中欧）	所有雇员和受其抚养者都必须参加法定健康医疗保险，该计划不包括自我雇佣者和公务员。满足一定收入标准的雇员可以选择退出法定健康医疗保障计划，受雇佣者根据需要也可以加入这项计划	基本（替代） 补充、附加
匈牙利（中欧）	所有永久居民均有资格享有法定健康保险保障，到 1999 年，仅有 1% 的人口未享有该保障	附加
捷克（中欧）	永久居民均有资格参加法定健康保险保障计划	附加
奥地利（中欧）	几乎全部的劳动者和退休人员均在综合强制健康保险的保障范围内。社会救助对象和监狱服刑人员由州政府提供健康保障和医疗服务	基本（替代） 补充、附加
波兰（中欧）		附加
斯洛伐克（中欧）	所有居民均在法定社会健康保险体系的保障范围内	附加
瑞士（中欧）	所有永久居民必须购买基本健康保险（强制）	基本（主导） 附加
法国（西欧）	社会保障为所有合法居民提供保障。从 2016 年 1 月 1 日起，所有在法长期且稳定工作或居住者均可享受全民医疗保险（PUMA 制度）	补充、附加
荷兰（西欧）	收入决定参加法定健康保险的资格，高收入人群（28.9%）不在法定健康保障之列	基本（主导） 附加
爱尔兰（西欧）	所有公民均有资格享有由税收为支撑的公共保障，但仅有 1/3 的人口持有医疗卡，有资格享有全科医生和门诊诊疗保障	重复、附加、补充
比利时（西欧）	综合的强制性保险，包含两个保障制度：一个为自我雇佣者（约占总人口的 12%）提供保障，另一个为雇员提供保障。前一个保障计划不包括门诊诊治、物理治疗、牙科以及小手术等低风险事故	基本（主导） 补充、附加
卢森堡（西欧）	除公务员和国际组织雇员以外（1%），其他人均在法定社会健康保险体系中	补充、附加
英国（"脱欧"前）	国民健康服务体系为所有英国居民提供保障	重复、附加
芬兰（北欧）	所有公民均可参加由税收支持的公共健康保障计划	重复、补充、附加
瑞典（北欧）	所有公民均在由地方税收和国家转移支付支撑的法定社会健康保险的制度范围之内	补充、附加
冰岛（北欧）	永久居民均有资格享有法定健康保险保障	附加
丹麦（北欧）	所有公民均参与由税收支撑的公共健康保障计划	补充、附加
挪威（北欧）	所有公民均参与由税收支撑的公共健康保障	

续表

国家	公共医疗保障体系的保障群体	商业健康保险的地位
希腊（南欧）	所有公民均有资格享有由税收和社会健康保险费为支撑的公共保障	重复、附加
意大利（南欧）	所有公民均在国民健康服务体系的保障范围内	重复、附加、补充
葡萄牙（南欧）	所有公民均在税收支持的国民健康服务系统的保障范围内	重复、补充、附加
西班牙（南欧）	由税收支撑的国家健康体系几乎覆盖了全国人口。公务员和其受抚养者由其他特定的计划提供保障。一小部分自我雇佣的文学创作者和自我雇佣者不在保障范围内	基本（替代、主导） 重复、附加

资料来源：

1. OECD，2004，Private Health Insurance in OECD Countries。
2. 中国保险行业协会：《商业健康保险国别研究报告》（Private Health Insurance：A International Perspective），2015。

从表9.1可以看出：商业健康保险在欧洲具有举足轻重的地位。各国采取何种商业健康保险模式与国家医疗保障体系的发展水平和发展目标有密切联系。在德国、奥地利、荷兰、比利时、西班牙等国的医疗健康体系中，商业健康保险占主导地位，能够体现市场机制的优势，满足多重保障需求。在商业健康保险起补充、附加用的法国、瑞典、波兰、匈牙利等国家，商业健康险的作用就是配合社会医疗，提高医疗费用的偿付水平，加大医疗服务可及性和公平性。

第二节 欧洲主要健康产品介绍

本节将从欧洲几个国家入手，介绍商业健康产品的概况、发展及代表公司。由此窥见整个欧洲大部分商业健康保险产品的真容。

一、德国

德国是社会医疗保险的起源，1883年德国建立了地方疾病基金会，并颁布《医疗保险法》，规定收入低于一定标准的工人必须参加疾病基金会，基金由雇员和雇主共同缴纳，这标志着世界上第一个具有社会保障性质的强制医疗保险正式创立。

（一）德国（医疗）健康保险概况

德国的医疗健康保险制度是以强制法定保险为主，商业保险为辅。收入低于一定标准的人必须参加法定健康医疗保险,而自由职业者和收入超过一定标准的工薪收入者可以在商业健康保险和社会保险间做选择,购买商业健康保险的人同时可免缴社会保险保费。商业健康保险产品在德国具有费用补充和项目补充的作用。持有健康保险是所有国民的义务所在。

从筹资角度看,德国模式的特点是保费与收入水平成正比,税前收入越高,所缴保费越多,权利与义务成正比。保险基金由医疗保险机构作为"第三方支付组织"统一筹集和管理,按规定向合同医疗机构支付医疗费用。基金实行以收定支、现收现付制,由雇员和雇主共同缴纳,保证其稳定性、公平性和覆盖率。

商业健康医疗保险作为补充,包括全面健康保险、长期护理保险、附加险、特殊险种四大类[1],覆盖率达到32%,主要为高收入者提供更多服务和保障。

在费用优惠方面,德国对商业健康保险给予了一定优惠政策,激励其发展。在一定限额内,商业健康保险的保费支出可以从个人应税所得中扣减,针对有替代型保险的个人,上限为2 400欧元(每年);针对无替代型保险产品的公务员,上限为1 500欧元(每年)。雇主为雇员支付的法定健康保险、商业健康保险以及强制的长期护理保险,作为雇员收入的一部分,被看作是公司的经营费用,无须缴税。其免税额度为法定健康保险以及法定长期护理保险的义务的上限。雇员或个人购买商业健康保险、长期护理保险超过法定健康保险的部分在一定额度内享受免税政策(雇员额度为1 900欧元,个人额度为2 800欧元)。

在产品定价方面,德国的商业健康保险也与其他国家有所不同。在德国,商业健康保险采取的是终生定价法(capital cover),即保险公司根据投保人的年龄及健康状况计算终生保费,为弥补随年龄提高而发生的医疗支出上升,较年轻的投保人缴纳的保费高于其预期的医疗支出,由商业保险公司代为提取和管理这一"年龄储备"用于填补投保人老年时可能产生的保费和医疗费用之间的缺口(Busse&Blümel,2014)。[2]

德国的健康保险制度为99%的德国人口提供了医疗保障。

(二)(医疗)健康保险产品的发展历程

可以从下面的时段窥见德国医疗健康保障体系及其发展改革历程:

---

[1] 全面健康保险:主要针对法定险非强制行人员设计,一般通过雇主赞助的形式实现。它提供商业健康险的所有保障项目。长期护理保险:自1995年开始,全部德国居民都需要拥有长期护理保险,所有购买商业健康险的人都必须同时购买商业长期护理保险。它与法定的长期护理保险相比,可承担更高比例的护理费用。附加险:主要针对法定保险的投保人设计,目的在于为投保人提供法定之外的费用保障。主要险种有包括牙科诊疗补贴、门诊补贴、每日住院补贴等。特殊险种:负责承保不包含在法定健康保险内的健康医疗风险,如海外旅行保险。

[2] 德国卫生健康体系的变迁(Germany Health System Review from Health System in Transitions)Busse&Blümel,2014年。

第一阶段：传统政策实施，开始成本遏制。20世纪80年代至90年代，德国经济高速发展，医疗保障无费用限制，除了支付疾病保障与医疗康复外还提供预防保健、健康促进等预防性服务。其医疗健康保险制度以国家9%左右的GNP为99.5%的德国人口提供了完善而高标准的医疗保障。由于社会医疗保险体制的主体包括政府、医疗机构、被保险人、基金管理机构等，涉及多方利益，协调困难，且对医药产品和健康服务的滥用导致医疗服务和基金供求都无法均衡（医疗保险费用上升速度令人咂舌，1988年的疾病保险费用开支是1960年的14倍）。针对这一情况，德国在1977年通过了《医疗成本控制法案》，这一法案将医疗开支与整体经济情况挂钩，考虑医疗成本与工资增长率之间的关系，并规定了医疗支出的上限。

第二阶段：卫生改革，增进医保系统内部竞争。从20世纪90年代开始，德国政府一直持续推动卫生改革，如实行医疗保健费用预算制，在每年度给出医疗费用的总预算及各类医生协会费用预算；逐渐扩大被保险人选择社会健康保险基金的权利，使各个基金形成一定竞争关系，但同时被保险人要为购买药品和服务支付一定的费用（如为每一种药品支付3—5马克，而之前都是免费的）。作为欧洲最早推行社会保障的国家，德国社会各阶层对改变现存体制，削减福利都存在不满，政府改革面临相当大的阻力，1995年，牙科医生协会就曾因对政府的牙科医生预算费用不满而以歇业要挟。因此，卫生改革只能采取循序渐进的方法。在改革初期只在门诊医药费上要求大众支付部分手续费；进一步的措施包括使用新的社保治疗目录和新的预算支付系统，即G—DRG系统。2004年通过的《法定医疗保险现代化法》进一步在以前的卫生改革基础上跨进了一步，该项法律规定了多项病人自费项目。在2007年，德国颁布了《法定健康保险竞争加强法》，一方面强制参保，强制承保；另一方面，通过完善风险平衡机制和第三方机构管理机制，促进市场自由公平竞争。

在改革过程中制订了个人健康服务项目（IGEL），使得商业健康保险开发出预防性保健的新兴市场，同时健康服务产业市场份额增长迅速。商业健康保险公司提出了以预防性医疗服务为主打的"第二健康市场"的概念，为顾客提供预防性健康检查、运动与旅行健康咨询及预防服务。

（三）主要健康保险公司及产品

目前德国的商业健康保险公司都在积极试水，以期在医疗改革的浪潮中占据一席之地。德国健康保险公司DKV是欧洲最大的健康保险公司，也是全球健康保险公司的五强之一，它创建于1927年，一直专注与健康保险市场，为顾客提供包括医院、保健、养老社区、牙科等全方位的健康服务，保险产品包括基础医疗、综合医疗及健康管理、顶级健康保障和健康管理三个层次。

DKV公司能在德国50多家商业健康保险经营主体中脱颖而出，主要归功于它持续专注健康险这一个领域,在健康险市场中,坚持以客户为导向,细分产品,精准服务,延伸产业链,建立医疗健康网络,打造全流程服务平台,其服务网络之广甚至涉及资产管理、保险经纪和金融服务在预防性健康保险方面。此外,DKV 还抓住改革机遇,创设了德国 MedWell 健康股份有限公司,MedWell 主要致力于发展第二健康保险市场,这家公司推出的"OPIMED"产品,由 DKV 承保,为病人与医生提供了健康预防的新型平台曾被评选为 2001 年度最佳创新产品。

二、英国

英国是国家医疗模式的典型代表。该模式的资金主要来源于国家税收,即国家财政预算为医疗服务机构及个人医疗费用拨款,使国民享受到低费用甚至免费的医疗服务。

(一) 英国(医疗)健康保险概况

英国的(医疗)健康保险保障体系可划分为三个部分,以国家医疗卫生服务体系为主,社会医疗救助和私人医疗保险(商业健康保险)作为补充。

1. 基本医疗保障体系

英国国家医疗卫生服务体系 NHS(National Health Service)是英国的基本医疗保障体系。这个体系一直承担着保障英国全民公费医疗保健的重任,遵行救济贫民的选择性原则,并提倡了普遍性原则。NHS 的医疗费用 80% 左右来自政府税收,其余来自国民缴纳的保险费、看病处方费及其他医疗服务费用,费用列入国家总预算,筹资方式为现收现付制,由政府直接组织实施,国家财政出资购买,全体国民可以平等地享受国家提供的免费医疗。

英国政府对卫生资源有着强大的配置能力,NHS 提供的医疗保障范围非常全面,卫生服务网络由初级到高级依次为:初级卫生保健服务(全科医师提供)、地级服务(即由政府提供的社区服务)和医院服务(专科医疗服务)。社区卫生保健系统提供 90% 以上的初级医疗服务,只将不到 10% 的服务转到医院服务系统。NHS 的保障范围不但包括预防、初级保健、住院治疗、长期医疗保健、护理康复、眼科和牙科,而且还包括了各种疾病造成的损失补贴。每个保障项目的保障水平通常也很高。患者在 NHS 接受医疗服务时,绝大部分的药品和服务是免费的,只需支付每项 7.1 英镑的费用,患者自付的费用每年不超过 200 英镑。另外,NHS 免除儿童、老人、低收入者、孕妇等群体的医疗费用的自付部分,对需要大量用药的患者,NHS 通过费用预付机制降低自负比例。

NHS 具有覆盖面广、服务范围广泛、非歧视、成本较低的特点。

（1）NHS 的覆盖面广，服务范围广泛。其保险资金主要来源于国家税收和国民缴纳的保费，政府承担了大部分的医疗费用，属于社会福利的一部分。遍及全国额度公立医院和全科医生满足了多层次国民的多种服务需求，使医疗服务惠及全体国民。

（2）NHS 具有非歧视性。根据英国的《国民健康保险法》，NHS 体系根据患者的需要提供全面、公平的服务，与个人支付能力大小，是否是非劳动者无关，体现了社会公平。

（3）NHS 的成本较低。英国的国民医疗保障体系两部分构成，即由医院和制药公司构成的供给方和由政府卫生主管部门和医生构成的需求方。医生既是医疗转诊系统服务的购买者，又是初级卫生保健服务的提供者。同时，政府医疗卫生主管部门作为公众健康利益的代表，负责制定医疗服务的范围、内容、标准和费用水准并依据这些指标与供应方签订年度购买计划。医疗卫生主管部门的介入、监控，将英国的 MHS 体系的成本控制在一个较低的水平。

2. 补充医疗保障体系

英国的补充医疗保障体系包括社会医疗救助和私人医疗保险，其中社会医疗救助同样由政府提供，保障的对象主要是老人、儿童、精神病人等没有能力承担医疗服务费用的特殊人群。政府在提供救助时，不仅会考虑被救助者自身的收入状况，还会对其身体状况及家庭机构进行考察，这样能保证就救助的公平性。

私人医疗保险即商业健康保险（英国也称为 Private Medical Insurance，PMI）作为 NHS 的补充，主要面向中高层收入人群。20 世纪 90 年代初期，商业健康保险主要由互助协会提供，到了 20 世纪 90 年代，商业健康保险公司开始进入，在这期间，英国商业保险的筹资水平从 20 世纪 80 年代初占卫生总费用的 1.5% 上升到 20 世纪 90 年代中期的 3.5% 左右。1997 年工党执政后，税收政策的变化对商业健康保险的参保率产生了较大影响。2016 年商业健康保险的覆盖率达到了 15% 左右，且仍在持续增长。

在英国健康保险市场中，商业健康保险的业务类型主要可分为三类：一是普通的商业健康保险。该类保险对投保患者在私人医院诊断、手术以及住院的费用进行保障，免去了投保患者在 NHS 服务体系中可能面临的等候时间。与其他保险类型一样，保险费的拟定因人而异，主要根据投保患者的年龄、预期赔偿数额、家庭保障以及职业等方面。二是重大疾病保险。此类保险一般包括癌症、心脏病、中风、器官移植手术或者永久性残疾等。赔偿方式多为一次性支付，数额一般为数万英镑。三是永久性或长期医疗保险。这类保险用于保护失能患者的基本财产。保险公司负责确保患者在不需要变卖房产的情况下，为其支付全部或部分的私人护理费用。

商业健康保险产品可以根据所提供服务的覆盖范围分为三类：价格最低的限制型保单（Budget Policies）会对其提供的保障附加较多的限制条件，如限定就医的医院及接受的护理服务；价格较高的是标准型保单（Standard Policies），它可以提供除核心福利以外其他的一小部分服务。在精神疾病、孕期产期并发症、眼科和个人急救方面，标准型保单一般不提供保障。同时，它也可以对就医医院、费用或其他医疗服务做出限制；综合型保单（Comprehensive Policies）的价格最高，可以提供广泛的福利，在一般的核心福利外，它们还提供门诊服务及其他医疗服务。

（二）（医疗）健康保险产品的发展改革历程

1942年，《贝弗里奇报告》的提出，使英国意识到建立全面的社会保障制度和全民医疗保险制度的重要性。在1944年，英国提出NHS体系，并在之后颁布了《国家健康服务法》，随着1945年《家庭补助法》1946年《社会保险法》《国民保险法》及1948年《国民救济法》《国民医疗服务法》等法案的实施，英国构建了一套相对完整的社会保障体系，并成为当时拥有最完善的社会保障体系的国家。

20世纪60年代，是NHS体系发展的黄金时期，但是到20世纪80年代，NHS基金入不敷出，机制运行效率低下，医疗质量无法提高，患者转向私人医院又会使国家医疗卫生经费流失、医疗费用上涨。这些问题的日益加剧致使英国政府必须对现有体制进行改革。医疗健康保障体系的问题改革主要从两个方面着手：一方面，实行医疗费用国家和个人分摊原则；另一方面，规范医疗保障制度，保证医疗服务的公平，防止资源滥用。

1982年，英国提出了削减政府公共支出的建议，并提出用商业健康保险制度代替国民医疗健康服务制度，引入内部市场竞争机制，实行医疗服务购买者和提供者的分离，鼓励私人医院和公立机构开展公平的竞争，鼓励商业保险机构等开展国民医疗保障服务。通过私人医院的加入，使公立医院的服务提升、医疗费用得到控制，以提高国民的医疗卫生水平。这些举措，一方面，实现了国民与政府的费用共担，减少道德风险造成的资源浪费；另一方面，使高收入人群将目光投向了商业健康保险，刺激了商业健康保险的市场需求，医疗卫生资源得到了更合理的分配。

1997年，主张合作而不是竞争的布莱尔政府发布了纲领性文献《新国民健康服务体系》，主张增加医疗经费、改革内部市场、代理和计划机制，降低管理成本，建立卫生服务地区。政府开始加大对医疗健康保障体系的投入，医疗保险开支占GDP的比例也因此从1990年的6%上升到2001年的7.6%。政府对医生的监管更加严格、增加公众对就医医院的选择权利等举措，使医院和医务人员的工作效率得到了提高。然而随着国家老龄化程度的不断加深、医药科技的不断进步，人们对医疗保障的期望值也越来越高。加之英国的医疗健康市场缺乏竞争、国家医疗经费入不敷出、医院的诊治效率低下，使得国民的福利不升反降，公众不满情绪高涨。

1999年，国会通过了《健康法案》，改革措施主要包括确立合同管理方式、扩大医院自主经营权、对会诊医生的管理、提高国民卫生体系的透明度、加强对医护质量的检测、对医疗机构和医生的评估、组建"健康改善委员会"、引入外部医疗程序等,英国的医疗保险体制改革进入推进阶段。

2007年在初级卫生保健基金(Primary Care Trust, PCT)中全面推广"服务外包"模式(Framework for procuring External Support for Commissioners, FESC),旨在引入商业健康保险公司,对医疗体制进行进一步改革。

2012年,《健康与社会医疗法案》获得签署后成为法律。当时的政府(卡梅伦政府)着重改革医疗服务供给方机制,通过下放更多财政预算和处方权给全科医生,转移政府过去直接承担的风险,通过在NHS体系中引入更多私营机构,推动医疗服务体系的管办分离。这些举措都是在通过提高医疗服务效率和质量来控制医疗开支的过度增长。

(三) 主要健康保险公司介绍

英国保柏公司(BUPA)、英国安盛医疗保险公司(AXA PPP)、英杰华集团(Aviva)以及保诚健康保险(Pru Health)是英国四大商业健康保险公司,占据90%以上的英国健康险市场。其中,BUPA是英国最大的商业健康险公司,旗下的Care Services拥有283家护理院和27个退休村,为4.3万名老人提供护理服务;Health Clinics经营诊所、健康中心、职业健康服务与牙科在内的各种医疗设施;保柏克伦威尔医院(Bupa Cromwell Hospital)是伦敦大型综合医院,为保险客户、自费和国际患者提供医疗服务;保柏Health Funding提供健康保险和医疗定制产品。整个公司提供全方位的健康医疗服务,在澳大利亚、新西兰、欧洲、拉美等超过190个国家拥有3 200万名客户。2002年,英国积极引导BUPA这样的商业健康保险公司进入NHS体系,事实证明,这些私人医疗健康机构的引入不仅为高端人群提供了更多的选择,还改善了医院的管理,提高了NHS体系的效率。

三、瑞士

(一) 瑞士(医疗)健康保险概况

瑞士采取的是强制性(医疗)健康保险体系,是典型的基本主导型商业健康保险国家。其最大的特点就是没有政府出资筹办医疗保险,国民完全依赖商业(医疗)健康保险,而有能力的国民可以自愿购买补充型的商业健康险。目前有近90家相互竞争的私人医疗保险机构支撑起整个医疗体系[①]。

---

① 按照法律规定,这些私人医疗保险机构应该为非营利组织,且总部须设在瑞士。

对于强制性商业健康保险，国家规定了具体的医疗保险待遇，参保人可以自由选择保险公司和医疗保险合同进行投保，而保险公司只能根据参保合同、地区、年龄的异同收取特定的不同保费，医疗费用由国家税收、参保人及保险公司共同承担，各方承担比例接近33.3%。

强制性保险的保险合同主要可以分为普通合同、可选择性保险合同和管理式医疗合同。普通合同的保费最高，保额最大，可以为参保人提供最高水平的经济补偿；可选择性保险合同的保费较低，保额较大；管理式医疗合同的参保人按特定方式就医可以享受保费优惠。保险合同的报销范围主要有：一是在国家医疗服务包（Healthcare Basket）中明确的报销范围内的处方或治疗方案；二是药品目录中的药品；三是由国家卫生权威机构认同的可以提供保障的服务或产品。医疗服务的报销价格由各州协商谈判制定，医疗产品的报销价格由国家规定。

补充型商业健康险更具灵活性，以自愿为原则，有单人病房、中医治疗、自费药品和其他医疗护理可供参保人选择，覆盖了强制性医疗保险不承保的其他服务内容。

（二）（医疗）健康保险的发展历程

1996年之前，瑞士的医保体系由行业协会内部的互助组织及私人或国有的保险公司构成，遵循自愿互助的原则，联邦政府会根据各州参保人数向保险经办机构发放补贴（主要针对低收入家庭、失业者、移民等特殊人群的参保提供补贴和税收优惠），医保覆盖率已经达到99%。然而低廉的就医费用、巨大的参保人群、人们日渐提高的健康意识，使得政府支出的医疗卫生费用急剧上升，财政不堪重负，也造成了受补贴险种与无补贴险种的需求供给失衡。

在1996年，瑞士开始全面实施《联邦健康保险法》，废除了"一人参保，全家免费"的家庭保险和高收入者自愿投保的制度，引入了和工资收入无关的人头保费，强制所有人（包括瑞士公民和非公民）购买医疗保险（即人头费制），未成年人和低收入者可以按优惠费率参保，义务保险人还可以购买补充型保险，以享受日津贴。2000年，瑞士医疗保险参保人数达到了100%。

第三节　欧洲健康保险产品的监管情况

欧洲的保险监管历史悠久，保险监管措施也比较完善，通过对欧洲各国的分析可知，商业健康保险在医疗健康体系中的占比越来越高，在扩大医疗覆盖面和提高卫生融资水平方面做出很大贡献。但是，由于商业健康险以人的身体和健康作为保险标的，因独特的风险特征而产生的道德风险、逆选择、资源分配不公平等问题，为其缓解公共医疗卫生体系的压力、保障全体国民的医疗健康造成了一定阻碍。由此，欧洲国家在积极鼓励商业保险发挥作用的同时也对其采取了较为严苛的监管措施。

一、欧洲健康保险监管情况概述

监管政策是政府宏观调控的手段，政府严格的监管政策会使保险市场更加规范，能有效规避市场失灵现象的发生。然而物极必反，监管若太过严苛，则会阻碍保险市场的竞争活力，不利于产品创新和服务质量的提高。欧洲各国对商业健康保险的监管方式和侧重点虽然各不相同，但是各国实现全民医疗保障、提高医疗体系效率、降低公共医疗方面的杂乱开支等目标的愿望是相同的。所以，近年来各国的监管政策呈现较为明显的趋同倾向，一方面，在主要实行主导型、替代型和重复型商业健康保险的国家，对商业健康保险的监管内容更加全面、监管范围更加广泛，在实行补充型、附加型商业健康保险的国家，政府的监管政策就相对宽松，主要关注于市场的某一部分；另一方面，欧洲各国对商业健康保险的态度是鼓励竞争，建立风险平衡机制，维持市场秩序。

表9.2是欧洲几个主要国家的商业健康保险监管政策概况。由表9.2可知，不论是哪种商业健康险模式，政府对商业健康保险从定价、保单条款、承保、缴费及风险管理等方面都出台了相应的监管政策，这些监管政策将承保方（保险公司）、医疗服务提供商和投保方紧密联系在一起，通过一系列政策来纠正商业健康保险市场失灵所带来的卫生服务在可得性、效率和公平性等方面的问题。确保最大程度提高医疗健康水平和效率。

表9.2　　　　　　　　欧洲几国商业健康保险监管情况

	保单条款			定价方法	保费监管	强制投保	个人自费	风险平衡机制
	承保/续保	既往病症	保障要求					
德国（基本替代）	保证	承保	针对高风险人群的最低保障要求	风险定价	控制续保保费增速	强制	有上限	有
荷兰（基本主导）	保证	承保	标准保障要求	社群定价	无	强制	无上限	有
爱尔兰（重复）	保证	承保	最低保障水平	社群定价	NA	否	NA	NA

续表

	保单条款			定价方法	保费监管	强制投保	个人自费	风险平衡机制
	承保/续保	既往病症	保障要求					
法国（补充）	不保证	NA	税收优惠（鼓励保障高风险人群）	NA	NA	仅针对雇主	无上限	无
比利时（补充）	保证	仅针对非营利机构	无	社群定价（非营利机构），不能将性别作为风险因子	无	否	无上限	有
瑞士（基本主导）	保证	承保	标准保障要求	社群定价	是	强制	有上限	有

二、欧洲健康产品监管措施

这一部分将从对承保方的监管、对投保方的监管和对市场的监管三个方面分别介绍欧洲主要国家的健康产品监管措施。

（一）对承保方〔（私人）商业健康保险公司〕的监管

1. 保单条款监管

保险对投保人的一切权利与义务都体现在保单上，政府及有关部门对保单条款的监管不仅保证了每份保单的公平性，还有利于保险市场的有序竞争。

（1）保证续保条款。由于健康险所保障的是被保险人因疾病产生的医疗费用，或因疾病不能正常工作导致的收入损失，或因疾病、年老需要护理的费用，强调"个人公平"的原则，且一般保险期间较短。商业健康保险公司一般不愿意对年龄较大或者有过往病史的人承保或续保，这就导致患有慢性病等最需要保障的人群无法获得保险或要面临高昂的保费，容易造成风险集聚，降低风险分散水平，从而导致社会福利水平有失公允。

欧洲大部分国家，尤其是以主导型、替代型及重复型商业健康保险为发展模式的国家，保险合同中都含有保证续保/承保条款。如德国就在 2007 年颁布了《法定健康保险竞争加强法》，强制承保。

（2）对既往病症承保。保险合同中的保证续保/承保条款，使商业保险公司面临的风险加剧，所以很多商业健康保险公司对投保人的既往病史不予承保或者对已发生保险金给付的投保人谢绝继续承保。对此，欧洲许多国家将承保既往病史纳入监管政策中，保证了投保人享有医疗健康服务的权利，同时也避免了保险公司对投保人进行"续保/承保绑架"。

（3）保障要求。欧洲一些国家还对保单提供的保障做出要求，主要为以下两种：

一种是最低保障要求（Minimum Benefits）：即规定商业健康保险产品必须覆盖的医疗项目和最低费用补偿比例，在此基础上，保险公司可自行设计保险产品以满足不同消费者的保障需求。

另一种是标准保障要求（Standardized Benefit Packages）：即定义统一的产品条款、赔付比例、费用分担规则等标准化合同内容，保险公司只能销售标准化产品，但可以在产品服务、销售网络、产品价格等方面展开竞争。

在欧洲的 OECD 国家中，荷兰和瑞士采取的是标准保障要求的保险合同。2006 年荷兰实施的 HIA 法案规定，所有经营基本医疗保险业务的保险公司都必须提供统一的基本保障产品，覆盖诊断、治疗、住院、处方药、医疗器械、孕产妇服务等医疗服务，而保险公司可以自由提供不同支付类型、不同自付比例和对应不同服务机构网络的保险产品（Schäfer et al，2010；Thomson et al，2013）。瑞士的《强制健康保险福利法》也规定了基本健康保险产品中所必须保障的诊疗、住院、体检等项目。采取最低保障标准合同的国家相对较多，德国就是其中的代表。德国的 SHI – CSA 法案规定，经营替代型健康保险的保险公司必须为那些不能参加社会医疗保险，并且年龄达 55 岁以上或有慢性病史的投保人提供至少一款费率水平和保障内容与社会医疗保险相同的标准化产品（Busse&Blümel，2014）。

2. 保费监管

在德国，作为社会医疗健康保险的替代，商业健康保险公司采取终生定价法，对每个投保人收取的保费是终生不变的。当然，在面对医疗费用和投资人预期寿命增速高于预期，或者资产投资回报率低于预期等特殊情况时，保险公司可以失当调整保费（Stolpe，2011；Busse&Blümel，2014）。同样对保险产品保费进行监管的国家还有瑞士，监管部门会根据历史数据确定下一年的保费，保险公司若要对保费做出调整必须经过监管部门的允许。

3. 定价监管

在商业健康保险占主导地位的国家或者强调医疗服务公平性的国家，一般都会对保险公司的定价行为做出一定的监管约束，以防止保险公司提高保费使高风险人群因无力支付而无法享有医疗健康保障服务。将定价管控、保证承保续保和不排除既往病史配合使用，可以进一步提高医疗保险的可及性。

最严格的定价是荷兰、比利时、瑞士等国实行的社群定价，它是指保险公司将整个被保险群体的平均风险水平作为定价标准，不能根据单个投保人的健康状况及赔付历史改变首次参保或续保的保费。社群定价实现了保险分散风险的目的，将高风险分摊到所有参保人身上。然而，社群定价也产生了诸如消费者在生病之后才购买健康险的逆向选择、"搭便车"等问题。针对这一问题，爱尔兰政府出台了一系列的法律，将投保年龄作为定价因子之一，以此来区分不同投保人的健康风险大小。

（二）对投保方的监管

欧洲对投保方的监管主要体现在部分欧洲国家强制要求国民购买健康保险。如德国的 SHI – CSA 法案规定所有德国居民必须持有健康保险，高收入人群、自由职业者等非社会保险人群若未及时购买商业健康保险，将会被强制参加社会保险（Busse&Blümel，2014）。荷兰和瑞士的健康保险也是强制性的。在法国，企业和劳工组织代表于 2013 年在政府协调下签署了《全国行业间协议》（National Inter – professional Agreement，即 HIA 协议），规定自 2016 年起，所有雇主都必须为员工购买补充商业医疗保险（France&Pierre，2015；健康保险国别研究报告）。

（三）对商业健康保险市场的监管

在欧洲，商业健康保险作为社会医疗体系的替代、补充产品扮演着极为重要的角色，商业健康保险市场的发展在一定程度上可以决定这一国家的医疗保障水平。保险监管不仅关系到健康保险公司的业务范围、经营收入及保险市场的竞争环境，还会影响整个社会健康体系的发展及社会稳定。欧洲各国对保险市场的监管主要可分为以下两种：

1. 宽松监管，保持市场竞争活力

宽松监管不是放松监管，而是监管者身份和监管重心不同。

（1）政府监管部门将监管重心放在保险公司偿付能力上。2016 年欧盟偿付能力标准Ⅱ指令的实施，就保险人的经营风险逐渐增加和监管标准量化不足等严重问题给出解决方向。一方面，它针对不同风险的保险机构提出差异化的偿付能力监管要求，从而保证了市场活力；另一方面，在衡量保险机构的风险时，欧盟保险偿付能力标准Ⅱ又体现出一定的灵活性，即允许部分保险机构根据自身情况采用内部模型来计算偿付能力。相对宽松的监管环境使商业保险市场更加自由，但同时，政府也能参与其中，使保险市场更好融入社会医疗体系。

（2）市场惯例和文化传统代替政府行监管职责。如在法国，非营利机构、相互保险公司和互助保险公司在商业补充医疗保险市场占垄断地位，前者服从相互制公司的相关法规，主要定价方式是社群定价，强调共济性，后者主要服务于购买团体补充保险的企业，可以将员工收入作为定价因子，他们共同承担起国民医疗健康保障的责任。这种市场调节机制弱化了政府职能，强调健康保险市场的责任共担原则，将市场主导权交由非营利保险机构，注重市场调节。

英国是宽松监管模式的代表国家，20世纪70年代以前，英国保险业发展处于领先地位，政府并不会过多干预保险公司经营业务，英国大部分保险业务的保险经纪人只受到同业公会规则、普通法和自身诚信的约束。20世纪70年代以后，英国政府加强了保险监管体系建设，但与其他实行严格监管模式的国家相比还是相对宽松。劳合社就是英国保险市场高度自律、自我监管的一个实例。

2. 严格监管，完善市场竞争机制

严格监管模式是指对历史与现在保险行为的全面监管，监管部门通过明确的条文对保险合同条款、费率安排、投资活动、红利分配和信息对称性等进行详细说明，并通过权责分明的政府机构进行有效监管。德国和美国是严格监管模式的典型代表。在德国，监管政策的框架和内容都被写入了《保险监管法》[①] 和《保险合同法》[②] 中，对保险营业许可、相互保险公司、保险公司经营管理、保险公司、保险当事人权利与义务等多方面内容进行监管，随着法律政策的逐步修改完善，德国形成了一套健全的监管体系。德国严格的监管政策使其较平稳地渡过了全球金融危机和欧洲债务危机，是严格监管模式国家的典范。

本章小结

本章由两部分组成，第一部分介绍欧洲健康保险的发展过程及商业健康保险产品的四项分类：基本型商业健康保险产品、重复型商业健康保险产品、费用补充型商业健康保险产品、项目补充型商业健康保险产品，并对欧洲大部分国家的商业健康保险产品发展模式进行了归纳总结。第二部分对欧洲的三个主要国家：德国、英国、瑞士的健康保险的概况、发展及代表公司作了介绍。第三部分介绍了欧洲健康保险产品的监管情况，并从对承保方的监管、对投保方的监管和对市场的监管三个方面分别介绍

---

① 《保险监管法》是一门操作性非常强的法律，对维护投保人利益起到了根本性的保障。该法共分11章161条，内容涉及总则、保险营业许可、相互保险公司、保险公司经营管理、保险公司监管、外资保险公司监管、企业年金设立、过渡条款、刑事与处罚条款、管辖权和终结规定。同时，《保险监管法》条文中还以附录的形式对风险种类的划分、风险同属于多类险种业务的险种称谓、重叠规定和企业年金信息进行详细解释。资料来源：许闲，德国保险监管法修订在即[N]. 中国保险报，2012-7-23（006）.

② 德国的《保险合同法》于1908年5月生效，距今已有100多年的历史，是与《保险监管法》并称的德国保险两大法之一，对许多大陆法系国家的保险立法起到了重要影响。《保险合同法》被视为德国保险监管制度的根基，其在最初订立时的措辞和法案条款编号等在历经百年后基本上得到了保留，只有部分不适于现实情况的法条在此后的几次修改中被修订，以及根据市场新变化增加了一些新条款。随着欧盟保险市场一体化程度的不断加深，德国《保险合同法》为适应欧盟保险监管的统一要求，于20世纪90年代后进行了两次规模较大的调整。

欧洲主要国家的健康产品监管措施。发现欧洲各国监管在主要实行主导型、替代型和重复型商业健康保险的国家中,对商业健康保险的监管内容更加全面、监管范围更加广泛;在实行补充型、附加型商业健康保险的国家中,政府的监管政策相对宽松,主要关注于市场的某一部分;鼓励保险公司竞争,建立风险平衡机制,维持市场秩序。

欧洲健康保险历史悠久,经验丰富,对其发展过程、监管状况的梳理能为中国健康保险产品制度创新提供经验借鉴。

思考题

许多欧洲国家都实行强制的健康保险政策,强制健康保险在中国国情下是否同样适用?

第十章

日本健康保险产品的发展

第一节 日本健康保险产品的发展过程

现代健康保险始于1883年的德国,但是健康保险隐含的互助共济的思想在日本早已有之,在17—18世纪的东京时期,日本就有了各种各样的互助救济组织。然而日本真正现代健康保险的诞生和发展在很大程度上是内外部文化交流和经济发展等多种因素作用的产物,日本健康保险循序渐进地经历了从市场自发到政府法定保险的发展历程,其发展过程大致可以分为以下三个阶段:1922年前市场自发阶段、1922—1945年政府市场混合发展阶段、1946年以后法定健康保险体系的确立和完善阶段。在历史演变过程中,健康保险产品保障范围不断扩展,从医疗、疾病等拓展到护理等新领域,被保障对象范围不断扩大,从特定企业雇员到全民,最终形成享誉世界的政府法定保险为主导,市场商业健康保险为辅助的全民健康保险体系,为提高国民预期寿命做出巨大贡献。

一、日本健康保险系统演进历程

(一)市场自发阶段

日本通过明治维新成功进行了资本主义改革,极大提高了社会对外开放水平,并通过侵略战争获得的巨额战争赔款,为工业发展积累了雄厚资本。随着第二次工业革命的开展,大机器引入生产领域,带来了工业经济的繁荣和作业效率提高,但也诱发了职业病、工伤等健康问题,健康问题不仅给职工家庭带来沉重经济负担,还影响企业声誉和社会稳定。家庭、企业和政府迫切需要一种风险转移和财务分摊机制帮助工人健康实现财务保障,为此,企业、政府对健康保险进行了初步探索。1905年,日本一家超过12 000人的大型私营纺织工厂(Kamegafuchi)自发建立起互助共济系统,所有职工上交工资的2%以建立保障资金池,为处于疾病和伤亡状态职工提供财务支持,在一定程度上实现了组织系统内部风险分散,但是这种分散水平层次比较低。德国社会医疗保险制度的实践给日本解决此健康保障问题提供了新思路,对日本社会早期产生巨大冲击。1892年,日本内政部首席医疗长官SGoto在研究德国健康险后向首相递交了工人疾病保险法案,政府开始关注疾病保险的作用,政府1911年正式通过《产业法案》,强调了雇主对因工厂工作导致的患病、受伤的雇员而承担的责任义务,在一定程度上激励企业寻求风险转移机制,间接推动了健康保险发展。

在1922年《健康法案》正式颁布和生效前,日本健康保险缺少政府干预,整体处于市场自发状态,政府尚未真正介入健康保险领域,但是部分相关人士已经认识到德国社会健康保险的重要意义,已经开始通过法律规范企业的生产行为,保护雇员健康的合法权益。该阶段健康保险发展的主要特征有:一是市场自发,健康保险零星分布。企业自由选择是否建立健康保险,建立何种方式的保险组织,缴费标准、分摊方式和保险保障水平等内容均有企业自主决定,政府不强制干预。资本逐利天性使得大多数企业不愿意组建健康保险以增加运营成本,因此健康保险仅是特定行业的少数大型企业和公有企业分散风险的初步尝试,没有在社会全面普及。二是风险分散程度较低。企业利用自身资源建立互助共济,在系统内实现雇员风险的初步分散,但是风险自身并未转移出企业,且受到企业规模和转移管理能力限制,无法低成本地实现深度的风险转移。三是保障范围狭窄。此时健康保险一般只保障雇员个人,且仅保障工伤和疾病费用开支。

(二) 政府市场混合发展阶段

随着1874年日本第一次对医疗立法以来,医疗教育开始逐渐普及,医疗人才逐渐增多,西药逐渐被医师认同,医师和药剂师数量明显增加,根据《日本健康系统迁徙》,在1884年全国有40 880名医师,采纳西式医药医师比例为9.5%,到1939年,全国64 234名医师采用西式医药的比例上升到99.5%;在1910年,药师数量仅有4 643名,平均每10万人口仅有9.4人,到了1924年,药师数量达到了12 267名,平均每10万人口有20.8人,1939年对应的数字分别达到了29 833名和41.8人。公共健康基础设施的逐步完善,为政府实施健康保险奠定了技术基础。

为帮助雇员解决医疗费用开支,维护社会稳定,日本借鉴德国社会保险经验,于1922年推出了以保障蓝领工人医疗费用负担为重点的《健康保险法案》,建立了职业性质的健康保险制度,它对保险计划种类、保险人和保障对象等保障内容做出明确规定。根据该法案,政府①和企业都可以作为保险人,分别掌管不同健康保险计划,政府掌管健康系统主要面向没有足够能力的中小企业,大企业在经过绝大多数员工同意后可以自己建立企业掌管健康保险系统②,就保险内容来说,保险保障人群局限在产业法案或者采矿法案下工人及其家属,不包括农工、渔民;保障病种是疾病、伤残、死亡和分娩产生的成本费用;保险费在法案限额下自主决定,在保险人和被保险人之间平等分摊。职业性健康保险系统通过与广大医师密切合作,对保障工厂雇员健康权益做出巨大贡献。据统计,1926年,职业健康保险系统与全国70%左右的医生建立了合作关系;1927年,职业性健康保险对全国近190万名工人提供保险保障,这个数字在1936年和1941年分别上升到了337万人和563万人。尽管职业性健康保险系统取得巨大成就,但是由于保障对象较狭窄,因此该保险仅覆盖了8%左右的人口。

为了进一步解决一般居民尤其是农民的健康保障需求,1938年实施的《国家健康保险法案》给予市级政府为本地居民组建地方管理健康保险系统权力。该法案规定地方政府③是国家健康保险保险人,并为居住该区域的居民提供健康保险服务,具体保障内容包括疾病和伤残产生的医疗费用、丧葬成本、产育补贴和相关护理等,其中丧葬费用和助产费用是任意给付的。该保险对居民和政府都不强制,政府可以自由选择是否建立,家庭可以自主决定是否参加。在保险费率设定上,地方政府根据厚生省提供的基于收入、资产和社区评级的混合保费计算公式确定,不同地方政府对应的公式不同。政府负责资金运用,对资金缺口,运用一般财政弥补。1938年,国家健康保险共有168个保险人,为58万名左右的被保险人提供保险保障。

海员属于高风险职业,不属于一般职业健康保险管理范畴,因此为了实现对海员的保险保障,1939年《海员健康保险法案》通过,海员作为特殊职业人员,被纳入到海员健康保险保障,保险人是政府④,保险保障对象为船员、海员及其家属,保障范围提供疾病、工伤等保险补助,保费标准为工资的8.8%。在1940年,该保险实现了对10万名海员等人员的保险保障。

总之,1922年出台的《健康保险法案》标志着日本健康保险发展进入新阶段,日本迈出了建立国家法定健康保险体系的第一步。政府作为独立力量介入健康保险领域,通过一系列法案,逐步扩大政府在健康保险领域作用,促进了健康保险从市场驱

---

① 2008年12月从社会保险局转移到日本健康保险协会。
② 中小企业是指企业规模在5—300名工人,大企业是指超过300名工人。
③ 市町村。
④ 后归日本健康保险协会掌管。

动向政府主导转型,同时不断扩大承保对象范围,一个覆盖大多数国民的健康保险体系形成。截至 1944 年,根据 Tatara(1997),日本各种形式的社会保险实现了对全国 68.5% 的人口健康保险保障。

(三)全民法定保险阶段

第二次世界大战对日本战后经济重建造成沉重负担,战争带来的人员伤亡,加剧了日本医疗体系改革。1946 年日本颁布新宪法,新宪法强调国家在维护国民健康的责任义务,主张创造并改善社会福利、公共健康等条件,以保证所有国民可以享有维持一定标准的健康权利。新宪法奠定了日本法定健康保险发展基调。

1958 年新《国家健康保险法案》通过,该法案强制要求所有市级政府在 1960 年前建立本地居民健康保险系统,报销比例达到 50%,此外不符合雇员健康保险保障的不足 5 人的小企业人员也被纳入保险保障范围。截至 1961 年,国家健康保险成为法定保险,一个覆盖全民的法定健康保险体系最终形成。1991 年,国家健康保险的保险费由个人缴纳的保险费、政府补贴的保险费和其他保险费构成,其中个人报费占比 39%,政府补贴占比 37.5%,其他占比 23.5%。

日本医疗保险体系对促进日本全民健康福祉做出巨大贡献,但是在实践中也面临着一些特殊问题,如治疗性医疗和预防性服务分离,前者主要通过保险筹资,并通过私人和公共部门提供;后者通过一般税收和个人筹资,并且主要通过地方公共健康管理部门提供服务。保险体系主要围绕疾病治疗展开,一般无法为预防性医疗活动提供报销,因此造成医生只能检查治疗病症,不能做到疾病预防,帮助预防生活方式相关的疾病,2008 年改革主张整合预防服务和治疗性医疗服务,把预防纳入保险系统,所有健康保险人提供关于生活方式相关疾病(如糖尿病)的健康检查。潜在医疗问题推动了医疗体系进一步向着纵深化方向发展。

此外,日益加剧的人口老龄化和 70 岁以上高龄老人不必分摊成本的做法给健康保险体系带来沉重经济负担,不同健康保险组合面临不同比例的老龄人口,因此财务负担压力不同,地方政府运营的国家健康保险组合希望建立统一的健康保险制度,但遭到大企业反对,因此政府在 1982 年通过了《老年人健康服务法案》,改变了对老龄人[1]的筹资方式,所有健康保险人对老人的缴费集中在一个公共企业管理的金融组合,健康保险组合中老年人比例超过国家平均水平的组合多缴费,老年人比例低于国家平均水平的组合少缴费,后来依据 2008 年实施的《后期高龄者健康制度》形成了后期高龄者健康保险制度。

为了满足老龄人口独立生活服务需求,2000 年日本建立了长期护理保险系统,

---

[1] 此处是指 70 周岁及以上。

长期护理保险制度通过向社会购买服务方式提供护理保险服务，服务内容包括室内服务、设施服务和社区服务，保障人群有两类：一类是年龄 65 岁及以上的主被保险人，另一类是 40 岁以上 65 岁以下经过国家认证可以享受护理服务的第二被保险人；资金筹资政府出资 50%（其中出资占比分别为：国家 25%，市、县各 12.5%），年轻人出资 28%，老人主要通过扣减养老金方式支付 22% 左右。当个人有护理服务需求时，各级地方政府支付服务成本的 80%—90%，个人支付剩余的部分。长期护理保险自成立以来，服务 65 岁以上的主被保险人呈现增长态势，从建立初期的 2 100 万人口，上升到 2015 年的 3 300 万人口，此外考虑到第二被保险人，服务人数更多（见图 10.1）。

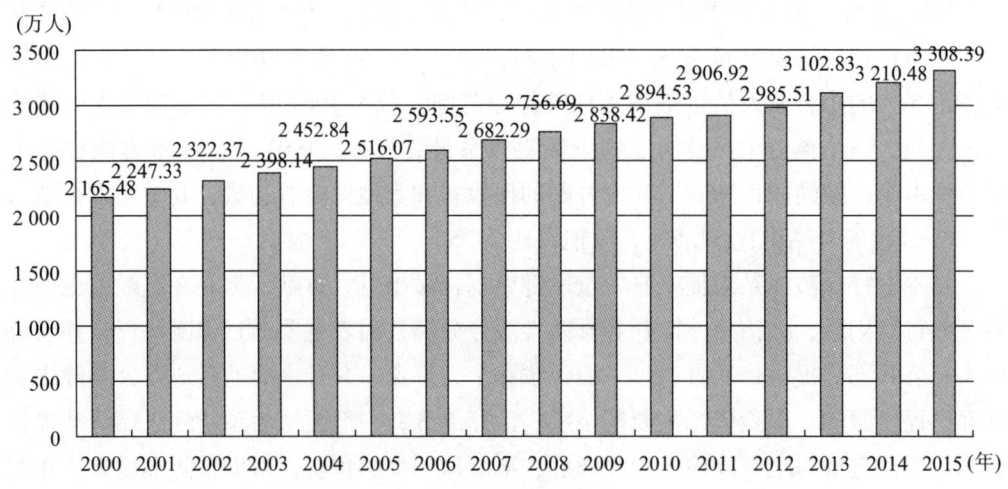

图 10.1　2000—2015 年长期护理保险护理主被保险人情况

二、日本健康保险体系

日本经过历史演变，形成了法定健康保险主导，商业健康保险为辅的发展模式。下面将对社会保险和商业健康保险简单介绍。

（一）社会健康保险体系

社会健康保险系统由雇员健康保险、国民健康保险、特殊职业健康保险、后期高龄者健康保险制度组成，高额健康费制度作为补充嵌入在基础保险制度中。在该体系下，个人在享受健康服务时还得支出 30% 的自付费用[①]，同时保险给付分为健康服务

---

① 在义务教育年龄前 20%，义务教育后直至 70 周岁自付 30%，70 周岁或者以上但小于 75 周岁自付 20%，超过一定收入的人群自付 30%，在 2014 年 3 月已经 70 周岁的老人仅仅支付 10%。

给付和现金赔付两种方式。

雇员健康保险制度建立在就业导向基础上,类似我国城镇职工基本健康保险,主要覆盖就业职工及其家属,可以依据保障对象不同划分为日本健康保险协会掌管的健康保险和社团掌管健康保险两种类型。社团掌管健康保险保障对象为大公司雇员,该制度由1 419个保险人为近2 870万名职工提供保险保障,保险费率由各健康保险社团在健康法案最高限额下自主决定,不同社团费率不同,保险费用由雇主和雇员平均分摊,初期只有在运营亏损情况下,会得到政府部分补贴,后期是可以从政府预算中得到固定数量的政府补贴;日本健康险协会①掌管健康保险保障对象为中小企业雇员,保险费率从全国来说平均10%左右,以雇主和雇员共同缴费为主,政府给予16.4%给付费用补助。在进行医疗费用报销时,被保险人及其家属的自付比例是20%或30%。健康保险协会为大约3 550万名职工提供健康保险保障。

国民健康保险制度类似我国的城乡居民健康保险制度,依据1938年《国民健康保险法》实施,是强制保险,但是由于大约10%的人口未办理该保险且未遭受惩罚,因此在一定程度上自愿,其保障对象为农民、大学生、自由职业者、家庭主妇、养老金领取者和办理外国人登记并在日本居住一年的外国人等群体,保障范围包括门诊、住院、药费及患病期间生活补助、分娩补贴和丧葬补贴等,由地方政府和国民健康保险协会掌管,且以前者为主,截至2015年,地方政府承保了3 397万人,国民健康协会承保了295万人,保险费以个人缴纳为主,政府补贴为辅,保险费率根据各家庭的待遇水平和缴费能力,由各地方政府自行决定,就全国平均来看,缴纳保费占家庭收入的16.5%,国家只对非养老金领取者,国家补贴待遇成本的41%。在1963年被保险人的医疗费用自付比例被定为30%。从1968年起,被保险人的家庭成员的医疗费用自付比例也被定为30%。

特殊职业健康保险主要保障国家公务员、地方公务员、私立学校教职工和海员等,公务员、私营教职工的健康保险分别为中央地方公务员和私营教职工及其家属提供医疗保险保障,保险费用由保险人和被保险人共同负担,费率根据自身财务状况自行决定并动态调整,国家不给予财政补贴;船员健康保险按照9.6%的费率缴纳,主要由船主和被保险者缴纳,国库给予少量的定额补助。

后期高龄者健康保险制度,依据2008年的《后期高龄者健康制度》实施,其前身是1982年日本为解决老龄化危机制定的《老人保健法》,该制度是日本为解决老龄化危机,将部分老龄群体保障从国民健康保险体系独立形成的。该制度主要覆盖75岁以上的老人以及65岁以上残疾或卧床老年人,保险费率计算以个人为计算单位并考虑收入状况,保险费用筹资机构分为个人、支持性保险和政府基金三部分,分别

---

① 2008年前是政府。

负担保费的10%、40%和50%，其中政府出资部分，国家、市、县分别按照4∶1∶1出资。截至2015年，共有47个后期高龄者健康广域联合组织为1 540万名老龄人口提供健康保障。

日本在1975年开始实行高额医疗费补助制度。高额医疗费制度不是并列于前面介绍的四种保险制度存在的，而是嵌入在各个保险制度当中。该制度是指被保险人或其家属在同一个月内、在同一家医疗机构，单个家庭医疗费用支出超过规定上限的，所在的保险组织将在次月对超出部分给予返还。但年龄在75岁以上适用后期高龄者制度的老人，在医疗机构出示高龄证明，可以直接进行该部分费用的免除，不需要次月返还。个人支付上限额根据70岁以下、70—74岁、75岁及以上各年龄段，计算方法不同。针对长期需要接受高额费用治疗的患者，个人最高支付上限为10 000日元，其中，血友病患者个人医疗费用全免。

（二）商业健康保险体系

在日本，商业健康保险作为社会健康保险的补充，通过覆盖社保未能覆盖的服务项目，提供个性化、高水平的保险保障服务，实现了与社会健康保险的差异化竞争，同时政府对个人购买商业健康险采取税收优惠政策，进一步促进健康保险发展。

根据1996年《保险业法》，医疗保险、恶性肿瘤和护理保险是第三领域，寿险和财险公司均可经营，因此日本商业健康保险主要通过生命保险公司和损害保险公司提供，没有专门的商业健康险保险公司。寿险公司多是依据《公司法》成立的以营利为目的的株式会社，财险公司是依据《保险业法》成立的不以营利为目的的相互会社，它们一般加入各自协会——寿险协会和非寿险协会，遵守协会公约，且共同受到金融厅[①]监管。株式会社和相互会社的区别如表10.1所示。

表10.1　　　　　　　　相互会社和株式会社的区别

	相互会社	株式会社
法律依据	《保险业法》	《公司法》
资本	基金	资本金
成员	员工（保险客户）	股东
最高决策机关	职工代表大会	股东大会
收益处理	剩余金处理决议书	损益计算表

日本建立了享誉世界的全民法定保险制度，极大地提高了人口预期寿命，但也在很大程度上压缩了商业健康保险发展空间，造成日本商业健康保险发展较为缓慢。从

---

① 2000年由金融监督厅改组而来。

第十章
日本健康保险产品的发展

表 10.2 可以看到,在 2000 年,日本法定保险公共覆盖程度达到 100%,但是商业健康保险覆盖程度却低于 1%,畸形的保险结构使得日本法定保险承担了更大的财务压力。相对比其他覆盖率 100% 左右的发达国家,多数发达国家除了拥有完善的公共健康系统,还有发达的商业健康保险,除了英国和德国,各国商业健康保险对人口的覆盖程度均在 50% 以上。进一步从表 10.3 看出,在 2000 年 OECD 各国的医疗费用筹资结构中,日本医疗费用筹资结构不合理,整体结构较为脆弱,具体体现为政府公共开支占比较高,商业健康保险融资较低,私人自付较高。日本公共开支占医疗费用比重 78.8%,超过了多数发达国家的公共开支比重,也高于 OECD 的平均筹资水平 73.5%;商业健康保险仅仅筹资 0.3%,远远低于其他发达国家 10% 左右的筹资水平,甚至低于 OECD 整体平均水平,个人自付和其他私人支出比重较高,给个人医疗筹资带来压力。畸形的医疗筹资结构不仅给个人医疗费用支出带来沉重家庭压力,还对政府财政造成巨大压力。脆弱的医疗费用筹资结构和日益加剧的人口老龄化带来的医疗费用筹集压力使得单纯依靠政府法定健康保险筹资变得不现实,因此调整医疗费用筹资结构、壮大商业健康保险势在必行。

表 10.2　　　　　2000 年部分国家健康保险覆盖率

国家	公共覆盖程度（%）	商业健康保险覆盖人口（%）
日本	100	小于 1
英国	100	10
美国	24.7	71.9
法国	99.9	82
德国	90.9	18.2
加拿大	100	65

资料来源：Private Health Insurance in Oecd Countries。

表 10.3　　　　2000 年 OECD 各国的医疗费用筹资结构　　　（单位:%）

国家	公共开支	私人健康保险	自付支付	所有其他私人支出
加拿大	70.9	11.4	15.8	1.9
澳大利亚	68.9	7.3	18.5	5.4
法国	75.8	12.7	10.4	1
德国	75	12.6	10.5	1.8
美国	44.2	35.1	15.2	5.6
日本	78.8	0.3	16.8	5.6
OECD 平均	73.5	6.3	17.7	2.5

注：其他私人支出包括雇主提供的医疗开支还有公益组织免费提供的医疗服务等活动。

资料来源：Private Health Insurancein Oecd Countries。

日本政府为了鼓励公民购买商业健康保险以提高公民个人保险保障程度，分散国家法定健康保险体系财务压力，对国民购买商业健康保险提供相应税优政策，商业健康保险发展迎来新的发展机遇。2012年以前，日本政府针对国民购买普通寿险、个人年金保险实行税收优惠，2012年1月1日以后，购买商业护理保险、医疗保险产品的可以对个人所得税和住民税实施减免，其中个人所得税最高减免额度为4万日元，住民税最高减免额度为2.8万日元，减免公式具体如表10.4所示。

表10.4　　　　　　　　　　　日本健康险税优计算办法

所得税减免计算方法	
每年支付的保费	减免金额
20 000 日元以下（约1 042元人民币）	保费全额
20 000 – 40 000 日元（约1 042—2 084元人民币）	保费×1/2 + 10 000日元（约521元人民币）
40 000 – 80 000 日元（约2 084—4 168元人民币）	保费×1/4 + 20 000日元（约1 042元人民币）
80 000 日元以上（约4 168元人民币）	一律40 000日元（约2 084元人民币）
住民税减免计算方法	
每年支付的保费	减免金额
12 000 日元以下（约625元人民币）	保费全额
12 000—32 000 日元（约625—1 250元人民币）	保费×1/2 + 6 000日元（约313元人民币）
32 000—56 000 日元（约1 250—2 918元人民币）	保费×1/4 + 14 000日元（约729元人民币）
56 000 日元以上（约2 918元人民币）	一律28 000日元（约1 458元人民币）

从2006年至今，日本商业健康保险市场保费收入尽管保持平稳增长态势，但是在寿险企业年度化保单收入[①]中占比始终维持在22%附近。在2006年，寿险公司续期保单的年度化收入金额19.4万亿日元，其中第三部门[②]4.4万亿日元，占比22.68%；到2015年，寿险公司续期保单的年度化收入金额26.1万亿日元，其中第三部门5.9万亿日元，占比22.61%。因此尽管第三部门保费收入有所增长，平均增长率达到2.97%，但落后于寿险公司其他保险险种保费增长率，所以第三部门收入比重有所降低（见表10.5）。

[①] 年度化保单收入是假设寿险公司收取的长期保费在合同期内均匀分布，即寿险公司收取5年保险合同保费1 000万日元，则年度化保单收入为200万日元。

[②] 即健康险。

表 10.5　寿险公司 2006 年至 2015 年年度化续期保单保费收入情况表

时间	第三部门保费收入（万亿日元）	年度化保单收入金额（万亿日元）	第三部门占比（%）
2006 年	4.4	19.4	22.68
2007 年	4.5	19.8	22.73
2008 年	4.7	20.4	23.04
2009 年	4.8	21.3	22.54
2010 年	5	21.7	23.04
2011 年	5.2	22.7	22.91
2012 年	5.3	23.8	22.27
2013 年	5.5	24.4	22.54
2014 年	5.7	25.2	22.62
2015 年	5.9	26.1	22.61

资料来源：日本生命保险协会：《2016 年寿险状况报告》及日本生命保险协会官网，并经作者整理。

商业保险根据业务性质不同，划分为个险、团险和再保险等，其中个险和团险分别可以进一步划分为年金型和非年金型。根据 2016 年日本寿险保险协会报告计算，个险尤其是非年金型占据主导地位，截至 2015 年，个险、团险的市场份额分别是 80.36% 和 15.06%，健康保险又主要集中在个险，下面以个险展开对商业健康保险的分析，以期对第三部门保险发展状况进行深入分析，以了解日本商业健康保险市场状况。

通过表 10.6 可以看到，从个险全部保单保费来看，以第三部门为代表的健康险保持平稳增长态势，但是在产品结构中的比重有所下滑，保持在 22% 左右。2011 年全部个险年度化保费 25.63 万亿日元，第三部门保费收入为 5.81 万亿日元；到 2015 年全部年度化个险保费 29.52 万亿日元，第三部门保费收入为 6.56 万亿日元。

表 10.6　2011—2015 年日本个险年度化保费收入状况表

时间	新保单			有效保单（续期保单）			全部保单		
	全部个险保费（万亿日元）	其中：第三部门（万亿日元）	第三部门比重（%）	全部个险保费（万亿日元）	其中：第三部门（万亿日元）	第三部门比重（%）	全部个险保费（万亿日元）	其中：第三部门（万亿日元）	第三部门比重（%）
2011 年	2.86	0.56	19.62	22.77	5.25	23.06	25.63	5.81	22.67
2012 年	2.94	0.51	17.34	23.85	5.38	22.57	26.79	5.89	21.99
2013 年	2.82	0.53	18.87	24.45	5.54	22.65	27.27	6.07	22.26
2014 年	3.11	0.56	18.03	25.22	5.7	22.62	28.33	6.26	22.10
2015 年	3.32	0.62	18.57	26.2	5.94	22.66	29.52	6.56	22.22

资料来源：日本生命保险协会：《2016 年寿险状况报告》及日本生命保险协会官网，并经作者整理。

就新增保单来说，2011年全部个险年度化保费2.86万亿日元，第三部门保费收入为0.56万亿日元，到2015年全部年度化个险保费为3.32万亿日元，第三部门保费收入为0.62万亿日元。经过简单测算，个险年均增长率3.7%，第三部门增长率仅为2.4%。从第三部门贡献比重来进一步验证，在2011年，第三部门保费贡献率达到19.6%，而这一数字在2015年仅为18.57%。

从续期保单保费收入来看，第三部门保费收入增速放缓，在个险保费收入占比有所下滑。2011年全部个险年度化保费22.77万亿日元，第三部门保费收入为5.25万亿日元，到2015年全部年度化个险保费26.20万亿日元，第三部门保费收入5.94万亿日元，个险年均增长率3.6%，第三部门增长率仅为3.1%，在2011年第三部门保费收入占比为23.06%，到2015年，这一数字下降为22.66%。尽管近些年来保费收入比重有所提升，但是相对2011年来说，第三部门保费收入比重下降了。

综上所述，日本个险中的第三部门保费收入增长疲软，滞后于其他保险收入增长，新增保单收入占比低于行业水平，原因可能是多方面的，如市场竞争加剧导致健康险产品价格降低，或者其他类型保险尤其是储蓄型保险发展迅速，储蓄型保险现金价值高，医疗等健康险件均保费收入低。

2011—2015年这5年来寿险公司个险新增保单展状况从整体来看，医疗保险、终身寿险、定期寿险和癌症保险是非常畅销的保险产品，在2011年，前四名保险产品及其销售数量，分别为终身寿险（3.53百万件）、医疗保险（3.35百万件）、养老保险（1.78百万件）和癌症保险（1.56百万件）；到了2015年，产品位次发生变化，医疗保险数量最高（3.62百万件），其次是终身寿险（3.57百万件）、在往后依次是癌症保险（2.24百万件）和定期寿险（2.12百万件）。以癌症保险和医疗保险为代表的健康保险发展迅速，受到市场普遍欢迎，销售的保险产品结构变化背后可能反映了人们思想观念的变化，即从早期注重储蓄积累，到近期注重健康风险管理，也反映了人口老龄化给社会带来的日益增长的健康保障需求（见图10.2）。

日本商业健康保险主要包括癌症保险、医疗保险和护理保险，医疗保险又可以依据治疗方式不同，划分为住院医疗、门诊医疗和手术医疗等，还可以根据住院原因不同，进一步划分为意外住院和疾病住院两类等，此外根据医疗保险是自身是否独立承保，可以划分为独立主险承保和附加险，附加险是指医疗保障附加在个人寿险或者个人年金等主险上，日本续期医疗保险以附加险为主。根据表10.7和表10.8，在续期保单中，作为保单主险的医疗保险和癌症保险，在近5年来保单数量持续较快增长，其中医疗主险保单数量从2011年25.53百万件上升到2015年33.7百万件，年均增长7.19%，远远高于个险续期保单增速；癌症保险保单数量从2011年19.84百万件上升到2015年23.14百万件，年均增速3.9%。就续期医疗保单来说，从整体看，意外住院、疾病住院和手术治疗保单数量比呈3:3:4，但是近些年来住院保单数量占比下降，手术治疗保单数量

第十章
日本健康保险产品的发展

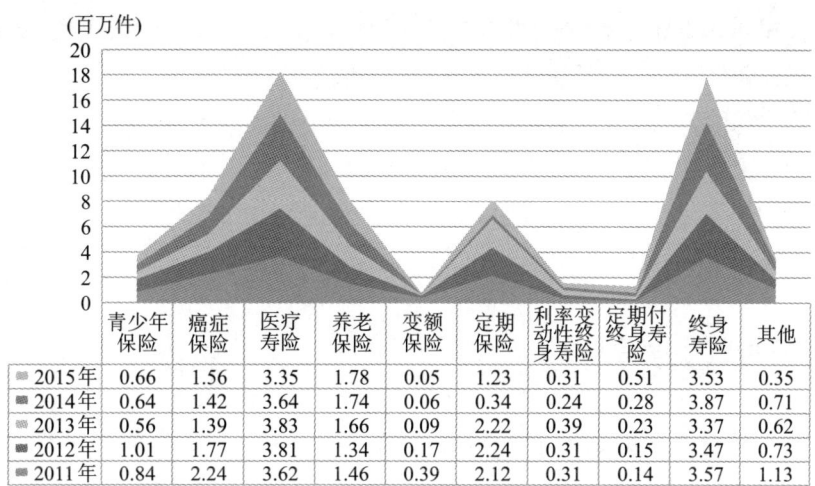

图 10.2　2011—2015 年日本个险新增保单数量

占比持续上升。

表 10.7　2011—2015 年续期保单数量表　（单位：百万件）

时间/项目	医疗主险（住院和手术）	癌症
2011 年	25.53	19.84
2012 年	27.78	20.54
2013 年	29.98	21.16
2014 年	31.84	21.97
2015 年	33.7	23.14

资料来源：日本生命保险协会：《2016 年寿险状况报告》及日本生命保险协会官网，并经作者整理。

表 10.8　2011—2015 年不同类型续期医疗保单数量及比重　（单位：百万件）

时间/项目	续期保单①				比重（%）		
	意外住院	疾病住院	手术	合计	意外住院	疾病住院	手术
2011 年	69.39	68.76	90.52	228.67	30.35	30.07	39.59
2012 年	70.81	70.41	92.05	233.27	30.36	30.18	39.46
2013 年	72.31	72.21	94.52	239.04	30.25	30.21	39.54
2014 年	73.57	73.71	96.73	244.01	30.15	30.21	39.64
2015 年	75.15	75.53	99.74	250.42	30.01	30.16	39.83

注：①包含主险和附加险。

第二节　日本主要健康保险产品介绍

日本提供商业健康保险公司是寿险或财险公司，尤以寿险巨多，下面将对选取住友生命保险公司和 AFLAC 保险公司进行产品介绍,希望可以发现日本商业健康保险的特点,为我国商业保险健康产品设计提供有益经验借鉴。

住友生命保险公司前身是日出保险公司成立于 1907 年,1952 年改名为住友生命保险相互会社,主要经营医疗保险、护理保险和死亡保险等,当前该公司的医疗保险有三种类型,分别是终身医疗保险、定期医疗保险和疾病告知型终身保险,下面将分别展开介绍。

一、终身医疗保险

该种保险的投保年龄覆盖 15—80 岁年龄段的人群,保障期间和付费期间相等,均为终身。

产品基本的保险保障内容包括住院费用、门诊费用、手术费用和住院津贴。具体包括:意外受伤、疾病赔付、住院(1 天及以上)津贴、1000 种以上疾病的门诊、住院手术赔付、恶性肿瘤住院赔付(住院天数无上限)、手术赔付额加倍。投保人可以根据自身情况选择附加保障以扩大保险责任范围,提高保障程度。附加保障涵盖了常见的重大疾病、意外伤害、先进治疗药物设备费用保障、失能、特定疾病住院保障,保费豁免等(见表 10.9)。

表 10.9　　终身医疗保险附加保障

慢性病保障	9 种重度生活习惯病的保障(恶性肿瘤、急性心肌梗塞、脑卒中、重度动脉硬化、重度高血压、重度糖尿病、慢性肾衰竭、肝硬化、慢性肾炎)进行一次性现金赔付
死亡、特定障碍状态的保障	因灾害导致死亡、特定障碍的保障
骨折、脸部受伤保障	骨折、骨裂、脸部损伤的保障
住院津贴保障	因病、受伤导致住院 1 天以上
成人病住院保障	因恶性肿瘤、糖尿病、心脏病、高血压、脑血管病住院 1 天以上
女性疾病住院保障	女性特定疾病住院 1 天以上
恶性肿瘤住院保障	因恶性肿瘤住院 1 天以上
恶性肿瘤药物治疗保障	因恶性肿瘤产生的药物治疗,包括疼痛治疗
先进医疗保障	用先进的医疗手段、设备及药物进行治疗
保费免除特约(综合型)	失去劳动能力、需要护理或者患有以上 9 种重度慢性病的被保险人,自被诊断日起,保险费免除,合同继续生效
保费免除特约(生活障碍、肿瘤型)	失去劳动能力、需要护理或者患有恶性肿瘤的被保险人,自被诊断日起,保险费免除,合同继续生效
保费免除特约(生活障碍型)	失去劳动能力、需要护理的被保险人,保险费免除,合同继续生效
失去劳动能力、护理、死亡保障	失去劳动能力、需要护理或死亡的被保险人
给付金和保险金的他人代办	保险受益人本人不能办理的情况下,可以指定他人代取

二、定期医疗保险

该保险的投保年龄是限制在 0—70 岁,但可续保到 80 岁,保障期间和付费期间相等,都为 10 年,保障责任:受伤、疾病赔付,住院(1 天及以上)津贴 1000 种以上疾病的门诊、住院手术赔付恶性肿瘤住院赔付(住院天数无上限)手术赔付额加倍,投保人可附加保障内容,与上面"终身医疗保险"的附加保障内容相同。

三、疾病告知型终身保险

该产品是专门为老年人健康保障设计的保险产品,通过设置疾病告知方式,确立部分疾病负面清单,实现部分老龄疾病的剔除,从而稳定保险质量。该产品投保年龄是 50—75 岁,保障期间为终身(含死亡和疾病),被保险人需要进行疾病告知:一是两年内未因病住院或手术;二是 5 年内无因恶性肿瘤住院或手术;三是今后 3 个月内没有住院计划;四是现在未被确诊肿瘤和肝硬化;五是未被国家护理机构认定为需要护理。保障责任包括住院手术保障和住院津贴、保险金给付代办申请等,一旦投保人患有"疾病告知"中没有列示的疾病(如糖尿病、慢性肾功能衰竭、脑梗塞等),在投保后病情出现恶化,需要住院或手术接受进一步治疗的,可获得赔付。到 80 岁时,会获得投保金额 10% 的祝寿金(见表 10.10)。

表 10.10　　　　　疾病告知型终身保险保险责任

骨折、脸部受伤保障	骨折、骨裂、脸部损伤的保障
住院津贴保障	因病、受伤导致住院 1 天以上
住院/手术保障	因病、受伤导致住院和手术(1 天以上)
保险金的提前支付申请 1(免费附加)	由医院证明该被保险人生存时间为 6 个月以内,可申请提前获得死亡保险金
保险金的提前支付申请 2(免费附加)	恶性肿瘤患者,经医院治疗后没有明显好转或判定为不可治愈的情况下,可申请提前获得死亡保险金
给付金和保险金代办申请	保险人可申请由他人代办给付金和保险金赔付申请

Aflac 保险公司在健康险领域享有盛誉,其推出的医疗保险和恶性肿瘤保险产品广受消费者好评,曾连续 13 年在日本销量第一名,目前该公司健康险产品主要有医疗保险和恶性肿瘤保险。

四、医疗保险

该公司推出的医疗保险产品根据不同客户群体进行了细分,根据健康人群、患病人群和女性疾病特点不同,推出了针对性的保险产品。该公司产品较为特殊的一点是其医疗保险在短期住院、门诊治疗的基础上,允许投保人附加医疗保险,产品加大了对重疾以及肿瘤的赔付比例,使得保障覆盖面更广,程度更高。该产品包含免费的健康管理服务,帮助被保人进行健康管理,从而降低赔付率,此外,保费价格较低也形成了该款产品竞争力。

针对健康人群的医疗保险特点是:一是住院天数少于5天的,按5天赔付,最多不超过60天;二是覆盖住院前60天以内、出院后120天以内的门诊费,门诊现金给付最高上限为30天;三是覆盖1 000种门诊手术和住院手术及放化疗治疗费;四是免费健康管理服务:24小时电话健康咨询、第二诊疗意见、医生推荐服务(见表10.11)。①

表10.11　　　　　　　　　常见医疗保险的保险责任

	保障内容	给付金额(万日元)
疾病/灾害住院	住院天数低于5天	一律给付2.5
手术给付	重大手术(开颅、开胸、开腹)	一次20
	其他住院手术	一次5
	门诊手术	一次2.5
放射线治疗给付	住院/不住院	一次5
疾病/灾害住院	住院前60天,出院后120天之间的30天	每天3 000

被保险人可以附加的三大疾病保障责任见表10.12。

表10.12　　　　　　　被保险人可以附加的三大疾病保障责任

类型	恶性肿瘤、脑卒中、急性心肌梗塞
1	两年进行一次现金给付(50万日元)/100万日元(5.2万元人民币)(可自选)(无次数限制)
2	住院天数不设上限
3	被确诊为三大疾病时的现金给付
4	被确诊为三大疾病以后,保险费免除
5	先进医疗治疗费用减半,累计上限2 000万日元

---

① 健康管理服务由第三方机构提供。

五、恶性肿瘤保险

该公司的恶性肿瘤保险和医疗保险一样,为了尽可能实现保费收取和风险承担相匹配,扩大保险承保对象,也将保险分为针对健康人群、已患有肿瘤的人群和女性三种不同类型。保障责任主要包括住院门诊津贴无上限、免费健康管理服务和恶性肿瘤治疗费用高保障等。

针对健康人群恶性肿瘤保险特点如表 10.13 所示。

表 10.13　　　　　　　　　健康人群恶性肿瘤保险特点

序号	特点
1	针对恶性肿瘤的三大治疗①进行高保障
2	初次被诊断为恶性肿瘤的,一次性给付 100 万日元
3	住院、门诊治疗津贴无天数限制
4	免费健康管理服务:①访问面谈服务:5 年以上临床经验、熟悉恶性肿瘤治疗的护士提供面对面治疗建议及疾病讲解服务。②医生推荐服务以及第二诊疗意见

通过对以上公司产品介绍,我们发现日本保险公司健康保险产品的重要特点:一是强化保险保障,尤其是以恶性肿瘤为代表的重疾保险保障;二是注重健康管理,通过健康管理服务,帮助客户更好地管理健康风险,实现疾病预防和损失减少,更好地重塑个人和企业健康的合作关系;三是加强市场细分,通过市场细分,实现风险和保费均衡,减少道德风险和逆选择,同时扩大产品经营范围,扩大企业利润;四是善于利用疾病告知等承诺,形成部分疾病的负面清单,在控制风险的前提下,扩大保险保障对象范围。

第三节　日本健康保险产品的监管情况

日本由于健康保险产品分为法定健康保险系统和商业健康产品系统监管,对应的监管方式也不尽相同。下面对社会法定健康保险产品监管进行简单介绍后,着重介绍商业健康保险产品监管。

一、法定健康保险监管

在法定健康保险制度下,保险人根据计划不同,可以是大企业自身、可以是地方

---

① 手术、放疗、化疗。

政府、可以是全国健康保险协会等，法定健康保险在中央层面，由厚生劳动省下属的健康保险局管理，在地方层面，由地区社会保险局、社会保险办事处、地区卫生与福利局管理，政府职责是对健康保险实行立法、指导、组织、监督。各类健康保险制度由不同的经办机构分别管理。社团健康保险由各自建立的健康保险组合代表政府管理，政府掌管健康保险由政府组织若干"组合"进行管理。国民健康保险由参保人所在的市町村进行管理。船员健康保险由早期由社会保险厅管理，后期全国健康保险协会负责管理。国家公务员、地方公务员、私立学校教职员工健康保险由相应的共济组合管理，后期高龄医疗健康保险由后期高龄者医疗广域联合管理。老年人的健康保障制度由都道府县老年人保健主管部或市町村国民健康保险组合管理。在资金运用方面，健康保险计划的保险人负责资金运用，但资金运用要遵循法律规范，产品条款和条款费率在国家法案规定要求下，可以自主制定，但是可操作空间较小。

二、商业健康保险监管

在引入偿付能力监管以前，日本对保险监管主要是以费率、准备金率和保险投资为主要监管内容，对保险公司的商品设计、费率、交易方式等市场行为细节进行严格规定，各保险公司不能进行价格上的竞争，只能在销售规模上进行竞争。推行保险市场自由化后，监管原则也由事前监管变为事后监管。日本商业健康保险具体监管内容如下：

（一）加强立法，完善健康保险定义

日本是大陆法系国家，自从明治维新引入保险以来，成立了第一家保险公司——东京海上保险公司，同时也开始对保险立法工作。长期以来，日本将有关保险的立法分为海上保险和陆地保险。其中，陆地保险又分为《保险合同法》和《保险业法》。日本采用《保险业法》为单行法，而将《保险合同法》内容编入日本《商法》的做法。1890年，日本首次公布《商法》，保险合同法部分被编入"第二编商行为的第10章保险"中，海上保险部分编入"第三编海商的第六章保险"中。1939年，日本制定了《保险业法》，该法在1995年进行了全面修订。新保险合同法出台前，日本《保险法》把非海上保险分为损害保险和生命保险，损害保险中包括财产保险、意外伤害保险和健康保险。但是意外伤害保险和健康保险其承保的标的，不仅属于损害保险的范畴，其同时因受损害的主体是"人"，所以与生命保险也有关。因此，人身意外伤害险和健康险既可以属于生命保险，也可以属于损害保险，被行业人士称为"第三领域"。2008年日本在借鉴德国《保险合同法》的立法经验基础上，将《商法》中合同法部分独立出来形成《保险法》，开始将保险分为三大类：损害保险、生

命保险和意外伤害保险（其中包括健康保险）。新《保险法》分成 5 个章节 96 条，附则 6 条，总共 112 条。第一章，总则；第二章，损害保险；第三章，生命保险；第四章，伤害疾病定额保险；第五章，杂则以及附则。

（二）完善政府监管机构体制

日本属于集中单一的监管体制，1998 年前，保险监管权力集中于中央大藏省下设银行局的保险部，行政指导是日本保险监管的特色。大藏省利用法律法规漏洞，通过行政机构的内部文件——通知和事务联系函方式，对保险公司传达自身的解释和观点，影响保险公司行为，但是该指导对保险公司没有强制约束力。同时政府对本国寡头保险企业采取保驾护航式的监管，严格限制国外保险公司的市场准入。日本在泡沫经济后，又受到东南亚经济危机的冲击，金融机构倒闭频繁。为了加强金融监管，1998 年 6 月日本成立金融监管厅，接管了大藏省对银行、证券、保险的监管工作，金融监督厅下设保险监管课，具体负责对保险业的监督管理。2000 年 7 月金融监管厅更名为金融厅，将金融行政计划和立案权限从大藏省分离出来，金融厅长由首相直接任命以确保其在金融监管上的独立性。

（三）保险费率监管

日本政府过去很长时间一直注重对保险条款和保险费率的监管，日本保险公司根据"保险费及责任准备金计算方法书"的记载事项来计算保险费，这些事项的变更、登记必须经监管当局审批。因此，日本保险公司在第二次世界大战后，始终处于保守经营状态，各保险公司对同一险种实行统一费率，保险公司失去产品创新的动力。1996 年修改后的保险业法将部分特定险种的"保险费及责任准备金计算方法书"的记载事项的变更由审批制改为备案制，并将逐步扩大备案制险种的范围，以增强保险公司差异化定价能力，促进市场竞争和产品创新。

（四）资本金和准备金监管

就资本金监管，大幅度提升保险企业资本金数额。日本旧《保险业法》规定，保险企业的创立必须具备 300 万日元以上的资本或基金。1996 年实施的新《保险业法》第六条规定："股份有限公司和相互公司的资本金额或基金（包括第五十六条的基金偿还公积金在内）总额必须在政府令所规定的数额以上。前项中的政府令所规定的数额不能低于十亿日元。"

就责任准备金监管，日本新《保险业法》引进了"标准责任准备金制度"和"偿付能力比率"以及"早期改善措施"。标准责任准备金制度是指保险监管机构根据保险公司的经营情况通过自己的判断而制定的新的必要责任准备金水平，并以此作为衡量保险公司经营是否稳健的依据;偿付能力比率是指保险公司面临的各种超出正常预测风险的总和与各种可能的支付责任准备金的比率,是衡量保险公司经营稳健程度的重要指标。此外,根据"偿付能力比率",日本保险监管当局在1999年4月还引进了"早期改善措施",保险监管当局在了解保险公司"偿付能力比率"进而了解保险公司的经营情况后,采取各种措施促使有问题的保险公司尽早解决这些问题。

(五)偿付能力监管

政府的监管工作重点由市场准入、市场行为的严格审批转向对保险人资产负债风险考量,对风险对应的偿付能力监管。1996年新《保险业法》引进了最低偿付能力标准制度,各生命保险公司自1997年度决算起(早原计划一年)开始公开偿付能力的比率。风险资本比率(偿付能力比率)是监管当局判断保险公司是否能应付无法预测的风险的偿付能力的指标。该指标具体计算公式如下:风险资本比率=2倍偿付能力边际/风险资本额度,其中偿付能力边际等于资本金、资本性准备金、一定比例未实现投资收益和次级债的总和,风险资本额度= sqrt(保险风险资本平方+利率风险资本平方+资金运用风险资本平方)+操作风险资本+巨灾风险资本,第 i 类风险资本= i 类风险暴露量×i 类风险风险因子,风险因子由设定的 VAR 置信水平和风险本身的性质共同确定,早期90%置信度低估了风险,后期调整为95%。并在2012年3月31日起引进合并偿付能力比率制度以反映集团风险水平。风险分类具体内容见表10.14。

表10.14　　　　　　　　　风险类型及内容对照表

承保风险	保险事故发生率超出预期值引发的风险(不包括由于巨灾引起风险)
预定利率风险	实际投资回报率小于计算保费时预定的回报率引发的风险等
市场风险	持有的有价证券的价格波动率超出了预测值引发的风险等
操作风险	业务运营超预期引发的风险
巨灾风险	发生超出预期的巨灾(相当于关东大地震)引发的风险

目前风险资本比率的正常水准定为200%。并规定风险资本比率大于200%,符合偿付能力监管规定;风险资本比率大于100%,小于200%,监管机构可以要求保险公司拟订并实施重新筹资计划;风险资本比率大于0,小于100%,监管机构应采取全面措施,如禁止或限制股息与红利支付,更改保费计算方法,限制投资与承保活动风险类型,或出售参股权;风险资本比率小于0,监管机构有权对公司进行部分或全部清理。

(六)保险保障基金

为了确实保护投保人利益,维护保险市场稳定运行,日本新《保险业法》引入被保险人保护基金制度，规定了保险保障基金的规模和提取规则。产险公司基金规模为 3 000 亿日元，寿险公司基金规模为 2 000 亿日元，保险保障基金对接受破产公司保险合同的救助公司提供资金援助。该法第 265 条之 32 规定："1. 机构作为实施资金援助等业务所需的费用设立保护投保人资金。2. 不属于为实施资金援助等业务所需的费用的情况下，不得使用保护投保人资金。"

（七）保险资金运用

日本的保险公司在 20 世纪 80 年代末曾大量投资股票和房地产，当泡沫经济破灭后，股价和地价暴跌，致使一些企业因为沉重债务破产，保险企业不仅面临资产价格大幅缩水带来的市场风险，还面临着流动性危机，投资在楼市等固定资产上的资金难以收回。保险企业经济危机严重，大大恶化了保险企业的偿付能力。为了有效防止保险企业风险暴露集中问题，1996 年 4 月 1 日实施的日本《新保险业法》对保险资金运用范围和投资限额做出明确规定，根据保险资金运用方式包括有价证券、不动产、银行存款以及各种形式的抵押贷款，并规定股票投资不得超过总资产的 30%，不动产投资不得超过总资产的 20%，保险公司购买同一公司的授信[①]不得超过总资产的 10%，对同一物件为抵押的贷款不得超过总资产的 5%。[②]

本章小结

本章对日本健康保险产品介绍主要从日本健康保险的历史演变过程、现有健康保险体系、代表性保险产品和保险监管角度展开，希望读者可以从历史和现实维度、微观产品和宏观监管角度综合了解日本健康保险发展状况。

当前日本健康保险体系是以法定保险为主导、以商业保险为辅的保险体系。法定保险体系由雇员健康保险制度、国民健康保险制度、特殊职业健康保险制度、后期高龄者健康保险制度、高额医疗保险制度和对应护理制度构成；商业健康保险由癌症保险、医疗保险和护理保险等组成。第一节通过梳理日本健康保险产品历史演进脉络和发展现状，读者可以深刻把握日本健康保险的不同发展阶段和相应时代背景，为理解日本当前独特的健康保险体系和未来发展方向打下坚实的基础。

第二节通过介绍日本代表性保险公司的健康保险总体发展现状，展示了医疗保

---

① 授信是指包含债券、股票、贷款等融资工具在内的综合授信。
② 裴光. 中国保险业监管研究 [M]. 中国金融出版社，1999.

险、癌症保险等典型产品，有利于读者了解日本健康保险产品发展和动态，积极借鉴相关经验。

第三节介绍了日本健康保险的监管情况，分为法定健康保险监管和商业健康保险监管，有利于读者从宏观上把握日本保险监管制度。

思考题

1. 简述日本法定健康保险制度的历史演变过程。
2. 简述日本当前健康保险制度。
3. 日本健康保险产品设计特点是什么？
4. 简述日本商业健康保险监管内容。
5. 日本商业健康保险发展现状如何？
6. 未来日本健康保险体系的发展方向如何？
7. 我国保险监管应从日本保险监管实践中汲取哪些经验教训？

第十一章

新加坡健康保险产品

第一节 新加坡健康保险的发展历程

一、模式选择

新加坡是一个城市国家,其国土面积仅685平方公里,政治稳定,经济高度发达,人均国民生产总值位于世界前列。新加坡的健康保险体系是亚洲最有效的,在世界上排名前列。新加坡是实行储蓄健康保险模式的典型代表,主要通过立法建立医疗储蓄账户,用来支付个人及家庭成员医疗费用。该制度以个人责任为基础,政府负担部分费用并控制医疗费用的增长,以保证政府和个人均能负担。

储蓄健康保险模式是一种主要依靠个人积累的模式,该模式在个人(家庭)的不同时间段之间转移风险,年轻的时候储蓄以备年老时因疾病、养老所需的花费,是一种纵向分担风险的方法。

二、储蓄健康保险模式的特点

一是以纵向分担风险为主,较少有社会成员的互助共济,有助于应对"老龄化"。

二是强调个人解决风险的责任,国家起监督和指导作用。医疗费用仍以个人负担为主,可以避免对医疗服务的过度利用。

三是具有强制性。储蓄健康保险模式,尽管以个人(家庭)储蓄为主,但仍是建立在国家强制规定的基础上的,国家规定哪些人群必须建立储蓄账户,规定每月纳入账户的缴费比例(通常雇主和雇员都必须缴纳一定的比例)以及如何使用账户中的钱等。

三、新加坡健康保险的发展过程

新加坡于 1965 年独立,1974 年以前新加坡的健康保险制度是借鉴英国的,实行国家健康保险模式,医疗费用由国家承包。在经历了 20 世纪 70 年代卫生费用的急剧增加之后,政府意识到必须对过去的健康保险制度进行改革。新加坡及时调整了国家健康保险的思路,由过去国家包下来,转变为强调以个人责任为基础,政府分担部分费用,来保证基本医疗服务。新加坡在实践中始终坚持这个正确的指导思想,门诊费用在国家补助的基础上个人自付,体现个人责任基础。

改革后,新加坡强调个人和政府共同负担医疗服务。一方面,它通过积极的预防和健康生活方式的促进,确保人群健康和富有生产力,不断提高医疗服务效率,并不断强化个人保持健康的责任;另一方面,新加坡的制度虽然强调个人责任,但政府一直在为制度的有效运行创造良好的条件,实行政府、个人与团体责任共担,从而较好地保证了新加坡国民在发生疾病时,能够支付得起医疗费用。

新加坡政府对全体国民的医疗保健服务给予较多的补贴(按提供的服务量拨付给医院)。病人在国立诊所接受门诊服务,只需支付 50% 的服务费用,儿童和 60 岁以上的老人只付 25%,其余由政府补贴。在政府以补贴形式负担费用的前提下,新加坡采取了保健储蓄计划、健保双全计划、保健基金计划三项有力措施。其中,保健储蓄计划与保健基金计划体现了政府保障基本公平的职能。

保健储蓄计划作为新加坡健康保险模式的核心内容,于 1984 年 4 月开始颁布实施。按照法律规定,雇员每月必须按工资总收入的 6%—8% 缴纳保健储蓄金(由雇员和雇主平均分担),以备生病住院之用。个人的保健储蓄账户,只支付雇员及其直系亲属 C 级或 B_2 级病房的住院医疗费(不含产前产后检查、血透和腹透、人工受孕以及各种预防接种等费用),门诊医疗费则全部由个人承担。1984 年,保健储蓄账户只被允许支付公立医疗部门的住院服务。随后,这种限制被放宽到私营医院和各种类型病房,2002 年,允许用于支付特定的门诊费用,如化疗和放疗。但初级卫生保健、长期住院护理和中药仍被排除在外。目前大约有 80% 的新加坡公民拥有该账户,总规模已超过 300 亿新元,人均达 1.3 万新元,足以支付 B_2 或 C 级医院的住院费用

第十一章
新加坡健康保险产品

（B_2和 C 级医院的平均住院费用为 1 094 新元和 858 新元）。新加坡于 2005 年 7 月起将私人医疗保险性质的综合盾计划（MISP）与基本健保双全进行了整合，保健储蓄账户（Medical Saving Account，以下简称 MSA）储户可以使用自身或亲属的 MSA 购买 MISP，用以支付高级病房或私人医院的住院和手术费用。2014 年，新加坡政府提高了 MSA 针对部分体检费用的支付上限，其中肠镜检查和乳房 x 光检查的支付上限分别提高到 950 新元和 400 新元；同时，新加坡卫生部将可用 MSA 支付的体检中心增至 47 所[1]，大大方便了新加坡公民就近选择中心进行体检，提高了公民进行体检的积极性，帮助公民尽早发现疾病，更好地保障公民的健康。

健保双全计划于 1990 年开始颁布实施，目的是弥补健保储蓄计划不足以应付重病病人医疗费用的缺口，用来支付公积金会员在公立医院 C 级和 B_2 级病房治疗大病和长期住院时的医疗费用。健保双全计划是以自愿参加为原则的。该计划覆盖所有的新加坡公民，外国人和永久居民[2]也可以享有，但政府对住院费用部分补贴较少，个人自付比例高。2007 年 12 月开始，所有的新生儿和永久居民被健保双全计划覆盖，2008 年 6 月，扩展到在校学生。公积金会员最晚在 75 岁参保，制度为公积金会员和其家属提供保障到 85 岁。参保等待期为两个月。保费依照参保时的年龄确定，随着年龄的增长而增长，可由保健储蓄账户支付。计划主要支付住院费用开支和一些特定的门诊服务，如肾透析、放疗、化疗费用等。参保者可在任何重组医院或被批准的医疗机构接受服务。为使公积金会员得到更高偿付额，1994 年 7 月新加坡开始实行补充健保双全 A/B 计划，计划覆盖更高等级的病房，提供更高的每年和终生索赔的最高限额。但为避免医疗成本上升，保证计划的可持续性，自付额和保费也将同样提高，自付比例不变。2005 年 10 月 1 日后，补充健保双全 A/B 计划转由私营的职总英康保险合作社运行，中央公积金局只管理标准健保双全计划。

保健基金设立于 1993 年，目的是为了帮助全体社会成员都能获得最基本的医疗，政府每年大约拨给 300 万新元经费，以支付穷人的住院医疗费。这样，新加坡政府通过医疗储蓄、大病保险和社会救济这一医疗保障体系，就能使所有的新加坡人，不论他们的社会地位和经济状况如何，一般都能获得最基本的医疗待遇。

新加坡于 2000 年开始进入老龄化社会，为了应对人口老龄化，新加坡政府于 2000 年开始建立老年护理基金，该基金主要是针对中低收入家庭的老人。新加坡的人口年龄结构相对比较年轻，2002 年时新加坡共有 420 万人，60 岁以上的老年人有 84 万人，占总人口的 20%，是亚洲人口老龄化速度最快的国家之一。据专家预测，到 2030 年，65 岁以上人口占总人口的比例上升到 18%。2002 年又推出了老年护理保

---

[1] Introduction of Medisave［EB/OL］，2014－12－23/2015－1－3.
[2] 具体讲为中央公积金会员及其直系家庭成员（具有新加坡公民或永久居民身份的配偶、子女、父母和祖父母）。

险计划即乐龄健保计划，为严重丧失行动能力的老人支付长期护理包括家庭护理的费用。老年护理保险是以精算为基础的终身保险，保费很低，可以用保健储蓄支付，投保人从 40 岁开始缴费，一直缴到 69 岁。为了提高保障年限和保障水平，2007 年新加坡政府又推出了"乐龄健保额外保障计划"，由保险公司在政府规定范围内自主确定"额外计划"的筹资和待遇水平，参加基本计划的参保人可以向经办基本计划的保险公司购买差异化的、市场化因素更多一些的"额外计划"。

从总体上看，保障储蓄计划依赖于强制性储蓄和家庭成员间的支持，形成了这个健康保险体系的第一层保护；健保双全计划提供了下一层保护，覆盖了要求长期进行高费用医疗服务的慢性病治疗；保健基金计划是另一层保护，通过税收建立的捐助基金进行筹资。同时，通过公立和私营相结合的卫生服务体系，政府资助和费用共担的不同水平，结合对医疗储蓄、大病保险和穷人医疗救济的多层次保障主体的可及性，整体控制卫生服务总费用的增长。

第二节　新加坡主要健康产品介绍

一、医疗保险的 3M 体系

（一）保健储蓄计划（medisave）

保健储蓄计划是一项全国性的、强制性的储蓄计划，其基本点是为了个人（家庭）未来的，特别是在年老时的基本医疗需要。主要具有以下规定：

第一，不同的年龄不同的缴费水平，按月缴费。缴费基数依据在职人员每月工资水平和退休人员每月退休金水平而定。由于新加坡人口老龄化进程的加快，新加坡政府逐渐提升了 MSA 的缴费率，从 2015 年 1 月起，35 岁及以下职工缴纳工资收入的 8.00%，35 岁以上至 45 岁缴纳工资收入的 9.00%，45 岁以上至 50 岁缴纳工资收入的 10.00%，50 岁以上缴纳工资收入的 10.5%（见表 11.1）。[①] MSA 设有缴费上限，2013 年 7 月规定在职人员缴费总额不得超过 45 500 新元[②]。新加坡于 1992 年 7 月将

[①] Medisave Contributions in 2015 [EB/OL]，2014-12-23/2015-1-3.
[②] Introduction of Medisave [EB/OL]，2014-12-23/2015-1-3.

第十一章
新加坡健康保险产品

自由职业者强制纳入 MSA 保障范围①，年收入超过 6 000 新元的自由职业者必须向 MSA 缴费，按照其所在年龄组全额公积金缴费率的 1/3 来缴纳，并随着年收入的增加逐渐提高缴费率。②

表 11.1　　　　　新加坡 1999—2015 年各年龄段 MSA 缴费率　　　　（单位:%）

年龄段（周岁）	1999 年		2000 年		2001—2010 年		2011—2012 年		2013—2014 年		2015 年	
	退休	在职	退休	在职	退休	在职	退休	在职	退休	在职	退休	在职
≤35	4.50	6.00	4.50	6.00	4.50	6.00	5.25	7.00	5.25	7.00	7.00	8.00
36—45	5.25	7.00	5.25	7.00	5.25	7.00	6.00	8.00	6.00	8.00	6.75	9.00
46—50	6.00	8.00	6.00	8.00	6.00	8.00	6.75	9.00	6.75	9.00	7.50	10.00
51—55	6.00	8.00	6.00	8.00	6.00	8.00	6.75	9.00	7.13	9.50	7.88	10.50
56—60	6.00	8.00	6.00	8.00	6.00	8.00	6.75	9.00	7.13	9.50	7.88	10.50
61—65	6.00	8.00	6.00	8.00	6.00	8.50	6.75	9.50	6.75	9.50	7.50	10.50
≥65	5.25	7.00	5.25	7.50	6.38	8.50	7.13	9.50	7.13	9.50	7.88	10.50

资料来源：新加坡中央公积金官方网站。

第二，雇主和雇员各分担一半。新加坡的保健储蓄计划，缴费由雇主和雇员共同承担，各负担 50%。

第三，MSA 虽然是一个终身储蓄计划，但中央公积金局规定公民达到 55 岁后只要保证其 MSA 中至少保留 16 000 新元（2012 年以前）③，就可以提取账户中的其余资金用于养老或其他用途。2012 年这一数额增长为 33 000 新元④，这使得排除最低储蓄额后公民可自由利用的储蓄资金锐减，能够达到最低储蓄标准的储户占比也相应下降。

第四，设置最高限为 2.2 万新元，其余转移至普通账户。

被保险人生病住院时医疗费用实行基于病房登记的费用补贴差异制度。政府将各类病房按其配置标准分成若干等级，其中 A 级为高级病房，C 级为普通病房。C 级病房补贴 80%，B_2 级病房补贴 65%，B_2+ 级病房补贴 50%，B_1 级病房补贴 20%，A 级病房不提供任何补贴。病人可以根据自己的经济能力选择合适的病房，选择等级越高

---

① Hanvoravongchai P. Medical Savings Accounts: Lessons learned from limited international experience [R]. Geneva: world Health Organization. 2002.
② 公积金费率更改 [EB/OL]，2013 - 2 - 12/2014 - 12 - 12.
③ Liu C. Feng Z. Morv. Health Care Expenditure and Financing in Singapore [J]. J Am Geriatr Soc. 2014. 62 (2): 16 - 17.
④ Haseltie WA. Affordable Excellence: The Singapore Healthcare Story [M]. Washington D.C: Ridge Books. 2013.

的病房补贴越低,有利于防止过度的医疗消耗。

(二) 健保双全计划(medishield)

新加坡实施健保双全计划是为了保障大病和慢性病的医疗需求,帮助那些长期患慢性病或重病患者支付高额的医疗费用,目前的覆盖率已超过90%。其相关规定如下:

第一,自愿投保的原则。健保双全计划不同于保健储蓄计划,是非强制性的,可以自主选择放弃投保,由政府指定的商业保险公司承办,保费可从健保储蓄账户扣除或以现金支付。

第二,健保双全计划由社会统筹,需缴纳的保费低。30岁以下每人每月缴纳1新元,30—40岁每人每月缴纳1.5新元,41—50岁每人每月缴纳3新元,51—60岁每人每月缴纳5新元,61—65岁每人每月缴纳8新元,66—70岁每人每月缴纳11新元。

第三,为了控制医疗费用,设置了起付线和封顶线。投保者医疗费用超过起付线后,健保双全计划才负责支付。其中该计划支付80%,其余由个人负担。不同质量的医疗服务,起付线不同,如C类病房的起付线为500新元/每年,B_2类病房的起付线为1 000新元/每年。个人1年最高补偿2万新元,一生可获最高补偿8万新元(见表11.2)。

表11.2　　　　　　　健保双全计划最高可支付金额　　　　　　(单位:新元)

病房费用	每天120
特别护理	每天240
手术(按种类不同)	每次100到600
移植手术	每年1 000
肿瘤化疗	每月200(每年1600)
每投保年总支付额	20 000
终生总支付最高额	80 000

为满足更高层的医疗需求,1994年新加坡推出了增值健保双全计划A/B计划。A计划,每年保费介于60—1 200新元之间(视年龄而定),终生索偿限额为20万新元,住院费用每天可高达500新元,外科手术费可高达5 500新元。B计划,每年保费介于36—720新元之间(视年龄而定),终生索偿限额为15万新元,住院费用每天可高达300新元,外科手术费可高达4 500新元。

(三) 健保基金计划(medifund)

1993年,新加坡政府拨出2亿新元作为启动资金成立了保健基金,帮助那些没有保健储蓄或储蓄金额不足以支付医疗费的贫困群体。其资金来源,政府承诺在国家经济允许的情况下每年追加1亿新元和社会捐赠。

每年基金利息分配给公立医院,并规定公立医院不能将无力支付医疗费用的病人拒之门外。每个公立医院都有一个由政府设立的医疗保健基金委员会,无力支付医疗费用的穷人,可以向委员会申请帮助,由该委员会负责审批和发放。救助对象,只有住在C级和B_2级病房的病人才可以申请该项援助。批注率高达99.6%,可以说只要申请就能得到批准。因此,这保证了所有的新加坡人都能得到基本的医疗服务。

二、新加坡护理保险制度——乐龄健保计划

"乐龄"是新加坡对老年人的尊称。新加坡的老龄化程度与我国相仿,但其应对老龄化的措施早已开始,乐龄健保计划就是其应对老龄化的一项重要措施。

所谓乐龄健保计划就是一项长期护理保险制度,它既不同于德国、日本等国实行的社会长期护理保险,又不同于美国等国家的纯商业护理保险,是一种由政府主导、商业保险公司运作的具有新加坡特色的长期护理保险制度。

(一) 覆盖范围

凡参加中央公积金制度①的40岁到69岁的新加坡公民和永久居民均可自愿参加乐龄健保计划。具体操作方法采取"退出法",即本人不提出退出该计划,即视作同意参加,自动成为该计划成员。如果选择退出,则以后参加时要设置90天的等待期,且可能因为健康问题而被拒保。同时,因该计划是由商业保险公司运作的非强制性参保项目,为避免高风险人群比重过大给项目造成定价过高而降低新引力,政府规定参保时已经失能的人员以及70岁以上的老年人不参加该计划。

(二) 筹资标准及办法

乐龄健保的保费从参保人或其亲属的保健储蓄账户扣除,也可以现金支付。参保人的缴费标准按参保时的年龄,即预期缴费年限确定,年轻人因缴费年限长,每年缴费少一些。为支持和鼓励长者参加乐龄健保计划,新加坡政府对56—69岁(限2002年计划启动时的年龄)的参保人群给予保费津贴。

(三) 保险待遇

2002年,乐龄健保计划刚实施时,达到支付条件即"严重残疾"(指规定的6项

---

① 中央公积金制度是新加坡一项以强制性储蓄为主要内容的社会保障制度。

"日常起居活动"中只少3项需要别人协助完成）的参保人，每月的补偿额为300新元。2007年提高到每月400元，补偿年限也由5年提高到6年。乐龄健保计划经办机构只提供现金补偿。2007年政府又推出了"乐龄健保额外保障计划"，由保险公司在政府规定范围内自主确定"额外计划"的筹资和待遇水平，参加基本计划的参保人可以向经办基本计划的保险公司购买差异化的、市场化因素更多一些的"额外计划"，以提高保障年限和保障水平。

（四）经办管理——商业保险机构

起步时，政府通过招标选择了两家保险公司承办，参保人可自由选择（实施时，保险公司随机抽选参保人，如参保人想换另一家保险公司，可在保单生效前调换）。2007年政策调整时，又增加了一家保险公司参与经办。参保人在保险期间失能的，可以填写相关申请表，在保险公司指定医生列表中选择一名医生预约，由其对失能状况进行评估。如不同意评估结果，可要求一名专科医生评估；还不同意的，可上诉至政府卫生部门设立的仲裁机构，由其指定专家重新评估，形成最终决定。评估的费用先由申请人垫付，如果最终评估结果符合享受补偿条件，则所有评估的费用由保险公司承担；如果不符合条件，原垫付的评估费用全部由申请人负担。评估通过后，保险公司90天后（称为延迟期）开始按月支付待遇。支付待遇期间，参保人需接受保险公司指派评估员的定期评估，评估费由保险公司承担。如果定期评估确认参保人康复，将停止待遇支付。

第三节　新加坡健康保险产品的监管情况

一、新加坡的健康保险监管运作机制

新加坡保险监管由隶属金融管理局（MAS）的保险署负责。自从1997年新加坡加入世界贸易组织以后，为适应保险市场开放的要求，保险署确立了培育一个健全、富有竞争力以及不断追求进步的保险市场监管目标。其主要内容：一是实施审慎、有效的监管法规和政策，促进保险机构稳健安全运行，保障保单持有人合法权益；二是营造良好的法律、税务基础和经营环境，以利保险业的持续发展；三是促进保险业提升经营水平，强化保险公司内部治理；四是构建以人为本、充分发挥员工潜能和富有凝聚力的保险监管体系。特别是近年来，MAS在改进和加强保险监管上采取了许多新的举措。

二、新加坡的健康保险监管情况

（一）市场准入监管

经营健康险的保险公司的最低实缴资本为 1 000 万新元（约合 4 500 万元人民币），但只经营投连险或短期意健险的保险公司的最低实缴资本为 500 万新元（约合 2 250 万元人民币）。

（二）偿付能力监管

MAS 于 2005 年对保险公司实施风险基础资本监管框架（RBC）。RBC 按照保险公司资产负债的风险情况计算最低资本要求，要求保险公司的实际资本是最低资本要求的120%，即偿付能力监管目标为120%。偿付能力充足率低于120%的公司需要提交偿付能力改善计划，每个月提交财务报告，并可能暂停某些业务。

同时，金管局每年评估各保险公司的业务风险状况，针对每家保险公司设定不同的偿付能力监管目标，如 2015 年太平保险（新加坡）的偿付能力监管目标为150%。

2012 年 6 月，MAS 发布《新加坡保险公司风险资本监管框架回顾咨询1》，研究对当前偿付能力监管框架进行改革，以制定新一代风险资本监管框架（RBC2）。2014 年 3 月，MAS 发布了《RBC2 咨询2》，提出了 43 项改革措施以及 16 条问题，包括资本要求、可用资本、监管介入级别、资产负债评估、全面风险管理及实施时间表六大部分。RBC2 将使用与银行业巴赛尔 III 相同的方法认定可用资本。金管局已经建立了一套完整的风险管理指引，决定引入风险及偿付能力自评估（ORSA）。新加坡已在 2017 年开始正式实施 RBC2，新旧体系并行一段时间，以确保新旧监管体系的平稳过渡。

（三）压力测试

金管局从 2005 年起对寿险公司开展压力测试，评估保险公司承受金融危机和保险相关风险冲击的能力，及其对金融系统稳定性的潜在影响。压力情境由金管局设定，各保险公司预测并向金管局报告在压力情境下自身财务状况、应对管理决策以及决策的效果。金管局将分析管理决策的合理性，并在对保险公司进行风险评估时，参考压力测试结果。压力测试结果行业共享。

（四）资金运用监管

金管局对保险公司投资没有设定限额，而是采取以原则为导向的监管，要求保险公司设立投资委员会，确定投资战略。同时，在 RBC 体系下，寿险公司需要对投资风险和资产集中度风险计提准备金，促使寿险公司在投资时考虑资产种类、交易对手以及信用评级等。

（五）市场行为监管

在市场行为监管方面，新加坡实行宽松监管，放松对保险产品、保险费率和保险条款的约束。新加坡的保险公司只有在推出新的业务品种时才需获得 MSA 的批准。保险公司可以自主决定费率，一般而言，保险费率是不受管制的。保险公司可以在很宽松的限制下自由地制定保单的条款，作为保险公司的一般条款，只需提前一个月报备。

（六）保险中介监管

在保险中介监管方面，新加坡依赖行业协会的自律监管，并取得较好的效果。在保险市场发展相对不成熟时期，新加坡曾出现过保险中介市场效率低下、秩序混乱的问题，如新加坡寿险公司对保险代理人支付的佣金曾高达首期保费的 200%—300%；而且，保险代理人欺骗投保人，损害投保人利益的事情也时有发生。为了解决上述问题，在寿险方面，新加坡成立寿险行业协会，利用行业协会对保险中介进行监管。新加坡保险业按机构类别建立比较健全的行业协会，要求各成员公司的负责人及相关管理人员对代理人的职业操守等问题负有不可推卸的责任。实践证明，利用行业协会对保险中介进行监管的效果比较理想。

（七）不断进行全面创新——推行长者保健计划

随着新加坡老龄化社会的到来，新加坡政府早在三年前就提出，要通过商业保险方式解决老龄人的长期护理问题。2001 年初，新加坡政府责成卫生部牵头，联合 MAS 着手研发长者保健计划。该计划采取政府负责产品开发、保险公司负责具体经营的运作模式。目前，政府已开发出保险产品并向社会公开招标，在 4 家投标的寿险公司中，大东方人寿保险公司和职总英康保险合作社中标。

长者保健计划是一项带有社会资助性质的商业保险。通过缴纳一定保费，新加坡公民和永久居民可在今后出现严重残疾、需要长期护理时，获得基本的财务支持。

新加坡政府积极推行长者保健计划，将在一定程度上缓解老年人因疾病残疾而需要长期护理的部分资金来源，从而为解决人口老龄化问题提供了一种新的思路和途径。

三、MSA 资金的使用和监管

（一）MSA 资金支付范围

MSA 资金主要用于支付住院和部分昂贵的门诊检查治疗费用，初级卫生保健费用和普通门诊费用需要患者自费解决 MSA 于 2002 年首次覆盖门诊项目，并逐渐覆盖一些昂贵门诊项目（化疗、艾滋病和肾透析）。在住院方面，患者只有住院超过 8 个小时（排除日间手术患者）才可使用 MSA 资金。

（二）扩展支付项目

随着高新医疗技术的不断引进和医疗费用的不断上涨，新加坡逐渐扩大了 MSA 支付范围。第一，将慢性非传染性疾病纳入 MSA 支付范围；第二，将孕产妇保健纳入 MSA 支付范围；第三，将新生儿保健纳入 MSA 支付范围；第四，将私人保险纳入 MSA 支付范围；第五，将部分体检费用纳入 MSA 支付范围，同时增加了可用 MSA 支付的体检中心数量。

随着人口老龄化的加剧，新加坡卫生部于 2006 年 10 月将慢性病管理计划（CDMP）纳入 MSA 支付范围，截至 2014 年 1 月，MSA 覆盖的门诊慢性病已达 15 种。新加坡设立了孕产妇套餐（MMP），MMP 可用 MSA 支付。丈夫可使用其 MSA 为孕产妇每天支付 450 新元住院费用；术后夫妻还可额外提取 450 新元支付产前、产后检查费用和医师咨询等费用等。这些都体现了 MSA 支付项目的不断扩展。

（三）MSA 结余资金的使用和监管

MSA 结余资金对新加坡的社会经济发展起到了重要作用。MSA 结余资金主要有以下两类使用方式：第一类，新加坡政府集中利用 MSA 结余投资于一些有利于国民经济发展的基础建设项目（如兴建学校、公路、港口和机场）以及向国外投资。2001 年以来，新加坡 MSA 存款的名义收益率一直维持在 4%，结余资金实现了保值增值。由于是政府集中统一调拨资金，资金利用的安全系数也很高。

第二类，作为中央公积金的一部分，MSA 具体由中央公积金局集中管理，市场化运作。MSA 投资的医疗保险计划基金主要是外包给市场上资产管理公司进行专业化的投资管理，体现了市场化和专业性特点。虽然作为独立于政府财政的部门有很大的自主权，公积金局对 MSA 的管理还是会受到劳工部的监督。新加坡劳工部是公积金局的直属上级部门，公积金局董事会成员均由劳工部部长在得到总理的同意后任命，公积金局对 MSA 资金的筹集和支出均受到劳工部的监管。

本章小结

新加坡的健康保险体系是亚洲最有效的，在世界上排名前列。本章从健康保险的发展历程、主要产品介绍和保险监管三个方面来介绍了新加坡健康保险体系。

第一节为新加坡健康保险的发展历程,首先介绍了新加坡储蓄健康保险模式的特点,然后介绍了储蓄健康保险模式的每一项主要内容形成的历史背景和原因,以及该内容的主要作用,使读者对新加坡储蓄健康保险模式在体系上有一个整体认知。

第二节为新加坡主要健康保险产品介绍。首先介绍了新加坡医疗保险的 3M 体系,包括保健储蓄计划和健保双全计划的投保原则、缴费模式和支付模式等内容以及健保基金计划的保健基金来源和救助方式等。然后对针对老年人的护理计划——乐龄健保计划的筹资标准及办法、保险待遇以及经办机构做了详尽介绍。

第三节为新加坡健康保险产品的监管情况。首先介绍了新加坡健康保险监管的运作机制,然后分别从市场准入、偿付能力、压力测试、资金运用、市场行为和保险中介等几个方面对新加坡健康保险监管的具体情况进行了分析。最后对 MSA 资金的支付范围、扩展支付项目、结余资金的使用和监管情况进行了介绍。

思考题

1. 请简述新加坡储蓄健康保险模式的主要特点。
2. 请简述新加坡储蓄健康保险模式中政府的作用。
3. 请简述新加坡选择储蓄健康保险模式的原因。
4. 请简述新加坡保健储蓄计划的特点和作用。
5. 请简述新加坡乐龄健康计划的运作模式。
6. 请简述新加坡健康双全计划的主要规定以及作用。
7. 请论述新加坡健康保险模式的主要内容形成的历史背景及原因。
8. 请论述健保基金计划运作模式的有效性分析。

第十二章

中国台湾地区健康保险产品的发展

第一节 中国台湾地区健康保险产品的发展过程

中国台湾社会医疗保险制度的发展变化大致可以分为两个主要阶段：以职业进行划分的分业保险（1995年之前）和全民健康保险（1995年之后）。

一、以职业进行划分的分业保险的发展历程

（一）劳工保险

1950年台湾建立了劳工保险，是台湾健康保险的起源。这是一种包含了养老、疾病及工伤等多个项目的综合保险。日本殖民时期台湾民间保险力量较为薄弱，少有的几家日资保险公司也在抗战胜利后由台湾接管，并被改组为公营保险公司。1950年3月，台湾主管机关颁布"台湾地区劳工保险办法"，指定公营台湾人寿担任保险人，在公营企业开始施行劳工保险制度。直至1958年7月，正式制定"劳工保险条例"，指定由"劳工委员会"和各市有关当局分别担任中央和地方主管机关，台闽地区"劳工保险局"负责办理各项业务，"劳工保险管理委员会"进行监督。

(二) 公务员健康保险

1958年1月,制定公务人员保险相关规定。公务人员保险由"考试院铨叙部"主管,由"财政部中央信托局保险处"担任保险人,并由"考试院"组建公务人员保险监理委员会进行监督。之后较长的时间里,台湾主要以劳工保险和公务员健康保险这两类社会保险为主。

自设立公务员健康保险之后较长的时间,台湾主要以劳工保险和公务员健康保险这两类社会保险为主。直到1980年才实行了针对私立学校教职员工的健康保险,1985年又把农民纳入医保范围,实行了农民健康保险。1989年7月1日,"农民健康保险条例"开始实施。1990年为了解决低收入群体的医疗保障问题,建立了低收入群体健康保险。

20世纪90年代初,台湾地区先后有13种与健康保险相关的制度,并分属5个主管部门。至1993年底,各种保险纳保人数总计995.7万人,占台湾地区人口总数48.2%。但由于承保机构各异,造成管理上的混乱,相应地造成医疗资源浪费,损害了被保险人的医疗利益,亟待整合。

在此阶段台湾虽然建立了多种医疗保险制度,但是总体的医保覆盖率依然较低,至1995年只有60%,而且各种医疗保险基本上相互独立,保障水平差异较大,整体而言,居民的医疗保险问题并没有得到很好的解决。这一时期,台湾还没有形成独立的医疗保险制度,其组织基础也只是各项综合保险制度组成部分,表现出了公办公营、体系分立的特点。

二、全民健康保险时期台湾健康保险的发展历程

1995年3月1日,台湾正式建立全民健康保险制度,将各项社会保险中的医疗给付部分分离出来整合到统一的医保体系之中,由有关部门单独运营。全民健康保险制度的建立意味着台湾医疗保险制度从传统的多元社会保险转向了一元的全民保险,实行一元承保和单一支付。至今,台湾全民健康保险制度可以分为两个阶段:1995—2010年为第一阶段,俗称"一代健康保险",2011年至今为第二阶段,俗称"二代健康保险"。

(一) 第一阶段:1995—2010年一代健康保险时期

历史背景:首先,由于分业医疗管理的混乱,医疗资源造成了相应的浪费,损害了被保险人的利益;其次,在20世纪80年代,台湾健康保险体系进入扩张期,引起了医疗费用的迅速攀升,并造成了财政危机频发的现实困境;再次,在20世纪90年

第十二章
中国台湾地区健康保险产品的发展

代初,台湾经济迅速发展,而分业健康保险覆盖的范围过低,不足以满足广大群众健康保险的保障需求。

20世纪90年代初,为使台湾民众享受良好的健康保健,台湾积极推动医疗网建设,同时提出了2000年实施"全民健康保险"的目标,于1991年成立"全民健康保险规划小组",开展工作,推动现存的医疗保险体制统一,实现全岛居民人人都享有健康保险的目标。

1995年1月1日主管机关成立,提出有效利用医疗资源,合理控制医疗费用以及提供台湾地区居民适当的医疗保健服务的目标。

1995年3月"全民健康保险"开始启动。据统计,至1998年4月底,纳保人数达2 057.92万人,纳保率为96.15%,3年来保费收入与医疗支出基本持平。目前每月保费收入为220亿元(新台币),医疗支出210亿元(新台币),达到了开办初期设计的健康保险预期目标。

全民健康保险制度涉及主管机关、保险人、被保险人、医疗服务部门等诸多利益相关人,其组织体系主要由主管机构、执行机构、监督机构、争议处理机构、咨询评估机构、医疗服务机构、被保险人等组成。

台湾地区的全民健康保险制度在岛内获得了较高的民众满意度,在国际上也得到了较好评价。"一代健康保险"在短短几年时间内迅速提高了居民纳保率,大幅降低了民众的就医负担,岛内民众的满意度不断提高。诺贝尔经济学奖得主、著名经济学家克鲁格曼指出,台湾地区在1995—2001年短短6年时间里,将医疗保险覆盖率从60%提高到97%,而整体医疗费用增长并不明显。其中,全民健康保险组织体制改革在一定程度上促进了台湾社会医疗保险管理效率的提高和公平性的增进。从管理效率来看,社会医疗保险组织体制相对稳定,人员结构较为精简,体现了较高的运行效率。从公平性而言,一般认为覆盖范围和风险共济性是其主要衡量指标。全民健康保险制度实施之后,原来多元分立的保险制度合而为一,风险池扩大,有限的互助性扩展到全岛居民,制度公平性大大提高。

但从长远来看,一元化的保险组织结构缺乏市场竞争压力,有可能产生两方面不利影响:一是组织结构逐渐僵化,行政成本增加;二是组织缺少制度创新动力,这一点对于处于不断发展变革中的医疗保健组织部门而言尤其需要注意。此外,如何促进社会医疗保险筹资和服务的公平性,也将给台湾全民健康保险组织体制变革带来巨大挑战。

(二) 第二阶段:2011年开始实施

台湾地区的医疗保险制度虽然来源于德国,但在制度创立和演进过程中,受制于特殊社会经济文化环境,逐渐形成了较为独特的组织体制。从20世纪50年代国民党政权主动创立劳工保险，到 90 年代建立全民健康保险，台湾地区的医疗保险体系虽然经历了从多元向一元的结构转型，但始终延续着公办公营的组织体制，形成了官僚科层式的行政治理结构。一代健康保险体系存在缺陷，缺乏市场竞争力，组织机构自主性有限。

随着台湾经济增长的放缓、人口老龄化的加剧，一代健康保险制度在运行过程中开始亏损，并逐渐加剧，直接危及健康保险制度的稳健运营。同时，随着医疗科技进步，医疗服务质量的提升，台湾全民健康保险制度在实行中，产生了医疗资金支出增幅迅猛而保费收入增长缓慢等诸多危机。为了既要合理控制医疗费用，又要提高医疗服务质量，台湾地区相关主管部门进行了系列改革，开始推出二代健康保险制度。

2001 年台湾地区成立"二代健康保险规划小组"，拟对"一代健康保险"制度进行变革。经过多次反复修订，全民健康的有关规定的修正案于 2011 年 1 月 4 日表决通过，并于 2013 年 1 月 1 日正式实施。该"修正案"对"一代健康保险"进行了多方面修正。二代健康保险在医疗质量的重视程度、信息的公开程度、费率的公平性、医疗资源配置等方面，都比一代健康保险更加进步与文明。

三、商业健康保险对全民健康保险的补充

面对各种挑战，台湾在不断完善全民健康保险制度设计的同时，明确全民健康保险的功能定位，积极发展商业健康保险。作为基本的社会医疗保险，全民健康保险不可能完全满足各个阶层居民的医疗保健需求，必须通过积极发展商业健康保险，通过市场来满足居民全民健康保险以外的医疗需求，补充全民健康保险的不足。

（一）台湾商业健康保险发展水平高

台湾自 1962 年核准人身保险公司出售商业医疗费用保单开始，商业健康保险发展至今已经近 60 年。1991 年商业健康险保费收入约 54 亿元（新台币），至 2015 年底已达 3 231 亿元，25 年间保费增长将近 60 倍。期间虽于 1995 年 3 月正式实施全民健康保险，以及在 2011 年实施二代健康保险，均没有影响商业健康保险业务逐年成长的势头。原因在于实施全民健康保险后，居民更加认识到健康保险的重要性，而且随着医疗科技进步及台湾人口老龄化加速，医疗成本持续增加，进而提升了商业健康保险的实际需求。从业务上看，台湾商业健康保险的保障内容广泛，保险种类包括医疗费用保险、失能所得保险、特殊及重大疾病保险及长期看护保险等。2000 年以来，商业健康保险的保费收入增长渐趋平稳，但依然大于同期医疗保健总支出的增长速度，2015 年台湾商业健康保险密度已经达到 1.4 万元（新台币），商业健康保险逐渐步入产业发展的成熟阶段。无论从广度还是深度来看，台湾商业健康保险都达到了较高的发展水平。

（二）商业健康保险的补充作用较为充分

由于近年来全民健康保险面临的挑战越来越大，商业健康保险具有了广阔的市场空间，这种空间主要表现在对于社会医疗保险覆盖范围之外的医疗费用的分担上。我们可以通过社会医疗保健总支出、全民健康保险基金保费收入、商业健康保险保费收入来衡量台湾商业健康保险对全民健康保险的补充作用。台湾商业健康保险的保费收入增长很快，从 1995 年的 196 亿元（新台币）快速增长到 2014 年的 3 065 亿元（新台币），商业健康保险保费收入占社会医疗保健支出的比重也从 16% 增加到 30.79%。2014 年商业健康保险保费收入已经达到全民健康保险基金保费收入的 56.23%，二者合计覆盖到了社会医疗保健总支出的 85.54%，居民自付支出的医疗费用已经很少。在全民健康保险保障水平一定的情况下，商业健康保险有效地分担了居民的医疗费用，对全民健康保险的补充作用较为充分。

第二节　中国台湾地区主要健康保险产品

自 20 世纪 90 年代开始，台湾地区为解决原有医疗保险制度运行中的问题进行了医疗保险制度改革，主要做法是：首先，将健康保险从原有的各项保险制度中分离出来，建立全民健康保险制度，实现了制度的全民统一；其次，通过颁布实施"全民健康保险法"（1995 年 3 月 1 日）进行强制推行，为建立全民健康保险制度提供了法律保障；最后，建立健全全民健康保险制度的运行和保障体系。通过上述改革与完善措施，台湾地区不仅实现了医疗保险制度的全民覆盖，而且通过改善医疗保险的财务状况，极大地提高了医疗服务效率及服务水平（见表 12.1）。

表 12.1　　　　　　　　1994 年台湾地区各类健康保险的运行状况

参保群体及保险类型		投保人数	人均年保费（新台币元）	人均年医疗支出（新台币元）
公务员保险	公务人员保险	581 311	22 782	8 858
	公务人员家属保险	985 002	10 288	9 738
	退休公务员及家属保险	139 050	25 865	23 841
企业职工劳动保险		8 415 244	15 114	7 699
农民健康保险		1 740 653	8 280	14 214

续表

参保群体及保险类型		投保人数	人均年保费（新台币元）	人均年医疗支出（新台币元）
低收入户健康保险		119 208	0	12 681
其他人员保险	私立学校教职员保险	44 102	25 488	7 928
	退休人员保险	45 153	1 153	44 832
	各级地方民意代表及村里长健康保险	27 174	19 461	17 990
未投保人员		8 617 133		

一、一代健康保险与二代健康保险的分析

（一）保险对象

台湾地区除享受军医保障的现役军人、服刑人员、失踪6个月以上的人员外，其余台湾民众都属于保险对象。其对象涵盖6类被保险人和4种眷属。六类被保险人有：（1）当局职员、公营企事业职工；（2）自由职业者；（3）农、牧、渔人员；（4）军眷；（5）低收入户；（6）"荣民"（退役军人）及家眷。四种眷属：（1）1—3类被保险人的家眷；（2）军眷；（3）低收入户家属；（4）"荣民"家眷。

一代、二代健康保险均采用将保险对象分成六大类的方式，根据"有钱的人多负担健康保险保险费，没钱的人少负担甚或不负担保险费"的思路，依其经济能力，分别承担相应的健康保险保险费负担比例，以期达到较好地照顾中低收入的贫苦民众、"人人享有卫生保健"的目标。

（二）保费分担比例

保险费负担按3∶3制予以分摊，即投保人、投保单位和主管机关（见表12.2）。二代健康保险较一代健康保险更加减轻了投保人的负担，尤其是第四类军眷家户代表，投保人从原40%的负担比率降为0，全部由主管机关补助投入。这样的调整，获得了多数台湾民众的支持，有利于二代健康保险的推行。

表 12.2　　　　　　　一代健康保险和二代健康保险保费分担比率

类别	保险对象	一代健康保险分担比率（%）			二代健康保险分担比率（%）		
		投保人	投保单位	主管机关	投保人	投保单位	主管机关
第一类	公职人员、公务员	40	60	0	30	70	0
	私立学校教职工	40	30	30	30	35	35
	受雇主	30	60	0	30	60	10
	雇主、自营业主	100	0	0	100	0	0
	专技人员、自执业者	100	0	0	100	0	0
第二类	职业工会会员、外雇船员	60	0	40	60	0	40
第三类	农、渔、水利会员	30	0	70	30	0	70
第四类	军眷户代表	40	60	0	0	0	100
第五类	低收入户成员	0	0	100	0	0	100
第六类	荣民/荣民遗眷家户代表（本人）	0	0	100	0	0	100
	荣民/荣民遗眷家户代表（家属）	30	0	70	30	0	70
	其他地区人口	60	0	40	60	0	40

（三）健康保险费用的支付标准

1. 一代健康保险费用的支付标准

一代健康保险费用支付标准形式有论量计酬制、论日计酬制、论病例计酬制、论人计酬制和总额支付制五种。其中：

总额支付是以协商的方式，由各类眷属及被保险人、医疗服务提供者、主管机关及专家共同商议医疗费用的年度支出总额，明确医疗部门支付及个人应承担的部分，促使医病双方共同承担财务风险责任，将医疗费用合理地控制在预算范围内。它的实施有利于加强整体医疗费用的控制及尊重医疗专业自主，并将费用成长率控制在合理范围。故1998年7月1日起由牙科门诊开始试点实施总额支付制度，使得费用增长率控制在8%，较实施前的12%有所降低，且民众对医疗品质满意度上升至93.6%。从2000年7月1日起中医门诊实施"中医总额支付制度"；基层西医门诊于2001年7月起实施门诊总额支付；至2002年7月则在医院全面实施。从费用支出面观察，自1998年开始试行总额支付制以来，到2002年全面实施，每年医疗费用支出的增长率，从原来的7%降到4%左右。

论量计酬制是最主要的支付方式，是指按数量进行支付，各诊疗项目支付费用一律以点数计算，操作方法是把医院、药局的成本按项目"点数"详列。支付标准每点金额由主管机关确定，通常一个点数按1元钱左右给予支付。

论日计酬制是依据医院全年的住院人口数,乘以标准的每日平均住院费用,后者的计算以前一年的资料为基础,统计医院全年之费用总额及住院人口数,计算平均每人每日住院费用,再依估计的医院的住院人、日数计算该院全年应支付之费用总额。主要适用于精神科、慢性病床及日间住院等。

论病例计酬制是按病例数量支付医院必需的费用,适用于慢性病住院、预防保健项目、护理项目等。

论人计酬制是将民众交给"健康保险局"管理的保费交由医师管理,把该家庭医师照顾的家庭中成员的健康保险费用全部交由家庭医师掌管。此处健康保险费用指的不是该家庭成员所缴的保费,而是该成员可以享受的平均健康保险费用。适用于山地、离岛或特殊医疗服务(如长期以来呼吸器官病人的照护)等。

2. 二代健康保险的支付标准

二代健康保险对支付标准进行了改革,其改革措施中最重要的是论质计酬制:即以购买健康及提升医疗服务质量为导向,通过调整支付医疗费用的方式,引导医疗服务提供者朝向提供整体性医疗照顾,并以医疗质量及结果作为支付费用依据。此制度在二代健康保险中首次实施。

台湾健康保险主管部门自 2008 年起实施全民健康保险住院诊断关联群(DRGs)支付制度。该制度以住院病患的诊断、手术或处置、年龄、性别、有无合并症或并发症及出院状况等条件,分成不同的群组,并依各群组医疗资源使用情形,制定各群组的包裹支付点数。该制度分四个阶段进行,即至 2011 年,针对 24 类、969 类疾病全面实施。未来治疗同一种病,不论治疗方法、住院天数、药物,都只有一种给付价格。DRGs 的实施因受到台湾医院协会的强烈反对,故自 2009 年 9 月 1 日才实施,分 6 年逐步导入。目前癌症、精神病患、血友病、艾滋病、罕见疾病及凡住院超过 30 天的住院个案等将不纳入 DRGs,如果实际费用超过 DRGs 的上限值,超过上限之医疗费用仍支付八成。同时,从 2010 年 1 月 1 日起,台湾住院健康保险给付实行"同病同酬"包裹式支付制度(Tw - DRGs),首推 155 项病种,包括盲肠炎、疝气、剖腹产、髋关节手术等。

(四)海外台湾民众健康保险权利的改革

在一代健康保险时代,对于长期移居海外的台湾民众,有就医需求时,可随时返台加保以获得全民健康保险给付。故多数台湾民众认为这项政策极不公平,会造成全民健康保险资源的侵蚀。二代健康保险则从严限制久居海外或新住民参加全民健康保险的条件,除非二年内曾有加保纪录的设有台湾户口台湾民众或受雇者,否则,都必须在设有台湾户口或取得居留证件之后满 6 个月,才有参加健康保险的资格。

(五) 健康保险资源浪费与诈骗的监管

鉴于台湾地区医疗浪费与诈骗行为越来越猖獗，台湾卫生主管部门在二代健康保险中加重了对此行为的惩处。如加重诈领保险给付及医疗费用者之罚款至其诈领金额之 20 倍，并对于违规情节重大之特约医事服务机构，得视其情节轻重，于一定期间不予特约或永不特约；对于多次重复就医、过度使用医疗资源之保险对象，将及时进行辅导与就医协助。

二、二代健康保险制度的创新与不足

(一) 社会公众的参与

二代健康保险强调应公开重要事务的资讯，如一些重要会议的实录、医事服务机构的财务、质量报告以及病床数、病床使用情形、违规资讯等。台湾有关部门希望通过健康保险业务决策过程的透明化，以利于全民共同参与，关心健康保险业务，并促进保险医事服务机构提升医疗质量。

(二) 健康保险组织体制

为达到权责相符及确保财务平衡的目的，二代健康保险将监理会与费协会合并为"全民健康保险委员会"，以建立财务收支联动机制。即将全民健康保险监理委员会及医疗费用协定委员会进行整合，统筹保险费率、给付范围及年度医疗给付费用总额协定等重大财务事项之审议，确保收支连动，达到健康保险财务稳健经营之目标。这项政策有利于落实财务责任，并使医疗给付与支付方面会更有效率，还可稳定健康保险收入，减缓财务方面对健康保险制度的冲击。

健康保险体制的改革则以公法人方式进行规划，并设计让医疗提供者能担负财务与质量的责任机制，促进良性有效的竞争，以达到权责相符、专业自主、各方参与、持续经营的目标。此项政策的制定促使健康保险组织更完善，也大大延长了健康保险制度的寿命。

(三) 补充保费的征收

与一代健康保险相比，二代健康保险采用"双轨制"。一般薪资保费有所降低，保险费率由 5.17% 降为 4.91%，但对于薪资之外的 6 种收入则征收 2% 补充保费。六大项补充保费包括累计逾 4 个月投保薪资以上的奖金、利息所得、股利所得、执行业务收入、租金收入及兼职所得等。因此，包括定存族、股票族、医师、律师、会计师、演艺人员、房仲和汽车超级业务员等"高收入"族群的保费，都将调高。根据估计，仅有17%的民众必须缴交补充保险费。这样的调整，既提高了二代健康保险制度的适当性，社会价值期望较高地实现，也可以在一定程度上增加保险收入，据估计，可维持全民健康保险5年的保险财务平衡。

（四）二代健康保险的不足

二代健康保险已有所创新与进步，但仍有不足之处。如对药价黑洞问题，二代健康保险没有设计出很好的改善措施。虽其主管部门已认识到解决药价黑洞的重要性，并进行一定整改，但是效果不尽理想。2007年2月台湾地区"健康保险局"重新订立保险给付药价，如果解决药价的黑洞问题，估计一年可减少上百亿元（新台币）的健康保险支出。故健康保险主管部门必须下决心解决药价黑洞问题，扩大民间监督力量，特别是对医生处方笺进行公开化，这样对解决药价黑洞大有帮助。此外，对多眷口家庭健康保险负担重、总额支付制的弊端、社会公众参与程度仍然不高等问题都没有在二代健康保险中得到有效解决，有待于在实践中不断摸索、改革、前进。

本章小结

本章分为两个部分，第一部分为台湾健康保险的发展历程，第二部分为台湾地区主要健康保险产品介绍。第一部分，首先，分两个阶段介绍了台湾社会医疗保险制度的发展变化，第一个阶段为1995年以前的以职业进行划分的分业保险的发展历程，主要内容包括各类分业保险的形成、主管机关、监管机构以及该时期医疗保险制度的特点；第二个阶段为1995年之后的全民健康保险模式，分为两个时期：1995—2010年一代健康保险时期和2011年之后的二代健康保险时期。介绍了一代全民健康保险模式形成的历史背景和原因、形成的主要过程、组织形式、发挥的作用以及民众的评价和一代健康保险模式的优缺点。其次，介绍了二代健康保险模式形成的历史背景和原因以及主要历程。最后，介绍了商业健康保险的发展情况。第二部分为台湾地区主要健康保险产品介绍，对一代和二代健康保险从保险对象、保费分担比例以及支付标准等做了详细介绍和对比；介绍了二代健康保险在社会公众的参与、健康保险组织体制和补充保费的征收等方面相对于一代健康保险的创新；分析了二代健康保险的不足。

思考题

1. 请简述分业保险时期，各类行业保险的发展历程。
2. 请简述分业保险时期，台湾健康保险的主要特点及不足。
3. 请简述一代健康保险形式的历史背景及原因分析。
4. 请简述一代健康保险的优势和不足分析。
5. 请简述对比介绍两代健康保险的支付标准。
6. 请简述分析二代健康保险的创新。
7. 论述我国台湾地区健康保险制度对于大陆健康保险制度的借鉴作用。
8. 论台湾地区二代健康保险制度的不足和可能的解决方案。

第十三章

我国健康保险产品创新与监管

第一节　保险监管与健康保险产品发展

一、保险监管概述

（一）保险监管的定义

保险监管是政府对保险业监督和管理的简称。具体是指一国的保险监督执行机关依法对保险业实行监督与管理，以维护被保险人的合法利益，维护保险业的整体安全与稳定，同时促进保险业的健康发展。

（二）保险监管的主体

为了保险业实行有效的监督与管理，世界各国都设立了相应的保险监管部门作为保险监管的主体，并且赋予了其明确的职责。不同国家的保险监管部门不同，一般由财政部、商业部或者专门的保险监管机关等政府部门来承担监管职责。我国保险业的监管机关机构几经周折，1979年之前先后由中国人民银行和财政部实行监管职责，1979年国内保险业务恢复之后再次由中国人民银行负责保险业的监管。直到1998年11月18日，应银行业、证券业、保险业分业经营的要求，为加强保险监管的力度，适应保险业的发展，国务院批准设立中国保险监督管理委员会，作为我国专门的保险业监督管理部门。

（三）保险监管的原因

保险监管最先出现于 19 世纪的美国。19 世纪初期，为控制由于根据英国保险法注册的保险公司大规模进入美国保险市场而引起的恶性竞争，导致被保险人的利益受损，美国各州政府先后通过了一系列法律法规来规范保险经营稳定保险市场。并在 1859 年成立了纽约州保险监督管理委员会。这是保险监管的开始。

为什么要进行保险监管？从经济学的角度来讲，在有效市场中，当市场可能失灵或者已经失灵导致明显的效率低下或者不公平现象的发生，这时需要政府干预或者监管从而实现资源公平有效配置，实现社会福利最大化。由于市场经济中存在市场失灵以及保险业自身特殊性等原因，要保障保险业的健康发展，保护保险人与被保险人的合法利益，就必须由政府介入保险市场，通过保险监督维护保险市场的正常运行。国家对保险业的监管，同时也是国家管理经济职能在保险业中的体现。国家通过法律、经济和行政手段，对保险公司的组织、业务经营和财务以及市场的秩序等方面，进行直接或间接的指导、协调、监督与干预，确保保险市场的秩序正常，促进保险业的健康发展。

（四）保险监管的意义

保险监管对于保险行业健康发展具有非常深远的意义。保险监管一方面可以帮助政府实现宏观经济调控的目标，比如防止资金外流、完善社会保障体系、促进社会稳定等；另一方面保证保险人有足够的偿付能力，规范保险市场，保障被保险人利益。

二、保险监管的具体内容

尽管各国对保险监管的规定不尽相同，但基本内容相同。根据对我国《保险法》的分析，保险监管的具体内容主要分为：

（1）保险组织的监管；

（2）保险经营的监管（含保险产品的监管）；

（3）保险财务的监管（偿付能力监管、资产负债监管——资金运用的监管和准备金的监管）；

（4）保险中介的监管。

三、保险监管对健康保险产品发展的作用

(一) 保险监管是政府为调节市场失灵的必然行为

保险监管是政府实现宏观政策目标的重要途径，代表着政府的政策倾向。保险监管的演变反映出政府政策的导向，作为保险公司来讲，必须要根据政策要求，在监管之下及时开发适应政策环境的产品，积极服务于国家保护公众利益的。

(二) 保险产品定价机制与监管问题是要着手破解的行业共同关注的难题

我国在计划经济时期，保险产品是帮助政府平衡财政预算的工具，由国家全权制定保险产品条款及费率，没有也不需要监管。改革开放后，保险业市场结构经历了由中国人民保险公司独家垄断经营到市场主体多元化的变迁，保险市场得到快速发展，对保险产品的监管仍然沿用政府制定的方法，同时采取严格的审批制度。1995年《保险法》明确规定：商业保险主要险种的基本条款和费率，由金融监督管理部门制定，保险公司拟定的其他险种的基本条款和费率，应当报请金融监督管理部门备案。2009年新《保险法》颁布，取消了由监管部门制定条款费率的规定，关系社会公众利益的保险险种、依法实行强制保险的险种和新开发的人寿保险险种等的保险条款和保险费率由保险监管机构批准，其他保险险种的保险条款和保险费率报保险监督管理机构备案。将保险产品的监管体制从直接制定变成了审批备案。保险监管机构对保险公司执行已审批报备的产品条款费率情况进行严格监管。随着保险业的发展，保险监管也在变革中不断前进，从实行审批制到实施行为监管，到行为监管与偿付能力监管并重，再到实施以偿付能力为核心的监管制度变迁，遵循着与偿付能力监管、公司治理结构监管、市场行为监管协调配合的原则。在市场经济条件下，监管机关的主要任务是牢牢守住风险防范的底线，将主要精力集中在与偿付能力有关的监管事项上，主要目的是保护消费者利益，充分发挥市场机制的优胜劣汰作用，放松对保险费率、条款、产品、业务甚至市场准入条件的约束。

第二节 1998年之前的保险监管与健康保险产品

新中国成立之前，随着鸦片战争的开始，人身保险进入我国。英国、美国先后在我国设立人寿保险公司，这是我国人身保险的开端。从鸦片战争到新中国成立的这

第十三章
我国健康保险产品创新与监管

100多年里，人身保险制度虽然传入我国但是并未得到发展。新中国成立之后，1949年10月20日，新中国第一个全国性的保险事业机构——中国人民保险公司在北京正式成立。中国人民保险公司的成立是我国保险史上重大的转折。中国人民保险公司同时经营财产保险和人身保险。在人身保险方面，主要开办了适应人民需求的死亡保险和意外伤害保险，将疾病医疗和意外伤害医疗作为附加津贴。这一时期人身保险为保障人民生活、稳定社会经济发展起到了非常重要的作用，但是这段时期，人身保险的险种很少，业务规模也非常有限，特别是健康保险只是作为寿险和意外险的附加险。1958年10月，国务院召开的西安财贸工作会议正式提出："人民公社化以后，保险工作的作用已经消失，除国外保险业务必须继续办理外，国内保险业务应即停办。"在社会主义改造基本完成，计划经济体制初步构建，财政统收统支的背景下，1959年我国开始停办国内商业保险业务，之后的20年间，我国的保险发展处于停滞状态。此间，我国先后发生了邢台地震、海城地震、唐山地震和四川、陕西洪水等重大自然灾害，给国家财政的稳定带来极大冲击，给人民生产生活带来无法弥补的损失。

十一届三中全会以后，国务院根据国家经济体制改革和对外开放政策的需要，先后在1980年和1982年恢复了国内财产保险业务和人身保险业务。1982年中国人民保险公司上海分公司推出"上海市合作社职工医疗保险"，这是我国第一个健康保险产品。1986年中国人民保险公司在湖北开办商业健康保险，是我国商业健康保险的萌芽。1988年我国第二家保险公司——中国平安保险公司成立，是我国第一家股份制保险公司。打破了我国保险市场由中国人民保险公司一家垄断的局面。中国平安的成立增加了我国健康保险的经营主体，激发了市场活力，也促进了商业健康保险在创新产品和完善理赔等方面不断发展。1992年，美国友邦保险有限公司在上海设立分公司，是第一家获许在中国经营保险业务的外资保险公司。之后，多家外资保险公司先后进入我国保险市场，开始了中外保险公司角逐于中国市场的局面，也为我国保险市场带来了新的风险管理观念，促进了中国保险市场的进步和繁荣。为了规范保险活动，保护保险活动当事人的合法权益，加强对保险业的监督管理，促进保险事业的健康发展，1995年我国颁布第一部保险基本法《中华人民共和国保险法》（以下简称《保险法》），是我国保险业发展进程中的重要里程碑。

但是关于保险监管的主体经过几次变化，在1998年之前我国未形成专业的保险监管制度。保险监管相对松散，保险市场是以财产保险为主，产寿险混业经营，健康保险只是作为一种附属品来经营。保险公司经营比较粗放，商业健康保险的有效供给能力非常有限。从产品来看，保险公司由于经验数据匮乏、产品开发技术不成熟、风险控制经验欠缺，提供的健康保险大多是费用型医疗保险产品，保险人根据被保险人实际发生的医疗费用进行一定补偿，责任比较简单，保障水平有限，且只局限于在局部地区为团体提供医疗保障，业务量很小。健康保险未得到重视。

进入 20 世纪 90 年代后，国家开始逐步推行社会主义市场经济改革，国民经济继续保持高速增长的态势，人民生活水平不断提高，收入大幅度增加。在解决了基本的温饱问题后，社会大众开始追求生活质量，越来越关注身体的健康。从社会医疗保障制度改革来看，公费和劳保医疗制度的弊端日益突出，医疗费用持续大幅上涨，国家和企业已不堪重负。为了控制医疗费用的不合理增长，减轻国家和企业的负担，各地开始探索并逐步试行新的医疗保障制度。1994年，镇江市和九江市被国务院确定为职工医疗保障制度改革的试点城市，推行社会统筹和个人账户相结合的社会医疗保险模式，1996年，试点扩大到近40个城市。传统的公费、劳保医疗制度被打破，积极新的社会医疗保险制度。1997年1月15日国务院发布《关于卫生改革与发展的决定》，决定中提出了改革城镇职工医疗保障制度，建立社会统筹与个人账户相结合的医疗保险制度，逐步扩大覆盖面，为城镇全体劳动者提供基本医疗保障。保障水平要与社会生产力发展水平以及各方面的承受能力相适应，保障费用由国家、用人单位和职工个人三方合理负担。职工社会医疗保险实行属地管理。要切实加强对医疗保险基金的管理和监督。建立对医患双方的制约机制，积极探索科学合理的支付方式，有效地控制医药费用不合理增长。要在搞好试点、总结经验的基础上，基本建立起城镇职工社会医疗保险制度，积极发展多种形式的补充医疗保险。《关于卫生改革与发展的决定》指出在农村要积极稳妥地发展和完善合作医疗制度。肯定了合作医疗对于保证农民获得基本医疗服务、落实预防保健任务、防止因病致贫的重要作用。举办合作医疗，要在政府的组织和领导下，坚持民办公助和自愿参加的原则。筹资以个人投入为主，集体扶持，政府适当支持。要通过宣传教育，提高农民自我保健和互助共济意识，动员农民积极参加。要因地制宜地确定合作方式、筹资标准、报销比例，逐步提高保障水平。预防保健保偿制度作为一种合作形式应继续实行。要加强合作医疗的科学管理和民主监督，使农民真正受益。力争到2000年在农村多数地区建立起各种形式的合作医疗制度，并逐步提高社会化程度；有条件的地方可以逐步向社会医疗保险过渡。

《关于卫生改革与发展的决定》在强调了健康保险的重要作用的同时，也为商业健康保险的发展腾出较大的空间。

第三节　1998—2004年的保险监管与健康保险产品

1998年11月18日，中国保险监督管理委员会成立，成为我国保险业监督与管理的专职行政机构。中国保监会的成立标志着我国保险事业的发展和保险业的监管进入崭新的时期。

同年次月，国务院颁发了《国务院关于建立城镇职工基本医疗保险制度的决定》，决定明确指出："加快医疗保险制度改革，保障职工基本医疗，是建立社会主义市场经济体制的客观要求和重要保障。"国务院决定在全国范围内进行城镇职工医疗保险制度改革。该次基本医疗保险制度改革的主要任务是建立城镇职工基本医疗保险制度，即适应社会主义市场经济体制，根据财政、企业和个人的承受能力，建立保障职工基本医疗需求的社会医疗保险制度。秉承的原则是：基本医疗保险的水平要与社会主义初级阶段生产力发展水平相适应；城镇所有用人单位及其职工都要参加基本医疗保险，实行属地管理；基本医疗保险费由用人单位和职工双方共同负担；基本医疗保险基金实行社会统筹和个人账户相结合。

社会医疗保险改革为商业健康保险留下了广阔的发展空间。一方面，该次改革针对的是城镇职工，对于城镇居民和农村居民的健康保险需求需要由商业健康保险来满足；另一方面，由于参加社会医疗保险的员工若生病住院需要自负相当高的比例，因此一些经营效益较好的单位开始考虑建立职工补充医疗保险。同时，决定中提出基本医疗保险基金由统筹基金和个人账户构成。统筹基金的起付标准原则上控制在当地职工年平均工资的10%左右，最高支付限额原则上控制在当地职工年平均工资的4倍左右。起付标准以下的医疗费用，从个人账户中支付或由个人自付。起付标准以上、最高支付限额以下的医疗费用，主要从统筹基金中支付，个人也要负担一定比例。超过最高支付限额的医疗费用，可以通过商业医疗保险等途径解决。财政部也下发了关于企业建立职工补充医疗保险的文件，企业补充医疗保险费在工资总额4%以内的部分，可从应付福利费中列支。这些都为商业健康保险的发展提供了契机。

2000年3月29日中国保监会下发了关于印发《人身保险产品定名暂行办法》的通知，办法中将健康保险按保险责任分为疾病保险、医疗保险、失能收入损失保险、护理保险。

2000年之后，借助国家推出城镇职工基本医疗保险制度的契机，健康保险需求急剧增加，"保证续保"、非传统门诊医疗保险产品开始出现，有的寿险公司开始推出分红型重大疾病保险，有的公司开始通过银行渠道销售健康保险产品，有的寿险公司还开始与社会医疗保险进行衔接，开展补充医疗保险业务，并开拓农村健康保险市场，这一期间中国健康保险业务得以快速发展。健康险保费在人身险业务中的比重逐步上升。

2002年12月26日，中国保监会发布了《关于加快健康保险发展的指导意见》，意见肯定了健康保险作为我国保障体系的重要组成部分，在满足人民群众日益增长的健康保障需求，促进国民经济发展和社会稳定方面所发挥出越来越重要的作用。近年来，各保险公司对于健康保险的发展做了有益的探索，积累了一定的经验。但是我国健康保险在产品开发、风险控制、客户服务、经营方式和管理手段等方面与我国经济和社会发展的要求不相适应,与人民群众对健康保障的迫切需求不相适应,与保险市场对外开放的步伐不相适应。为加快我国健康保险的发展速度,建立起适应中国国情的健康保险发展模式,中国保监会在《关于加快健康保险发展的指导意见》提出重要的指导意见。健康保险在风险性质、保险事故特点、风险控制理念和方法、精算原理等方面均不同于其他保险业务。加快健康保险的发展,应树立专业化的经营管理理念,遵循健康保险的特点和发展规律,进行专业化经营。鼓励建立健康保险的专业管理机构,建立完善的健康保险产品体系,并且抓住医疗服务体制改革将为健康保险的经营创造有利的外部环境的机遇。加强建立与医疗服务提供者的合作关系,通过定点医院建设等方式,积极探索新型风险管理模式,在为被保险人提供良好医疗保障服务的同时,有效控制经营风险。《关于加快健康保险发展的指导意见》一方面肯定了健康保险发展所取得的成绩,另一方面也为健康保险的发展指明了方向,是国家为促进我国健康保险的发展做出的关键性指导。

为统一人身保险新型产品的技术标准,2003年5月16日,中国保监会颁布了《人身保险新型产品精算规定》,明确规定分红保险可以采取终身寿险、两全保险或年金保险的形式。保险公司不得将其他产品形式设计为分红保险。规定发布之后,我国的分红健康保险退出健康险市场,取而代之的是非分红的健康保险。《人身保险新型产品精算规定》的出台和分红健康保险的停售对于进一步建立科学的健康保险核算基础,保护消费者利益,防范和化解健康保险经营风险有着深远的影响,表明了中国保险业对健康保险的监管和经营理念正在不断走向成熟。

在中国保监会2002年发布《关于加快健康保险发展的指导意见》之后,我国健康保险市场一直在积极探索健康保险专业化经营的方式。健康保险专业化经营的理念越来越被业界广泛认同,专业化经营进入实质推进的时期。从2004年开始,中国保监会批准人保健康、平安健康、昆仑健康、阳光健康和正华健康5家专业健康保险公司筹建,新公司不以经营寿险业务和财险业务为主,而专注于健康保险业务,在市场竞争中专注于探索健康保险专业化经营模式,推进中国特色的健康保险专业化经营道路。

第四节　2005—2010年的保险监管与健康保险产品

2005年我国第一家专业健康保险公司——中国人民健康保险公司成立,之后平安健康、阳光健康、昆仑健康等三家专业健康保险公司也相继顺利开业,中国健康保

第十三章
我国健康保险产品创新与监管

险专业化经营迈出实质性步伐，标志着健康保险走进了独立发展时期，一个充满活力的健康保险时代已经到来。

2006年6月26日，国务院发布了《国务院关于保险业改革的若干意见》，多次指出在我国完善社会主义市场经济体制的关键时期，在面对人口老龄化进程加快、人民生活水平提高，保障需求不断增强的现实，要加快保险业改革发展，鼓励和引导人民群众参加商业养老、健康等保险，发挥保险业完善社会保障体系、满足人民群众多层次的保障需求、提高全社会保障水平、实现社会稳定与和谐的重要作用。并要求保险公司提高精算水平，科学厘定保险费率，探索保险业与银行业、证券业更广领域和更深层次的合作，提供多元化和综合性的金融保险服务。同时鼓励发展健康保险专业保险公司。加强政府的宏观调控和政策引导，加大政策支持力度。根据不同险种的性质，按照区别对待的原则，探索对涉及国计民生的政策性保险业务给予适当的税收优惠，鼓励人民群众和企业积极参加保险。立足我国国情，结合税制改革，完善促进保险业发展的税收政策。不断完善保险营销员从业和权益保障的政策措施。建立国家财政支持的巨灾风险保险体系。修改完善保险法，健全保险法规规章体系。2006年10月15日，中国保监会发布中国保险业发展"十一五"规划纲要，再次强调要发展健康保险专业保险公司，增强健康保险经营的专业化，并且明确指出提高保险业自主创新能力是建设创新型行业的核心。健全以保险企业为主体、以市场需求为导向、引进与自主创新相结合的保险创新机制。通过产品创新、服务创新、销售方式创新和综合经营创新，拓展服务领域，扩大保险覆盖面，并在保险产品开发上提出了重要建议。根据不同层次、不同职业、不同地区人民群众开发具有针对性的保险产品。大力发展保障型产品，稳步发展投资型产品，探索发展衍生型产品。积极开发"三农"保险、责任保险、养老保险和健康保险新品种。积极发展个人、团体养老等保险业务和适合中低收入群体的简易人身保险业务。逐步建立财产保险标的风险数据库，做好生命表和疾病发生率表等基础性工作。不断提高精算技术，科学厘定保险费率。

2006年8月14日，《健康保险管理办法》出台，这是我国健康保险第一部专业化监管规章。《健康保险管理办法》的颁布为我国健康保险的经营、产品开发等都提出了针对性要求和建议。反映出我国保险监管机构对于发展健康保险的决心。该办法统一了财险公司、寿险公司、专业健康保险公司在健康保险业务经营上的监管标准，为多种主体的公平竞争提供制度保障；明确了健康保险在经营管理、产品管理、销售管理、负债管理方面的基本监管要求。在产品管理方面，对健康保险的具体类型给出了具体要求。如费用补偿型医疗保险产品必须区分被保险人是否拥有公费医疗、社会医疗保险的不同情况，在保险条款、费率以及赔付金额等方面予以区别对待，为健康保险产品的开发提供了有力的支持。同时该办法叫停了正在火热销售的返还型健康险，这意味着国内消费者习惯将健康险当作投资理财方式的时代从此终结，而注重保障、凸显人性化的新版健康险开始亮相。《健康保险管理办法》是我国健康保险发展历程中非常关键的纲领性文件。对于规范健康保险市场，维护投保人的合法权益，促进健康保险可持续发展具有重大意义。

《中国保险业发展"十一五"规划纲要》中提出的积极发展个人、团体养老等保险业务和适合中低收入群体的简易人身保险业务于2008年正式付诸行动。2008年6月23日中国保监会发布关于印发《农村小额人身保险试点方案》的通知。通知指出单纯依靠提供小额信贷和储蓄工具这些金融支持手段还不足以解决农村的贫困问题。目前，世界上有100多个发展中国家都在积极探索用小额人身保险为低收入人群提供保障服务。小额保险试点产品主要是意外伤害保险和定期寿险，为农村单一家庭提供整体保障，解决低收入群体突出关心的意外风险和死亡风险。健康保险在农村的推进进程缓慢。

《健康保险管理办法》颁布后的几年中，我国健康保险市场稳步发展，保障型的健康保险产品越来越受到关注。2008年7月25日，中国保监会发布关于保险业参与基本医疗保障管理工作有关问题的通知，强调保险公司应积极开发与基本医疗保障项目对接的补充保险产品，提升对基本医疗保障参保人员的保障程度和层次。积极开发适应基本医疗保障参保人员和单位需求的养老保险、意外伤害保险，开展形式多样的健康管理服务，满足多样化的保障需求。肯定了商业医疗保险对于社会医疗保险的补充作用，也为保险公司开发医疗保险提出了重要建议。

2009年2月9日，中国保监会再次发文，发布了关于加快业务结构调整进一步发挥保险保障功能的指导意见。意见中要求各保险公司应充分认识加快业务结构调整、进一步发挥保险保障功能的重要意义。要求保险公司加大力度发展风险保障型人身保险产品，主要包括意外伤害保险、健康保险、养老年金保险、定期寿险和有效保额不低于10倍期缴保险费或2倍趸缴保险费的终身寿险、两全保险。并且指出业务结构调整是一项系统工程，各保险公司应充分认识此项工作的艰巨性和复杂性，制定中长期业务结构调整规划，并纳入公司总体发展战略之中。制定规划时，各保险公司应明确结构调整的阶段性目标和措施，根据目标市场的需求，保持各类产品、各销售渠道的相对均衡稳定，有效抵御各类风险，推动业务平稳健康发展，同时处理好公司短期利益和长期利益的关系，推动公司增长方式向内涵式发展转变。

2009年4月《中共中央国务院关于深化医药卫生体制改革的意见》出台，2009年6月11日，中国保监会发布关于保险业深入贯彻医改意见积极参与多层次医疗保障体系建设的意见。意见要求保险公司进一步丰富健康保险产品体系。加大产品创新力度，在保险责任、保险费率、支付方式和服务内容等方面为企业和个人提供多样化、个性化的选择。大力发展各类医疗保险和疾病保险，并且首次提出要加大失能收入损失保险产品研发力度，并且设计适应人口老龄化需要的护理保险产品，为广大人民群众提供多样化的健康保障服务。意见不仅提出健康保险产品创新的要求也提出了保险公司进行健康管理服务模式探索的要求。鼓励探索健康保险与健康管理结合的综合保障服务模式，逐步实现健康维护、诊疗活动的事前、事中和事后全程管理。积极推行健康教育、健康咨询、慢性病管理等服务，提高民众健康意识，改善生活方式，预防疾病发生发展。创造条件建立客户健康档案，通过多种途径与医疗机构实现客户健康档案和诊疗信息的共享。积极探索与医疗机构风险分担、利益共享的经营模式。

第五节 2011年至今的保险监管与健康保险产品

2011年8月18日，中国保监会发布《中国保险业发展"十二五"规划纲要》（以下简称《规划纲要》）。规划纲要根据《中华人民共和国国民经济和社会发展第十二个五年规划纲要》和《国务院关于保险业改革发展的若干意见》（国发〔2006〕23号）编制，主要明确我国保险业"十二五"期间（2011—2015年）的发展方向、重点任务和政策措施，是保险业实现科学发展的蓝图，是未来5年全行业的行动纲领，是保险监管机构引导保险市场行为、履行监管职责的重要依据。纲领肯定了过去的几年中，我国保险业在更新发展理念、健全市场体系、发挥保险服务功能、加强制度建设以及完善监管等方面取得的骄人成绩。并指出当前取得的成绩来之不易，积累的经验值得珍惜，在保险业发展的新时期，紧紧抓住国际国内环境变化所带来的新机遇，并且积极面对新形势提出的新挑战。就健康保险而言，规划纲要特别强调了随着社会主义市场经济体制的不断完善，保险作为市场经济条件下风险管理的基本手段，将在创新社会风险管理、基本公共服务体系建设和人民群众养老、医疗等方面能够发挥更大作用。要求保险公司积极配合城镇职工、居民基本医疗保障和新农村合作医疗保障体系建设，大力开发各类补充医疗、疾病保险和失能收入损失保险等产品，设计适应老年人需要的护理保险，积极推进健康保险与健康管理相结合，为广大人民群众提供丰富多样的健康保障服务，积极稳妥参与基本医疗保障经办管理服务。

2012年3月21日，国务院关于印发《"十二五"期间深化医药卫生体制改革规划暨实施方案的通知》，明确了"十二五"期间我国医药卫生体制改革的目标、改革重点和主要任务。2012年6月19日，中国保监会发布关于贯彻落实《"十二五"期间深化医药卫生体制改革规划暨实施方案》的通知，明确指出医改是一项事关国计民生的重大民生工程、民心工程、发展工程，是一项功在当代、利在千秋、造福人民的光辉事业。保险业要从全局和战略高度，充分认识深化医药卫生体制改革对保险业的要求和带来的机遇，积极服务医疗保障体系建设，深刻领会医改"十二五"规划对保险业尤其是商业健康保险发展的指导作用，把商业健康保险的发展融入国家医疗卫生体制改革进程中去。医改"十二五"规划高度重视商业健康保险在多层次医疗保障体系中的重要作用，对充分发挥商业健康保险作用，完善医疗保障体系给予了大力支持，为商业健康保险的发展创造了难得的政策环境和更大的发展空间。

在全民医保顶层制度设计方面，医改"十二五"规划提出统筹协调基本医保和商业健康保险政策，加快健全全民医疗保障体系，全面提升医保服务质量。把发挥商业保险作用作为提高医疗保障水平，提升医保管理服务能力，解决重特大疾病患者医疗费用保障问题的重要实现方式。在鼓励健康保险发展的政策支持方面，《医改"十二五"规划》提出要完善健康保险产业发展政策，积极发展商业健康保险，满足多样化的健康需求；制定税收等相关优惠政策，鼓励企业个人参加商业健康保险及多种形式的补充保险。在推动健康保险参与医保体系建设方面，医改"十二五"规划明确提出积极引导商业保险机构开发长期护理保险、特殊大病保险等险种，满足多样化健康需求；鼓励以政府购买服务的方式，委托具有资质的商业保险机构经办各类医疗保障经办管理服务；积极探索利用基本医保基金购买商业大病保险，有效提高重特大疾病保障水平。医改"十二五"规划的实施，必将对我国保险业的发展产生深远影响，对当前和今后一段时期保险业尤其是商业健康保险的发展具有重要的指导意义和助推作用。

中国保监会关于贯彻落实《"十二五期间"深化医药卫生体制改革规划暨实施方案》的通知明确要求各保险公司要充分认识医改"十二五"规划的重要指导意义，抓住国家实施医改"十二五"规划给保险业发展带来的难得机遇，把健康保险的发展融入国家医疗保障体系建设过程中，高度重视并采取有力措施加快商业健康保险发展。加快健康保险业务创新，发挥保险业在风险管理方面的优势和特长，在基本医保之外提供优质的健康保险产品和服务，而且要大力发展重特大疾病保险，提高重特大疾病保障水平，缓解重特大疾病患者因病致贫、因病返贫现象。除此之外，积极探索发展长期护理保险，鼓励将护理保险和护理服务相结合，积极应对人口老龄化带来的护理保障需求。

医改"十二五"规划是未来四年深化医药卫生体制改革的纲领性和指导性文件，对保险业尤其是商业健康保险的发展也具有重要的指导意义。保监会审时度势，及时发布贯彻落实医改"十二五"规划的通知，为我国健康保险服务于医改的具体行动提出了重要建议也为健康保险的未来发展指明了方向。

贯彻落实医改"十二五"规划的通知发布之后，中国保监会继续发文，2012年7月19日发布《全面推广小额人身保险方案》。方案肯定了我国小额人身保险历经四年的探索，为缓解意外事故和疾病等风险对农村家庭的冲击、建设和谐社会做出的积极贡献，小额人身保险获得了社会各界的广泛关注和认可，实现了农民得实惠、政府得民心、公司得市场、行业得美誉的多赢局面。为持续推进保险服务的普惠性目标，让更广大低收入群体能够享受到保险服务，增强风险抵御能力，保护辛勤奋斗的致富成果，履行人身保险行业的社会责任，决定在总结试点经验的基础上决定在全国推广小额人身保险服务。建议保险公司应高度重视小额人身保险产品和经营模式创新在实现小额人身保险服务低收入群体目标中的统一性，在推广小额人身保险过程中应结合当地经济文化特点和民俗风情，积极探索创新销售和服务模式，使更多低收入群体买得起、买得到适合自身需求的保险保障。

2012年以来商业健康保险的快速发展，一方面，保险监管为健康保险的发展提供了有利的政策环境；另一方面，在国务院和中国保监会的正确监管和指导之下，保险公司的产品发展策略发生了重大转变，在人身保险业务机构中的占比，适度调整了商业健康保险在公司产品发展策略中的地位。

2012年8月31日国务院发布《关于开展城乡居民大病保险工作的指导意见》，指出城乡居民大病保险是在基本医疗保障的基础上，对大病患者发生的高额医疗费用给予进一步保障的一项制度性安排，可进一步放大保障效用，是基本医疗保障制度的拓展和延伸，是对基本医疗保障的有益补充。开展这项工作，是减轻人民群众大病医疗费用负担，解决因病致贫、因病返贫问题的迫切需要；是建立健全多层次医疗保障体系，推进全民医保制度建设的内在要求；是推动医保、医疗、医药互联互动，并促进政府主导与市场机制作用相结合，提高基本医疗保障水平和质量的有效途径；是进一步体现互助共济，促进社会公平正义的重要举措。

"意见"充分认识了开展城乡居民大病保险工作的必要性，指出大病保险工作的基本原则、筹资机制、保障内容以及承办方式，要求各部门切实加强监管并且给出了大病保险的具体工作要求。大病保险坚持政府主导，专业运作的基本原则。政府负责基本政策制定、组织协调、筹资管理，并加强监管指导。利用商业保险机构的专业优势，支持商业保险机构承办大病保险，发挥市场机制作用，提高大病保险的运行效率、服务水平和质量。

为贯彻落实国家发改委、卫生部、财政部、人力资源社会保障部、民政部、中国保监会《关于开展城乡居民大病保险工作的指导意见》（发改社会〔2012〕2605号），促进城乡居民大病保险业务健康发展，保护参保城乡居民的合法权益，2013年3月20日，中国保监会发布了《保险公司城乡居民大病保险业务管理暂行办法》。该办法规定了大病保险在经营资质、投标管理、业务管理、服务管理、财务管理、风险调节、监督管理、市场退出等九章五十五条实施办法。

在中国保监会的指导和行业的支持下，中国精算师协会经验分析办公室从2011年10月启动中国人身保险业重大疾病经验发生率表编制项目，采用了7 500万条的高质量样本保单量，历时两年编制，2013年11月14日，《中国人身保险业重大疾病经验发生率表（2006—2010）》正式问世。中国人身保险业重大疾病经验发生率表是中国人身保险业的第一套重大疾病经验发生率表，填补了我国重疾表的空白，是我国真正本土化的国民健康数据，为我国健康保险提供了非常宝贵的高质量"大数据"，极具参考价值，对于夯实健康保险行业发展基础，促进产品创新，推动行业转型升级具有深远影响。2014年，中国保险行业协会将主导新一轮重大疾病定义修订工作，为健康保险行业的经验数据的累积不断添砖加瓦。

《保险公司城乡居民大病保险业务管理暂行办法》和《中国人身保险业重大疾病经验发生率表》的相继发布，为保险公司经营大病保险提供了理论支持和技术性支持，越来越多的保险公司开始转变经营大病保险的态度。2015年7月28日，国务院办公厅发布《关于全面实施城乡居民大病保险的意见》，丰富了中国保监会2013年发布的《保险公司城乡居民大病保险业务管理暂行办法》的内容，旨在加快推进大病保险制度建设，筑牢全民基本医疗保障网底，让更多的人民群众受益。2016年10月中国保监会发布《保险公司城乡居民大病保险投标管理暂行办法》《保险公司城乡居民大病保险业务服务基本规范（试行）》《保险公司城乡居民大病保险财务管理暂行办法》《保险公司城乡居民大病保险风险调节管理暂行办法》《保险公司城乡居民大病保险市场退出管理暂行办法》等大病保险工作的系列办法。

在2013年9月28日国务院发布关于《促进健康服务业发展的若干意见》、2014年8月13日国务院发布保险业"新国十条"之后的2014年10月27日，国务院办公厅再次发布《关于加快发展商业健康保险的若干意见》，指出加快发展商业健康保险，在夯实多层次医疗保障体系，满足人民群众多样化的健康保障需求，促进健康服务业发展，增加医疗卫生服务资源供给，推动健全医疗卫生服务体系等多方面的重要意义，并提出了加快发展商业健康保险的总体要求。充分发挥市场机制作用和商业健康保险专业优势，扩大健康保险产品供给，丰富健康保险服务，使商业健康保险在深化医药卫生体制改革、发展健康服务业、促进经济提质增效升级中发挥"生力军"作用。

《促进健康服务业发展的若干意见》要求政府强化制度建设、政策规划和市场监管等职责，通过财税、产业等政策引导，发挥市场在资源配置中的决定性作用。完善发展商业健康保险财政税收等支持政策，研究完善城乡居民大病保险业务保险保障基金政策。落实和完善企业为职工支付的补充医疗保险费有关企业所得税政策。坚持市场配置资源，鼓励健康服务产业资本、外资健康保险公司等社会资本投资设立专业健康保险公司，支持各种类型的专业健康保险机构发展。同时，大力普及商业健康保险知识，增强人民群众的健康保险意识，为商业健康保险的发展营造良好氛围。

《促进健康服务业发展的若干意见》对商业保险机构开发健康产品给出了许多建议。鼓励商业保险机构不断增加健康保障供给，提高服务质量和效率。鼓励企业和个人通过参加商业保险及多种形式的补充保险解决基本医保之外的需求。鼓励商业保险机构积极开发与健康管理服务相关的健康保险产品，加强健康风险评估和干预，提供疾病预防、健康体检、健康咨询、健康维护、慢性病管理、养生保健等服务，降低健康风险，减少疾病损失。支持商业保险机构针对不同的市场设计不同的健康保险产品。根据多元化医疗服务需求，探索开发针对特需医疗、药品、医疗器械和检查检验服务的健康保险产品。开发药品不良反应保险。发展失能收入损失保险，补偿在职人员因疾病或意外伤害导致的收入损失。适应人口老龄化、家庭结构变化、慢性病治疗等需求，大力开展长期护理保险制度试点，加快发展多种形式的长期商业护理保险。开发中医药养生保健、治未病保险产品，满足社会对中医药服务多元化、多层次的需求。积极开发满足老年人保障需求的健康养老产品，实现医疗、护理、康复、养老等保障与服务的有机结合。鼓励开设残疾人康复、托养、照料和心智障碍者家庭财产信托等商业保险。

《关于加快发展商业健康保险的若干意见》的发布反映出加快发展健康保险已经上升为国家意志。政府从为实现宏观政策目标出发，为健康保险监管与健康保险产品开发都提供了宝贵的建议。为健康保险的发展营造了空前有利的政策环境。

为贯彻落实《国务院关于促进健康服务业发展的若干意见》（国发〔2013〕40号）精神，2015年5月8日财政部发布《关于开展商业健康保险个人所得税政策试点工作的通知》，规定了试点地区个人购买符合规定的商业健康保险产品的支出，允许在当年（月）计算应纳税所得额时予以税前扣除，扣除限额为2 400元/年（200元/月）。并拟定在北京、上海、天津、重庆四个直辖市全市试点，各省、自治区分别选择一个人口规模较大且具有较高综合管理能力的试点城市。为贯彻落实财政部、国家税务总局、中国保监会《关于开展商业健康保险个人所得税政策试点工作的通知》（财税〔2015〕56号）精神，促进个人税收优惠型健康保险业务健康发展，保护被保险人的合法权益，2015年8月10日中国保监会发布了《个人税收优惠型健康保险业务管理暂行办法》，对经营个人税收优惠健康保险业务的保险公司做出很多规定，并特别对个人税收优惠型健康保险产品提出了管理要求。包括产品设计应遵循保障为主、合理定价、微利经营的原则，采取万能险的方式以及最低保额20万元等。2016年正式推出个人税收优惠型健康保险产品。数据显示，2017年在已实施税优政策城市的居民中，仅有27.5%的人知道税优健康产品，而其中只有26.6%的人选择了购买。个税优惠是国际发达市场的一个通行做法，用税优的方式来吸引民众，用保险的手段来管理他的健康风险。但是目前来看发展并不尽人意，究其原因，一方面是税收优惠力度还不够大而且缴纳手续比较烦琐，这在一定程度影响了民众的积极性和热情。未来个人税收优惠型健康保险将不断丰富和完善。

2016年8月23日中国保监会发布《中国保险业发展"十三五"规划纲要》（以

下简称《纲要》），主要明确"十三五"时期（2016—2020年）我国保险业的指导思想、发展目标、重点任务和政策措施，是未来五年保险业科学发展的宏伟蓝图，是全行业改革创新的行动纲领，是保险监管部门履行职责的重要依据。

就健康保险，《纲要》指出要把商业保险建成社会保障体系的重要支柱，研究推动大病保险向贫困人口予以倾斜；大力发展普惠保险，开发各类小额保险产品；全面推开个人税收优惠型商业健康保险；鼓励发展多种形式的商业护理保险；完善"一站式"大病保险服务。2016年12月27日，国务院关于印发《"十三五"深化医药卫生体制改革规划的通知》，提出加快健全全民医保体系，基本医保参保率保持在95%以上，逐步整合城乡居民医保制度，进一步提高筹资和保障水平，全面推开城乡居民大病保险、重特大疾病医疗救助、疾病应急救助，快速发展商业健康保险等系列要求。2017年4月25日，国务院办公厅《关于印发深化医药卫生体制改革2017年重点工作任务的通知》，再次将完善大病保险制度、商业健康保险个人所得税试点政策推广至全国实施、推动开展长期护理保险试点等作为2017年的深化医药卫生体制改革的重要工作。

2017年5月25日，中国保监会发布《关于规范人身保险公司产品开发设计行为的通知》，要求各人身保险公司做好新形势下人身保险产品监管工作，规范保险公司产品开发设计行为，切实发挥人身保险产品的保险保障功能，回归保险本源，防范经营风险。保险公司开发设计保险产品时应当遵循并坚持以消费者的需求为中心，发展有利于保障和改进民生的人身保险产品；以我国国情和行业发展为实际考量，发展符合自身规律，符合国家发展战略导向的人身保险产品；以保险基本原理为根本，借鉴国际经验，发展保障功能突出，符合损失分担、风险同质和大数法则的人身保险产品等原则。支持并鼓励保险公司大力发展服务于消费者看病就医等健康保障规划的健康保险产品，并不断提高保障的覆盖面和保障的针对性。保险公司为特定人群开发的专属保险保障产品，应重点服务于支持国家实体经济发展、国家脱贫攻坚战略等国家发展重大领域。除此之外，对护理保险产品和失能收入损失保险产品都提出了具体的要求。

纵观我国健康保险的发展，不仅经营主体在增加，开发的产品无论在品种还是数量上也都有持续增长。特别是"十二五"以来，我国商业健康保险综合实力大幅提升，是全行业增速最快的业务板块。从2010年到2016年，原保费收入从691.72亿元迅速增长至4 042.50亿元，增长4.8倍，占人身险保费收入比重从6.37%增长到18.2%，占全行业保费收入比重从4.66%增长到13%；健康险赔付从264.02亿元增长到1 000.75亿元，增长2.8倍。同时，健康险深度由2010年0.17%增长至2016年0.54%；健康险密度由2010年50元/人增长至2016年292.3元/人。根据保险行业协会的统计，目前，我国保险公司在保监会备案了将近6 400余种商业健康保险产品，产品类型以重大疾病保险产品和费用补偿型的医疗保险为主，失能收入保险 54 种，护理保险 177 种，个人税收优惠型健康保险 22 种。尽管过去几年间我国商业健康保险的增长速度很快，但无论是深度还是密度都与发达国家有很大差距，而这也充分地表明我国的商业健康保险发展潜力巨大、前景广阔。

商业健康保险着眼于满足人民群众日趋多样化的健康保障需求，加大创新力度，加快发展，服务健康中国的能力和作用明显增强。一是积极承办城乡居民大病保险，开创中国式医改的新途径；二是积极参与各类医保经办服务，着力服务社会治理能力现代化；三是响应国家扶贫开发战略，利用健康保险实现精准扶贫；四是探索服务医改新途径，不断助力医改深化。强化医疗行为管控，降低不合理医疗费用；创新推进医疗责任保险，防范和化解医患纠纷；积极参与投资医疗机构，推进社会办医。商业健康保险是深化医改的持续动力，是医疗保障体系的重要组成部分，是健康服务产业链条的重要整合者。医改是一个系统性、整体性工程，需要调动各方力量协力推进，而商业健康保险作为市场化机制，具有诸多优势，可以在深化医改中发挥重要作用。因此发展商业健康保险、完善医疗保障体系既是经济增长、提质换挡的现实需要，也是增强国家竞争力的必然要求，更是塑造医疗保障体系的必由之路，同时以商业健康保险整合健康产业还是供给侧结构性改革的重要组成部分，有利于形成新的经济增长动能，有利于推动医疗服务重心从"治病"向"防病"转变，促进经济社会发展提质增效。当前，商业健康保险和整个健康产业一起，已经站在了健康中国建设的时代风口，健康保险面临着巨大的发展机遇。

本章小结

本章主要讲解了保险监管与健康保险产品发展的历程。第一节首先对保险监管的定义、主体、原因以及意义进行了阐述，并在此基础上分析了保险监管对于健康保险产品发展的作用。本章第二节至第五节根据保险监管的历程与健康保险产品发展的特点将保险监管与健康保险产品的发展分为四个阶段。第二节介绍了 1998 年之前健康保险产品的发展。在 1998 年之前，中国保监会尚未成立，我国的保险监管相对松散，财险与寿险混业经营，健康保险产品只是作为一种附属品来销售。这一阶段健康保险产品主要是费用型的医疗保险产品。第三节介绍了 1998 年至 2004 年的保险监管与健康保险产品。中国保险监督管理委员会成立之后先后发布多款关于健康保险的办法和意见，为我国健康保险产品的发展提供了有力的政策支持，创造了良好的环境。第四节介绍了 2005 年至 2010 年的保险监管与健康保险产品。这一阶段，健康保险开始专业化经营，健康保险进入了独立发展的崭新时期，特别是《健康保险管理办法》颁布之后，我国健康保险市场产品日渐丰富，"产品+服务"的发展模式开始得到关注。第五节介绍了 2011 年至今的保险监管与健康保险产品。自《中国保险业发展"十二五"规划纲要》发布之后至今，补充医疗保险、疾病保险和失能收入损失保险等产品成为保险市场创新重点，健康保险与健康管理相结合的新模式不断推进，健康保险服务于健康中国的作用不断加强。

思考题

1. 请简要阐述保险监管的定义。
2. 请列出保险监管的主体。
3. 请列出保险监管的具体内容
4. 请简要概括保险监管对健康保险发展的作用
5. 请论述我国保险监管的发展历程。
6. 请论述我国健康保险产品的发展历程。
7. 请论述保险监管对健康保险发展的作用。
8. 请论述我国保险监管与健康保险产品的发展阶段以及发展特征。

第十四章

中国大健康发展战略与健康保险产品创新

第一节 健康中国国家战略与全民小康

健康是促进人的全面发展的必然要求,是经济社会发展的基础条件。实现国民健康长寿,是国家富强、民族振兴的重要标志,也是全国各族人民的共同愿望。随着人口老龄化加剧、疾病谱发生变化以及人们物质生活的过度丰富,传统的医药卫生服务体系面对日益复杂的社会环境越来越不能满足人们多样化的健康需求。健康人口占比较低、健康文化教育水平不高、健康服务供给不足等问题十分明显。

当前,我国居民健康状况喜忧参半。好的方面是由于生活质量水平的提高带来医疗卫生服务水平的改善。近年来,我国居民的健康水平逐渐提升。"十二五"期间,我国居民的平均预期寿命从2010年的74.83岁提升到2015年的76.34岁;人口出生率从2010年的11.9‰提升到2015年的12.07‰。但是人口死亡率由于自然环境的日益恶化和重大灾害的频繁发生有所上升,由2010年的7.11‰提升到2014年的7.16‰;医疗卫生机构,包括综合医院数、中医医院数、专科医院数、基层医疗卫生机构、社区卫生服务中心数、街道卫生院数、乡镇卫生院数、村卫生室等合计增加29 139家;卫生人员大大增加,从2010年的820.75万人,增加到1 069.39万人;新生儿死亡率从2010年的8.3‰降到2015年的5.4‰;卫生总费用,包括政府卫生支出、社会卫生支出、个人先进卫生支出等5年间合计增长了20 994.25亿元,其中增长部分,政府占比32.12%,社会卫生支出占比44.35%,个人先进卫生支出占比 23.54%。

不好的方面是，我国居民健康现状也存在很多问题：一是慢性病作为重大的病因，已成为我国居民的主要死因。根据《中国居民营养与慢性病状况报告（2015年）》，2012 年全国 18 岁及以上成人高血压患病率为 25.2%，糖尿病患病率为 9.7%，与 2002 年相比，患病率呈上升趋势。40 岁及以上人群慢性阻塞性肺病患病率为 9.9%。根据 2013 年全国肿瘤登记结果分析，我国癌症发病率为 235/10 万人，肺癌和乳腺癌分别位居男、女性发病首位，10 年来我国癌症发病率呈上升趋势。关于重点慢性病死亡情况。2012 年全国居民慢性病死亡率为 533/10 万人，占总死亡人数的 86.6%。心脑血管病、癌症和慢性呼吸系统疾病为主要死因，占总死亡的 79.4%，其中心脑血管病死亡率为 271.8/10 万人，癌症死亡率为 144.3/10 万人（前 5 位分别是肺癌、肝癌、胃癌、食道癌、结直肠癌），慢性呼吸系统疾病死亡率为 68/10 万人。二是在人口老龄化现象加剧环境下，我国居民的健康水平也面临较大挑战。2000 年，我国 60 岁以上老龄人口占总人口比重超过 10%，达到国际上公认的"老龄化社会"。根据民政局发布的《2014 年社会服务发展统计公报》，我国 60 岁及以上老龄人口 2.12 亿人，占总人口的 15.5%，成为世界上首个老年人口突破 2 亿人的国家。预计 2050 年老龄人口占比将超过 30%，高于美国等大部分发达国家。老年人越多，对老年健康的服务，包括医疗水平、护理水平等要求就越高。三是我国的医疗卫生服务体系仍较为落后。目前，我国的医疗卫生服务体系供需仍处于失衡状态。在供给方面，医疗服务供给能力严重不足，医疗资源较为匮乏，专业的医疗人员数量增速较为缓慢。2010—2015 年 5 年间，执业（助理）医师数仅仅增长 62.58 万人，增速 25.93%；卫生技术人员数 5 年间增长 327.91 万人，增速达到 69.35%。而在需求方面，入院人数 5 年间从 14 173.55 万人增长到 21 053.8 万人，增加 6 880.25 万人；年诊疗人次从 2010 年的 58.38 亿次，增长到 2015 年的 76.99 亿次。医疗卫生服务体系的供给明显跟不上需求，并且医疗卫生服务体系自身也存在供给结构上的问题：即基层医疗卫生机构的服务能力不足，居民的医疗卫生需求大多向大医院倾斜。2011—2015 年的 5 年间，医院住院人数从 10 754.74 万人增长到 16 086.80 万人，增速 48.54%；然而，基层医疗卫生机构入院人数从 3 949.86 万人增长到 4 036.60 万人，增速 21.96%。难以满足我国居民日益增长的多元化的健康服务需求。四是医疗卫生体制问题有待解决：一方面，在我国医疗、医保、医药三医联动过程中乱象重生。在深化医疗改革进程中，只有"三医联动、三改并举"才能真正实现医疗卫生体制的统一，更好地造福于人民的健康。然而，新医改进行的这些年，"三医"并没有很好地联动起来，而是出现了联而不动、联而乱动的现象。例如，混淆购买与补偿的关系。误将医保的购买服务当作公立医院在取消"以药养医"制度后的收入缺口补助。这种行为无异于拿老百姓的"医保救命钱"来补偿改革成本。又如，设立城乡医保整合障碍，公立医院既想当会计又想当出纳。城乡医保整合的目标就是增强政策的公平性，如果管理权全权赋予公立医院，公平就无从谈起。另一方面，深化医药体制改革进入攻坚阶段。医疗保障的公平性、专业性有待进一步提高。我国医疗资源的配置仍然沿袭了计划经济体制下的行政等级制，医疗机构分为基层和医院，医院分为三级十等，不同等级的医疗机构能够获得的资源有显著的差别。这种等级制的医疗资源配置导致高等级医院、大医院、城市地区的医院能够得到更多的行政垄断权力和更优质的医疗资源。医生的职称制度、人事制度、薪酬制度都与等级挂钩。城市公立医院借助这种行政垄断权力不断吸引各种优质资源和患者，从而导致大医院总是"人满为患"，基层医疗卫生机构时常"门可罗雀"。基于此，"健康中国"的理念应运而生。

一、"健康中国"理念的诞生过程

2007年，时任卫生部部长的陈竺首次公布"健康护小康，小康看健康"三步走战略，推动建设全民健康中国。

2008年，在全国卫生工作会议上，卫生部正式提出"健康中国2020战略"，并提出三步走战略。其中，第三阶段的目标就是到2020年建立覆盖城乡居民的基本医疗卫生制度，实现人人享有的基本医疗卫生服务，国民健康水平接近中等发达国家水平。

2012年8月，卫生部"健康中国2020"战略研究报告。

2015年2月，全国两会期间，李克强总理在政府工作报告中的首次提出"打造健康中国"。

2015年3月，《全国医疗卫生服务体系规划纲要（2015—2020）》：开展"健康中国云"服务计划，积极应用移动互联网、物联网、云计算、可穿戴设备新技术，推动惠及全民的健康信息服务和智慧医疗费服务，推动健康大数据的应用，逐步转变服务模式，提高服务能力和管理水平。

2015年9月初，国家卫生计生委启动编制《健康中国建设规划（2016—2020年)》。

2015年10月，党的十八届五中全会，进一步提出了"推进健康中国建设"的任务要求，健康中国正式上升为国家战略。

2016年10月，党的十八届五中全会提出建设健康中国的目标，将健康中国纳入国家发展战略，并写入"十三五"国民经济和社会发展规划，这对于全面提高人民健康水平、以健康促发展具有重要战略意义，同时为我国商业健康保险的发展提供了良好的契机。

2016—2020年，"十三五"时期，我国更加注重预防为主和健康促进，更加注重工作重心下移和资源下沉，更加注重提高服务质量和水平，实现发展方式由以疾病为中心向以健康为中心转变，显著提高人民群众健康水平，奋力推进健康中国建设。

2016年8月26日，中共中央政治局召开会议审议通过《"健康中国2030"规划纲要》，这意味着"健康中国"上升为国家战略，对实现全面小康和建设美丽中国、幸福中国有重要意义，是未来15年健康中国理念践行的行动纲领，建设健康中国要树立"大健康"理念。深化医药卫生体制改革，完善医疗卫生服务体系，解决群众看病就医问题，无疑是建设健康中国的要义所在，需要指出的是，建设健康中国不仅仅是解决看病的问题，必须把以治病为中心转变为以人民健康为中心，树立"大健康"理念，将健康融入所有政策。

"健康中国2030规划纲要"明确提出健全医疗保障为主体，其他为补充的多层次医疗体系，进一步健全医疗保障机制，加强基层医保、城乡居民大病保险、商业健康保险有效衔接，鼓励企业个人参加商业健康保险，多种形式的补充保险，丰富健康保险产品，鼓励开发与健康管理服务相关的健康保险产品，促进商业保险公司与医疗体检护理本机构的协作。这为我国健康中国中长期的发展指明了方向，对保险业也提出了要求。他认为，居民不断增长的医疗卫生需求也是居民不断增长的医疗保险服务的需求，而疾病谱、老龄化社会对健康保险服务业带来了发展机遇和挑战。同时，深化改革要实现医疗、医药，医保三医联动，这是数据信息的连通和共享，是数据的标准化，管理规范化。保险公司应通过投资健康产业、健康诊疗、健康保障、健康服务，养老护理周期的大健康产业链，服务链，生态链，健康服务空间，投资空间，实现多元共赢。

二、健康中国内涵

健康一直是中国国民所热切关注的话题。然而，在建国初期，由于中国的物质条件极度匮乏，再加之疾病困扰，婴儿的成活率很低，中国人的平均寿命仅在35岁左右；20世纪70年代末，我国的人均预期寿命增加到了68岁，达到了中等发达国家的平均寿命水平；改革开放后，我国实行全民医保，国家公共卫生情况和控制疾病的能力上了一个新台阶，基本医疗已经覆盖到了95%以上的人口。近年来，将健康中国提升到国家战略地位，也为进一步提升我国居民的健康环境和健康人群覆盖率提供了政策上的支持，更为全面建成小康社会下谱写了全民健康蓝图。健康中国的基本内涵包括六个方面：一是完善覆盖城乡居民的基本医疗卫生制度；二是人人享有基本医疗卫生服务；三是医疗保障水平不断提高；四是国民健康水平达到中等发达国家水平；五是地区间人群健康差异进一步缩小；六是卫生服务资源利用明显改善。但是，我国居民目前仍然面临着多种健康干扰因素交织错杂的复杂局面。

一是重大传染病和重点寄生虫病防控形势依然严峻,新生传染病威胁不容乐观;二是慢性病已经成为重大的公共卫生问题。根据卫生部相关的新闻发布会,目前我国的慢性病患者高达 2.6 亿人,慢性病的致死人数已经成为我国总死亡人数的 85%;三是生态环境、生产生活方式和食品药品安全、职业伤害、饮用水安全以及环境问题对人民健康的影响日益突出。

实施"健康中国"的国家战略有利于探索提升人民健康的经济社会发展模式,增加中华文化和社会主义制度的影响力和感召力,走出一条具有中国特色的健康可持续的国家发展道路。

实施"健康中国"的国家战略有利于建立具有中国特色的健康保障制度。当前,现代医学的治疗模式仍然是以病为本,这种模式容易造成晚期治疗的问题,不仅给患者带来更加高昂的医疗费用,也使得医疗资源的供给趋于紧张。"健康中国"的发展战略,鼓励现代医疗救治以预防为主。

实施"健康中国"的国家战略有利于进一步深化医疗卫生体制改革,巩固医疗卫生体制改革的发展成果,解决我国人民健康存在的紧迫问题。健康中国战略是在医药卫生体制改革的基础上,从更大范围、更高高度、更根本上维护人民健康的战略规划。

实施"健康中国"的国家战略有利于促进产业升级、催生新的经济增长点、提升国际竞争力。据相关资料统计,目前日本的健康产业投入占其 GDP 的 8% 左右,欧洲健康产业投入占比为 10%—12%,而美国的健康产业投入在其 GDP 的占比高达 16%,而我国的健康产业投入都不到 GDP 的 6%。可见,我国的健康产业有很大的增长空间。预计 2020 年,我国在健康产业方面的投入高达 8 万亿元。

三、健康中国战略促进全民小康

"没有全民健康,就没有全民小康"。[①] 全民健康,要求将健康融入所有政策,国家改革发展成果由人民共享,以人为本。国民的健康水平就好比为庄稼提供矿物质营养、水分的土地。土地若是贫瘠,再好的种子也结不出硕大的果实;国民的健康水平若是得不到保障,提升全民的生活质量、经济水平和幸福指数就无从谈起。把人民健康放在优先发展的战略地位,以普及健康生活、优化健康服务、完善健康保障、建设健康环境、发展健康产业为重点,加快推进健康中国建设,努力全方位、全周期保障人民健康,为实现"两个一百年"奋斗目标,全面建设小康社会打下坚实健康基础。全民健康是建设健康中国的根本目的。立足全人群和全生命周期两个着力点,突出解

---

① 习近平总书记在全国卫生与健康大会(2016 年 8 月 19—20 日)上提出。

决好妇女儿童、老年人、残疾人、低收入人群等重点人群的健康问题。要覆盖全生命周期，针对生命不同阶段的主要健康问题及主要影响因素，确定若干优先领域，强化干预，实现从胎儿到生命终点的全程健康服务和健康保障，全面维护人民健康。

以全民健康促进全民小康，主要从以下三个方面做出努力：

（一）深化医疗改革，让人民群众看得上病、看得起病、看得好病

目前，我国的医疗卫生资源在数量和质量上都明显偏低，总体比较滞后。居民"看病难、看病远、看病挤"的现象仍然得不到解决。因此，要以全民健康促进全民小康，应该以满足人民的健康需求为出发点，以政府为主导，共同推进医药卫生体制改革。一方面，要全面深化公立医院改革，努力实现医疗、医保、医药三医联动的格局，建立健全带有激励效应的人事制度和薪酬制度，推进现代医院管理制度的建立与完善；另一方面，增大医疗资源总量。例如，建立国家基本药物制度，增加药物的基本供给；建立覆盖城乡的基本医疗体制服务网站，加强数据化、信息化发展；适时适量地建立各种医疗服务机构。

（二）应以预防为主，努力提升城乡居民健康素养和健康水平

以预防为主，主要指的是慢性疾病和重大传染病的预防；慢性病主要包括心脑血管疾病、癌症、慢性呼吸系统疾病、糖尿病和口腔疾病，以及内分泌、肾脏、骨骼、神经等疾病。慢性病是严重威胁我国居民健康的一类疾病，已成为影响国家经济社会发展的重大公共卫生问题。慢性病的发生和流行与经济、社会、人口、行为、环境等因素密切相关。随着我国工业化、城镇化、人口老龄化进程不断加快，居民生活方式、生态环境、食品安全状况等对健康的影响逐步显现，慢性病发病、患病和死亡人数不断增多，群众慢性疾病负担日益沉重。在《中国防治慢性病中长期规划（2017—2025年）》文件中，就提到未来3年的规划目标。到2020年，慢性病防控环境显著改善，降低因慢性病导致的过早死亡率，力争30—70岁人群因心脑血管疾病、癌症、慢性呼吸系统疾病和糖尿病导致的过早死亡率较2015年降低10%。到2025年，慢性病危险因素得到有效控制，实现全人群全生命周期健康管理，力争30—70岁人群因心脑血管疾病、癌症、慢性呼吸系统疾病和糖尿病导致的过早死亡率较2015年降低20%。逐步提高居民健康期望寿命，有效控制慢性病疾病负担。重大传染病，如2003年的"非典"以及近年来的手足口病、H1N1病毒。因此，这两种疾病的预防对于提升我国的整体健康水平，进而提升小康生活水平具有重大意义。另外，应该完善突发事件的紧急应对机制，加强食品营养的摄入进而提升出生人口的质量；加强宣传健康教育，不断提升城乡居民的健康素养和健康水平。近年来，各地区、各有关部门认真贯彻落实党中央、国务院决策部署，深化医药卫生体制改革，着力推进

环境整治、烟草控制、体育健身、营养改善等工作，初步形成了慢性病综合防治工作机制和防治服务网络。

（三）完善全民医保在健康中国战略中的功能与作用

我国的基本医疗保险制度包括三大支柱，即城镇职工基本医疗保险制度、城镇居民基本医疗保险制度和新型农村合作医疗制度。城镇职工基本医疗保险由用人单位和职工按照国家规定共同缴纳基本医疗保险费，建立医疗保险基金，参保人员患病就诊发生医疗费用后，由医疗保险经办机构给予一定的经济补偿，以避免或减轻劳动者因患病、治疗等所带来的经济风险。新型农村合作医疗和城镇居民基本医疗保险实行个人缴费和政府补贴相结合，待遇标准按照国家规定执行。目前，我国的基本医保制度覆盖全国95%以上的人口，基本实现全民医保。完善全民医保在健康中国战略中的基本保障作用。当然，全面的健康保障仅有基本医疗保险是不够的，还包括重特大疾病保障机制、补充医疗保险、医疗救助、商业医疗保险和医疗福利等。

第二节 《"健康中国2030"规划纲要》对健康保险产品创新的促进

艾瑞咨询发布的《2017年中国商业健康险行业研究报告》显示，2016年我国健康险市场渗透率9.1%，人均每单消费3118元，2011—2016年复合增长率42%。据相关数据显示，2017年第一季度健康险业务赔款与给付支出284亿元，较2016年同期增加56.56亿元，同比增长24.87%，成为四大类险种（其他三类为财产保险业务、寿险业务、意外险业务）中，赔付增长最快的险种，健康险迎来爆发期。

根据保障范围的不同，健康保险产品通常可以分为医疗费用保险、疾病保险、失能收入损失保险和长期护理保险。

一、医疗保险创新

《"健康中国2030"规划纲要》中，对于如何健全医疗保障体系做出了解释，其中提到"健全以基本医疗保障为主体、其他多种形式补充保险和商业健康保险为补充的多层次医疗保障体系。整合城乡居民基本医保制度和经办管理"。要"严格落实医疗保险基金预算管理。全面推进医保支付方式改革，积极推进按病种付费、按人头付费，积极探索按疾病诊断相关分组付费（Diagnosis Related Groups，DRGs）、按服务绩效付费，形成总额预算管理下的复合式付费方式，健全医保经办机构与医疗机构的谈判协商与风险分担机制"，"逐步引入社会力量参与医保经办。加强医疗保险基础标准建设和应用。到2030年，全民医保管理服务体系完善高效"。

（一）医疗保险产品保单条款创新

1. 保险观察期[①]

本着《"健康中国2030"规划纲要》中"健全医疗保障体系"的思想，"健全以基本医疗保障为主体、其他多种形式补充保险和商业健康保险为补充的多层次医疗保障体系。"各大保险公司对于健康保险产品的观察期做出一方面的创新是，因为意外事故是随机的、突发的、意外的，因此由于意外事故导致的重大疾病是没有观察期的。保险公司应保险合同成立之日起对被保险人承担责任。某些保险公司开始大胆突破，设置了无观察期条款，扩大了被保险人的保险期间范围，对于在保险合同成立和保险合同生效的这一时间段，保险公司也对承担给付保险金的责任。

2. 保障范围

《"健康中国2030"规划纲要》指出，要实施慢性病综合防控战略，加强国家慢性病综合防控示范区建设。强化慢性病筛查和早期发现，针对高发地区重点癌症开展早诊早治工作，推动癌症、脑卒中、冠心病等慢性病的机会性筛查。基本实现高血压、糖尿病患者管理干预全覆盖，逐步将符合条件的癌症、脑卒中等重大慢性病早诊早治适宜技术纳入诊疗常规。加强学生近视、肥胖等常见病防治。到2030年，实现全人群、全生命周期的慢性病健康管理，总体癌症5年生存率提高15%。加强口腔卫生，12岁儿童患龋率控制在25%以内。保险公司在保障范围上在做好自我风险管控的条件下，科学合理地扩大对被保险人的保障范围，大胆突破社保的保障范围，社保保险金的补偿不再局限于医保目录的范围，可以补偿超过医保目录医药的保障范围。

以下是某保险公司在保障范围上做出的突破：（1）用药突破：住院或门诊就医时医生所开处方西药、中成药、中药的费用；（2）检查突破：主要包括实验室检查、病理检查、放射线检查、CT、核磁、B超、心电图、新功能等；（3）材料突破：手术植入材料如起搏器、钛钉等。另外，特殊门诊可报销项目包括门诊恶性肿瘤放化疗、门诊肾透析、器官移植后的门诊抗排异治疗。

[①] 观察期，又称免责期或观察期，是健康类保险的特有条款，是指健康保险中由于疾病、生育及其导致的疾病、残疾、死亡发生后到保险金给付之前的一段时间。保险观察期是为了防止投保人明知道将发生保险事故，而马上投保以获得经济补偿的行为。"观察期"的设立，可以从源头上防止带病投保等骗保行为，避免产生逆选择，降低道德风险。

有些保险公司不仅住院医疗费,对于住院前和住院后发生的门诊费用也纳入到保障范围。同时,把慢性病门诊治疗费用也纳入在内。

3. 附加健康管理服务

健康管理的宗旨是引导群众健康从医疗为主转向预防为主,不断提高民众的自我健康管理意识。主要是指以预防和控制疾病发生与发展,降低医疗费用,提高生命质量为目的,针对个体及群体进行健康管理教育,提高自我管理意识和水平,并对其生活方式相关的健康危险因素,通过健康信息采集、健康检测、健康评估、个性化监看管理方案、健康干预等手段持续加以改善的过程和方法。

例如,某保险公司对被保险人和投保人承诺的具体的健康管理服务如下:

(1)家庭医生电话服务,即为被保险人提供 7 天×24 小时的健康热线咨询,包括健康风险评估、健康咨询、用药指导、健康教育等服务内容。

(2)慢性病管理服务,即为被保险人提供符合当地饮食生活习惯的慢性病管理服务,包括定期电话问诊咨询,并对用药、饮食、生活习惯进行干预等。

(3)肿瘤标志物筛查,指在每个保单年度内我们为被保险人提供一次包含甲胎蛋白(AFP)、癌胚抗原(CEA)、肿瘤相关抗原(CA199、CA125)四项的肿瘤标志物筛查服务。

4. 无赔款优待条款

无赔款优待条款一般用于车险等短期非寿险中。但是根据国际经验,有将无赔款优待条款纳入到健康保险计划的先例。无赔款优待条款规定,如果一年有理赔记录的被保险人按照约定的均衡保费缴纳保费,便对一年无理赔记录的被保险人给予一定优惠,保费按照适当折扣后缴纳,这对被保险人是一种鼓励。无赔款优待条款可以使被保险人更加注重自己的身体健康,加强身体锻炼,预防保健,从而减少被保险人索赔机会,因此通过无赔款优待条款可以控制健康保险被保险人的风险。

(二)医疗保险险种创新

保障补充型产品是指包含社保规定范围外的特殊病种治疗及用药的医疗保险、高额医疗费用保险、高端人群的医疗险以及老年人终身医疗保险等。目前在我国市场上,费用补偿型医疗保险适宜设计成短期产品,"限额+定额给付"相结合的医疗保险可能成为未来长期医疗保险主流产品。随着医疗技术水平和保险精算技术的发展,保险公司所承保的责任会逐步增加,在这些险种成为主险以前,保险人可在给付限额内按照诊断说明和赔付准则提供被保险人住院津贴和重症监护津贴等保障。尤其当被保险人患有重大疾病时,保险公司可以设计重大疾病保险和医疗保险组合的产品。为了减轻被保险人缴纳保费的压力,也可设计成消费型的产品。

(三) 医疗保险营销渠道创新

党的十八届五中全会提出了发展共享经济的新理念,为保险营销渠道变革指明了方向。近年来,以代理人和银行兼业代理营销为主的传统保险营销方式发展缓慢,营销机制需要创新突破,互联网保险营销成为重要选择。移动互联网正在改变人们的消费习惯、变革消费模式、重塑消费流程,其中移动社群分享营销发展较快。电子商务经验表明,60%的新客户来自现有客户的推荐,80%的销量来自于重复消费和推荐消费。统计上,保险投保人年龄主要在30—55岁,互联网消费人群集中在25—40岁,30—40岁交集范围即为互联网保险的主要目标消费人群。这个群体的经济状况独立、收入稳定、消费能力和消费意愿较强,重视消费便利性,对个性化、专属性需求要求较高,是APP的主要用户群体。以这个群体为对象,通过建立奖励机制加强与客户的互动,使客户推荐新客户消费保险产品,形成分享营销机制,是互联网保险发展的一个重要方向。当然,这种互联网分享式营销渠道,不只适用于医疗保险,也适用于所有其他健康保险险种。

二、重大疾病保险创新

重大疾病保险是当被保险人在保险期间内发生保险合同约定的疾病、达到约定的疾病状态或实施了约定的手术时,保险人给付保险金的健康保险产品。保障的疾病一般有恶性肿瘤、急性心肌梗塞、脑中风后遗症、重大器官移植术或造血干细胞移植术、冠状动脉搭桥术(或称冠状动脉旁路移植术)、急性或亚急性重症肝炎、严重的原发性心肌病等。

《"健康中国2030"规划纲要》指出:"进一步健全重特大疾病医疗保障机制,加强基本医保、城乡居民大病保险、商业健康保险与医疗救助等的有效衔接。"同时指出:"建立专业公共卫生机构、综合和专科医院、基层医疗卫生机构'三位一体'的重大疾病防控机制,建立信息共享、互联互通机制,推进慢性病防、治、管整体融合发展,实现医防结合。进一步健全重特大疾病医疗保障机制,加强基本医保、城乡居民大病保险、商业健康保险与医疗救助等的有效衔接。到2030年,全民医保体系成熟定型。"

(一) 重大疾病保险保单条款创新

1. 轻症豁免保费条款

轻症是指重大疾病前期较轻的疾病或者是可以通过先进的医疗科学技术治好的疾病。例如,原位癌、轻度脑中风、不典型的急性心肌梗塞、较小面积Ⅲ度烧伤

(10%)、视力严重受损、单眼失明、冠状动脉介入手术、主动脉内手术、脑垂体瘤脑囊肿脑动脉瘤及脑血管瘤等疾病。将轻症纳入到保险的保障范围，是健康险保险产品的一大创新。以前的不可保的疾病或者除外责任也被纳入保障范围，有利于扩大对投保人的保护利益以及被保险人的健康。

轻症豁免就是轻症疾病豁免保费，是指在缴费期间内，被保险人发生符合合同里约定的轻症疾病之一或多种，免除续期剩余未交的保险费，合同继续有效，被豁免的保费视为已交。轻症疾病豁免保费，多为终身保障型产品，是重疾险本身自带的功能，不需另外付费添加。很多保险公司对于轻症的理赔都有一些要求。例如，轻症最多理赔5次；最高理赔重疾保额的120%，等等。

2. 重疾险的定义和承保疾病种类的修订

由于人类疾病种类的复杂性以及重大疾病保险产品保障责任的局限性，客观上容易造成消费者对重疾险产品的理解与保险条款中重疾定义不相吻合。由于重大疾病诊断水平会随着医疗和诊断技术的进步等多方因素而变化，必须不断更新定义。建议保监会每五年或七年进行一次重大疾病定义标准修订。1995年，我国首次引入了重大疾病保险，当时只承保7种重大疾病（癌症、脑中风、心肌梗塞、冠状动脉绕道手术、慢性肾衰竭、瘫痪和重要器官移植）。自从2007年我国对重大疾病保险产品中最常见的25种疾病的表述统一和规范后，保险公司开发的险种包含的重大疾病已达到30多种。尽管数量还有继续增多的趋势，但是并不是包含疾病的种类越多越好。目前，我国还缺乏重大疾病发生率经验数据，采用保守策略，只覆盖适当数量的重大病种类才是比较明智的选择，且很多重大疾病发生率很低，甚至可能被保险人连疾病名字都没有听说过。这些疾病实际上对于被保险人真正的保障作用较弱。由于重大疾病保险保费一般较贵，覆盖太多的疾病数量使得被保险人承受保费负担更重。

（二）重疾险险种创新

1. 重大疾病和商业抵押贷款相结合的保险

重大疾病和商业抵押贷款相结合的保险的可保利益在于被保险人罹患重大疾病无力偿还商业抵押贷款的情况下，由保险人帮其偿还贷款余额。此保险在英国非常流行，在我国该类保险的保险金额为被保险人的贷款余额。当被保险人因疾病死亡或全残时，保险人向被保险人按保险金额一次性支付全部保险金。建议我国在发展与重大疾病相关的商业抵押贷款时，可以在原有的商业抵押贷款保险中加入重大疾病保障，也可以开发单独为重大疾病提供保障的产品，做到保险责任范围细化。

2. 可选择的综合性重大疾病保险

可选择的综合性重大疾病保险的特点是可以在一张保单中为全家提供保障，同时投保人可以根据自己的需要，选择重大疾病保障和保单利益。此产品逆选择风险很大，对定价和核保的要求也很高。在开发产品时可在原有的产品中加入保费豁免或返还条款、保证续保条款等可选择性条款，以适应竞争的需要。

（三）重疾险保险金给付方式的创新

按保险金的给付形态划分，重疾险分为4种，即提前给付型、附加给付型、比例给付型和独立主险型。因其给付方式多元，重疾险的被保险人可以得到更加充分的保障。

重大疾病保险的保障责任包括重大疾病、死亡和（或）高度残疾。提前给付型保险可以使当被保险人罹患保单所列重大疾病，保险人可以按照死亡保额一定比例提前给付重大疾病保险金，用于医疗或手术费用等开支，身故时由身故受益人领取剩余部分的死亡保险金。如果被保险人没有发生重大疾病，则全部保险金作为死亡保障，由受益人领取。不同于提前给付型，附加给付型重大疾病保险有确定的生存期间。生存期间是指自被保险人身患保障范围内的重大疾病开始至保险人确定的某一时刻止的一段时间，通常为30天、60天、90天、120天不等。如果被保险人罹患重大疾病且在生存期内死亡，保险人给付死亡保险金；如果被保险人罹患重大疾病且存活超过生存期间，保险人给付重大疾病保险金，被保险人身故时再给付死亡保险金。此种产品的优势在于死亡保障始终存在，且不会因重大疾病保障的给付而减少死亡保障。独立主险型重大疾病保险包含的死亡和重大疾病责任是完全独立的，各自的保额为单一保额。如果被保险人身患重大疾病，保险人给付重大疾病保险金，死亡保险金为零；如果被保险人未患重大疾病，则给付死亡保险金。此类保险产品较易定价，即单纯考虑重大疾病的发生率和死亡率，但对重大疾病的描述要求严格。按比例给付型重大疾病保险产品是针对重大疾病的种类而设计的，同时可应用于以上诸类产品中，主要考虑某一种重大疾病的发生率、死亡率、治疗费用等因素。被保险人罹患某一种重大疾病时按照重大疾病保险金额的一定比例给付，其死亡保障不变。

三、长期护理险创新

一般的医疗保险或其他老年医疗保险不提供长期护理的保障。护理保险[①]的保险范围分为医护人员看护、中级看护、照顾式看护和家中看护四个等级，但早期的护理

---

① 我国的第一款护理保险产品是在2005年初，国泰人寿推出的"康宁长期护理保险"。2006年，我国第一家专业健康保险公司推出了第一款具有全面保障功能的长期护理保险——"全无忧长期护理保险"。该产品的推出，标志着我国的长期护理保险迈出了实质性的一步。而第一款纯粹意义上的长期护理保险，是由上海瑞福康健康保险公司建立的。该款产品的保障范围单单只包括长期护理保障、老年护理保障。之后，保险公司又推出了针对团体的长期护理保险。例如，太平洋乐享人生团体长期护理保险、和谐盛世团体护理保险、农民工团体护理保险（万能型）。

保险产品不包括家中看护。护理保险保险金的给付期限有 1 年、数年和终身等几种不同的选择，同时也规定有 20 天、30 天、60 天、90 天、100 天等多种免责期。通常情况下，免责期越长，投保人所交的保费越低。

《"健康中国 2030"规划纲要》对于长期护理保险产品的促进，主要体现在两个方面：一是加强长期护理医疗机构等方面的建设；二是建立多层次的长期护理保障制度。关于"完善医疗卫生服务体系"，要加强康复、老年病、长期护理、慢性病管理、安宁疗护等接续性医疗机构建设。关于"加强重点人群健康服务"，要推动居家老人长期照护服务发展，全面建立经济困难的高龄、失能老人补贴制度，建立多层次长期护理保障制度。

（一）长期护理保险产品条款创新

1. 豁免保费条款

护理保险的保费通常为平准式。也有每年或每一期间固定上调保费的情况，其年交保费因投保年龄、等待期间、保险金额和其他条件的不同而有很大区别。护理保险一般都有豁免保费保障，如保险人可以在开始履行保险金给付责任的 60 天、90 天或 180 天起免交保费。

2. 保证续保

在国外，所有护理保险保单都是保证续保的，可保证对被保险人续保到一特定年龄，如 79 岁，有的甚至保证对被保险人终身续保。保险人可以在保单更新时提高保险费率，但不得针对具体的某个人，必须一视同仁地对待同样风险情况下的所有被保险人。

3. 不没收价值条款

不没收价值条款是护理保险产品特有对的保护被保险人保单现金价值的一种特殊条款。即当被保险人撤销其现存保单时，保险人会将保单积累的现金价值退还给投保人。

4. 健康管理服务条款

为了体现保险服务化的理念，越来越多的保险公司开始把"健康管理服务"纳入到保险条款。例如，健康短信服务，由保险公司通过短信的形式为被保险人提供二十四节气的养生信息；又如，健康咨询服务，是指被保险人通过拨打保险公司的客服热线电话可以对关于健康的问题进行咨询或者对就诊、就医方面进行咨询；健康杂志，是为方便普及健康知识和预防疾病，保险公司向投保人和被保险人等提供的休闲读物。

（二）长期护理保险险种创新

目前，长期护理保险险种创新以组合型限制性护理保险产品为代表。我国没有统一的类似美国"日常生活活动标准"和"工具类日常生活活动标准"的日常生活机能障碍标准,并以此作为商业长期护理需求的判定标准和给付条件,在兼顾我国长期护理保险和商业医疗保险发展的现实情况下,以罹患需要长期护理的疾病作为长期护理保险的给付条件较为现实,这些疾病一般是重大疾病或慢性、迁延性疾病,因病情严重或反复发作、迁延变化而导致人体机能障碍,产生长期护理的需求。鉴于此,可以设置不同档次的总额有限制的主险产品,如100元、200元、500元等档次。此方式较易操作,也可以防范道德风险和逆选择风险。也可设计成医疗保险+护理保险、护理保险+年金保险的组合形式。这样一来,保障的功能就更全面些。因为投保人面临着很多不确定性,可能在发生保险事故住院后需要一定期限的、高昂费用的护理,或者在到了限制的年龄时还不符合领取护理保险金的条件,这时保单会转换成按月或按年领取年金的方式,不损害被保险人的利益。在承保方式上,可以先以附加险为主,逐步向独立主险过渡。设计长期护理保单作为终身寿险的附加险,保险金给付方式采取按月给付方式,以切合被保险人长期护理险费用支出的需求。每月给付的金额可相当于终身寿险保单保额的一定比例,如1%至2%,并从寿险保单保额中作相应扣减。当护理费用给付额累计达到寿险保额的一定比例时,如50%时,保险人停止给付,余下的寿险保额部分在寿险保单责任终止时给付保单的受益人。

(三)长期护理保险护理费用给付方式创新

我国采取定额给付或分类定额给付方式较为现实。分类定额给付方式可按护理、交通、购买护理设备等费用项目的分类来给付或按月、按季或按年给付。为了控制风险,可结合当地经济发展水平、医疗护理费用水平和居民收入水平设定适当的免赔额或自负比例,也可采取设定复合给付条件的方式,例如,采用罹患保障范围内的疾病和等待期作为复合给付条件,等待期长短可与费率高低直接相关。此外,还可在条款中规定给付的终止条件,以一定的给付期限或累计给付限额为给付终止条件。

四、失能收入损失保险创新

由失能收入损失保险定义[①]可知,失能收入损失保险一般分为两种:一种是补偿因伤害而致残疾的收入损失;另一种是补偿因疾病造成残疾而致的收入损失。在实践中,因疾病而致残疾比因伤害而致残疾更为多见一些。在给付方式上,失能收入损失保险一般是按月或按周进行补偿,主要根据被保险人的选择而定。失能收入损失保

---

① 失能收入损失保险是指以因保险合同约定的疾病或者意外伤害导致工作能力丧失为给付保险金条件,为被保险人在一定时期内收入减少或者中断,保险人在一定期限内分期给付保险金,为被保险人提供经济上的保障,但不承担被保险人因疾病或意外伤害所发生的医疗费用。

的给付额一般都有一个最高限额，该限额低于被保险人在伤残以前的正常收入水平，有利于督促残疾的被保险人尽早重返工作岗位。

《"健康中国2030"规划纲要》指出，完善医疗机构无障碍设施，改善残疾人医疗服务。进一步完善康复服务体系，加强残疾人康复（失能收入保险）和托养设施建设，建立医疗机构与残疾人专业康复机构双向转诊机制，推动基层医疗卫生机构优先为残疾人提供基本医疗、公共卫生和健康管理等签约服务，并且要推动居家老人长期照护服务发展，全面建立经济困难的高龄、失能老人补贴制度。

（一）失能收入保险产品条款创新

1. 补充利益的特殊条款

失能收入损失保险除了给付保险金外，还可以提供其他利益，包括部分伤残保险金给付、未来增加保额给付、生活费用调整给付、残疾免交保费条款、移植手术保险给付、非失能性伤害给付、意外死亡给付等。这些补充利益作为特殊条款，通过缴纳附加保费的方式获得。

2. 给付期限

给付期限是指收入保障保单支付保险金的最长时间。给付期限可以是短期，也可以是长期。短期补偿是为了补偿被保险人在身体恢复前不能工作的收入损失；长期补偿是为了补偿被保险人全部残疾而不能恢复工作的收入损失。多数失能为短期失能，即失能者恢复期在12个月内。若全残始于55岁、60岁或65岁，可提供终身给付。

3. 免责期间

免责期间类似于医疗费用保险中的免责期或自负额，即在残疾失能开始后一段时间保险人不给付任何补偿。目的在于排除一些不连续的疾病或受伤，因其所致丧失劳动能力可能只有几天，或者在短时间内，被保险人还可以维持一定生活。同时，设置免责期还可以通过取消对短期残疾的给付而减少保险成本。各保险公司的免责期不同，如30天、2个月、3个月、6个月和1年等，越长的免责期，保费越便宜。此外，免责期间允许中断，如被保险人在短暂恢复后（一般限定为6个月以内）再度失能，可将两段失能期间合并计算免责期。

（二）关于残疾的界定

导致一个人残疾的因素有很多，如先天性的残障、后天疾病遗留、意外伤害遗留等。失能收入损失保险对先天性的残疾不给付保险金，并规定只有满足保单载明的全残定义时，才可以给付保险金。在失能收入损失保险保单中，一般分为完全残疾和部分残疾两种。

1. 完全残疾

完全残疾一般是指永久丧失全部劳动能力，不能参加工作（原来的工作或任何新工作）以获得工资收入的情况。失能收入损失保单中，常见的全残定义有以下几种：

（1）全残。目前多将残疾分成两个阶段：在致残初期，如被保险人不能完成其惯常职业的基本任务，则可认定为全残或完全丧失工作能力，被保险人就可按规定领取保险给付；在致残2—5年后，被保险人仍不能完成任何与之所受教育、训练或经验相当的职业任务，可认定为全残，并继续领取残疾收入给付直至保险期满。

（2）绝对全残。这是指被保险人因残疾不能从事任何职业的情况。因条件苛刻，现在大多数保险公司已经不再采用该定义。

（3）原职业全残。原职业全残放宽了对全残的限制，规定如被保险人因伤残不能完成原职业的基本任务时，就可认定为全残，也可以领取约定的保险金，而不论他是否从事其他有收入的职业。这可以保障某些特定职业者（如钢琴师、医师、牙医、律师或会计师等）的利益。

（4）收入损失全残。被保险人由于残疾而遭受收入损失，就可被认定为全残。这种保险单提供的残疾收入保险金包括两种情况：一是被保险人因全残而丧失工作能力；二是被保险人尚能工作，但因伤残而致使其收入降低。

（5）推定全残。在某些情况下，被保险人患病或遭受意外伤害，最终是否残疾在短期内难以判定，为此，保险公司往往在保险条款中规定一个定残期限，如180天。如果被保险人发生的伤残在定残期限届满时尚无明显的好转征兆，将自动被认定为全残。

（6）列举式全残。有的保险公司还在保单中列举出被保险人可以被认定为"全残"的情况。这些情况通常包括：双目永久完全失明；两上肢腕关节以上或两下肢踝关节以上缺失；一上肢腕关节以上及一下肢踝关节以上缺失；一目永久完全失明及一上肢腕关节以上缺失；一目永久完全失明及一下肢踝关节以上缺失；四肢关节机能永久完全丧失；咀嚼、吞咽机能永久完全丧失；中枢神经系统机能或胸、腹腔部脏器机能极度障碍，终身不能从事任何工作，为维持生命必要的日常生活活动，全需他人扶助等。全部残疾给付金额一般比残疾前的收入少一些，通常是原收入的75%—80%。

2. 部分残疾

部分残疾是指部分丧失劳动能力。如果我们把全部残疾认为是收入全部损失，那么，部分残疾则意味着被保险人还能从事一些有收入的其他职业（显然这种职业的收入比原来职业的收入少）。在这种情况下，保险人给付的将是全部残疾给付的一部分，其计算公式如下：

部分残疾给付＝全部残疾给付×（残疾前的收入－残疾后的收入）/残疾前的收入

第三节 国家医药卫生体制改革文件对健康保险产品的引导方向

国家医药卫生体制改革自新医改以来，主要经历了三个阶段：

一、2009年新医改

早在2009年，《中共中央国务院关于深化医药卫生体制改革的意见》就提出，要积极发展商业健康保险。鼓励商业保险机构开发适应不同需要的健康保险产品，简化理赔手续，方便群众，满足多样化的健康需求。鼓励企业和个人通过参加商业保险及多种形式的补充保险解决基本医疗保障之外的需求。在确保基金安全和有效监管的前提下，积极提倡以政府购买医疗保障服务的方式，探索委托具有资质的商业保险机构经办各类医疗保障管理服务。

同年，中国保监会积极响应国务院的号召，发布了《关于保险业深入贯彻医改意见积极参与多层次医疗保障体系建设的意见》。并指出要"加快建立和完善以基本医疗保障为主体，其他多种形式补充医疗保险和商业健康保险为补充，覆盖城乡居民的多层次医疗保障体系"，对保险业提出了新要求，将商业健康保险提到前所未有的高度。要求各公司应抓住这个关键的发展机遇期，促进商业健康保险又好又快发展。《关于保险业深入贯彻医改意见积极参与多层次医疗保障体系建设的意见》重点提出，要大力发展商业健康保险，满足多样化的健康保障需求。

2009年新医改对健康保险产品的引导主要体现在四个方面：

（一）要进一步丰富健康保险产品体系

加大产品创新力度，在保险责任、保险费率、支付方式和服务内容等方面为企业和个人提供多样化、个性化的选择。大力发展各类医疗保险和疾病保险，加大失能收入损失保险产品研发力度，设计适应人口老龄化需要的护理保险产品，为广大人民群众提供多样化的健康保障服务。

（二）要大力发展基本医疗保障补充保险

根据城镇职工基本医疗保险、城镇居民基本医疗保险和新型农村合作医疗等基本医疗保障对象和保障范围的变化，开发与之相衔接的补充医疗保险产品，与基本医疗保障形成良性互补，满足人民群众更高层次的健康保障需求。积极为各类补充医疗保险提供经办管理服务。探索开办新型农村合作医疗补充保险。同时，各公司应加大产品创新力度，丰富健康保险产品体系，结合我国经济社会特点，积极开发适合外来劳务工的补充医疗产品，努力拓展以团体健康保险为核心的员工福利市场，研究探索基本医疗保障之外的重大疾病保险、长期护理保险等产品，满足人民群众多层次、多样化的健康保障需求，与基本医疗保障形成良性互补。

（三）保险公司要积极探索参与医疗服务体系建设

第一，探索健康管理服务模式。鼓励探索健康保险与健康管理结合的综合保障服务模式，逐步实现健康维护、诊疗活动的事前、事中和事后全程管理。积极推行健康教育、健康咨询、慢性病管理等服务，提高民众健康意识，改善生活方式，预防疾病发生发展。创造条件建立客户健康档案，通过多种途径与医疗机构实现客户健康档案和诊疗信息的共享。积极探索与医疗机构风险分担、利益共享的经营模式。

第二，发展医疗执业保险。积极发展医疗意外伤害保险、执业医师责任保险、医疗机构责任保险等多种医疗执业保险，利用保险机制化解医疗风险，减少医疗纠纷，促进和谐医患关系的构建。

第三，探索投资医疗机构。根据《医改意见》有关精神，因地制宜、量力而行，探索参与公立医院改制，投资医疗机构，促进保险业与医疗服务产业优势互补。支持专业健康保险公司等相关保险机构先行探索。

（四）努力提升健康保险产品的专业化的保险保障服务水平

第一，加强专业建设。创新经营管理，完善健康保险单独核算制度、精算制度、风险管理制度、核保制度、理赔制度和数据管理制度，加大投入，推进健康保险专业化发展。

第二，强化风险管控。保险公司应积极参加各地医疗服务监督组织。探索建立保险行业定点医院管理制度、医疗机构谈判机制和多种有效的付费机制，发挥医疗保障对医疗服务的制约作用。通过采用提高报销比例、增加服务内容等方式，引导客户在定点医院就医，强化医疗费用控制，防范不合理赔付风险。

第三，推进信息系统建设。按照健康保险经营管理特点，建立功能完整，相对独立的信息系统，逐步实现与医疗机构信息系统的对接。建立健全疾病发生率、医疗费用等基础数据库。大力推进信息系统的数据处理和统计分析功能，提高健康保险业务数据分析能力，实现对健康保险业务信息深度利用。

第四，培养专业人才。加强健康保险专业人才队伍建设，特别是要进一步加强精算、核保、理赔、健康管理人才的培养。完善培训体系，提升健康保险从业人员的专业素质。

二、"十二五"医药卫生体制改革

"十二五"期间是我国经济社会发展过程中十分重要的时期,是深化医改的攻坚阶段,医改工作面临着新的形势和任务。2012年,国务院颁发了《"十二五"期间深化医药卫生体制改革规划暨实施方案》。医改"十二五"规划明确了"十二五"期间我国医药卫生体制改革的目标、改革重点和主要任务。该文件高度重视商业健康保险在多层次医疗保障体系中的重要作用,对充分发挥商业健康保险作用,完善医疗保障体系给予了大力支持,为商业健康保险的发展创造了难得的政策环境和更大发展空间。

《"十二五"期间深化医药卫生体制改革规划暨实施方案》对健康保险的引导主要体现在三个方面:

(一)全民医保顶层制度设计方面

医改"十二五"规划提出统筹协调基本医保和商业健康保险政策,加快健全全民医疗保障体系,全面提升医保服务质量。把发挥商业保险作用作为提高医疗保障水平,提升医保管理服务能力,解决重特大疾病患者医疗费用保障问题的重要实现方式。

(二)鼓励健康保险发展的政策支持方面

医改"十二五"规划提出要完善健康保险产业发展政策,积极发展商业健康保险,满足多样化的健康需求;制定税收等相关优惠政策,鼓励企业个人参加商业健康保险及多种形式的补充保险。

(三)推动健康保险参与医保体系建设方面

医改"十二五"规划明确提出积极引导商业保险机构开发长期护理保险、特殊大病保险等险种,满足多样化健康需求;鼓励以政府购买服务的方式,委托具有资质的商业保险机构经办各类医疗保障经办管理服务;积极探索利用基本医保基金购买商业大病保险,有效提高重特大疾病保障水平。医改"十二五"规划的实施,必将对我国保险业的发展产生深远影响,对当前和今后一段时期保险业尤其是商业健康保险的发展具有重要的指导意义和助推作用。

三、"十三五"医药卫生体制改革

党的十八大以来,在党中央、国务院的坚强领导下,各地区、各有关部门扎实推进医改各项工作,取得了重大进展和明显成效。全民医保体系加快健全,基本医保参保率保持在95%以上,城乡居民医保制度逐步整合,筹资和保障水平进一步提高,城乡居民大病保险、重特大疾病医疗救助、疾病应急救助全面推开,商业健康保险快速发展。

"十三五"时期是我国全面建成小康社会的决胜阶段,也是建立健全基本医疗卫生制度、推进健康中国建设的关键时期。当前,人民生活水平不断提高,健康需求日益增长,但我国卫生资源总量不足、结构不合理、分布不均衡、供给主体相对单一、基层服务能力薄弱等问题仍比较突出,维护和促进人民健康的制度体系仍需不断完善。特别是随着医改进入攻坚期和深水区。2016年12月27日,国务院颁发了《"十三五"深化医药卫生体制改革规划》。

《"十三五"深化医药卫生体制改革规划》对健康保险的引导主要体现在三个方面:

(一)推动商业健康保险发展

积极发挥商业健康保险机构在精算技术、专业服务和风险管理等方面的优势,鼓励和支持其参与医保经办服务,形成多元经办、多方竞争的新格局。在确保基金安全和有效监管的前提下,以政府购买服务方式委托具有资质的商业保险机构等社会力量参与基本医保的经办服务,承办城乡居民大病保险。按照政府采购的有关规定,选择商业保险机构等社会力量参与医保经办。加快发展医疗责任保险、医疗意外保险,探索发展多种形式的医疗执业保险。丰富健康保险产品,大力发展消费型健康保险,促进发展各类健康保险,强化健康保险的保障属性。鼓励保险公司开发中医药养生保健等各类商业健康保险产品,提供与其相结合的中医药特色健康管理服务。制定和完善财政税收等相关优惠政策,支持商业健康保险加快发展。鼓励企业和居民通过参加商业健康保险,解决基本医保之外的健康需求。

(二)推进形成诊疗—康复—长期护理连续服务模式

明确医疗机构急慢分治服务流程,建立健全分工协作机制,畅通医院、基层医疗卫生机构、康复医院和护理院等慢性病医疗机构之间的转诊渠道,形成"小病在基层、大病到医院、康复回基层"的合理就医格局。城市大医院主要提供急危重症和疑难复杂疾病的诊疗服务,将诊断明确、病情稳定的慢性病患者、康复期患者转至下级医疗机构以及康复医院、护理院等慢性病医疗机构。基层医疗卫生机构和慢性病医疗机构为诊断明确、病情稳定的慢性病患者、康复期患者、老年病患者、晚期肿瘤患者、残疾人等提供治疗、康复、护理服务。显著增加慢性病医疗机构提供康复、长期护理服务的医疗资源。完善相关政策措施，逐步推行日间手术。探索建立长期护理保险制度。加强残疾人专业康复机构建设，建立医疗机构与残疾人专业康复机构密切配合、相互衔接的工作机制。

（三）健全重特大疾病保障机制

在全面实施城乡居民大病保险基础上，采取降低起付线、提高报销比例、合理确定合规医疗费用范围等措施，提高大病保险对困难群众支付的精准性。完善职工补充医疗保险政策。全面开展重特大疾病医疗救助工作，在做好低保对象、特困人员等医疗救助基础上，将低收入家庭的老年人、未成年人、重度残疾人、重病患者等低收入救助对象，以及因病致贫家庭重病患者纳入救助范围，发挥托底保障作用。积极引导社会慈善力量等多方参与。逐步形成医疗卫生机构与医保经办机构间数据共享的机制，推动基本医保、大病保险、医疗救助、疾病应急救助、商业健康保险有效衔接，全面提供"一站式"服务。

那么，如何结合社会的资源和力量，进一步加大健康保险产品的创新力度呢？

第一，动员社会力量开展防治服务。鼓励、引导、支持社会力量举办的医疗、体检、养老和养生保健机构以及基金会等公益慈善组织、商业保险机构、行业协会学会、互联网企业等通过竞争择优的方式，参与所在区域医疗服务、健康管理与促进、健康保险以及相关慢性病防治服务，创新服务模式，促进覆盖全生命周期、内涵丰富、结构合理的健康服务业体系发展。建立多元化资金筹措机制，拓宽慢性病防治公益事业投融资渠道，鼓励社会资本投向慢性病防治服务和社区康复等领域。

第二，促进医养融合发展。促进慢性病全程防治管理服务与居家、社区、机构养老紧密结合。深入养老机构、社区和居民家庭开展老年保健、老年慢性病防治和康复护理，维护和促进老年人功能健康。支持有条件的养老机构设置医疗机构，有条件的二级以上综合医院和中医医院设置老年病科，增加老年病床数量，为老年人就医提供优先便利服务。加快推进面向养老机构的远程医疗服务试点。鼓励基层医疗卫生机构与老年人家庭建立签约服务关系，开展上门诊视、健康查体、健康管理、养生保健等服务。

第三，推动互联网创新成果应用。促进互联网与健康产业融合，发展智慧健康产业，探索慢性病健康管理服务新模式。完善移动医疗、健康管理法规和标准规范，推动移动互联网、云计算、大数据、物联网与健康相关产业的深度融合，充分利用信息技术丰富慢性病防治手段和工作内容，推进预约诊疗、在线随访、疾病管理、健康管理等网络服务应用，提供优质、便捷的医疗卫生服务。

本章小结

本章从"健康中国"理念的发展历程出发，详细讲解了"健康中国"的国家战略对我国健康保险产品创新的推动作用。十八届五中全会首次将健康中国纳入国家发展战略，为我国商业健康保险的发展提供了良好的契机。本章节分为三部分，首先探讨了健康中国的发展战略如何通过实现全民健康来促进全民小康，然后论述了《健康中国2030规划纲要》对于医疗保险产品、疾病保险产品、失能收入损失保险产品和长期护理保险产品在保单条款、保险险种、营销渠道和保险金给付方式等方面创新的指导作用。最后一节中，系统梳理了新医改、"十二五"医药卫生体制改革和"十三五"医药卫生体制改革三大国家医药卫生体制改革文件，使读者在国家政策层面上系统地了解三大国家医药卫生体制改革文件对健康保险产品在全民医保顶层制度设计、丰富健康保险产品体系和提升健康保险产品专业化保险保障服务水平等方面的引导作用。通过本章的介绍，读者可以在全面系统地了解在中国大健康发展战略的背景下，为下一章有关健康保险产品发展现状的学习奠定基础。

思考题

1. 简述健康中国国家战略的提出背景。
2. 简述健康中国的基本内涵。
3. 举例长期护理保险有哪些产品条款创新。
4. 简述三大国家医药卫生体制改革文件中关于健康保险产品创新方面的内容。
5. 试论述健康中国国家战略如何和健康保险产品结合，以实现全民健康的美好愿景。
6. 试论述《"健康中国2030"规划纲要》对医疗保险产品创新的促进作用。
7. 试论述《"十三五"深化医药卫生体制改革规划》对健康保险的引导作用。
8. 试比较"十二五"医药卫生体制改革和十三五医药卫生体制改革，并论述这些改革文件在健康保险产品创新指引方向上的异同。

第十五章

我国健康保险产品发展现状

第一节 我国健康保险产品供给现状

目前,我国健康保险产品已达到上千款,初步形成了涵盖医疗保险、疾病保险、护理保险、失能收入损失保险等健康保险全部业务领域、门类齐全、种类繁多的产品体系框架,有效减轻了居民医疗费用支出压力,满足人民群众日趋多样化的健康保障需求,服务健康中国的能力和作用明显增强。以下是四类健康保险产品的供给现状。

一、商业医疗保险产品供给现状

随着我国国民对医疗保障需求的不断增加,商业医疗保险呈现出广阔的市场空间,国内保险公司以其敏锐的目光和洞察力,抓住了开辟商业医疗保险的商机,全方位地开发商业医疗保险产品。目前,保险公司开办的商业医疗保险有以下几种形式:

(一)按承保方式分类

按承保方式分为主险和附加险。作为主险可单独投保;作为附加险不能单独投保,需在投保一定保额或缴纳一定比例的保险费后方可投保。目前,附加住院医疗保险更为广泛。一方面,由于医疗保险市场需求大,附加住院医疗保险可以更好地带动主险的销售;另一方面,由于医疗保险赔付率比较高,管理上难以控制,因此商业医疗保险作为附加险可降低赔付率。

(二) 按给付方式分类

按给付方式分为预付医疗保险产品和后付医疗保险产品。预付医疗保险产品采用定额给付的形式，按照合同事先约定的额度，对属于保险责任范围内的疾病先支付保险金。后付医疗保险产品是按医疗的具体项目采取事后报销的方式，即按医疗费发生额实行比例给付；还有一种是按住院天数实行定额给付。同时，商业医疗保险产品也可以由报销型医疗保险和赔偿型医疗保险组成。报销型医疗保险是指患者在医院里所花费的医疗费由保险公司来报销。赔偿型医疗保险是指患者明确被医院诊断为患了某种在合同上列明的疾病，由保险公司根据合同约定的金额来给付给患者治疗及护理。一般分单项疾病保险与重大疾病保险。

(三) 按所保疾病分类

按所保疾病分为重大疾病医疗保险产品、普通疾病医疗保险产品、专科疾病医疗保险产品、手术和意外伤害医疗保险产品。重大疾病医疗保险产品是指由保险公司经办的以特定重大疾病，如恶性肿瘤、心肌梗死、脑溢血等为保险对象，当被保人患有上述疾病时，由保险公司对所花医疗费用给予适当补偿的商业保险产品。根据保费是否返还来划分，可分为消费型重大疾病保险产品和返还型重大疾病保险产品。普通疾病医疗保险产品是医疗保险中保险责任最广泛的一种，负责被保险人因疾病和意外伤害支出的门诊医疗费和住院医疗费。普通医疗保险一般采用团体方式承保，或者作为个人长期寿险的附加责任承保，一般采用补偿方式给付医疗保险金，并规定每次最高限额。专科疾病医疗保险产品，以被保险人患特定疾病为保险事故。当被保险人被确诊为患某种特定疾病时，保险人按约定的金额给付保险金，以满足被保险人的经济需要。一份特种疾病保险的保单可以仅承保某一种特定疾病，也可以承保若干种特定疾病。可以单独投保，也可以作为人寿保险的附加险投保，一般采用定额给付方式，保险人按照保险金额一次性给付保险金，保险责任即终止。例如，妇女（安康）健康保险，其保障对象是16—60岁妇女群体，在保险有效期（一般为1年）内对原发性乳腺癌、卵巢癌、子宫内膜癌、宫颈癌中的一种或多种，定额一次给付保险金。有的保险公司把保险期间定为5年，在5年内，不仅负责上述疾病责任，还提供3次妇科检查，将保健与保险融为一体，深受广大妇女的青睐。手术医疗保险产品属于单项医疗保险，只负责被保险人因施行手术而支出的医疗费，不论是门诊手术治疗还是住院手术治疗。手术医疗保险可以单独承保，也可以作为意外保险或人寿保险的附加险承保。采用补偿方式给付的手术医疗保险，只规定作为累计最高给付限额的保险金额，定额给付的手术医疗保险，保险公司只按被保险人施行手术的种类定额给付医疗保费。意外伤害医疗保险,该险种负责被保险人因遭受意外伤害支出的医疗费,作为意外伤害保险的附加责任。保险金额可以与基本险相同,也可以另外约定。一般采用补偿方式给付医疗保险金,不但要规定保险金额即给付限额,还要规定治疗期限。

(四) 按承保对象分类

按承保对象分为团体医疗保险产品、个人医疗保险产品。个人医疗保险产品只能由个人作为投保人来购买。团体医疗保险产品必须由单位作为投保人,投保单位不能是为投保目的而组成的临时性的团体,且投保单位必须达到一定的人数,如有的产品规定投保单位必须在10人以上等。

(五) 按诊疗方式分类

按诊疗方式分为门诊医疗保险产品、住院医疗保险产品。住院医疗保险的保障内容是被保险人因疾病或意外伤害需要住院治疗时支出的医疗费,不负责被保险人的门诊医疗费,可以团体投保,也可以个人投保。住院医疗保险既可以采用补偿给付方式,也可以采用定额给付方式。补偿给付方式的住院医疗保险,要规定对每名被保险人的累计最高给付限额。门诊医疗保险产品,主要就是用来报销门诊费用的保险,一般的医疗保险都是包括门诊医疗保险。

(六) 按保障的期限分类

按保障的期限分为定期医疗保险产品(短、中、长期)和终身医疗保险产品。目前,大多数保险公司的产品多为定期的,而投保的年龄大多为0到50岁,最高的续保年龄一般只能到65岁。因此定期医疗保险往往存在以下几点缺陷:一是投保人每年都需要续保,而且一旦发生理赔,很有可能出现无法续保的窘境;二是保障的期限太短,投保人一旦超过65岁,就面临着无法获得医疗保障的危险。据专家分析,人的一生中80%的住院医疗费用都是发生在晚年,因此定期医疗保险不能够满足大家在这方面的需求。而终生医疗保险却没有这方面的缺陷,一般终生型的产品同样是为0—50周岁的人群提供终身的医疗保障。因此,投保人在投保成功后,无论是否发生理赔,都不会失去医疗保障的权利。这样就避免了日后通货膨胀等原因造成医疗费用增加,或者因为退休而导致得不到更好的医疗保障。但是,终身医疗保险产品的保费也相当昂贵。

二、重大疾病保险产品供给现状

随着我国保险业发展,重大疾病保险作为保障型产品,其形态、疾病种类、责任类型也在不断发展与完善：从传统重疾险到女性重疾险、少儿重疾险；从十几种责任到数十种责任，再到单一癌症责任；从一次给付到多次给付，再到多种责任共存。但不管重疾险如何变化，其主要功能主要是为特定疾病提供医疗保障和收入补偿。目前市场上重大疾病险的种类多种多样。

（一）按给付形态分类

按给付形态可分为提前给付型、附加给付型、独立主险型、按比例给付型和回购选择型。提前给付型，这类产品保险责任包含重大疾病、死亡或高度残疾，保险总金额为死亡保额，但是包括重大疾病和死亡保额两部分，如果被保险人患保单列的重大疾病，被保险人可以将死亡保额一定比例的重大疾病保险金提前给付，用于医疗或手术费用的开支，而如果身故时由身故受益人领取剩余部分的死亡保险金，如果被保险人没有发生重大疾病，则全部保险金作为死亡保障，由受益人领取。

附加给付型，这类产品通常作为寿险的附约，保险责任也包括重大疾病和死亡高残两类，其主要特点是这类产品有确定的生存期间，生存期间是指自被保险人身患保障范围内的重大疾病开始至保险人确定的某一时刻止的一段时间，通常为30天、60天、90天等，如果被保险人死亡或残疾，被保险人给付保险金，如果被保险人患重大疾病且在生存期内死亡，保险人给付死亡保险金，如果被保险人患重大疾病且存活超过生存期间，保险人给付重大疾病保险金，被保险人身故时再给付死亡保险金。此种产品的优势在于死亡保障始终存在，且不会因重大疾病保障的给付而减少死亡保障。

独立主险型，这类重大疾病保险包括死亡与重大疾病责任两部分，两者相互独立，各自的保额为单一保额，如果被保险人身患重大疾病，保险公司就给付重大疾病保险金，则死亡保险金就会为零，如果被保险人未患重大疾病，则给付死亡保险金。例如，投保人购买了10万元的这种独立主险型的重大疾病保险，如果发生重疾，则赔付10万元的重大疾病保险，如果未发生重大疾病，则赔付10万元的死亡保险金。

按比例给付型，这种类型的重大疾病保险主要针对重大疾病的种类而设置的，对于常发生费用花费较大的重大疾病给付比例相对较高，如80%，这种疾病的治疗费用一般都比较昂贵，如恶性肿瘤费用平均可达8万—10万元，脑中风平均治疗费用可达6万元以上，其他疾病还如瘫痪、糖尿病、失明、肝病等。

回购式选择型重大疾病保险产品，目前在我国尚属空白。该型产品是针对提前给付型产品存在的因领取重大疾病保险金而导致死亡保障降低的不足而设计的，其规定保险人给付重大疾病保险金后，若被保险人在某一特定时间仍存活，可以按照某些固定费率买回原保险额的一定比例（如25%）使死亡保障有所增加，如果被保险人再经过一定时期仍存活，可再次买回原保险总额的一定比例，最终使死亡保障达到购买之初的保额。回购式选择带来的逆选择是显而易见的，作为曾经患过重大疾病的被保险人要按照原有的费率购买死亡保险也有失公平。因此对于"回购"的前提或条件的设计至关重要，是防范经营风险的关键。

（二）按保险期间分类

按保险期间可分为定期保险和终身保险。定期保险，以重疾保障为主险，在一定期限内给予保障，一般采用均衡保费。定期保险可以有5年、10年、15年、20年、30年等多种保障间隔选择。相对于终身保险而言，定期类产品保费很便宜，用很少的钱就可以买到很高的保额。如果在约定时间内，没有罹患重疾，则到期后合同终止，保费不返还，可以理解为纯消费型。终身重大疾病保险，为被保险人提供终身的保障。终身保障有两种形式：一种是为被保险人提供的重大疾病保障，直到被保险人身故；另一种是当被保险人生存至合同约定的极限年龄（如100周岁）时，保险人给付与重大疾病保险金额相等的保险金，保险合同终止。一般终身重大疾病保险产品都会含有身故保险责任，因风险较大费率相对比较高。

（三）按产品结构分类

按产品结构可分为独立重疾险、主寿险+附加提前给付重疾、主寿险+附加额外给付重疾。独立重疾险，产品简单，只保重疾，此类产品价格略低，目前市场只有少量这类产品。第二类主寿险+附加提前给付重疾，此类产品在市场中最多，特点是寿险责任和重疾责任，二者只赔一个。第三类主寿险+附加额外给付重疾，这类产品也比较多，只是比较复杂一些，特点是重疾赔偿后，不影响主寿险的赔偿。

（四）按保险金额是否变动分类

按保险金额是否变动可分为不变额保险和变额保险。目前，多数重疾险属于不变额保险，即约定的保险金额不会改变。变额保险也有一些区分，例如，有些是合同约定式，如每年增加保险金额2%、5%等，此类保险的保险费要比前者贵一些。有些保险是以分红或投资收益增加保险金额的，但这其中要注意，增加的是主寿险保险金额还是主寿险和重疾保额同时增加。

（五）按保费缴费形式分类

按保费缴费形式可分为自然保费保险和恒定保费保险。自然保费，即按照不同年龄来缴费。随着年龄增加，风险发生概率越来越高，保险费也越来越高。恒定保费，即按约定的缴费时间，每期缴费金额相同。

三、长期护理保险产品供给现状

老年人长期护理关系着老年人身体健康水平与生活质量,是老龄社会发展的基础。我国老龄人口高速增长,与老年人长期护理相对应的医疗卫生设施及服务却发展缓慢。目前,我国许多养老院还未开业便已一床难求,家庭结构的变化也导致老年人难以获得充分的护理。除此之外,已有的长期护理服务项目收费较高,老年人缺乏充足的资金购买相应的护理服务,我国老年人长期护理的发展面临着巨大挑战。长期护理保险对解决老年人长期护理问题,发展老年人长期护理服务及筹集资金有着重要意义。长期护理保险作为金融产品,与其他金融产品一样,具有能够跨时间、跨空间进行资源配置的特点,帮助老年人为长期护理做好资金准备。

我国长期护理保险的发展正处于起步阶段,一方面,我国并没有在全国范围内建立起长期护理保障制度,除个别地区外,长期护理保险并未被纳入社会保险体系内,因此我国短期内无法依靠社会保险解决长期护理问题;另一方面,我国商业长期护理保险也尚未发展起来,市场上该险种供给甚少,无法承担推动老年人长期护理事业发展的责任。为了更好地应对老龄化问题,国务院于2014年8月印发《关于加快发展现代保险服务业的若干意见》,该文件指出,要构筑保险民生保障网,重点依靠商业保险支撑我国社会保障体系,发展多样化健康险服务,发展商业性长期护理保险。2014年11月,国务院印发《关于加快发展商业健康保险的若干意见》,再次指出要扩大商业健康保险供给,大力开展长期护理保险制度试点,加快发展多种形式的商业长期护理保险。在社会的迫切需求以及国家的倡导下,商业长期护理保险将迎来重要的发展时期。

目前,我国老年人长期护理服务的提供方式主要有三种:家庭护理、社区护理和机构护理。家庭护理是指老年人在家中接受由家庭成员提供的非正式护理。社区护理包含两种方式,一种是指老年人仍在家中居住,在此基础上由社区承担老年人护理服务工作;另一种是指老年人在专门为其设计建造,适宜老年人集中居住的大型专业化养老社区(如泰康之家养老社区)内接受护理。机构护理是指老年人在养老机构或康复护理机构内接受护理。

我国商业长期护理保险起步较晚,直至2006年6月,我国市场上才出现第一个商业长期护理保险,其后逐渐有保险公司加入其中,开始经营该险种。但在经营一段时间后,逐渐有保险公司停售此产品,退出该市场(如生命人寿)。从经营主体看,商业长期护理保险属于长期健康险,经营主体主要为保险公司及健康险公司。当前我国商业长期护理保险市场规模仍比较小。

长期护理保险自从诞生以来其内容不断完善,承保范围不断扩展,产品类型不断创新，满足了消费者不断更新的需求。以下是长期护理保险的分类：

（一）按保障范围分类

按照保障范围长期护理保险可分为：只承保专业护理机构的护理服务的保险、承保专业护理机构和家庭的护理服务的保险等。

1. 只承保专业护理机构的护理服务的保险

只承保专业护理机构的护理服务，即只对被保险人在专业护理机构接受护理服务而产生的护理费用提供保障。这种方式有利于对护理服务的控制，但给付以入住专业护理机构为条件，容易引起被保险人的排斥感。

2. 承保专业护理机构和家庭的护理服务的保险

承保专业护理机构和家庭的护理服务，即无论被保险人选择家庭护理还是机构护理，保险公司均提供保险保障，但对两种护理方式的费用差异，保险公司通常分别制定给付限额。这种方式因难以对家庭护理制定有效的控制措施而存在较大的经营风险。

3. 其他

成熟的长期护理保险保障的护理类型多种多样，如一些新型的长期护理保险产品已将给付范围扩展到某些疾病治疗的延迟护理、成人日托中心护理等，但典型的产品仍以上述两种较为多见。

（二）按保障形式分类

按保障形式分长期护理保险可分为独立的长期护理保险、寿险保单附加的长期护理保险、医疗费用保险附加长期护理保险、失能收入保险转化为长期护理保险以及递增年金式的长期护理保险。

1. 独立的长期护理保险

独立的长期护理保险（没有附约），即保单只提供长期护理的保险责任，并且只在被保险人满足保险公司规定的给付条件时才进行给付，其不足在于：若被保险人在发生长期护理之前就因疾病或者意外死亡，将没有任何死亡保障。

2. 寿险保单附加的长期护理保险

寿险保单附加长期护理保障，即保单在提供传统寿险保障的同时，或通过约定长期护理提前给付责任，或通过附加单项的长期护理保险责任，为被保险人提供长期护理保障。这种产品很好弥补了长期护理独立保单的缺陷。

3. 医疗费用保险附加长期护理保险

医疗费用保险作为主险，它所保障的是被保险人因突发的急性病导致的医疗费用，长期护理保险作为附加险，所保障的是被保险人因慢性疾病或自然衰老而发生的护理费用。长期护理保障以附加险的形式作为医疗费用保险的附加责任，可看作是医疗费用保险的延伸。

4. 失能收入保险转化为长期护理保险

失能收入保险转化为长期护理保险，即在被保险人到达退休年龄、失能收入保险终止时，被保险人有权选择在支付一定费用的条件下将失能收入保险转化为长期护理保险。

5. 递增年金式的长期护理保险

递增年金式的长期护理保险产品，即在被保险人发生长期护理时，以年金的形式向被保险人给付约定的保险金，以补偿因发生长期护理而增加的费用。同时，由于此时被保险人预期寿命减少，年金给付将逐年递增。

（三）按给付方式分类

按给付方式长期护理保险可分为实际费用补偿型保险、定额给付型保险以及直接提供长期护理服务型的保险。

1. 实际费用补偿型保险

实际费用补偿型保险，即传统的长期护理保险，指在被保险人满足给付条件的前提下，保险人根据其长期护理引发的实际费用进行给付，给付的金额以保单所约定的保险金额为限。

2. 定额给付型保险

定额给付型保险，是指在被保险人满足给付条件的前提下，保险人按保单约定的固定金额进行给付，给付时保险人实际发生的护理费用对给付金额不产生影响。

3. 直接提供长期护理服务型的保险

直接提供长期护理服务型的保险，是指在被保险人满足给付条件的前提下，保险人直接向被保险人提供长期护理服务作为保险偿付的方式。

四、失能收入损失保险产品供给现状

失能收入损失保险也称为失能保险或收入损失保险、收入保障保险，是指以因保险合同约定的疾病或者意外伤害导致工作能力丧失为给付保险金条件，为被保险人在一定时期内收入减少或者中断提供保障的保险。中国保监会 2006 年 8 月颁布的《健康保险管理办法》肯定了失能收入损失保险是健康保险的一个险种。《健康保险管理办法》第二条第四款规定："（本办法所称）失能收入损失保险是指以因保险合同约定的疾病或者意外伤害导致工作能力丧失为给付保险金条件，为被保险人在一定时期内收入减少或者中断提供保障的保险。"目前在中国，法定失能收入保障计划还不完

第十五章
我国健康保险产品发展现状

善,仅仅是工伤保险为劳动者提供相应保障。商业失能收入损失保险还处于初级发展阶段,没有良好地发挥其在经济发展中的应有作用。发展商业失能收入损失保险不仅是中国经济发展的客观需要,也是增进劳动者身体健康、保障人力资源的必要措施。失能收入损失保险是一种健康保险,从面世至今已有一个多世纪,已在欧洲和北美获得较为完善的发展,保险公司可以提供种类繁多的失能收入保险,作用是补偿被保险人因疾病或者意外伤害而导致失能的收入损失。与意外保险不同的是,失能保险的给付期限是可以具有连续性的,而不是非要一次性付清的,被保险人可以根据自己的实际需要和家庭的财务状况选择分期领取。比如,有的险种对被保险人因工伤导致的完全失能,可给予最高240个月、100%保险金的赔付。

失能收入损失保险一般分为两种:一种是补偿因伤害而致残疾的收入损失;另一种是补偿因疾病造成残疾而致的收入损失。在实践中,因疾病而致残疾比因伤害而致残疾更为多见一些。失能收入损失保险的特点主要体现在以下几个方面:

第一,给付方式。失能收入损失保险一般是按月或按周进行补偿,主要根据被保险人的选择而定,每月或每周可提供金额相一致的收入补偿。失能收入损失保险所提供的保险金不一定能完全补偿被保险人因伤残而导致的收入损失。失能收入损失保险的给付额一般都有一个最高限额,该限额低于被保险人在伤残以前的正常收入水平。这一限制的目的是为了促使残疾的被保险人尽早重返工作岗位。失能收入损失保险除了在被保险人在全残时给付保险金外,还可以提供其他利益,包括部分伤残保险金给付、未来增加保额给付、生活费用调整给付、残疾免交保费条款、移植手术保险给付、非失能性伤害给付、意外死亡给付等。这些补充利益作为特殊条款通过缴纳附加保费的方式获得。

第二,给付期限。给付期限是指失能收入损失保单支付保险金的最长时间。给付期限可以是短期,也可以是长期。短期补偿是为了补偿被保险人在身体恢复前不能工作的收入损失;长期补偿是为了补偿被保险人全部残疾而不能恢复工作的收入损失。一般而言,失能保险期间不论是生病致残还是受伤致残均相同,从13周、26周、52周,到2年、5年或给付至65岁。如全残始于55岁、60岁或65岁,可提供终身给付。多数失能为短期失能,约98%的失能者甚或6个月内可恢复。若恢复期超过12个月,恢复工作能力的概率也锐减,尤其是年老者,更宜于选择较长的保险给付期间。

第三,免责期间。免责期间是指在残疾失能开始后无保险金可领取的一段时间,即残疾后的前一段时间。免责期间类似于医疗费用保险中的免责期或自负额,在此期间保险人不给付任何补偿。免责期的设定目的在于排除一些不连续的疾病或受伤,因其所致丧失劳动能力可能只有几天,或者在短时间内,被保险人还可以维持一定生活。同时,设置免责期还可以通过取消对短期残疾的给付而减少保险成本。各保险公司的免责期不同，如 30 天、2 个月、3 个月、6 个月和 1 年，免责期越长，保费越便宜。此外，免责期间允许中断，如被保险人在短暂恢复后（一般限定为 6 个月内）再度失能，可将两段失能期间合并计算免责期。

失能收入损失保险不仅能补偿不幸者的收入损失，还保障了他们失能后的生活水平。对收入占家庭收入主要部分的"顶梁柱"来说，选购这样的保险产品，是对家庭负责任的一种表现。建立适合中国国情的失能收入保障制度为劳动者提供经济保障是健全中国社会保障体系的重要举措。但是，目前中国的法定失能收入保障制度还不完善，商业失能收入损失保险也仅处于起步阶段，发挥的作用还非常有限。由于可搜集到的失能收入损失保险产品有限，在此只列举两个典型产品。

2008 年，中宏保险在全国范围内推出国内首款家庭型失能补偿保险计划——中宏安心失能补偿计划。该产品将为被保险人提供罹患癌症、意外残疾、身故时的月度收入补偿。作为一款附加险，中宏安心失能补偿计划可以附加在所有在售的寿险主合同之上，与各种寿险产品、重大疾病险、养老险、分红险等险种灵活搭配，在出险后能够及时为被保险人及其家庭提供弥补月度收入补偿，弥补家庭的收入损失，发挥家庭收入第三支柱的作用。中宏人寿的失能保险能够与各种寿险产品、重大疾病险、养老险、分红险等险种灵活搭配，提供一个确定的、保证的和可依靠的失能收入保障。在保障期限内，被保险人一旦罹患癌症、意外残疾或身故，他自己或家人即可每月领取固定收入补偿金，弥补家庭的收入损失，延续经济来源。2014 年，中国人保推出了团体失能收入保险产品，保险期间为 1 年，一次性缴费，企事业单位身体健康的在职职工均可成为被保险人。被保险人在保险期间因工伤或非工伤原因，完全或部分丧失劳动能力，即给付失能收入损失保险金。保险金的领取方式有两种，既可以采取月领的方式，领取至被保险人身故、恢复健康或给付期满为止；也可以采取一次性领取的方式。人保健康的失能保险，分别针对被保险人因工伤、非工伤事故，导致的完全失能或部分失能状态，按不同额度进行给付；被保险人可以根据财务保障需求，选择按月领取或一次性领取两种方式。其中，对被保险人因工伤导致的完全失能，可给予最高 240 个月、100% 保险金的赔付；对被保险人因非工伤导致的部分失能，给予最高 24 个月、50% 保险金的赔付。

综上所述，可以看出，随着人们对自身健康的重视和医疗水平的不断改善，健康保险产品的供给在健康中国的大背景下，发挥着不可估量的作用。尽管现阶段我国健康保险产品的品种繁多，但是各家公司的险种在条款的制定上大多雷同、差异性很小。由于保单内容雷同缺乏创新性，结构划分不合理，市场细分粗糙，我国的健康保险产品仍存在有效供给不足的问题。

第二节　我国健康保险产品创新探索

自 1982 年中国人民保险公司上海分公司推出我国第一个健康保险产品——"上海市合作社职工医疗保险"之后，我国政府和经营健康保险的保险公司一直都在积极合力探索新的健康保险产品，总体而言，我国健康保险产品的发展是具有政策导向的、与时俱进的。我国健康保险产品无论是种类还是数量都随着我国国民经济、社会医疗保障制度以及医疗卫生体制等的变革发生了巨大的变化。

1998 年中国保监会成立之前，由于我国保险市场监管相对松散，保险市场是以财产保险为主，产寿险混业经营，健康保险只是作为一种附属品来经营。保险公司经营比较粗放，提供的健康保险大多是费用型医疗保险产品，商业健康保险的有效供给能力非常有限。1999 年 12 月国务院颁发了《国务院关于建立城镇职工基本医疗保险制度的决定》，借助国家推出城镇职工基本医疗保险制度的契机，健康保险需求急剧增加，"保证续保"、非传统门诊医疗保险产品等相继开始出现，有的寿险公司开始推出分红型重大疾病保险，有的公司开始通过银行渠道销售健康保险产品，有的寿险公司还开始与社会医疗保险进行衔接，开展补充医疗保险业务，并开拓农村健康保险市场，健康保险产品的种类和数量空前增长。2003 年 5 月 16 日，中国保监会颁布了《人身保险新型产品精算规定》，规定发布之后，我国的分红健康保险退出健康险市场，取而代之的是非分红的健康保险。2005 年人保健康成立，我国健康保险的经营进入专业化经营阶段，健康保险走进了独立发展时期。2006 年《国务院关于保险业改革的若干意见》《健康保险管理办法》《中国保险业发展"十一五"规划纲》等相继出台之后，健康保险产品在保障型产品、针对低收入群体的简易健康产品、与基本医疗保障项目对接的补充保险产品都取得了发展，返还型健康险等以投资理财为目的的健康险终结。2009 年"新医改"之后，失能收入损失保险和护理保险得到重视，开始探索健康保险与健康管理结合的综合保障服务模式。服务于支持国家实体经济发展、国家脱贫攻坚战略等国家发展重大领域的健康保险产品成为健康保险产品开发的重点。

保险公司销售渠道具有多样化的特点。保险公司发展规划中渠道战略的基础是客户和产品，健康保险业务需要根据渠道需求和渠道特点提供差异化的产品和服务，通过产品与服务的灵活组合打造渠道优势，提升和巩固渠道价值。广义的健康保险不仅局限于保险产品本身，更为重要的是从健康管理服务角度打造健康服务品牌。具体的实现形式多种多样，如健康评估、专家预约、慢性病管理、生活方式管理，等等。商业健康保险的产品创新和产品供给，需要保险机构首先在战略思路上做调整，从销售导向，逐渐完善产业链向度、技术向度、数据向度和用户向度的产品设计考量，并以此完善产品开发战略，推进商业健康保险的供给侧改革。通过不断提升用户体验、完善产品定价和改良风险控制等基础工作，加快提升专业化服务能力。

《"健康中国2030"规划纲要》指出，"要牢固树立和贯彻落实创新、协调、绿色、开放、共享的发展理念"，将普及健康生活、优化健康服务、完善健康保障、发展健康产业列为发展重点，为今后15年推进健康中国建设指明了行动方向，赋予了保险人增强民生福祉、稳固社会根基的使命担当。

为推动商业健康险创新发展，就要明确开发战略，推进供给侧结构改革，完善产品定价、风险控制等基础工作，加快提高专业化能力。

第一，厘清商业健康险产品开发战略。依据市场需求、产品开发技术要求和经营难度，明确产品开发的战略步骤。针对当前疾病险开发难度小、市场需求大，医疗险、长期护理险开发难度相对较大、市场需求也大，失能险开发难度大、市场需求相对小等状况，"将疾病险和医疗险并重，加大力度开发医疗险，探索开发长期护理和失能收入损失保险"不失为一种可行的策略。

第二，推进商业健康险产品供给侧改革，精准定位需求、细化场景保险。首先，在细分市场基础上增加医疗和护理险产品供给。把握我国老龄化、癌症等重症和慢性病发病率上升趋势，对需求市场进行准确定位，特别是借鉴美国长期护理保险、中国台湾住院医疗保险相关产品开发的经验，探索创新出客户需求旺盛的长期住院医疗、长期护理险等产品。其次，积极开发基于互联网消费场景和销售场景的场景化健康险产品。场景保险将保险产品开发融入消费者的生活场景和销售方的销售场景中，如嵌入在电商交易、支付账户、在线旅行等具体场景中，诞生出许多在传统保险领域从未出现过的新险种。尤其是随着互联网技术发展，为针对细分市场的碎片化、场景化健康险产品经营打开了新天地，保险公司需要深入研究互联网业务的内在规律，开发出真正符合网民需求和购买习惯的健康险产品。最后，开发定制化产品。从需求角度看，当前的商业健康险产品已不能仅仅停留在"保障全面"的层面，而是更多地满足个性化的医疗需求。关键是要把互联网和大数据结合起来，依靠大数据分析为定制化产品设计提供依据、为风险控制提供支撑，实现精准的被保险人风险评估和个性化定价。

商业健康险产品的供给侧改革，并非理想化的概念。当今的保险行业，早已投身于惠泽民生的创新性实践中。例如，已有上线和正在研发的糖尿病保险、心脏支架保险、心脑血管保险、癌症保险、齿科保险、慢性肾病保险、ACO（责任医疗组织计划）企业补充医疗保险、互联网医疗诊费保险等。它们有的突破了传统健康险产品不保已患病人群的禁区；有的引入了国外先进的PBM（药品福利管理计划）模式；

有的与医院和互联网公司合作，形成O2O保险保障加健康管理闭环经营模式；有的将癌症早筛、专家咨询、就诊服务等健康管理服务与保险保障有机融合；有的与医院、互联网紧密合作创造很强的场景化销售模式。种种创举，在多个方面引领中国健康保险的创新方向。

第三，将商业健康险产品开发纳入"健康保险+医疗+健康管理"产业链。借鉴美国凯撒医疗、英国BUPA、德国DKV等企业先进经验，在产品开发中实践"保险+医疗"模式，通过支付方式变革，如探索DRGs（诊断相关分类）、总额预付、HMO（健康维护组织）等模式，推进保险公司与医疗机构、医师团体等签订服务协议的管理式医疗方式，与医疗服务提供者结成利益共同体，直接参与医疗服务体系管理和医疗费用监控，优化健康险产品发生率假设、赔付支出以及盈利模式，尤其为单病种、慢性病健康险产品研发提供支持。将健康管理与医院合作融入健康保险产品中，以丰富产品内容、创新产品形态，延展健康险产品的针对性、持续性、稳定性，从而提升客户黏性，降低客户发病率，避免过度医疗和医疗欺诈等情况，提高风险控制水平。

国内已有保险公司通过收购或自建的方式，实现保险同医疗的深度结合。如阳光保险依托自有的阳光融和医院，将保险核心业务系统与医院管理系统对接，强化运营和风险管理，建设理赔支付体系，实现医疗数据共享和医疗行为监控，研究开发基于医院不同服务特点的场景化保险产品：如体检、眼科、骨科、心脏病、分层住院、母婴VIP等，并根据团体和个人，高端、中端和低端等客户群实现区别性划分。同时，在实践"健康保险+健康管理"模式中，与多家大型互联网医疗企业、30多家健康管理供应商建立合作关系，把健康险同健康管理紧密结合，如推出包含健康管理服务的创新型个人税优型健康险，为客户提供基因检测、疾病早筛、危险因素评估、远程医疗、就医协助、慢病管理、海外就诊等产品，在改善客户体验、提高健康水平的同时，提升赔付控制能力。

第四，攻克商业健康险产品开发的瓶颈，创新系统性的解决办法。通过构建"数据共享—搭建数据库—形成模型—巩固机制"的系统性工作步骤，解决困扰健康险产品开发的长期难题。首先，是推进"医—保"信息数据交流与共享。医疗保险数据作为大数据具有"4V"特征，即数据量大（Volume）、速度快（Velocity）、多样性（Variety）、价值高（Value），是商业健康险开发依赖的基础数据，通常涉及病人所使用的医疗服务、相关诊断信息、提供服务的医疗机构及时间地点，以及费用明细与支付情况，需从社保机构或医疗机构获得。商业健康险经营企业需要开拓参与社保体系建设，在开展政府业务的同时获取大健康数据。其次，是要建立精算定价基础数据库，包括保险业与卫生、防疫等部门合作建立"中国人疾病发生率数据库"（并定期更新数据）；保险业与医疗卫生机构之间建立起数据采集、分析的长期合作机制，建设"医疗险基础数据库";保险业同医院、政府相关机构数据信息共享合作搭建"国内失去日常生活能力发生率数据库"等。再次,是研究建立长期医疗险精算模型。中国医疗费用每年以10%以上的增长速度,如果以当前医疗费用水平定价产品,健康险经营难以为继;如果以预期费用水平定价,产品高价格就会脱离消费者预期和购买力。必须打破现有定价模式,形成全新的长期医疗险精算模型和运营规则,实现以合适价格给消费者提供长期医疗保障,控制保险公司经营风险。最后,建立长期护理保险事故鉴定标准和机制。长期以来,护理保险产品研发是健康保险创新的难点之一,我们可借鉴日本、荷兰等长期照护保险开展较好国家的先进经验,由行政机关出台护理保险事故鉴定标准,专业鉴定机构在行政机关、行业协会、保险公司共同监督下进行评估鉴定,同时制定完善护理保险赔付标准和流程机制。

第五,优化商业健康险产品开发环境,构建开放、创新的产业孵化格局。首先,建议加大政策扶持力度,鼓励社会资本进入健康险市场,加快有基础、有条件的专业健康险公司审批,增进市场活跃度,增强专业健康险公司经营上的竞争力和产品开发能力。其次,合理划定政府、市场边界,明确社会医疗险与商业健康险的开发界限和业务领域,为商业健康险开发确定范围和方向。鼓励保险企业开办医疗卫生机构,投资健康管理企业,允许专业健康险公司与医疗机构深度合作,建立风险共担、利益共享的合作机制,甚至实现一体化经营,推进商业健康险产品深度嵌入医疗机构,提高产品风险控制能力。将公共医疗卫生数据向商业保险公司开放,支持健康险产品开发和风险管控。

作为市场化的医疗卫生融资工具和专业化的风险分散机制,商业健康险对于应对人口老龄化、提升医疗卫生资源配置效率、提高国民健康素质等方面发挥着独特作用。随着"健康中国2030"规划出台,国家政策支持,健康险运营专业化程度提高,互联网、大数据等先进技术手段应用,开发定价模型完善,商业健康险创新会迈入新的阶段,将会为市场带来更加丰富、更贴近群众需求的产品,助力健康中国建设。

第三节 目前健康保险产品发展的问题与原因

我国健康保险从寿险的附属品到如今走上了专业化经营的道路,无论是产品种类数量的增加还是保费收入规模的扩大都取得了骄人的成绩,但是健康保险在产品结构、产品创新等诸多方面依然面临着许多问题。

一、产品结构失衡

前面分析了我国健康保险产品的发展现状。目前我国健康保险市场依然以医疗保险产品和疾病保险产品为主,从在售产品数量来讲,这两种产品占比超过97%,而护理保险与失能收入保险所占比例微乎其微。虽然近年来我国护理保险保费收入呈现出爆发式增长,但统观整个健康保险保费收入,护理保险失能和收入损失保险的保费收入所占份额甚微。经营健康保险产品的保险公司在产品开发上的重点依然是疾病保险和医疗保险。我国健康保险在产品结构上严重失衡,这种依靠"小马"拉"大车"的发展现状,让健康保险在前进的路上举步维艰。由于保险产品的开发需要大量的统计数据,长期护理险和失能收入保险的费率制定过程并不完善,保险公司在数据收集、理赔调查和费用控制等各个环节经验都不足,如果没有充足详尽的数据资料,制定出来的保费就不准确,设计出来的产品也不完善,市场反响就不会很高。产品结构失衡,不仅表现在各险种产品在数量上的严重失衡,也表现在某险种产品种类方面的单一、产品多样化不足(见图15.1)。

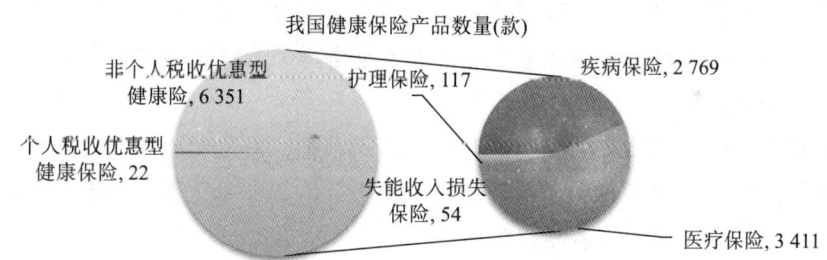

图15.1 我国健康保险产品数量饼状图

二、产品专业化不足

2002年中国保监会发布《关于加快健康保险发展的指导意见》之后,我国健康保险市场一直在积极探索健康保险专业化经营的方式。健康保险专业化经营的理念越来越被业界广泛认同,专业化经营进入实质推进的时期。从2004年开始,中国保监会批准人保健康、平安健康、昆仑健康、阳光健康和正华健康5家专业健康保险公司筹建,专注于健康保险业务,在市场竞争中专注于探索健康保险专业化经营模式,推进中国特色的健康保险专业化经营道路。经历了十余载的专业化经营,我国健康保险产品的专业化仍然不足,在产品开发和设计上依然是建立在寿险产品的基础之上。健康保险产品的独特性未能完全体现。健康保险的专业化经营如果不能充分实现,健康保险产品在产品设计和产品定价过程中不能体现健康保险的特殊性,将很大程度影响保险产品定价的准确性,进而影响投保人的投保积极性。

三、产品缺乏创新

健康保险产品的独特风险使得保险公司在产品的转型和开发中面临着更大考验。这直接导致我国健康保险市场在售产品的同质化严重,产品缺乏创新。由于影响健康保险产品定价公式的是有关人体生理健康状况的疾病发生率和医疗费用支出情况两大因子,这两大因子不仅波动性大,且变化规律非常不规则,在短时间内人们难以掌握其规律,经营健康保险的公司要研发出高品质的健康保险产品需要花费的人力物力成本较高,比起付出高成本开发新产品,保险公司更倾向于采取简单粗暴的产品设计方式。另外,由于我国缺乏相应的产品专利保护的法律和政策,导致健康保险的合同条款极易被模仿和替代,其他产品模仿者不需要在产品开发和推广上耗费大笔成本,只需将现有产品稍微改动便可发行出售,部分保险公司甚至采用故意降低保险费率等不正当的策略抢夺消费者,使得原产品开发公司在竞争中无利可图,经营落后,这些直接损害了产品创新开发者的切身利益和创新热情。保险公司开展业务只是考虑划分市场份额,在有限的市场空间内你争我夺,而不是考虑怎么样扩大市场份额,这是健康保险产品雷同化现象严重的本质所在。

以上概括了健康保险产品发展中遇到的共同难题,通过对比研究我国目前在售的健康保险产品发现,除了产品缺乏创新同质化严重以及专业化程度不足等问题,不同种类的健康保险产品又面对着特殊的问题。

四、重疾险疾病病种狭窄

重大疾病保险是疾病保险最主要的产品,占目前我国在售疾病保险产品数量将近70%,随着我国人身保险业的第一套重大疾病经验发生率表的问世,为我国重大疾病保险提供了非常宝贵的高质量"大数据",极大地推动了我国重大疾病保险产品的创新与发展。根据现行的医疗体制,重大疾病的治疗费用远远高于医疗保险报销的"封顶线",这意味着在现有政府能做到的"保基本"医疗保险水平下,对重大疾病起到保障作用的商业健康险将大有作为。选取目前我国市场上在售的几款具有代表性的健康保险产品,通过对比发现,我国重大疾病保险在产品方面仍然问题突出。我国保险公司所提供的重大疾病保险产品对于重大疾病种类的约定多达近40种,但是这种保障范围放在当今不断变异、日益增多的新型重大疾病的卫生环境下来说,仍然显得有些狭窄,未来在重疾险产品的保障范围方面仍要不断探索,满足投保人或者被保险人的需求。除此之外，重疾险大都采用定额给付的方式，即出险后只是根据合同约定的金额给付，而不是根据具体发生的费用来给。此种给付方式，一方面容易引起被保险人与医疗机构相互勾结的道德风险，另一方面却不容易满足发生特大重要疾病的被保险人的医疗费用需求。根据调查，在我国常见恶性肿瘤、慢性肾功能衰竭等重大疾病的治疗每年平均花费万元，一般性重大疾病保险可以满足此类需要，而某些重大慢性病或特大重大疾病的治疗费用高达万元以上，在高费用领域的重大疾病保险产品则较少。除此之外，重大疾病保险的保障内容和额度设计与医疗保险政策息息相关。基本医疗保险政策内的药品目录和报销额度，会随着改革的推进处在动态的变化过程中，这无形中加大了健康险产品设计与定价的难度。

五、医疗保险产品保障时间短

根据中国保险行业协会的统计，截至2017年9月，我国医疗保险产品共计3 411款，超过健康保险产品在售总数的50%，医疗保险产品中又以费用补偿型居多，占据了医疗保险产品的2/3。通过调查发现我国医疗保险产品仍然是以短期（一年及一年以下）的医疗保险产品为主，多数长期医疗保险产品已停售。短期医疗保险产品难以满足各年龄段消费者的医疗保障需要，而且被保险人可能承担被保险公司拒绝续保的风险。即使部分产品有保证续保条约，保险公司考虑到随着投保人年龄增长的同时罹患疾病的风险会相应增长的因素，产品续保的时间也不会太长，一般为一年。从产品品种来看，医疗保险产品主要是住院医疗保险，为被保险人的住院治疗提供治疗费用和住院费用上的补偿，还有少部分意外伤害医疗保险，而最贴近消费者需要的门诊费用补偿医疗保险的产品却是寥寥可数。

六、护理保险保障功能较弱

我国商业长期护理保险起步较晚，直至2006年6月，我国市场上才出现第一个商业长期护理保险，其后逐渐有保险公司加入其中，开始经营该险种。但在经营一段时间后，逐渐有保险公司停售此产品，退出该市场。根据中国保险行业协会的统计，截至2017年9月，我国共有21家保险公司经营护理保险产品经营护理保险，主要是寿险公司、专业健康保险公司以及养老保险公司等保险公司。其中，人保健康、昆仑健康、和谐健康等专业保险公司提供了超过70%的护理保险产品。这21家保险公司经营着护理保险产品共180款，在售126款，以长期护理保险为主，仅有两款短期护理保险在售。现有的护理保险产品中传统型的护理保险和万能型护理保险各占一半。总体来看，我国健康保险市场上护理保险供给严重不足，无法承担推动老年人长期护理事业发展的责任。健康险市场并未真正建立起来，现有的健康险也多为短期产品。长期护理保险作为长期产品，其风险更为复杂，在缺乏数据及配套服务体系的情况下，因此长期护理保险的市场供给甚少。除此之外，长期护理保险高昂的价格也让普通大众消费者望而却步，护理保险这种"奢侈品"的定价偏离大众。通过对我国在售长期护理保险的产品条款研究发现，我国商业长期护理保险的保单利益中包含各种护理保险金，但仔细阅读其含义后，这些保单利益名为护理保险金，却仅有一种护理保险金以失能为给付条件，其他护理保险金徒有其名，不以失能为给付条件，性质或类似于养老金或类似于满期生存保险金，无法体现对长期护理风险的保障。加之绝大多数产品中包含身故保险金，因此，目前我国商业长期护理保险更像是两全保险与养老保险的综合体，虽具有综合保障性，却已偏离该保险设计的初衷，与其他保险产品功能相似，无法对长期护理风险进行有效的覆盖，而且长期护理保险本应对被保险人的长期护理风险进行保障，长期护理是一个持续性的过程，应根据被保险人的失能状态及所需求护理服务的成本进行给付金额的确定，并在一个持续的时间内进行给付。当前长期护理保险产品对失能进行一次性给付时，其给付金额的确定不以消费者实际护理成本为依据，且给付时间较短，不能体现对长期护理风险的保障。

综上所述，目前我国商业长期护理保障功能较弱，无法体现产品独特的保障功能。

七、失能收入损失保险供给不足

受传统思想和工伤保险的"挤出效应"，我国健康保险市场的失能收入损失保险产品相较其他健康保险产品而言产品种类极度稀少。截至2017年9月，我国失能收入损失保险共55款，其中在售产品仅32款，不足健康保险产品总数的1%。在售的这32款失能收入损失保险中，19款是团险，13款为个险。主要有意外伤害失能收入损失保险、工伤团体失能收入损失保险以及团体飞行员失能收入损失保险等几类产品为主。在我国，普通劳动者一般依靠单位、工会或者工伤保险解决失能后的医疗、护理和收入损失问题。个体劳动者或未参与社保的人群，主要依靠个人积累的储蓄或者来自家庭、朋友帮助、社会救助等方式来解决失能问题。这在很大程度上挤占了失能收入损失保险的市场，而且收入损失保险在我国还算是"新兴"产品，缺少依靠长时间经验积累的失能发生率、索赔额、失能持续时间、失能程度界定等基础数据。失能收入损失保险在产品定价过程中面临着巨大的问题。产品开发设计经验不足直接导致我国健康保险市场失能收入损失保险的产品数量种类甚少。除此之外，失能收入损失保险产品因为缺乏专业的理赔鉴定人员和失能康复能力鉴定机构，主观性很强，不同机构的鉴定结果严重影响着产品的理赔结果。如此极易引发道德风险以及被保险人得不到理赔延误康复及保险公司中利润亏损丧失开发热情等负面结果。

八、税收优惠健康险发展不理想

根据国外经验，税收优惠对健康保险发展的推动作用十分明显，是健康险发挥重大保障作用的"助推器"。2015年5月召开的国务院常务会议决定，借鉴国际经验，开展个人所得税优惠政策试点，鼓励购买适合大众的综合性商业健康保险。对个人购买这类保险的支出，允许在当年按年均2 400元的限额予以税前扣除。2016年1月1日在开始31个城市开展商业健康保险个人所得税政策试点工作。经过一年多的试点工作，2017年4月，财政部、税务总局、中国保监会联合下发《关于将商业健康保险个人所得税试点政策推广到全国范围实施的通知》，确定自2017年7月1日起，将商业健康保险个人所得税试点政策推广到全国范围实施。截至2017年9月，我国健康保险市场在售的税收优惠型健康保险共22款，全部都是万能险。税优险面临的主要问题有以下几个：一是税收优惠额度偏低，消费者投保积极性不高，激励效果不明显。虽然购买个人税优型健康保险后，投保人可享受每年2 400元的限额予以税前扣除，但这一额度相对较低，对投保人的需求激励作用还不够大。二是产品推广力度不够，消费者缺乏认知。从保险公司营利的角度来看，《个人税收优惠型健康保险业务管理暂行办法》对税优健康险产品无免赔额、保额不低于20万元、允许带病投保且赔付率不能低于80%等规定给公司带来较大的经营压力和运营风险，因此各家公司销售税优健康险时普遍存在一定顾虑，展业较为谨慎。较低的营销力度导致消费者对于税优健康险缺乏了解，甚至不知道这一产品的存在，从而导致市场发展不如预期。三是税收实际操作流程尚未顺畅。税优健康险的关键环节是退税，这需保险公司、投保人所在单位和税务部门的多方配合，然而目前大部分地区尚未出台具体的退税操作流程，同时，此类产品虽然是个人投保，但由于个人收入所得税申报是通过工作机构完成，导致获批产品销售资格的保险公司团险与个险业务交叉，既影响管理效率，也影响纳税人投保积极性。

本章小结

本章第一节首先分析了我国四大健康保险产品的供给现状，为后两节"我国健康保险产品创新的探索"和"健康保险产品发展的问题与原因"的介绍奠定基础。目前我国的健康保险产品市场存在供给结构失衡的问题，商业医疗保险产品和重大疾病保险产品的供给量远远超过长期护理保险产品和失能收入损失保险产品。尽管现阶段我国健康保险产品的品种繁多,但是各家公司的保险产品在条款的制定上仍存在雷同现象,制约了健康保险产品的高质量供给。本章第二节在上一章对保险监管与健康保险产品创新的探索历程梳理的基础上,重点分析了我国在健康保险产品创新方面进行的探索。我国自1982年推出第一个保险产品之后,在健康保险产品种类、销售渠道、发展模式都做出了努力,健康保险产品在健康中国的建设过程中发挥着越来越重要的作用。最后一节从我国健康保险产品的供给现状出发,总结了目前健康保险产品发展所存在的突出问题并对所存在的几点问题的原因进行了分析。我国健康保险产品主要存在着产品结构失衡、产品专业化不足、产品创新不足等共同问题。除此之外,四种健康保险产品又分别面临着不同的发展问题。

思考题

1. 请简要阐述我国商业医疗保险产品供给现状。
2. 请简要阐述我国重大疾病保险产品供给现状。
3. 请简要概括我国健康保险产品创新的探索。
4. 请简要说明我国健康保险产品发展的问题。
5. 请论述我国健康保险产品的供给现状。
6. 请结合我国保险监管发展历程及我国健康保险产品创新的探索。
7. 请论述我国健康保险产品发展的问题并分析原因。
8. 请论述我国健康保险产品发展的趋势。

第十六章

健康保险产品创新的影响因素

第一节 健康保险服务化

一、健康保险服务化定义

保险作为处理风险的有效手段，保险服务与保险职能紧密结合。在早期阶段，人们更加注重缓释疾病、意外等保险事故发生给被保险人带来的费用支出、收入损失等财务压力，强调健康保险分散风险和损失补偿给付的基本职能，相应的健康保险服务也就仅停留在简单的健康保险承保理赔便利方面；随着时代的发展和人们认识的深化，在现在阶段，保险衍生出资金融通、风险管理等派生职能，且日益发挥重要作用，健康保险服务也相应突破传统服务范围，扩大到以客户为中心包含健康管理的一系列保险服务过程。

尽管在实践层面健康保险服务已经取得了一定进展，但是在理论层面至今尚未对保险服务具体解释达成比较权威一致的观点。针对保险服务，学者王萍从产品产销用视角，强调要素价值，认为保险服务是围绕保险产品研发、销售和消费一系列的行为和过程，是保险提供方提供的各种有形无形要素集合；学者刘子操强调以客户为中心的价值创造，提出保险服务是保险公司为顾客提供一切有价值的活动。本书作者认为，保险服务体现微观行为活动和要素价值，是保险公司围绕保险承保、理赔、防灾减损及其他附加服务提供具体服务活动的总称，而保险服务化突出保险服务价值，强调客户至上，是以客户服务为中心的价值理念及价值创造。

二、健康保险服务特征

（一）无形性

无形性是健康保险服务产品最显著的特性。保险服务的无形性体现在，保险服务是一种非实物形态的使用价值，是保险人对投保人做出的长期财务保障承诺，传统保险服务的消费无法立刻显示出效果，在被保险人发生保险事故前，保险服务往往是"无形"的，客户很难从触觉还是视觉等感官感知其存在。然而保险服务又不是虚无缥缈的，保险单是保险服务的重要载体，在一定程度上规定了保险服务涉及的范围和程度，此外保险公司实体设施、设备、服务人员以及各种传播材料也可以传播保险服务，并为顾客感知，形成口碑和品牌。

（二）非标准化

产品标准化是大工业时代规模经济的重要产物，是企业提高产品效率，控制产品质量的重要方法，然而保险服务却是非标准化的，也正是这种非标准化，在一定程度上构成了产品难以复制的核心竞争能力。保险服务非标准化体现在生产的非标准化，保险服务是生产过程与消费过程同步统一。非标准化既来源于保险公司内部异质化的员工和基础设施，提供服务的员工自身素质和基础设施质量差异，导致同样内容的保险服务水准不同，又来源于外部顾客参与，不同顾客的知识结构、教育素养乃至性格等都会影响保险服务质量的创造。

（三）评价标准主观

顾客对保险服务质量的评价是很主观的，他们把自身感知到的服务质量与期望的服务质量对比，如果顾客对服务感知水平大于或等于其预期水平，则他们获得了较高的满意度，从而认为保险服务的质量比较高；反之，则认为保险服务质量比较低。保险服务质量尽管可以感知，但是却无法准确量化形成标准，从而进行标准化考核改进，因为保险服务无法完全满足每一个受众的效用偏好，相同服务质量随着顾客不同也可能产生巨大差异。

（四）专业性

健康险复杂性决定了健康保险服务具有专业性，保险条款的复杂性可能超过客户的认知范围，因此为了更好地帮助保险销售与消费者需求匹配，需要保险服务人员具备相应的专业知识和技能，有好的服务态度，能够为顾客设计科学合理的保险计划，解答各种问题，履行合同规定的赔付。同时保险拥有风险管理特性，因此保险服务应当体现保险公司在处理风险方面的专业优势，输出自身的专业化管理经验，帮助被保障对象实现健康管理，更好地提升个体风险管理水平。

三、健康保险服务驱动产品创新的途径

健康保险服务之所以是产品创新的重要因素，其根本原因在于保险服务与保险产品根本上是统一的，犹如硬币正反两面，两者统一于客户价值创造。保险单是保险服务的载体，保险条款规定了保险服务的提供条件和程度，保险服务是保险单的延伸，是保险公司获取保险溢价进行差异化竞争的重要因素。保险产品条款背后隐藏的是保险公司服务能力，保险公司可以选择差异化战略，集中化战略或成本领先型战略，当公司可以提供别人没有的产品服务或者可以提供更好质量、更低成本都会形成企业竞争的核心竞争能力。健康险服务驱动产品创新主要通过以承保、理赔为代表的基本服务和以健康管理为代表的附加延伸服务实现的。

（一）承保服务

承保服务涉及从产品推介到通过核保流程保险合同正式生效全流程的各种服务工作，包括客户填写投保单、交单初审、受理扫描、录入复核、核保转账、承保、打印合同、邮寄发放、回收回执等，按照服务内容性质主要分为外部营销服务和内部核保服务。外部营销服务是保险企业通过提供各种服务与潜在顾客建立信任关系，加深消费者对保险产品的认同，达成保险交易。该阶段主要服务内容包括保险宣传、保险顾问式服务等，核心在于扩大保险产品可及性，以招揽生意，依据服务方式不同大概可以分为人员服务和网络服务两种。内部核保服务是保险企业在收到投保人的保费和申请书后，对被保险人的可保性进行风险选择，以确定是否承保或在接受风险的情况下以何种费率条件承保。保险人按照被保险人身体状况可以分为标准体、次标准体和拒保体，并采取差别的费率方式：正常费率承保、加费承保等，该阶段的核心在于风险筛选，以稳定业务质量和经营。

1. 外部营销服务

保险宣传服务，按照宣传内容可以分为保险产品宣传和保险企业传播。保险产品是以风险为对象，合同条款为形式的特殊商品。保险产品由于自身看不见摸不着的无形性，难以激发群众对保险主动购买热情，且在我国人们的风险管理意识和保险意识较低的情况下，保险条款晦涩复杂，超出了很多群众的认知范围，因此保险企业和服

务人员通过网络媒体及资讯台、宣传活动等服务平台，向潜在顾客输入保险知识，解答顾客关于产品内容的疑惑，增强顾客的保险意识和保险需求。保险企业传播可以在顾客心中树立保险企业良好形象及品牌，是企业价值管理的重要组成部分。保险企业通过媒体向社会传递公司企业精神险种设置、产品内容、服务方式等信息，通过网络宣传、新险种、业绩、新闻发布方式等展示公司的实力，促进顾客对保险企业的了解，提高公司知名度和信誉度。

保险顾问式服务，保险企业在承保阶段主要为顾客提供风险分析和保险保障设计。顾客风险分析是帮助客户识别生命周期不同阶段可能面临的健康风险。如伤残、疾病、年老体弱等可能带来的风险分析，使顾客能够正确识别风险并将采用保险方式转移风险。保险保障设计是在综合分析顾客面临的风险状况、保险需求及财务负担能力与公司所能提供健康险供给的基础上，为顾客设计科学合理的健康保险保障计划。

2. 内部核保服务

内部核保服务是保险企业优化核保手段和核保流程服务，核心是在控制保险风险的同时，尽快提高核保作业时效。目前保险公司健康险核保服务分为自动核保和传统人工核保两类，当收到一笔新保单业务时，系统根据金额大小判断是否属于自动核保范畴，若是，则直接做出核保与否结论；若超过自动核保权限，则进入人工核保流程，金额超过保险公司承保能力还可能涉及再保险，因此程序十分复杂，时间耗费较为严重。

自动核保服务传统规则判别标准主观，往往使用保额、被保险人年龄、机构等级、健康告知等少量因素判断客户是否体检，新形势下结合大数据分析，建立风险因子模型做出评分，在客户输入相应信息后，保险公司自动计算保费，做出核保结论，核保速度快，金额依据各家公司风险控制水平和财务实力略有不同，但普遍较低。通过自动核保很大程度上减少了小额保单对核保人员人力资源的占用，提高了作业效率。

传统人工核保服务是由核保员依据核保规则并结合自身的专业知识和丰富经验逐单进行核保，费时耗力，一般都是金额超过自动核保以上的大额保单或者超过自动核保年龄限制等复杂保单。人工核保依据服务权限可以分为一级核保和二级核保，前者是对资料完整性和费率承保方案初步审核，后者对风险资料合规性和费率承保方案复核。

3. 提高从业人员专业素质

提高销售和核保人员的专业素质，健全考核指标体系，是保险公司做好承保服务的重要方式，以核保人员为例。

（1）招聘专业人才，由于健康险需要拥有医学、金融保险等专业背景，因此保险公司应加大专业人才招聘队伍，提高核保队伍质量。

(2) 建立定期培训、考试制度，保险公司内部硬性规定培训时间，定期聘请专业核保人员授课，并建立定期考试制度，将考试成绩与奖惩晋升挂钩，作为参照指标之一，强制核保人员终身学习。

(3) 加强交流，总结教训。加强公司内部核保人员之间、其他部门之间乃至同业人员的交流，定期总结核保教训，避免反复犯错。

(二) 理赔服务

理赔是保险事故发生后，应保险权利人给付保险金要求，保险人以法律规定和合同约定为准绳，核定保险责任并处理保险金给付的行为。理赔服务在保险公司所有服务中间处于核心地位，它不仅是保险基本保障和社会管理等职能实现的重要途径，关乎保险公司社会形象，还是检验保险核保决策质量及提高保险公司风险管理能力的重要手段，直接影响保险公司生存和发展。

理赔服务应当坚持从实、公平、效率三大原则。从实原则强调保险人判定事故性质和原因必须实事求是，从客观事实和证据出发，以条款和法律为基准，认定保险责任归属和范围做到该赔尽赔，不该赔不赔。公平原则强调保险人理赔服务必须公正维护顾客和公司双方正当合法权益，维护保险和社会公众正常秩序。效率原则强调保险人应该加快理赔时效，及时认定保险责任归属，及时履行保险金赔付责任。理赔服务创新应坚持贯彻三大原则，实现理赔流程优化，理赔效率提高，坚持理赔独立，保证理赔公平合理，坚持理赔人员专业化，保证理赔从实，最终实现不错赔、不滥赔、不漏赔、不惜赔、不迟赔，维护消费者合法权益。

1. 理赔从实管理

理赔从实是保证合同合法的重要要求，公司实施从实管理服务主要从提升理赔人员专业素质，做到不错赔，建立其他服务制度，减少欺诈等道德风险等方式改进。

(1) 理赔人员专业化。健康险理赔涉及大量疾病状况等医学知识、法律法规等监管要求，因此要求理赔人员需要具有丰富的医学、法律知识和深厚的金融保险知识。通过实现理赔人员专业化，保证理赔服务质量，减少理赔错配现象。

(2) 独立调查人制度。独立调查人制度是为了防范保险欺诈风险建立的理赔审计保险制度，独立调查人直接隶属公司高层管理人员领导，保证与业务部门相分离，不受各级机构、部门、员工干扰。调查人员通过公司内部实施独立调查或委托外部第三方协助调查方式对受理案件进行实地核查，确定保险事故性质、原因和合同成立的诚信基础，为理赔决定提供依据；对接到举报的案件进行调查核实，并主动筛查已决赔案，进行后期稽核，以减少欺诈，降低运营成本。

(3) 个性化探视制度。保险公司提高服务人员的探视技能，针对患者因病住院，保险公司服务人员进行个性化住院探视，不仅可以对患者住院状况、疾病状况进行现场核实，取得一手理赔资料，还可以帮助客户进行理赔资料收集整理，增进服务人员与客户间的感情交流，提高服务质量。

2. 理赔公平管理

理赔公平与否关乎保险合同双方合法权益，影响客户满意度和保险公司社会形象，保险公司可以从以下几方面改进理赔服务公平：

（1）建立健康险独立核赔人员制度，实施理赔专业系统垂直管理。理赔与业务、行政相对分离，下级核赔人员只向上级核赔人员而非行政人员负责，同时建立分级授权和权力约束机制，每级核赔人员在授权范围内独立审决，并接受考核结果奖惩。

（2）理赔案件预付管理。理赔预付服务是客户出险后，在申请资料还不够完整的情况下，保险公司在初步核实保险事故后，可以事先预支总赔款的一定比例（如60%），以解决顾客因为垫付医疗和重大疾病医疗费用开支带来的巨大财务压力，从而使理赔更人性化。

（3）理赔结案回访制度。理赔结案回访制度是指在客户理赔申请结案后，公司在规定工作日内通过电话、信函等方式对客户理赔满意度信息进行收集管理的制度。通过结案回访了解客户对于整个理赔服务过程的满意度，确认保险金到账事宜。此外，公司理赔部门会定期从核心系统中抽取理赔回访数据，进行质控，并根据质控结果改善机构工作服务。

3. 理赔时效管理

理赔服务流程包括客户报案、申请、保险公司受理、立案、审核、理算、结案等过程。优化理赔服务流程，提高理赔时效，是这些年保险公司改进较为明显的地方，也是保险监管机构着力监管的地方。例如，我国《保险法》第三十三条对保险审核时间做出详细规定，"保险人收到被保险人或受益人的赔偿或给付保险金请求后，应当及时作出核定，情形复杂的，应当在30日内作出核定，但合同另有约定的除外"，对理赔金给付也做出了达成赔偿给付协议后10日内履行义务的约定。近些年来保险公司对于理赔服务时效改进主要体现在以下方面：

（1）报案方式多元化。报案是客户出险后本人或委托人及时向公司通报案件发生状况，客户可以通过电话报案、委托报案和网上报案任意一种方式报案，电话报案主要是通过拨打全国统一热线服务专线或当地理赔服务电话报案，委托报案是被保险人或受益人及委托人前往保险公司现场报案，网上报案是借助电脑、手机移动终端等设备，登陆保险公司官网进行报案。

（2）理赔资料简约化、透明化。全面梳理各项理赔所需资料，在保证资料科学完整地基础上，对各种理赔所需资料最大限度的简化，最大程度方便客户，加快理赔速度。如死亡证明从传统三证简化为任意两项即可；意外类案件，在除公安机关等第三方介入的情况外，减免意外事故证明，重大疾病提前给付，无须提供出院小结后理赔等。为了节约客户资料收集时间，加快理赔进度，保险公司应该在签发保险单时、客户出现报案时，通过公司官网、移动终端等方式，一次性把所有理赔对应资料及资料收集来源通知客户，并提醒客户事故发生时及时注意资料收集保存。

（3）案件分级管理。理赔案件赔付金额和赔付数量、频率成反比，小额简易赔付保单数量多，频率高，影响面大。因此提高理赔服务，可以考虑对保险理赔案件按照赔付金额大小实施分级管理，分别设置不同的赔付时间，以加快理赔速度，如可以把单证齐全的案件划分为小额简易案件、简易案件、常规案件和复杂案件。对小额简单赔付保单保险公司可以考虑将其标准化、程序化，在客户提交理赔资料后，理赔系统根据资料与核定参数规则自动匹配，不需人工审核，便可直接在系统中跳转至结案，保险金自动支付到客户的账户上。

（4）"迟滞慰问金"及闪付。保险公司在结合自身服务优势基础上，为了提高产品服务竞争优势，对客户特定案件理赔时限做出承诺。一旦因为保险公司自身原因导致理赔服务超时，保险公司将另行给付迟滞慰问金作为补偿。例如，某寿险公司迟滞慰问金是赔付金额3 000元以下的案件在受理之后，24小时内没有结案或者工作时间受理当天没有结案的客户，我们在理赔款之外额外给付100元作为"迟滞慰问金"。闪付是赔付金额在一定范围内的理赔案件结案后，理赔账款实时到账，以最大限度满足客户资金需求。

（5）建立移动智能理赔服务系统，实现与保险公司内部理赔系统无缝对接，一站式的理赔受理、资料上传、审核等全流程服务。理赔服务人员可以利用智能手机等移动终端通过移动通信技术实现快速响应移动办公，保持理赔服务人员在事故现场与公司的不间断联系，客户也可以通过利于无限传输技术，按要求拍照上传资料图片，实现理赔报案和进度查询等功能，增强理赔透明度和便捷性。

（三）健康管理

健康管理中预防疾病思想中国古已有之，最早可以追溯到黄帝时期，《素问·四气调神大论》有："是故圣人不治已病治未病，不治已乱治未乱，此之谓也。夫病已成而后药之，乱已成而后治之，譬犹渴而穿井，斗而铸锥，不亦晚乎"记载。但现代健康管理（Managed Care）起源于20世纪50年代美国商业保险公司为了控制医疗费用开支，降低赔付率在健康管理方面的尝试。健康管理也从初始的医疗保险机构和医疗机构之间控制医疗费用支出的处方协议，过渡到个体或群体的健康进行全面监测、分析、评估、提供健康咨询和指导以及对健康危险因素进行干预的全过程，最终实现人全面的健康维护和服务保障，其核心是医疗保险机构通过对其客户进行系统的健康管理，降低疾病发生频率和程度，进而减少医疗保险赔付损失的目的。

健康管理服务通过健康监测、健康评估、健康干预实现整个服务过程循环，不断提升。

1. 健康监测

健康监测是对服务对象健康状况进行监控，实现科学生活方式和习惯以预防疾病发生或实现疾病的早期发现，主要包括个人健康数据收集和存储。一般通过健康问卷、历史数据、健康检查等方式实现个人健康信息收集，并建立个人健康档案为基础的数据库，具体包含的个人健康信息如下：健康状况和家族遗传病史，饮食、不良嗜好等生活方式，身高、体重、血压等医学体检和血脂、血糖等实验室检查等多种健康信息。

2. 健康评价

健康评价是建立疾病危险性为基础的危险预测模型，通过利用收集健康信息，建立疾病危险因子和疾病可能性间的量化关系，预测个人在一定时间内发生某种特定疾病或因为某种特定疾病导致死亡的可能性，实现早期诊断，并据此按人群的需求提供有量身定制的健康控制与干预计划，有效地实施控制措施和减少费用。

3. 健康干预

健康干预是根据个人健康状况和疾病危险因素情形，由专家制定个性化的健康管理方案，帮助个人采取行动来矫正不良生活方式，控制危险因素，实现早期治疗。一般来说，针对不同状态的个人采取方式不同，对待健康人群，采取健康维护方案，主要包括：定期电话随访，疾病早期干预，制定运动、饮食方案，推送就医、疾病常识；对亚健康人群，采取促进方案，主要包括：心理调节、理疗养生、健康教育、饮食生活习惯改善；对疾病人群，采取康复方案，主要包括：绿色就医通道、专家上门服务、特许秘诊、个性化诊疗方案。

保险公司应在考虑服务成本和收益的基础上，对相关健康管理服务进行分级，对成本较低的健康管理服务进行标准化，作为模块化的附加服务嵌入保险保障计划，提高产品竞争优势，覆盖广大中低收入市场；对于成本较高的服务项目可以个性化定制，进行额外优惠收费，作为高级衍生服务开发高端客户市场。保险公司可以提供的健康服务主要有：

（1）标准化增值服务管理，是客户享受的由保险公司提供的一系列低成本的健康管理服务内容，主要包括健康信息收集和推送服务等。标准化健康管理服务可以增强产品竞争力，不仅提高广大客户疾病控制能力，进而降低赔付费用支出，还增加客户对于公司服务的满意度。

①建立个人健康档案、部分体检项目。保险公司通过健康问卷、部分低成本的体检项目，建立动态完整的电子健康信息档案、慢性疾患者群健康管理档案、亚健康与疾病危险因素监测系统，长期动态监测和研究不同群体中非健康状态与健康危险因素关系和分布规律。

②健康信息推送类服务。健康信息推送类服务是指保险公司对存量顾客群提供日常健康指导、养身保健信息等相关基础健康信息传播类服务，这种服务形式主要体现为健康短信邮件、健康公众号等自媒体运营、健康教育讲座等类型。通过健康邮件和教育讲座，传播疾病、医疗相关基础知识，培养健康生活方式理念。

（2）个性化健康管理服务是指公司独立或通过第三方协助的方式对不同健康状态的个体进行监控，提出个性化、定制化的健康方案。通过帮助客户了解自身疾病风险因素，预警不良生活方式，从而预防疾病的发生或减少不合理检查、用药，降低医疗费用。鉴于成本因素，主要是作为高级附加服务，开拓高端消费者市场。

①绿色就医通道服务。绿色就医通道服务是指保险公司与优质的合作医院和医生达成一系列的医疗救助协助，确保顾客发生保险事故时，可以优先快速实现优质救治服务。包括特需挂号、门诊、预约手术、床位等服务，这种服务往往跟特定产品相捆绑，在客户发生保险事故时，保险公司提供援助。

②个性化的保健方案。保险公司在健康数据搜集分析基础上，不仅结合群体健康疾病规律还考虑到单个被保险个人，全面连续地分析个人的健康疾病风险因素，提供个性化的预防、保健、治疗、康复、健康教育服务和指导，并通过合作医疗专家团队上门服务，使客户足不出户就能解决日常健康问题和保健需求、得到家庭治疗和家庭康复护理等服务。服务对象可以包括：因孤寡老人、重疾伤残行动不便的客户；公司高保单价值的 VIP 客户。

第二节　健康保险与医院的深度融合

一、健康保险与医院融合的界定

融合，在字典是指几种不同的事物合成一体。

深度融合是指在同一行业的各业务流程上或者不同行业之间，应用信息技术特别是应用以物联网、云计算、大数据为代表的现代信息技术，梳理企业的业务流程或者消除不同行业之间的壁垒，促进企业经营模式上的创新，产业效能上的提升，经营渠道上的扩展，以及运营成本的降低。

健康保险与医院的深度融合，本书界定为在经济高度发达，医疗需求多层次化、高需求化，科学技术特别是大数据技术发展的背景下，健康保险与医院两个产业相互融合，在一定层次上消除壁垒，通过共享健康数据，参与大健康体系，构建健康保险和医院的合理利益机制，实现健康保险、医院和客户的三方共赢，推动健康保险和医院的共同发展。

二、健康保险与医院的融合方式

按照保险公司和医院合作利益整合深入程度可以依次分为以下四种方式：

（一）与现有医院签订合作协议

这是保险公司和医院进行的最初始、最简单也是最松散和普遍的合作形态，双方的合作深度较浅，双方的合作限于松散的合作协议，对医院束缚力很低，一般停留在预约挂号、VIP通道、名医挂号、定点医院等简单形式。

该方式的优点是保险公司可以充分利用现有庞大的医疗体系网络，快速实现服务渗透，提高产品覆盖面，但是该方式的局限性是十分明显的：一是现有的医疗质量决定了健康险的服务体验，保险公司无法掌控；二是保险公司并未介入到诊断医疗和费用控制阶段，因而与医院的利益冲突并未消失，医疗费用的膨胀困境并未从根本上解除；三是由于该协议不具有排除性，医院同一个保险公司签订协议，不能阻止其他公司与该医院签订协议，因此该项服务往往随着竞争者加入丧失优势。

（二）独立第三方模式

在该种方式下，独立中介一般是科技公司，它连接保险公司和医院，在顾客需要治疗时，它依据自身积累的庞大数据库资料，对相应疾病做出初步诊断，并制定对应治疗方案和成本限额，由医院负责具体治疗，保险公司对相应的医疗费用进行赔偿，自身收取服务费。国内该方式的典型代表有春雨医生、好大夫在线等，现以春雨医生为例，它创立于2011年7月，历经4年积淀，截至2015年7月份春雨医生已拥有6 500万用户、20万注册医生和7 000万条健康数据，用户可通过春雨掌上医生，查询罹患疾病的症状，免费向专业医生进行健康咨询，医生在网上实现轻问诊，春雨医生已形成世界上最大的移动医患交流平台。

该方案的优点是第三方机构的独立性保证其不会受制于医院或者保险人利益羁绊，更公正的制定医疗方案，更好地维护患者合法权益，此外因为专注一些服务，可以实现规模经济，可以降低服务成本，有些服务可能医疗机构或保险机构供给成本太高，因此不得不转移给第三方机构。然而考虑到国内现实状况，该方案的局限性体现在：独立中介大多规模较小且数据积累也不充分，专业化程度不高，无法实现较高的专业化服务，保险公司或医院也不乐意受其控制。

(三) 并购现有医院

投资并购现有国内医院从理论上来说是保险公司增强医疗机构控制力的最为简便的方法，也是擅长资本运作的保险公司最为擅长的方法。2015 年 1 月 5 日，中国人寿保险集团斥资近 17.5 亿港元投资香港主板上市公司康健医疗，该公司旗下共有 68 家诊所，主要提供专业的医疗保健服务及牙科服务，中国人寿集团将持有康健医疗 24.59% 股权，成为公司第一大股东。

该方案的优点在于充分把保险公司资金优势与现有医院完善经营范围及优秀管理经验结合起来，吸收被投资企业的先进经营成果，以便最快地覆盖市场，经营风险相对较小。但是该方式也面临着一般收购成本较为昂贵，且医疗企业现状和保险企业的期望标准不完全一致，更为重要的是保险企业对医疗企业的控制程度很大程度上取决于股权投资程度，若投资份额较少，保险企业无法达到深度介入医院进行整合的目的，以减少道德风险，但是若进行国内医院股权控制，不仅面临巨大投资成本负担，还面临着我国医院尤其优秀医院是公立医院的现实，面临着严重的政策障碍，保险公司收购这些医院可能与现有政策冲突。

(四) 保险公司直接创立医院

在该方式下，保险公司根据客户群定位，按照对医院的要求规划设计，直接投资创立新医院。阳光保险集团根据"一身四翼"的发展战略，开启"健康阳光"战略布局。2015 年 5 月 8 日，在山东省潍坊成立了国内首家由保险公司投资控股的三级大型综合医院——阳光融和医院，该医院积极与大型公立医院及医科大学合作，按照国际先进医疗理念和国内外认证标准，打造集医疗康复、教学科研、预防保健一体的大型综合性医疗机构。

该方案的优点具体体现为：一是可以获取医院经营的稳健收入，为保险资金投资提供更好地归宿，实现保险公司资产组合多元化，降低保险公司整体收入波动，实现长期资本保值增值，也是响应国家关于医院引入社会资本的号召，监管阻力和政策制约较少；二是保险公司实现了对医院的完全控制，在集团内可以实现资源互补优化，相互导流，消费闭环。医院吸引大量患者，在创造巨大医疗服务收入的同时，也获取了大量客户疾病医疗相关数据，保险公司可以针对丰富准确的数据信息进行差异化定价，推动产品差异化竞争，促进产品创新。医院的优质服务体验进一步增强了健康险的感知，化无形为有形，增强保险的吸引力。健康险的买单方式，为医疗服务费用提供了融资来源，解决了消费者的医疗负担，同时实现了健康险闭环，促进保险公司发展。由于在该种方式下，医院和健康险公司处于同一个利益共同体下，费用过度开支的道德风险基本被消灭。该方式的缺点是保险公司创办医院盈利周期较长，初期需要持续投入大量资金,对小型险企财务压力较大,且由于缺少专业化人才和知识储备经营存在不确定性。此外,医疗和保险服务体验受到自身医院服务水平限制,且保险人与医院利益一致,可能会损害患者的合法权益。

综上所述,每一种路径都有其优缺点,尽管设立医院存在较多问题,但是这是目前在我国公立医院背景和政策下,保险公司增强对医疗服务控制力的最为现实可行方案。

三、中国健康保险与医院深度融合的背景

(一) 医院的强势地位

1. 信息不对称

信息不对称是指交易过程中交易双方所拥有的信息不同。在医疗市场上,由于医疗知识具有较强的专业性和复杂性,医疗机构往往处于信息有利的一方。一方面,患者和保险公司对医疗知识的匮乏,再加上信息传递的不充分性,一般都处于信息不利的一方;另一方面,由于保险公司对被保险人的生活习惯、身体状况、信用状况等信息缺少了解,也会处于信息不利的地位。信息有利的一方在利己思想的影响下,可能会欺骗另一方,而处于信息弱势的另一方,难以进行有效的判断,在这种情况下,就可能会产生道德风险。图16.1说明了医院处于强势地位,保险公司处于最弱的地位。

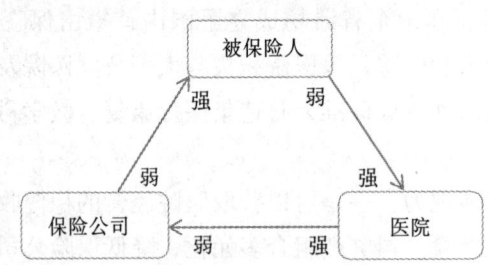

图16.1 医疗保险三方中地位强弱关系

2. 保险公司内部监管的缺失

健康很难用统一的标准进行衡量,医生治疗患者的效果也很难进行度量,所以医生很难向保险人和被保险人证明其治疗有效性,健康标准和治疗效果很难写在保险合同中。而且一种疾病的治疗方案往往不止一种,在多种治疗方案中采取哪一种更加难以在保险合同中进行约定。所以,通过保险合同对投保人和医疗机构进行约束是很艰难的。被保险人和医疗机构会利用保险合同在这些方面的不完善性联合起来诈骗保险公司,实施骗保行为。

第十六章
健康保险产品创新的影响因素

对保险公司来说，商业医疗保险与寿险以及意外险不同，涉及的是医疗事故发生的概率和医疗支出的多少，风险控制的难度很大，对专业技术的要求较高，工作人员需要对市场医疗行为和过程非常熟悉，但在大多数情况下，无法获得正确判断所需要的足够的对称信息。

3. 扭曲的医患关系

良性的医患关系要建立在患者对医生充分信任的基础上。然而，现阶段医疗市场秩序混乱和道德风险的存在，使医生和医院的声誉受到损害。

基于以上分析，不难看出，医院相对于保险公司目前处于绝对强势的地位。这将会带来以下几点问题：

（1）医疗资源的过度浪费。道德风险会使被保险人倾向于过度使用医疗服务，使医疗机构向患者过度提供医疗服务，这会造成医疗资源的浪费。很多被保险人无论是患了大病还是小病，都选择到较高层次的医疗机构就诊，想要做最全面地医疗检查；而医疗机构为了自己的利益，也会给被保险人开贵药，做高精尖的检查。

（2）医疗保险经营严重受阻。保险公司不仅要面临被保险人的道德风险，还要面临医疗机构的道德风险，双重道德风险使保险机构的盈利水平受到严重的影响。道德风险的严重程度和较高的赔付率使经营医疗保险的保险公司经营利润低下甚至无法营利，使得保险公司遭受了很大的损失，根据相关部门的统计，医疗保险的欺诈数量占全部保险欺诈的比例达到了30%。所以，保险公司要么不做这块业务，要么对保险需求方即患者进行限制。如在产品方面设置自付比例、免赔额、分项限额、减小赔付范围等限制性条款，同时在投保规则、核保条件方面也重重设防。其结果是医疗保险产品丧失对投保人群的吸引力，最终造成了医疗保险市场的恶性循环，阻碍了国内商业健康保险的发展。患者真正的交流比较少，使得患者对自己病情和治疗方案的选择缺乏足够的了解和选择。另外，患者为了满足自己的需要倾向于过度使用医疗服务，使保险公司多支出很多不必要的医疗费用。被保险人和医疗机构已经并不是简单的患者和医生的关系，而是从对方身上获取利益的工具，和谐的医患关系渐渐被扭曲。

综上所述，造成医院强势地位的原因有很多，医院的强势地位又带来了很多问题，掣肘了健康保险的发展。从中国医疗卫生的发展历程来看，社会保险的发展推动了中国医院的发展，满足了人们基本的看病需求，尽管也带来了很多问题，如医疗资源的过度使用，但其真切地解决了中国人民基本的医疗需求。在21世纪的今天，随着经济的发展，社会的分层，人们对于医疗有了更高层次和不同层次的需求，商业健康保险恰如其分的能够很好地解决这些问题。同样，从长远来看，商业健康保险的发展如同在新中国成立初期社会保险的发展一样，也将推动中国医疗卫生的发展。那么，解决健康保险与医院的深度融合，推进商业健康保险的发展，并且尽量减少其带来的弊端，成为保险人和医院非常重要的课题。

(二) 健康保险需求

从国际经验来看，我国一些关键健康相关指标大幅度落后于国际发达国家乃至平均水平，说明我国对于健康保险的需求具有很大潜力。本书主要从健康费用支出占GDP比重，健康产业规模占GDP比重，健康险从医疗卫生费用支出占比来阐述，具体来说，就健康费用开支占GDP比重来说，日本国民医疗费占GDP比重近年来维持在8%以上，美国卫生费占GDP比重更是高达18%，而我国这一比例却低于6%。我国健康费用支出水平大幅度低于发达国家，体现出中国国民医疗卫生投入还有很大空间，在中国跻身于发达国家的过程中，随着群众对医药保健质量要求的提高，预期中国的健康支出费占GDP比重会有较大增长潜力。此外，就健康产业的发展程度来说，当一个国家的经济发展到一定阶段，人们的医疗健康服务需求增大，医疗相关健康产业也将蓬勃发展。据发达国家数据显示，大健康产业通常占国家GDP的11%至15%，如美国的健康产业占到GDP的17%，其他经合组织国家健康产业也达到10%左右的水平，然而我国健康服务业GDP占比仅为5%左右，远远低于国际水平。就医疗费用中健康险赔付支出占比来说，法国、德国等欧洲发达国家平均在10%以上，美国健康险开支更是承担整个社会医疗费用总开支的37%，而我国健康险赔付占比仅有1.3%，因此，综合上述三个指标，我们从国际经验来看，健康产业在我国属于朝阳产业，具有较强的发展前景，是未来经济增长和利润爆发的新增长点，保险公司积极投身健康产业，不仅可以通过医疗服务直接服务广大患者，获取巨大医疗服务收入，形成保险公司利润的新增长点，更重要的是可以发挥产业协同效应，获取范围经济，为健康险产品提供差异化的保险服务，增强企业竞争实力。

(三) 政策支持

从国内政策（如表16.1所示）来看，政府扶持健康险的优惠政策不断出台，鼓励保险公司开展健康管理服务。保险"新国十条"政策的出台，奠定了未来保险长期发展基调，"新国十条"一方面细化了保险业发展目标——到2020年，保险深度达到5%，保险密度达到3 500元/人。这也明确鼓励了保险机构大力开发各类医疗、疾病、失能等商业健康保险以与基本医疗保险衔接，发展长期商业性护理保险以满足长期护理需求，此外，还支持保险公司提供与保险产品相结合的疾病预防、健康维护、疾病管理等健康管理服务。而2014年出台的《关于加快发展商业健康保险的若干意见》中明确支持保险公司开展健康管理服务，支持保险机构参与健康服务产业链整合，探索运用股权投资、战略合作等方式，设立医疗机构或参与公立医院改制，并加强对健康服务业用地保障，鼓励符合条件保险机构投资兴办健康服务业机构。

2017年5月国务院总理李克强在召开的国务院常务会议上,鼓励社会资本举办全科诊所、医学检验机构康复护理等专业健康服务机构,吸引外资合办高水平的医疗机构等。有关健康险税优政策也已全面落地,每个人一年将会有2 400元的税前所得抵扣。有专家预测,在政策红利的撬动下,健康险将逐步缩小与寿险、产险的差距,到2020年,健康险保费有望达到7 000亿至10 000亿元,成为与寿险、产险并列的三大业务板块之一,这将为商业健康保险带来巨大商机。

表16.1　2009年新医改以来助推我国商业健康保险发展的政策文件梳理

政策文件出台时间	政策文件名称	发展商业健康保险的政策要点
2009年3月	《国务院关于深化医疗卫生体系改革的意见》	鼓励商业保险机构开发适应不同需要的健康保险产品,简化理赔手续,方便群众,满足多样化的健康需求 鼓励企业和个人通过参加商业保险及多种形式的补充保险解决基本医疗保障之外的需求
2012年3月	《"十二五"期间深化医药卫生体制改革规划暨实施方案》	完善商业健康保险产业政策,鼓励商业保险机构发展基本医保之外的健康保险产品 积极引导商业保险机构开发长期护理保险、特殊大病保险等险种,满足多样化的健康需求 鼓励企业、个人参加商业健康保险及多种形式的补充保险,落实税收等相关优惠政策 简化理赔手续,方便群众结算。加强商业健康保险监管,促进其规范发展
2013年9月	《国务院关于促进健康服务业发展的若干意见》	丰富商业健康保险产品。在完善基本医疗保障制度、稳步提高基本医疗保障水平的基础上,鼓励商业保险公司提供多样化、多层次、规范化的产品和服务 鼓励发展与基本医疗保险相衔接的商业健康保险,推进商业保险公司承办城乡居民大病保险,扩大人群覆盖面 积极开发长期护理商业险以及与健康管理、养老等服务相关的商业健康保险产品 发展多样化健康保险服务建立商业保险公司与医疗、体检、护理等机构合作的机制,加强对医疗行为的监督和对医疗费用的控制,促进医疗服务行为规范化,为参保人提供健康风险评估、健康风险干预等服务,并在此基础上探索健康管理组织等新型组织形式 借鉴国外经验并结合我国国情,健全完善健康保险有关税收政策

续表

政策文件出台时间	政策文件名称	发展商业健康保险的政策要点
2014年8月	《国务院关于加快发展现代保险服务业的若干意见》	发展多样化健康保险服务鼓励保险公司大力开发各类医疗、疾病保险和失能收入损失保险等商业健康保险产品，并与基本医疗保险相衔接 发展商业性长期护理保险。提供与商业健康保险产品相结合的疾病预防、健康维护、慢性病管理等健康管理服务 完善健康保险有关税收政策
2014年10月	《国务院办公厅关于加快发展商业健康保险的若干意见》	丰富商业健康保险产品。大力发展与基本医疗保险有机衔接的商业健康保险。鼓励企业和个人通过参加商业保险及多种形式的补充保险解决基本医保之外的需求 鼓励商业保险机构积极开发与健康管理服务相关的健康保险产品，加强健康风险评估和干预，提供疾病预防、健康体检、健康咨询、健康维护、慢性病管理、养生保健等服务，降低健康风险，减少疾病损失 支持商业保险机构针对不同的市场设计不同的健康保险产品。根据多元化医疗服务需求，探索开发针对特需医疗、药品、医疗器械和检查检验服务的健康保险产品。开发药品不良反应保险 发展失能收入损失保险，补偿在职人员因疾病或意外伤害导致的收入损失 适应人口老龄化、家庭结构变化、慢性病治疗等需求，大力开展长期护理保险制度试点，加快发展多种形式的长期商业护理保险 开发中医药养生保健、治未病保险产品，满足社会对中医药服务多元化、多层次的需求 积极开发满足老年人保障需求的健康养老产品，实现医疗、护理、康复、养老等保障与服务的有机结合 鼓励开设残疾人康复、托养、照料和心智障碍者家庭财产信托等商业保险
2016年10月	《"健康中国2030"规划纲要》	落实税收等优惠政策，鼓励企业、个人参加商业健康保险及多种形式的补充保险 丰富健康保险产品，鼓励开发与健康管理服务相关的健康保险产品 促进商业保险公司与医疗、体检、护理等机构合作，发展健康管理组织等新型组织形式

续表

政策文件出台时间	政策文件名称	发展商业健康保险的政策要点
2016年12月	《"十三五"深化医药卫生体制改革规划》	探索建立长期护理保险制度 丰富健康保险产品，大力发展消费型健康保险，促进发展各类健康保险，强化健康保险的保障属性 鼓励保险公司开发中医药养生保健等各类商业健康保险产品，提供与其相结合的中医药特色健康管理服务 制定和完善财政税收等相关优惠政策，支持商业健康保险加快发展 鼓励企业和居民通过参加商业健康保险，解决基本医保之外的健康需求

（四）技术支持

我国经过多年医疗卫生领域信息化建设，以及近年来移动互联网、物联网的快速发展，为我们积累了大量的健康医疗数据，同时国家利好政策频出，资本不断涌入，云计算、人工智能等技术迅猛发展，有更多的方法或者工具让我们对于海量数据的挖掘、存储、分析、应用等成为可能。因此目前我国健康医疗大数据发展正当时，正处于起步阶段，未来随着我国法律法规制度的不断完善，数据共享开放程度的不断提高、数据应用更加细分化和多样化，健康医疗大数据将在我国大行其道，为健康保险与医院的深度融合提供良好的技术支持。

1. 我国拥有发展健康医疗大数据的良好基础

随着近年来国家扎实推进人口健康信息化平台的建设，目前全国已建立了14个省级人口健康信息平台，107个市级平台，572个县（区）级平台。国家积极组织相关专家集中研发了277项卫生行业信息标准，建立了我国卫生信息标准体系的基本框架。通过相应标准的制定，有效推动并规范各级平台的互联互通。目前国家级人口健康信息基础平台已实现与11个省级人口健康信息平台的互联互通。我国各医院通过多年的医院信息化建设，积累了丰富的医院诊疗数据和医院相关运营数据。随着无线网络的广泛覆盖、移动设备以及可穿戴设备的普及，高通量测序、高性能质谱等组学技术的快速发展，"互联网+医疗"的产生与发展，为我们加速积累了大量的健康管理数据、生物信息数据及互联网医疗数据等，以上这些数据为我国开展健康医疗大数据的相关应用奠定了良好基础。

2. 国家及各地方积极推进健康医疗大数据发展

健康关系到每个人，健康医疗大数据已经纳入国家大数据战略布局，同时也是国家最重要的基础性战略资源。近两年国家针对信息惠民、大数据战略、"健康中国2030"等做出一系列部署，发布了一系列的政策文件，积极推动我国大数据以及健康医疗大数据的发展。在2015年国务院发布《促进大数据发展行动纲要》，指出要发展医疗健康服务大数据，构建综合健康服务应用。2016年国务院办公厅重磅发布《关于促进和规范健康医疗大数据应用发展的指导意见》，该意见是国务院层面上发布的第一个细分领域大数据纲要，其目的是规范和推动健康医疗大数据融合共享、开放应用。同时，习近平总书记在全国卫生与健康信息大会上再次强调要完善人口与健康信息服务体系建设，推进健康医疗大数据应用。中共中央、国务院印发的《"健康中国2030"规划纲要》，也提出加强健康医疗大数据应用体系建设，推进基于区域人口健康信息平台的健康医疗大数据开放共享、深度挖掘和广泛应用。

为了进一步部署、推进和规范健康医疗大数据的应用发展，2016年10月21日国家卫计委健康医疗大数据应用及产业园建设国家试点工程启动，确定福建省、江苏省及福州市、厦门市、南京市、常州市为第一批试点省市，通过试点工程为全国健康医疗大数据中心及产业园建设创造可借鉴的经验。试点地区首先制定完善相关方案和配套政策；其次，构建统一权威、互联互通的人口健康医疗信息平台，构建健康医疗大数据中心；最后，根据地方特点发展相关产业及健康医疗大数据应用，如福州市布局健康服务、精准医疗、生物医药、科技金融四个特色产业，建立健康城市战略运营和健康人文国际交流两大基地，发展健康养生、精准医疗、智慧健康、分级诊疗四大应用领域；南京市的重点是建立在医疗、养生、养老、培训等方面的综合服务应用基地、在生物医药研制方面的应用基地以及在高精尖医疗科技研发领域的应用基地，培育"互联网+健康医疗"新业态。

3. 健康大数据资本市场火热

2016年多方资本投入健康医疗大数据领域，进一步加速了健康医疗大数据产业发展。根据数据猿对外公布的数据，经过整理发现，2016年1月到2016年11月健康医疗大数据领域共有46起企业融资事件，融资总金额超过84亿元人民币（见图16.2）。

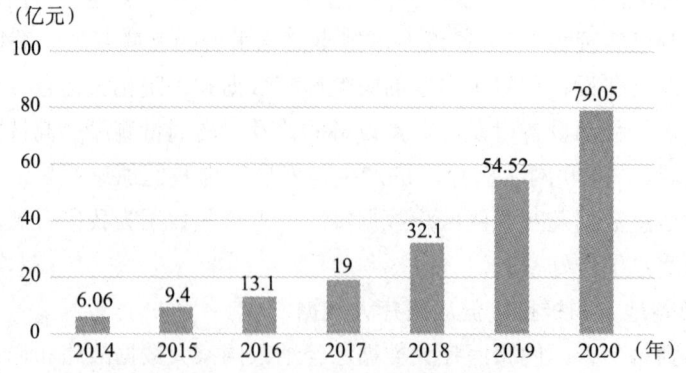

图16.2　2014—2020年中国健康大数据市场规模

综上所述,健康大数据的发展在中国拥有优良的土壤,必然会迎来迅速的发展。数据问题一直是制约健康保险与医院融合的关键因素,没有健康数据保险人对于医院就缺乏话语权,健康大数据的发展必然为健康保险与医院的深度融合提供巨大的助力。

四、健康保险与医院融合的三种趋势

下面将具体介绍几种国内健康保险与医院深度融合的例子,通过案例分析融合趋势。

(一)保险公司和互联网健康平台合作模式

目前的情况如下:保险公司和互联网健康平台的合作大多还在产品合作的初级阶段,即保险公司通过互联网健康平台来达到销售产品的目的,互联网健康平台通过代理产品而获利,双方都追求当前利益,结果双方都不盈利。解决方案:深度融合,相互介入。即保险公司可以先把线下客户存量转到线上,帮互联网医疗平台提升流量,先把他们养大,然后再利益共享。互联网平台把客户身上各种健康数据抓取出来,再分门别类分流到不同的诊所,由诊所进行落地服务和控费,最后把客户数据反馈到保险公司和互联网平台进行精准营销、定点推送。这样就形成了利益共同体,能够持续不断地给客户提供更好的产品,更好的服务。这样的发展趋势,可以很好地通过互联网健康平台将健康保险与医院进行深度融合,解决保险无法介入医疗过程控费、信息数据不能共享的痛点。

(二)与三甲医院签约合作

发展情况如下:找准医院和医生的"痛点",让医院医生愿意加入商业保险体系。具体来讲,一是联合开发专业的健康保险产品,如推出深度对接医院的癌症保险。保险公司专业为客户提供健康筛查和风险干预、高水准保障;医院致力于高质量的医疗服务,共同制定商保的治疗标准,医生专注于疾病的治疗,而不是患者的医疗费用。其他专科领域如心血管、骨科、呼吸科等也在推进。二是共同打造更高效的医疗服务体系,体现商业保险相对于社会保险的优势,吸引医院和医生的加入。即医院提供便捷的就医服务,提升客户就医体验,创造良好就医环境,缓解医患矛盾,提升健康保险产品的吸引力。保险公司在医院设立商保服务中心,有专业的健康管家队伍为客户服务。通过与医院医疗数据共享,开展一站式结算。三是共同推进院前院后的健康管理,医生制定方案,我们落地服务。我们向医生支付合理酬劳,而不是只支付院内诊疗。商保、医生和客户,形成一致的利益机制。四是开展疾病管理课题研究,利用庞大的客户健康档案,在特定疾病人群中开展前瞻性研究,从卫生经济学角度,得出投入产出高的干预模式,这是利国利民的好事,同时也为保险公司积累重要的健康数据。这种健康保险与医院的深度融合方式,不仅解决了在特殊疾病方面的高保额保险供给问题,而且有效实现了保险公司和医院的分工合作和利益划分,实现了保险公司、医院和患者的三方共赢。

(三) 自建医院

健康保险不同于寿险,需要对医疗有深刻的专业理解,通过自建医院,积累这种能力,可以更好地建立与其他医疗机构合作关系。目前情况如下:自建医院作为一个积累医疗领域专业能力的一种方式,可以有效促进以下几点问题的解决:一是解决医养结合、养医结合问题。养老与医疗不分家,养老问题在很大程度上是医疗问题。通过自建医院,保险公司自主掌握医疗服务,解决医养结合问题。二是自建医院,积累医疗经验,有助于保险投资医疗服务产业和合作医疗机构。

五、健康保险与医院深度融合对于健康保险产品的影响

(一) 以客户需求为导向,差异化健康保险产品的实现

随着健康保险与医院的深度融合,健康数据的积累与共享,保险公司与医院共同打造医疗服务体系,可以共同开发针对性强的专业化健康保险产品,做到满足不同客户需求的产品设计和分层,实现差异化产品设计和同类产品分层设计,满足不同消费需求和消费层次的客户。

(二) 健康保险产品种类的极大丰富

随着健康保险与医院的深度融合,健康数据的积累和共享,保险公司实现了医疗控费和客户的健康信息,可以在更宽泛的领域开发健康保险产品,如针对特殊群体的长期护理保险,针对亚健康人群的医疗保险,针对健康人群的医疗保险,针对专业领域的各类医疗保险,等等。

(三) 健康保险产品融入大健康规划中,更注重产品服务

健康保险与医院的深度融合,健康数据的积累和共享,一方面使保险公司有了参与大健康规划的能力,实现类似于管理式医疗的方式来控制医疗成本;另一方面健康保险的盈利若要回归到死差甚至费差,商业保险公司有内在的动力参与到国家健康事业的整体发展中。此外,健康保险在未来靠提供优质的产品服务来盈利,一方面优质

的产品服务如通过对客户健康信息的准确掌握，进行健康管理与健康生活服务，降低可能发生的医疗成本；另一方面通过附加的优质产品服务，实现产业整合，规模经济。

第三节　保险科技不断发展

一、保险科技定义

保险科技是保险与科技深度结合的产物，但不是简单的"保险＋科技"，它更加强调科技运用在保险服务中的核心领导地位，实质上体现了保险服务理念的全新升级，科技是提升保险服务化水平的有效手段和重要基础。科技对保险的冲击是全方位的、深远的，大到组织结构、公司形态乃至产业链，小到产品研发设计、营销、核保、理赔等整个保险业运营模式。因此顺应时代潮流，利用保险科技提升自身的服务体验，成为各家公司在新形势下获得竞争优势的必由之路。

保险科技体现了鲜明的跨界色彩，凸显科技在保险价值创造的绝对地位，根据参与主体性质不同可以分为改良派、革新派和技术派三类。改良派，主要是加强技术运用的传统保险公司，它们通过科技渐进地改良保险产品服务体验，捍卫现有市场地位；革新派，以激进的颠覆者形象出现在保险舞台，希望利用科技打造新型风险转移机制，谋求彻底打破传统保险模式；技术派，以领先的科技公司为主，通常利用掌握的数据资源、科技资源等优势，向保险公司输出契约承保、产品定价等技术服务，优化现有的保险业务模式。

二、典型保险科技

科技与保险融合程度的加深推动了保险产品创新和运营效率提高。中国保险学会联合复旦大学共同发布的《中国保险科技发展白皮书（2017）》对当前保险科技发展现状及影响进行了全面梳理，后面将对有可能对健康保险产品创新产生深远影响的区块链、人工智能、大数据、云计算、基因检测和可穿戴设备等先进科技进行简单介绍。

区块链（Block Chain）是一种全新的分布式的基础架构和计算范式，保证了数据安全。通常它可以分为公有区块链和私有区块链，目前公有区块链是发展最早，也是最成熟的发展模式。区块链利用块链式数据结构来验证与存储数据、利用分布式节点共识算法来生成和更新数据实现去中心化，利用非对称加密技术和授权技术实现交易透明性、身份匿名，利用由自动化脚本代码组成的智能合约来编程和操作数据，实现预定条款自动执行。

人工智能（Artificial Intelligence，英文缩写为AI），它通过模拟人的意识和思维的信息过程，以拓展人类智能，可以分为计算智能、感知智能和认知智能，主要研究方向是智能机器人、语音识别、图像识别、生物识别、自动规划、专家系统等。根据AI不同发展阶段驱动力的不同，可以将其划分为技术驱动阶段、数据驱动阶段和场景驱动阶段三类。AI第一个阶段是技术驱动阶段，该阶段集中诞生了基础理论、基本规则和基本开发工具，在此阶段，算法和计算是主要驱动力量；第二阶段是数据驱动阶段，海量数据的运用使得消费者精确的画像变成可能，可以指定差异化、个性化的服务方案；第三阶段是场景驱动阶段，不仅可以针对不同客户做个性化服务，还可以在有应用价值的不同场景下执行不同决策。

云计算（Cloud Computing），根据美国国家标准与技术研究院（NIST）定义，云计算是一种按使用量付费的模式，这种模式提供可用的、便捷的、按需的网络访问，进入可配置的计算资源共享池，云计算在数据存储、管理、编程等技术上进行了创新，以满足海量数据存取、高速吞吐的客户需求。云计算高效、快捷、数据庞大的特点，可以用于保险产品定价，提高了信息实时交互型，有利于建立标准化的工作流程，加快审核和理赔速度，减少逆选择改进定价。

大数据（Big Data）是指规模大到在可承受的时间范围内，现有传统数据处理工具无法收集存储、管理分析的数据集合，具有数据规模海量、价值密度低、动态流转、结构类型多样的特征。大数据包括结构化、半结构化和非结构化数据，非结构化数据是大数据的主要部分。据IDC的调查报告显示：企业中80%的数据都是非结构化数据，这些数据每年都按指数增长60%。

基因检测（Gene Test）是通过血液、其他体液或细胞对DNA进行检测的技术，在复制被检测者组织细胞后，通过特定设备对被检测者细胞中的DNA分子信息作检测，预知身体患疾病的风险。目前基因检测的方法主要有：荧光定量PCR、基因芯片、液态生物芯片与微流控技术等，基因检测可以诊断疾病，也可以用于疾病风险的预测。

可穿戴设备（Wearable Device）是利用软件支持信息交流的便携式设备，是物联网应用的重要组成部分。眼镜、手环和服装等一切可以传递信息的携带式载体都可以成为可穿戴设备，通过直接接触人体，反馈客户信息，以更好地进行客户管理。

三、科技对健康保险创新影响

科技在一定程度上实现了对整个健康保险产业的深远冲击,从宏观的保险企业组织形式、健康产业链,到微观公司产品研发、产品营销、产品核保理赔等,为这些运营服务体系升级奠定了技术基础。

(一)保险科技对保险企业组织形式影响

企业的组织形式有个体商户企业、独资企业、合伙企业和公司企业,公司企业可以按照权益是否可以划分为等额股份,进一步分为股份有限公司和有限责任公司,在国际上,保险企业的组织形态有股份制公司、相互保险和合作保险、自然人(英国劳合社)组织。保险企业吸收社会资金,并履行保险金赔偿给付,对金融安全和社会稳定有重大影响,因此受到各国严格监管,股份制公司因为其具有独立法人资格、良好的治理结构和强大融资能力是主流保险企业的组织形式,但部分国家允许并规范其他保险组织形式设立运营,相互保险组织在国外保险市场具有举足轻重的影响。在我国,保险企业的形式规定主要是通过《保险法》《公司法》实现的。根据《保险法》第六条规定:"保险业务由依照本法设立的保险公司以及法律行政法规规定的其他保险组织经营,其他单位和个人不得经营保险业务。"第九十四条规定:"保险公司,除本法另有规定外,适用《中华人民共和国公司法》的规定。"《公司法》规定公司的组织形式是有限责任公司和股份有限公司,因此在我国保险公司的组织形式为股份有限公司、有限责任公司和其他组织形式,由于从事保险业务的法人必须具备一定条件,并经过中国保监会批准,因此在实践中,保险企业基本是股份制公司,我国相互保险公司仅有2005年成立的一家黑龙江阳光农业相互保险,具有保险互助性质的慈溪市龙山镇伏龙农村保险互助社和慈溪市龙山农村互助保险联社两家相互保险组织。对于经营健康保险业务企业要求,各个国家也有所差异,德国法律规定只有专业健康保险公司可以经营,日本法律规定是寿险公司和财险公司都可以经营,且没有专业健康保险公司,我国是寿险公司、财险公司和专业健康保险公司都能经营,我国自2005年批准人保健康险公司以来,陆续批准了昆仑健康、和谐健康、平安健康、太保安联健康、瑞华健康5家专业健康险公司。

以区块链和互联网为代表的科技使我国健康保险公司组织形态更加丰富。传统上,保险公司通过人力、网店扩张实现业务增长,然而互联网的广泛运用在一定程度上打破了时空限制,使销售基于虚拟网络而不是铺设实体网点变为可能,轻资产的运营模式,降低了运营成本,设立网络保险公司成为很多公司的替代性选择。这些网络公司没有实体门店负担,绝大多数交易通过网络完成,轻资产模式决定其更加注重科技在运营中的价值创造，因此新型互联网保险公司正在走出一条具有科技特色的保险道路，代表性公司有众安保险、泰康在线、安心财险等。

科技除了导致网络保险公司诞生，还促进了我国互助众筹保险模式出现和相互保险组织形式繁荣。众筹保险和相互保险发展在一定程度上有相似之处，都是聚集社会成员资金，建立系统内风险分担的自保体系，不同之处在于互助众筹筹资来源目前以零售性质的个体为主，相互保险公司主要背景则是上市公司。科技的发展使它们能够更安全、更透明、更有效地运营。众筹模式在国内兴起于互联网金融，支付宝下天弘基金的成长历程证明了众筹的强大力量，在支付宝给天弘基金导入网民流量后，天弘基金从国内不知名小型基金一跃成为"公募一哥"，占我国公募基金资产近1/3强，利用网络集结众多微小个体爆发出的强大能量开始为社会关注，水滴众筹等模式借助网络媒体传播开来。在此之前我国众筹模式很难出现并有大面积影响力，相互保险之前发展缓慢，除了政府监管外，很重要的原因也来自于采用传统方式运行效率低下，资金安全性无法保障，无法明显显示出制度性优势。区块链具有的去中心化和不可篡改特性，使每一笔交易资金都有明确资金流向，可以事后核验，数据安全得到了极大提升，因此容易取得大众信任。发达的网络则可以最大程度上发挥聚集效应，超越地域限制，边际成本接近零，极大降低了制度运行成本，无数个人通过网络平台聚在一起，一起分担风险。通过个人仅需支付非常低廉的保费，就可以称为会员，享受保险保障，因此水滴众筹等模式迅速发展。区块链的安全性和网络科技便利性使相互保险自身的独特制度性优势逐步凸显。2015年1月保监会印发《相互保险组织监管试行办法》，对相互保险组织定义、设立条件、运营作出详细规定。随着政策放开，2017年众惠财产相互保险社、汇友建工财产相互保险社、信美相互人寿保险公司相继开业，相互保险组织焕发新的生机与活力，将为保险市场带来新的面貌。

（二）科技对健康保险组织结构的影响

组织结构是在一定环境和战略背景下的分工协作体系，按照组织结构内容和性质可以分为：直线型、直线管理型、事业部型和矩阵型。在直线型模式下，由于不设具体职能部门，公司行政管理和具体业务混合一起，形成总分支营销部四级机构设置；在直线职能型模式下，加入了具体业务职能部门（精算部、核保理赔部等），起到为直线单位管理人员提供必要支持职能服务，提供意见、建议，实现业务职能与行政管理分离；在事业部型模式下，在各职能基础上添加基于产品对象、地理区域或顾客对象而形成的各事业部构成的组合，以促进事业部聚焦业务领域，对基层需求保持灵敏反应能力；在矩阵型模式下，企业在直线职能型组织体系下，加入了横向领导体系，使得员工在执行常规任务时接受职能部门垂直领导，在新产品任务过程中，同时介绍团队负责人的横向指挥，该组织具有巨大灵活性和适应性，有利于跨部门间的信息沟通。保险公司运营健康险基本采取下列三种方式：一是事业部型结构，以阳光为代表的部分寿险公司，健康险运营事业部在寿险中保证自身独立地位，促进精细化管理，它不同于公司职能部门，具有经营管理自主权，实施独立经营、独立核算；又不同于子公司、分公司，不具有独立法人地位，不需办理经营许可。然而考虑到成本、运营压力及健康险与主营业务范围模糊，所以单独设置健康险事业部的公司并不多。据《证券日报》披露，在全国69家人身险公司中，80%左右的保险公司没有设置健康险事业部。二是附属性职能型结构，以太平人寿为代表寿险公司把健康险运营分散在寿险各职能部门中的方式，在该种模式下，健康险相对于寿险处于附属地位，依附寿险研发、运营、销售渠道等资源，跟随寿险主业业务的发展而发展。三是保险部型，是以建信人寿为代表的健康险保险部方式，在该模式下，健康险保险部职能范围狭窄，一般只负责健康险的产品开发和运营管理，不复杂产品销售，该种方式面临着研发和销售脱节的风险。

科技的发展给企业运营环境带来了巨大变化，要求企业组织结构保持高度弹性，应对快速变化的消费者需求变动，因此可以对外界环境做出快速反应的事业部型和矩阵型结构未来可以获得较快发展。事业部的组织型结构可以保证健康保险的独立经营和专业化运作，且吸取直线职能型结构优势，结合特定领域特点，可以保证机构在特定领域内的持续投入，然而事业部需要重新建立并维护一整套独立系统，在短期内，单独运营健康保险可能面临一定财务压力。矩阵式结构尽管采取主体直线职能式，但是对于特定需求部分采取临时项目制以保证结构体系的灵活性，在矩阵式结构下，整个系统资源配置紧紧围绕项目活动展开，不仅可以实现权力充分下移，调动各个基层单元的创造活力，及时对消费者需求变化作出反应，还不需要重建独立系统，运营成本较低，考核便利，是未来健康保险组织结构的发展方向。

（三）科技对健康产业链的影响

平安、国寿等大型保险公司都在加大科技和健康领域资本投入，以期在未来竞争中占据有利地位。2017年中期投资者会议上，马明哲透露平安集团过去5年，每年在科技创新投入达到70亿元以上，且未来每年收入1%将投资科技研发，展示了平安在科技领域的雄心。科技对健康产业链的影响主要有以下几个方面：一是建立基于客户为核心的统一电子信息系统，打通集团内部产业链不同环节的信息壁垒，实现信息共享和业务协同；二是为健康管理提供基础支持，实现保险服务升级。

1. 建立基于客户为核心的统一电子信息系统

以客户电子账户为核心的统一信息系统，对于实现客户信息在集团内部数据共享，实现集团内部价值协同具有重要意义。尤其当下众多保险公司都在走综合集团路线，在大健康的思维下，向产业链上下游延伸，实现客户信息在不同子公司、子系统的数据共享,对于提升企业综合竞争实力和提高服务差异化水平意义重大,网络科技的发展,为构建底层统一信息系统提供了技术支持。电子账户以消费者为核心单位,记录消费者的身份信息及与其相关的服务信息的总账户。它不仅记录了保险服务信息,还记录了集团内所有公司对其服务信息。保险服务信息包括保险公司为消费者提供的不同保险险种服务信息,包括消费者为投保人、被保险人和受益人的保单信息,电子账户可以用于保险消费者查询与自身相关的所有保单信息,并逐步实现在线投保、保费缴纳、理赔查询、领取保险金等。集团内部不同子公司服务信息是基于各子公司的专业优势,为客户提供一揽子服务方案,提高客户黏性。

在这一领域探索较早且较为成功的是平安集团,平安集团是一家横跨财险、寿险、资管、银行等多个领域的金融巨头,且在健康产业链和保险科技进行了深度耕耘,分别成立了专业健康险公司——平安健康保险公司、平安好医生、平安科技公司等。平安为打破客户信息在不同子公司的壁垒,实现客户信息集团内部共享,利用信息科技打造基于客户信息为核心的统一账户系统,确保客户一个账号可以实现集团内各种金融服务,各子公司利用自身专业领域优势填补客户不同需求,既实现也不同子公司差异化竞争和业务协同,又为客户提供了全面的服务内容,提升集团的核心竞争优势。

2. 促进健康管理升级

健康保险走向健康管理是欧美发达国家健康保险市场的重要经验,是保险公司解决产品同质化、在未来健康产业链生态中占据优势地位的重要筹码。科技对健康管理的重要影响体现在:

(1) 技术发展改变原有费用报销模式。传统上消费者的费用报销主要是基于事后报销,被保险人在医院接受治疗,产生的医疗费用在保险金额和范围内由保险公司报销,事后报销的方式造成保险公司在前期医疗费用控制上缺少控制权,健康险尤其是医疗险往往承保越多,亏损越多。随着科技发展,美国等发达国家出现了的连接保险公司和医院的独立健康管理中介,它们主要由科技公司构成,并在费用报销模式下占据核心地位。在新型费用报销模式下,被保险人因为疾病等原因需要接受医学治疗服务时,该中介依据自身积累的庞大数据库资料对相应疾病做出初步诊断,并制定对应治疗方案和成本限额,治疗方案执行由医院负责,保险公司对产生的医疗费用进行赔偿。该机构的独立性保证其不会受制于医院或者保险人利益羁绊,可以更公正地制定医疗方案,更好地维护患者合法权益,因此广受被保险人欢迎,我国近些年也出现了类似健康管理中介,如春雨医生,但是这些公司规模弱小,且缺少核心数据和技术资源,和国外的健康管理公司相比还很不成熟。

(2) 技术发展为健康管理内容扩大和水平提升提供技术支撑。健康管理主要是针对不同的个体健康状况进行健康评估、差异化的健康干预、最终实现个体维持健康

第十六章
健康保险产品创新的影响因素

的生活方式和习惯，降低疾病发生率和损失程度，其核心是实现疾病预防。健康管理的内容广度和水平的深度与医疗方法、科技进步息息相关。优质医院和医生资源稀缺的现实，使患者过去只能去医院排长队挂号，因为空间距离和时间限制，大多数人无法接触到优质医疗资源。科技的进步正在打破时空限制，使医生一对多的服务变为可能，医生可以通过远程医疗对患者疾病进行初步判断，个人足不出户就可以获得全国知名医学资源，优质医生远程医疗纳入健康管理范围，无疑大大促进了公共医疗服务均衡。此外，基金检测技术逐步成熟，基因筛选开始作为高端健康保险服务的一部分，帮助被保险人更好地预防控制疾病发生。手机、手环等可携带式智能设备的普及使个体健康数据可以低成本的动态收集，大数据、云计算技术进步推动了采集数据的深度挖掘。这些技术进步标志着全新的个性化、差异化的健康管理时代来临，保险公司可以基于运动和慢性病管理视角下，针对不同个体健康数据采取差异化的健康管理方案。在运动场景下，保费和保额与运动步数挂钩，每日行走可以换取保费折扣，增大保额，以此鼓励被保险人积极锻炼身体，增强体魄；在慢性病场景下，通过心跳、血压等指标监测人群健康状况，并和药品报销额度、并发症保额和健康生活干预挂钩，激励被保险人关注健康状况。

在实践中，目前受制于技术水平限制，不同设备数据采集精度不同，便携式设备对不同健康指标数据采集的精度也不同，数据的真实性、准确性难以把控，此外客户对隐私安全的担忧对数据分享造成一定阻力，因而健康管理内容或水平还有待进一步挖掘。当前GPS定位系统和心跳测量系统在便携式设备上运用较为成熟，可以动态准确地采集指标数据，血压、血糖等指标数据测量技术尚无法成熟运用到便携式设备，需要顾客利用其他专业测量设备，自己手动输入。因此目前较为成功的健康保险健康管理还是基于运动场景，如众安保险和小米公司联合开发了一款重疾保险，个人通过授权众安保险查看运动数据，可以获得个人保费折扣。尽管面临很大技术困难，但是AIG保险公司还是对健康管理向着深处迸发，该公司对重疾险客户提出健康管理计划，该计划包含一系列客户日常过程和最后结果生理数据和行为指标，并最后对结果过程进行加权，得到相应评分，不同评分等级对应不同的保费折扣，通过将健康管理和保费支付关联起来，激发投保人健康管理积极性。具体而言，在征得客户同意且保障客户隐私的基础上，客户通过穿戴设备实时监测健康状况，并按期通过移动智能设备向保险公司APP个人健康档案部分传输日常各种健康数据，既包括生理数据，又包括行为方式指标，生理指标包括血压、心跳、血糖、体重等身体健康数据，而行为方式指标包括每天跑步、步行要求，睡眠方式和时间，饮食模式要求，如运动步行数量实现一个可以量化具体数量范围，睡眠应该在多少时间内进行，日常饮食符合健康餐饮习惯等，客户达标各种健康指标养成良好生活习惯的过程也是减少重疾发生，降低赔付成本的过程。为了鼓励客户积极参加该计划，可以在参加初期就给予一定保费折扣，并随着时间延长和客户的积极健康管理效果，加大保费折扣比例。南非健康险公司 Discovery 打造的 Vitality 健康管理计划，旨在通过建立科学的健康管理和激励体系，鼓励用户关注自身健康，培养健康生活的习惯，从而提高会员的健康程度。Vitality 打造了一个健康生活的"生态圈"，包括提供健康食品的餐厅和商店、健身房、体检中心、智能可穿戴设备等。它鼓励会员去健康场所，进行有利于自身健康的行为（如锻炼、定期体检、戒烟等），同时，Vitality 通过在生态圈积累的数据，通过大数据分析去评估一个人的健康状态，对良好的健康状态给予旅游、购物、甚至保费减免等奖励。Vitality 项目取得了较为显著的成功。2015 年 Discovery 对 2011—2014 年参与 Vitality 计划的 80 万名会员进行调研分析，结果显示高度活跃的会员在健康相关的支出减少 37%。现在，Vitality 计划已经拓展到美国、英国、德国、法国、中国大陆、新加坡、澳大利亚、中国香港等各个国家与地区，用户数量超过 500 万人。

（四）产品研发

科技的发展不仅拓展了健康保险现有传统保险的运用场景，还带来了崭新的发展空间，为应对新型风险而研发出的健康保险产品，促进了产品创新。保险科技对健康保险产品研发的影响不仅体现在新产品的创造和现有产品的改良，更重要的是对市场细分能力和保险产品设计理念创新产生了深远影响。

1. 市场细分能力强化

依据消费者的职业、收入、学历、病史、生活方式等少数特征对客户进行风险评定和市场细分，进而研发对应产品是公司进行差异化战略的重要组成部分。传统上，因为信息收集渠道有限，且采集成本高昂，保险公司和客户的互动频率少，程度低，只能利用客户投保理赔经验积累数据，积累数据多为有一定格式的结构化数据。数据数量匮乏及难以动态调整特性使保险产品定价只能基于有限样本，并利用现有数学计量模型拟合和统计推断方法，从样本分布信息获得一定概率下总体分布信息，存在小样本导致的模型风险和推断误差风险。数据积累不足和定价误差风险，使谨慎的保险公司严格限制保险产品保障范围，不仅造成大量客户被排除在保险保障范围之外，还导致产品同质化风险，加剧市场竞争。伴随移动互联网、可穿戴设备、大数据等先进科技普及，个人数据收集和处理方式产生深刻变革，收集成本大幅下降，信息日益透明化为市场细分奠定了技术基础。数据收集范围从简单的承保理赔等保险过程，到衣食住行等全方位，从仅关注保险承保理赔的结果数据到行为背景和决策过程数据和保险结果数据并重；处理的数据从有限样本过渡到海量总体时代，海量数据减少样本误差风险，实现定价方式变革，定价技术精准化，保险公司还可以利用大数据技术直接对总体数据进行深度挖掘，实现对不同客户群体进行市场细分，实现健康保险产品定价差异化。

目前已经有保险公司加强市场细分，通过创新健康保险产品设计，以充分享受规模销售带来的规模经济和精细化、差异化经营带来的细分市场利润。如在重疾险领域，儿童、女性和男性罹患重疾的风险种类不同，对儿童来说，恶性肿瘤尤其是白血病是最大的健康杀手，因此保险公司推出了覆盖白血病的儿童重疾保险；针对女性特有的重疾有乳腺癌和宫颈癌等，保险公司也推出了针对女性疾病特点的重疾保险，以实现更精准的保险保障。此外，个人运动数据和血糖、心跳等动态健康数据在征求客户允许情况下，保险公司可以方便获取，并可以及时掌握客户健康状况，及时进行风险控制，众安保险针对糖尿病人群的保险保障需求，在一家养老社区推出重疾保险试点，只要被保险人天天按规定上传血糖检测数据，传统健康险拒保的糖尿病人群就可以获得保险保障。弘康重疾保险创新性的将寿险和重疾险责任分离，并以纯消费方式提供重疾保障，较低的费率实现较高的保额保障，降低了投保重疾险的经济门槛，给拥有重疾需求且价格敏感型消费者提供了很好的疾病保障。日本和中国台湾地区这些年也出现了保险公司根据客户器官健康状况定价的健康保险，保险公司不再根据个人法定年龄进行定价，而是通过智能设备获取用户生活习惯，形成器官衰老指数等评价指标，用精算技术实现差异化的保险产品。

2. 客户至上的保险设计理念

在互联网时代，用户需求和体验是互联网保险发展的核心，保险产品设计从产品导向转变为客户导向，更加尊重客户需求在保险设计中的主导地位。根据艾瑞咨询发布的 2017 年商业健康保险报告数据显示：在多种影响用户购买健康保险因素中，产品覆盖的病种（63.2%）、产品保障的额度（57.8%）、产品价格（51.2%）影响较大，名列前三名，品牌知名度影响较低仅占 16.2%。上述数据说明我国消费者整体来看十分理性务实，性价比高、注重保险保障是客户在健康险购买的主要关注点，这在一定程度上为保险公司健康保险产品研发提供了方向指引。此外，由于信息不对称带来的较大道德风险和逆选择，保险公司为了控制风险，往往使传统健康保险产品保障范围窄、保障程度低、保险条款专业冗长，核保理赔标准严格，相应时间较长。在移动互联网时代，通俗化、碎片化、个性化、注重性价比趋势成为主流，健康保险公司为了充分把握移动互联网红利，在这些短板方面，必须做出调整。

现在保险公司已经开始结合客户需求和互联网消费特点，对健康保险短板进行改进，以便更好地满足移动互联网需求。具体体现在以下方面：一是尊重客户选择自由。新型互联网健康险产品允许客户根据自身风险需求和缴费能力自由选择保险保额档次、保障范围、缴费方式和期限等保险要素。二是保险条款简约化、通俗化。公司在控制承保风险基础上，尝试梳理并简化保险条款数量，放松承保条件，扩大保障范围，并利用网页音频、视频、案例分析等多种方式对保险条款做出通俗化解释。健康随 e 保重疾保计划将普通市面上高达 8 种的免责条款，缩减至 3 种，最大可能为消费者提供保险保障。三是提高产品性价比,由于网上直销没有代理人佣金和房租等附加成本,保险公司在维持保费不变甚至降低的情况下,提高了医疗保险和重疾保险等产品的保险保额或者扩大保障疾病种类,提升了产品性价比。阳光人寿推出的健康随e保重疾保计划,作为综合重疾和身故保障主险,产品未考虑其他附加费用,在免体检情况下保险金额最高可达75万元,为客户提供充分的保险保障,蚂蚁金服推出的尊享e生医疗保险,具有高保额、低保费、费用报销范围广的特点,取得了很高的保费收入和社会评价。四是针对网销小额、高频特点,泰康在线保险公司设计短期健康保险产品,简化承保理赔流程,价格便宜,可随时随地投保理赔,高频高效的交易极大地提高了保险品牌和客户黏性。

(五)产品营销

科技对保险公司健康产品传统营销方式的影响主要体现在渠道优化、信息透明度提升两个方面。

1. 渠道优化

保险公司传统产品销售渠道有个险、团险、银保、电销和其他中介平台5种,保险科技的发展不仅使得原有渠道整体优化升级,还诞生了崭新的网销渠道。保险公司和第三方中介等纷纷利用科技优化营销方式,提升营销效率,保险公司通过建立网销官网、移动APP、微信公众号等网络方式建立起直接接触客户平台和渠道。网络打破了时空限制,为实现一对多服务提供了可能,此外在一定程度上网络渠道提升了产品的可及性和覆盖率,保险公司可以自主掌握渠道话语权,不仅可以直接动态感知客户需求信息,进行包括产品研发设计、销售管理和产品服务在内的一整套客户管理体系,还可以降低营销成本,提高效率,最终提高产品价值。目前人工智能为代表的科技仅能处理简单的标准化合约销售,因此可以实现简单产品的标准化,实现服务标准统一,规范服务质量。未来随着科技水平的进步,甚至可以根据客户风险差异特点,实现差异化定制,对不同渠道结构及利益分配产生深远影响。

根据艾瑞咨询公司调研数据显示,在2017年个人业务中,官方平台是首选渠道,48%的购买者表示曾在官网平台购买健康险,其中42%的官方平台购买者表示只在网站购买,人群比例高于APP。23%的购买者表示曾在第三方支付平台购买过健康险,该类平台主要包括蚂蚁金服、微信、京东等网站和移动端。17%的购买者表示曾在第三方保险经纪平台购买健康保险,该类平台包括慧择网、大特保等线上渠道。此外,考虑到成本因素,在传统保险渠道上,保险公司无法掌握独立话语权,不得不支付高昂佣金以激励对方达成业绩目标,传统渠道成本在30%左右,而网销的成本仅有5%左右,因此网销拥有巨大成本和价值优势。通过上述分析,我们得出在健康保险销售过程中,尤其是在专业健康保险公司无法像综合型保险公司一样通过发达的个险队伍交叉销售降低成本时，公司官方网络平台作为独立销售渠道的重要地位。关于网销的巨大优势，GEICO 将其发挥到极致，GEICO 是美国最成功的直销保险公司。GEICO 只有线上、电话等直销渠道，这让其运营成本远低于传统保险公司，从而使其可以承受比传统公司更高的赔付成本并仍然保持盈利。2015 年 GEICO 的综合费用率约为 15%，赔付率约 82%，承保利润达 2%。GEICO 轻人力的运营模式和数字化的营销模式是车险直销的业界标杆，2014 年 GEICO 在美国车险市场的市场占有率达 11%，为全美第二，是名副其实的"直销之王"，为传统保险公司发展直销业务提供了重要的借鉴意义。

2. 信息透明度提升

科技发展使信息分布更加均匀，信息不对称程度大幅度减少。信息不对称程度的减少是双向的，即既是对保险公司来说的，也是对客户来说的，信息既包括产品信息和公司信息，也包括客户健康、收入等信息。信息透明度提升有利于保险公司实现精确风险匹配和个性化定点营销，减少道德风险和逆选择；消费者也可以更加清楚地了解保险公司和产品优劣，做出理性选择，减少被欺诈造成的财物损失。具体体现在以下方面：就保险公司来看，前面已经提到科技发展使保险公司可以更加低成本的收集动态信息，保险公司通过深度挖掘收集到的消费者信息，分析消费者风险状况和行为偏好，不仅可以推荐个性化的最优保险组合，实现消费者利益最大化，还可以最大程度上对健康风险实现动态监测和预防控制，实现保险定价风险收益均衡，双方共赢。就客户来看，科技发展使保险知识不断扩散，逐渐提升了客户整体保险专业素养。此外，为了解决客户参与高成本问题，有关保险的各类网络信息服务平台出现，消费者可以低成本、高效率的参与到最优保险产品构造，且享受到专业的保险咨询服务和保险投保理赔服务。

在实践中，对保险公司来说，科技发展带来的强大数据搜集和分析能力，使保险公司对消费者分析突破了传统消费者特征描述，如收入、学历等限制，加入了决策者决策背景、点击率等新维度。保险数据从结果型数据向过程型和结果型均衡发展，丰富了消费者的画像，更加有利于了解消费者行为动机和决策过程，有利于针对客户进行精准营销和定价。Aviva 在美国运用"预测模型"技术，收集社交网络、食品在线购买、在线活动等网络数据作为参数设定保费，此类基于互联网收集的数据被认为可以替代体检、抽血等传统数据，一方面免去客户体检的费用和麻烦，另一方面依然能有效识别健康风险。Aviva 正在完善客户在酒精消费、汽油消费方面的数据建模，以便更好地利用消费行为数据来模拟传统保险定价因子。蚂蚁金服利用互联网科技和大数据技术发现：一天中消费者购买健康保险最多的时段是在夜间，尤其是夜晚 10 点和 11 点，因此保险公司可以利用该时点对客户风险进行差异化调整，进行差异化定价，同时针对消费者健康保障需求，保险公司可以在该时段加大广告投放力度，提高营销效率。对消费者来说，保险超市等第三方中介平台，为消费者提供了更多的保险产品种类，更加流畅的投保体验，同时可以给消费者提供专业的咨询服务，提高了保险市场的信息透明度，极大地降低了消费者的参与门槛和参与成本。

（六）产品运营

按照保险产品从合同成立到合同终止整个周期过程，可以将健康险运营划分为承保、保全和理赔三个阶段，科技对健康保险运营产生的冲击既体现在运营流程优化带来的效率提升和体验改善，又体现在保险公司风险防控能力的提升。

1. 运营流程优化

运营流程优化包括运营流程简化和智能化两部分，前者是减少部分承保理赔等复杂手续，缩短时间；后者更加侧重无纸化作业，智能化办公，提高作业系统效率，从广义角度上讲是实现流程简化的一种方式。保险业作为处理风险的行业，为了控制风险，形成了复杂的操作流程。承保理赔工作需要层层验证和审批，需要大量的案头工作和文件处理来实现保单签发和赔案处理工作，费时耗力，因此保险业也是个劳动力密集型行业。显然无论是从成本效益核算还是顺应网络渠道特点改善客户体验角度来看，提高健康险的作业效率至关重要。科技发展推动保险公司操作系统不断优化升级，提升系统作业无纸化和智能化程度，不仅提升了保险服务效率，降低了保险运作成本，还改进了客户体验，增强了产品竞争能力。此外，保险公司在保证风险可控的前提下，按照案件金额大小和重要性不同，实施案件分级。针对小额保单标准化高、数量多、分散化效应强的特点，进一步简化承保理赔作业流程，保险人通过预先在系统内部订立保险筛选规则，一旦消费者符合预定保险规则，保单自动承保和理赔，极大地缩短了保险承保理赔周期，改善了客户体验。

在实践中，保险公司一方面加强自身官方网络平台建设，深化和第三方网络机构合作，提升产品服务可及性，客户利用APP终端等方式自主上传保险资料数据，随时查看保单承保状态和理赔进度，实现随时随地购买保险、随时随地理赔，保险公司系统也实现移动化办公，核保理赔人员可以利用手机等网络终端实现异地办公；另一方面努力实现资料数据交换网络化，简化网络保险手续，在通过预定保险核保理赔参数控制风险前提下，实现小额网络健康保险的投保理赔申请自动化处理，提升客户满意度。市场上已经出现新型核保系统和理赔系统，在一定保险规则下，简单的客户保单直接进入自动核保流程，机器自动核保，使得核保时间从传统的投保环节5天，缩短到只需30分钟。平安利用实人实证技术和线上智能化，将理赔作业失效由3天提速至30分钟，由此带来客户满意度提高和加保率提升一倍的巨大效果。此外，新型理赔管理系统也可以根据赔案的复杂性、估损金额大小和道德风险的高低自动将赔案进行归类，部分赔案可以自动、直接支付赔款额给客户。根据艾瑞2017年商业健康保险发展报告，购买方式和交流沟通是健康险购买用户较为满意的地方，分别占比为61%和56%，理赔额度（43%）和速度（45%）是制约健康险用户满意度的重要因素。从购买方式和交流沟通是客户较为满意的因素来看，近些年来保险公司的在运营网络化方面实践取得了一定意义上的成功，网络化运营极大地提升了与客户间的信息交互和体验，但是也应看到保险理赔速度和额度还是有待提高。

2. 风险防控能力提升

从保险核保方面来看，理论上，健康险核保程序可以分为代理人核保、体检医师核保、核保人员核保三个层次，并依据身体健康状况划分为标准体、次标准体和拒保体三类，对应不同的保险措施。在实践中，代理人因为经济激励动机和专业化水平限制，很难做到初级核保，因此核保往往出现在后两个阶段，然而保险金额不大的小额保单，一般也不需要体检，因此重担落在了核保人员的身上。对保险公司来说，普遍的做法是核保人员在自身权限内，根据总公司指定的核保手册，逐条逐款的对投保个人进行分析，然而这种条款往往是针对职业、地域等大类风险因素，并不能反映个体差异，因为很可能同样的职业，由于不同的防护措施，其风险也有很大差别，造成"危险职业"被排除在保险保障范围之外或者收取了过高的惩罚性保费，打击了相关职业投保积极性。此外，部分小型保险公司受制于保费规模、市场份额的压力和核保人员识别风险专业能力限制，核保人员核保往往流于形式。

从保险理赔反欺诈方面来看，全行业未能形成统一的反欺诈处理中心，多数公司无论组织架构还是专业反欺诈人力配备都严重不足，多数保险公司对反欺诈没有明确统一的执行部门，反欺诈专业人员的配置比例低于10%，随着机构下移，专业人员数量呈现递减趋势，甚至基层机构根本未配置专职人员。部分公司虽然开发了风险控制体系，通过程序固定的风险模型来排查潜在的欺诈风险，但是受制保险数据不足和数据分析能力有限，在实践中风控量化系统效果不理想，逐渐处于边缘化的尴尬境地。因此，保险公司很大比例的反欺诈依靠客户或第三方举报获得线索，少部分通过固定类型风险案件抽检或者工作人员经验判断。粗放的反欺诈风险管理能力，给保险公司造成了沉重的财务损失，根据国际保险监督官协会（IAIS）的经验数据显示，保险行业欺诈金额约占总赔付金额的10%—20%，在我国这个数据可能高达30%。

以大数据和云计算为代表的科技发展使保险公司数据采集渠道更加宽广，采集内容更加多元化，采集成本更加低廉，实现关联数据散点间的联系从点到线和面的深入挖掘。保险公司不仅可以更加有效地整合挖掘自身沉淀的客户服务数据，还可以通过与第三方机构合作，动态采集客户差异化的社交、网购、理财、人脉、偏好等多种信息，实现客户多维度全息画像。最终保险公司升级改造现有风险模型量化分析水平，对差异化的个体实现投保端差异化定价，从源头上减少道德风险和逆选择，稳定保险产品质量；通过全息画像，保险公司对个体决策动机考察更为缜密，信用高的客户造假成本很高，资料造假可能性大幅度下降，在同等条件下，可以简化理赔筛选流程，提高理赔效率，对于信用低的客户可以加大审查力度，并建立欺诈黑名单，提高欺诈成本。当前各种征信的快速发展，为保险公司提升数据采集能力提供了更多现实选择，2015年1月中国人民银行印发《关于做好个人征信业务准备工作的通知》，芝麻信用管理有限公司和腾讯征信有限公司等机构获得授权开展个人征信业务。芝麻信用基于阿里电商交易数据和蚂蚁金服金融数据，从信用卡还款、网购、理财、转账、日常生活缴费和消费习惯等，对用户信用历史、行为偏好、履约能力、身份特质、人脉关系五个维度量化打分，评分从350分到950分不等，分数越高，信用越好。腾讯利用社交、门户、游戏、支付等数据，开发反欺诈产品和信用评级产品，防范欺诈。关于大数据等科技在保险防范诈骗领域运用，我们以美国Allstate Corporation为例，它通过大数据整合理赔数据、理赔人数据、网络数据和揭发者数据，将所有的理赔请求首先按照已有的欺诈模式自动处理，接下来可疑的理赔请求将被特别调查部门人工审阅，经过自动化和人工两个检测过程检测出更多的欺诈行为。大数据成功帮助Allstate将车险诈骗案减少了30%，误报率减少了50%，整个索赔成本降低了2%—3%。

本章小结

影响健康保险产品创新的因素有很多，如市场集中度、健康保险体系、市场竞争、知识产权、消费者偏好和年龄结构等诸多因素，但是这些因素多半是外生的或者宏观的，保险公司自身很难改变，本章对健康保险产品创新的影响因素考量主要集中在保险公司可以控制的内生变量因素上，主要集中在保险服务化、医疗资源整合和保险科技。

第一节健康保险服务化区分了健康保险服务和健康保险服务化的区别，指出健康保险服务化是以客户为中心的价值创造过程，并介绍了健康服务特征和健康保险服务驱动产品创新的途径。

第二节介绍了健康保险和医院融合的定义和融合方式，阐释了与医院签订合作协议、独立第三方模式、并购现有医院和保险公司直接创立医院的融合方式，紧接着介绍了国内保险和医院深度融合的背景，并举例介绍了几种融合趋势及对健康保险产品创新影响。

第三节保险科技主要梳理了保险科技的内涵、典型的保险科技和保险科技对健康保险创新的影响，论述了保险科技对健康保险的冲击是全方位的，大到生态链搭建、企业形式、组织结构，小到产品研发、产品营销、产品运营。

思考题

1. 请简要阐述健康保险服务化和健康保险服务的内涵。
2. 在当前健康保险实践中，保险服务化是如何体现的？请简单论述并举例。
3. 怎么理解保险科技？并列举一种代表性科技。
4. 请简要阐述保险科技未来发展趋势。
5. 请简要阐述当前保险公司和医院的融合方式类型及优劣。
6. 请论述健康保险服务化是如何影响健康保险产品创新的。
7. 请论述保险科技对保险产品创新的冲击为什么是全方位的。
8. 请论述保险公司和医院不同的融合方式对健康保险产品创新的潜在影响。

第十七章

健康保险产品创新的方向

保险企业对健康保险产品具有开发、设计和定价的权利,因此从企业经营管理层面来说,保险产品的研发、创新、生产和管理等一系列活动对保险企业面临改革机遇,提升自身经营效益,促进健康发展具有重要意义。

健康保险产品创新应遵循两大原则、三种路径、四种方式。

两大原则:是指健康保险产品创新应遵循循序渐进的原则,即从单一性质到综合性质的演进,从短期性到长期性责任的演进以及从部分型到完全型给付的演进;健康保险产品创新还应遵循辨证施治的原则,针对市场上存在较多的疾病保险和医疗保险产品进行有效的创新性组合,促进产品的升级,针对相对稀缺的残疾收入保险和长期护理保险要加大创新力度,增加产品供给,从而满足市场需求,平衡产品结构。

健康保险产品创新具有的三种路径,核心产品的创新,有形产品的创新以及附加产品的创新。核心产品的创新是对保险主要条款的创新,包括风险、责任与缴纳保费和申领保险金方式的创新。有形产品的创新即对主要保险合同的创新,不仅包括保险合同的书面创新及样式设计,还包括对具体形式产品的创新。附加产品的创新是对购买保险产品的顾客提供的全部附加服务及利益的创新。从提供服务的形式来看,包括基本服务、附加服务、衍生服务。从提供服务的时间来看,包括售前服务和售后服务。我国健康保险产品创新初期应采用对原有产品从功能和服务上改进的渐进式方式,中后期采用引入先进技术、融入现有产品、改变产品及服务提供方式的演进式路径,这符合我国现有健康保险模式及保险产品创新发展的需求。

健康保险产品创新包括四个方式:一是产品设计创新,即针对不同客户群体,设计满足其个性化及多样化需求的健康保险产品。产品设计创新有利于推动健康保险产品的供给侧改革,精准定位,细化市场,通过互联网与大数据的结合,精准评估被保险人的风险,做到差异化定价。二是产品运营创新,包括建立规范的健康保险管理流程(产品开发与管理、营销管理、核保管理、资金运用管理、续期管理、理赔管理)以及完善客户资源统一管理系统。三是产品服务创新,在原有的基础服务之上鼓励附加服务,创新衍生服务,将健康保险服务落实到事前风险,事中风险的预防中去。四是产品战略创新,根据中国保险行业协会数据统计,截至 2017 年 7 月 27 日,我国健康险产品不同类别的在售数量(如表 17.1 所示)差距悬殊,医疗保险和重疾保险产品数量占绝对优势,个险产品数量总体大于团险产品数量。针对当前重疾险开发难度小、市场需求大,医疗保险和长期护理保险开发难度大、市场需求大,以及失能收入损失保险开发难度小、市场需求小的现状,我国可以实行将重疾险和医疗保险并重,大力发展医疗保险,努力发展长期护理保险和失能收入损失保险,创新个险,扩大团险的发展战略。

表 17.1　　　　　　我国不同类别的健康险产品在售数量统计表

产品类别(非个人税收优惠型)	承保方式	在售产品数量(个)
重疾保险	个人	989
	团体	169
医疗保险	个人	1190
	团体	969
失能收入损失保险	个人	13
	团体	19
护理保险	个人	115
	团体	11

资料来源:中国保险行业协会,http://old.iachina.cn/。

第一节　医疗保险产品创新的方向

一、医疗保险核心产品的创新

(一)衍生多保障医疗保险产品

顾名思义,多保障医疗保险是在原有医疗保险基础之上对保险保障范围的补充。包括两个方向:一是社会医疗保险与商业医疗保险的相互补充与衔接;二是在医疗保险中对重疾保险、护理保险的补充。

以人保健康在 2007 年 12 月推出的"医诊无忧"社保补充个人医疗保障计划为例。该产品是建立在社会保险的基础之上的商业健康保险，其适应人群是已参加投保所在地城镇职工基本医疗保险的个人，作为个人医疗保障计划的补充，其保险责任包括社保补充保险金、重疾自费项目保险金、护理保险金、身故保障以及生存保障给付。这种将医疗、重疾以及长期护理保险保障进行组合的健康险产品，满足被保险人更全面的需求，适应健康保险市场的需要，所以，提高医疗保险保障范围是未来健康保险产品的创新方向之一。

（二）创新无赔款优待条款融入医疗保险产品

当前健康保险产品合同中还未出现对无赔款优待条款的运用，设想医疗保险产品的创新可以引入专门属于车辆保险的无赔款优待条款①，针对长期性商业医疗保险，保险公司可以规定：对上一年保险期限内无理赔记录的被保险人，在后一年缴纳保费时可以得到一定的保费减免优惠。该条款对保险人来说是一种激励机制；对保险公司来说，可以从一定程度上提高医疗保险的销售率。另外，该条款也是首次将财产保险条款运用于人身保险条款的创新，值得尝试。

（三）创新新型赔付模式的医疗保险产品

我国的医疗保险沿袭了传统保险的事后赔付机制，这一传统赔付模式存在诸多弊端。对患者而言，每次理赔都需要准备各种证明发票、报告以及证件，其索赔程序十分烦琐，一方面造成了患者家庭的经济负担，另一方面打击患者投保医疗保险的积极性。对保险公司来说，只能在患者就医结束后通过一系列资料的审核判断给付，对患者治疗过程中产生的医疗费用无法进行干预，使得信息不对称而引发骗赔现象的发生，导致了保险公司服务质量下降，保险成本大幅上升。因此，针对医疗保险产品，健康保险公司急需创新新型的赔付模式。

目前，市面上已存在"大特保"②闪赔模式以及"医保通"住院场景直赔③模式

---

① 保险车辆在上一年保险期限内无赔款发生，下一年续保时即可享受降低保险费缴纳的优惠待遇。

② "大特保"成立于 2014 年 7 月，是首家获得中国保监会颁发全国范围的保险经纪牌照的互联网保险公司。"大特保"通过与保险公司合作设计保险产品，以签订独家代理合同的方式推出针对性的保险服务。其在医疗保险市场选择的切入点是精确的保险设计以及便捷的理赔服务，包括"拍照理赔"和"1 小时闪赔"等便捷的理赔服务。

③ "医保通"住院场景直赔模式：当被保险人在与"医保通"合作的医院接受住院治疗时，保险公司的驻场人员通过对患者住院情况进行核实，将患者的基本信息录入保险公司并建立理赔档案，同时，医院方面将患者的治疗明细录入到保险公司的理赔系统，保险公司计算理赔额度和患者的自负费用，患者出院时只需支付自负费用，理赔费用由保险公司在收到医院递交的治疗信息和支付明细后审核并直接支付给医院，无须患者提交任何证明单据。

成为成功的典型代表,前者通过将传统的线下理赔材料的递交和审核转移到线上,提高了理赔效率;后者通过限定就医场景的方式在现有信息化条件的基础之上,借鉴英、美两国商业医疗保险的直付理赔模式,并形成一致,为患者带来更好的就医体验和保障方式。上述两种医疗保险产品理赔服务的创新均是在"互联网+"的背景下实现的线上操作,其发展已初具雏形,虽然存在一些弊端:大数据的不完善带来患者健康数据的缺失,直赔服务的快捷易引发道德风险的发生,等等,但是随着快速理赔、直付理赔方式和现代医院的不断结合,在未来很长一段时间内,医疗保险产品在理赔方向的创新会实现低风险下的高效赔付模式。

二、医疗保险有形产品的创新

(一) 创新中高端医疗保险产品

为了适应人们收入水平的提高和对高质量生活追求,保险公司推出了一系列中高端保险产品,其最大的特点是保费高、保额高、保障力度大。需求拉动供给,随着中高端保险产品的市场需求不断提高,中高端医疗保险产品应运而生。该类保险旨在帮助被保险人在未来发生疾病时,可以免去被保险人广泛的医疗费用,并提供更好的医疗环境,更高的医疗水平更完善的医疗服务。

创新中高端医疗保险产品,实现从普通医疗保险向高端医疗保险的转变,其原因在于:与社保和普通医疗保险相比,中高端医疗保险可以采用直付的报销方式,其报销范围没有限制,基本可以达到100%的报销比例,而社保和普通医疗保险只能在社保目录的报销范围之内,采用先垫付后报销的部分报销方式。从就诊区域和就诊服务来看,中高端医疗保险可以给患者提供私立医院、海外医院等高端医疗机构的就诊机会,无限制的专家就诊一对一服务,可以说满足了高收入者对投保中高端医疗保险的一切需求。据统计,截至2017年8月,我国在售的高端医疗保险产品仅有13种,难以满足高端收入者的广泛需求。放眼当前健康险行业,以众安保险首推的"尊享E生"为代表的中端医疗险产品已经成为健康险行业炙手可热的产品。另外,泰康人寿保险股份有限公司于2016年推出的"泰康悦享环球(尊享版)高端医疗保险"也是中高端医疗保险的代表,其保险区域可以由投保人自行选定亚洲或全球,保险责任为投保人选择的且载明在保险区域内被保险人发生的符合通常惯例的且医学必需的合理医疗费用。由此可见,市面上在售的高端医疗保险在保险合同规定的范围内对被保险人具有可选择性和机动性。因此,我国医疗保险产品的创新在遏制道德风险和保费过高现象的前提下,需实现对高端医疗保险产品的研发,提高高端医疗保险产品的市场占有率,满足医疗保险市场需求。

（二）发展费用补偿型医疗保险产品

不同于定额给付型医疗保险产品①，实际在售的费用补偿型医疗保险产品占商业医疗保险的绝大多数。费用补偿型医疗保险产品是连接社会医疗保险和商业健康保险的纽带，其根据被保险人实际花费的医疗费用支出提供保险金给付，应被保险人的需要提供直接医疗服务，一方面可以控制赔付率风险，另一方面促进医保合作，优化长远合作战略。保险公司在设计费用补偿型医疗保险产品时，应区分被保险人是否具有公费医疗、社会医疗等情况，在保险条款、费率以及保险金给付金额上区别对待，满足不同被保险人的个性化需求。另外，借鉴我国养老保险的"三支柱"②模式，虽然费用补偿型商业医疗保险在实际补偿上区分社保内和社保外，但是大力发展商业医疗保险作为对社会医疗保险的补充，即发展"超越社保外"的费用补偿型医疗保险产品，可作为健康险产品创新的方向之一。

（三）创新账户型终身医疗保险产品③

未来的商业医疗保险，会从过去短期的一锤子买卖，变为长期合作的纽带关系。账户型终身医疗保险作为一种长期性健康保险产品，其最大的特点在于被保险人拥有一个长期的个人基金账户，用于被保险人患病就诊发生医疗费用后，保险人在保险金额范围内对被保险人给予的经济补偿。账户型终身医疗保险一般作为附加险投保，附属于终身寿险。账户型终身医疗保险有两大优势：一方面，体现了保险的保障功能，终身型账户的设置可以在合理的范围内保障被保险人的住院津贴、重症监护补贴等费用的经济补偿；另一方面，账户型终身医疗保险的经济补偿以双方约定的保险金额为上限，有利于控制风险及赔付，便于合理设计保费。

三、医疗保险附加产品的创新

（一）医保合作网络服务医疗保险产品

医疗保险产品的创新，越来越离不开"保险+医疗"模式的支持，模式的创新

---

① 定额给付型医疗保险产品是指按照合同中双方约定的数额进行保险金给付的医疗保险产品。定额给付型医疗保险产品一般会在条款中以补贴或津贴型字样表明，其与被保险人因疾病产生的实际医疗费用支付无关。

② 养老保险的"三支柱"包括基本养老保险、企业年金和个人商业养老保险。基本养老保险是国家法律法规规定，强制实施的一种社会保险制度，保障我国公民的基本养老需求。企业年金又称雇主年金，是企业在国家政策的指导下，为本企业职工提供的基本养老保险基础之上的养老保障。个人商业养老保险作为商业保险的一种，由个人自愿向保险公司投保，用于满足个人对养老的进一步需求。

③ 李庆霞. 长期健康保险产品的设计方向［J］. 经营与管理，2007（05）：23—24.

带来产品的创新,二者紧密相连。从服务的角度来说,保险公司需创新健康服务的首要环节即体检。在我国,体检属于医疗机构的范畴,保险公司可以深入与医院的合作,采取体检外包的方式,与医院建立医疗网络服务系统,并逐渐发展医疗保险就诊服务、风险管理服务等衍生服务,保障被保险人的利益。

2003年"健康管理与健康保险论坛"上提出的健康管理与健康保险相结合的理念,成为健康保险产品竞相发展的航标,在此基础之上,阳光保险集团股份有限公司董事长张维功提出了"健康保险+医疗+健康管理"的经营模式,构建医疗服务网络,需要在这一模式基础之上,将医疗保险管理与医院的合作融入医疗保险产品中,具体通过支付方式的变革,如对 DRG(诊断相关分类)、HMO(健康维护组织)等模式的探索,实现保险公司与医疗服务提供者相互合作,共同获利。医疗合作网络的建成,有利于医疗保险具体险种产品的创新,不仅可以丰富产品内容、创新产品形态,而且可以遏制过度医疗和医疗欺诈等现象的发生。

(二) 创新互联网+医疗保险产品

采用互联网思维的实践成果,利用信息通信技术以及互联网平台,将互联网与传统医疗保险进行深度融合,形成"互联网+医疗保险"模式的产品,也是对医疗保险产品的一大创新。

互联网对医疗保险的影响,体现在销售渠道和医疗服务体系两个方面。从销售渠道方面来说,商业医疗保险的传统销售渠道主要包括保险业务人员面向个人的销售、银行代理销售、电话销售和经纪代理人销售等,互联网作为一种全新的销售渠道加入后,以迅猛的速度席卷整个保险销售行业,据统计,从2011年到2015年互联网保险的总保费收入增长近70倍,其增速远远高于行业整体水平;从医疗服务体系方面来说,以泰康为首的保险公司建立了大健康战略体系,致力于线上客户与互联网大健康的深度融合,先是开创了养老保险的新模式,即探索将养老实体及服务与养老保险产品深入结合,在此经验之上创新医疗保险服务领域以"互联网+医疗+保险产品"创新为基础的模式。该模式以互联网为基础,催生新的医疗保险产品的产生,并基于服务端上的数据改变医疗保险的定价及控费方式,带来技术变革,提高支付和理赔服务环节的效率。

"互联网+医疗保险"在细分市场上已取得了初步运用的经验,以泰康在针对糖尿病患者治疗的服务模式上来看,糖尿病的硬件服务商、试纸供应商、慢性管理服务商、用药厂商四方形成针对患者的疾病风险保障系统,统一服务于一位患者,做到疾病进展的分享,从而降低疾病风险,对患者来说意义重大。因此,医疗保险产品的创新,可以从保险服务入手,将互联网的大数据运用于医疗保险产品,做到产品和数据的深度融合,提升服务质量。

第二节 疾病保险产品创新的方向

一、疾病保险核心产品的创新

(一) 衍生保障多病种重大疾病保险

最初,我国的重大疾病保险只对 7 种重大疾病提供保障,发展到如今,重大疾病保险的保险责任已扩展至 25 种(实际市场中发展运用更多)。

目前,商业健康保险产品中多病种重大疾病保险的保费占比最高,并且已被多数营销人员及投保人所接受,具备广泛的市场基础。所以,衍生多病种重大疾病保险的保险责任是大势所趋,符合重疾险市场的发展规律。中国人民健康保险股份有限公司在 2017 年已推出"康乐尊享个人重大疾病保险",该产品是保险行业首创的"四金合一,保额递增"①的终身健康保险,其承保的疾病责任范围除行业规定的 25 种必保重大疾病标准外,还增加了 55 种重大疾病和 20 种轻症疾病保障,是一种多病种保障的重大疾病保险。并且该产品采用定额给付的方式,使索赔更加高效便捷,避免与社会医疗保险费用的报销产生冲突。由此可见,重大疾病保险在现有基础之上衍生多病种保险保障范围的产品,已初具雏形,适应投保人更全面的保险保障需求,未来仍需进一步发展。

(二) 创新单一病种重大疾病保险

经济及文化的多元化发展形成了消费者需求的多元化,随着人们风险管控意识的差异以及居住环境等外部环境的不同,保险公司单一产品的时代逐渐远去,人们对保险产品的需求更具个性化。与保障范围为多病种重大疾病保险产品相比,单病种重大疾病保险更能体现其创新发展的差异化及个性化方向。

传统的重大疾病保险保障范围广,承保病种多,但是保险责任相对单一,缺乏个性。根据近 10 年来中国卫生统计年鉴显示,导致我国居民死亡的主要疾病中,恶性

---

① "四金"包括轻症保险金、重疾保险金、特定疾病医疗保险金、身故保险金。"保额递增"是指在保费不变的情况下,重疾保险金额每满 5 年递增基本保额的 10%。

肿瘤、心脏病和脑血管病长期位列前三名,并且以癌症①出险的保险理赔占重大疾病保险理赔的70%。因此,建立单病种重大疾病保险刻不容缓,其中必以恶性肿瘤和心脑血管疾病为首,此类产品不仅有利于明确保险责任范围,满足投保人的个性化需求,更有利于保险定价、风险控制、损失赔偿及持续服务环节的条款明晰。

(三) 创新多重与分级给付并存型疾病保险

从保险的给付方式上对重大疾病保险产品进行创新,众所周知,保险给付包括三个方向:提前给付②、多重给付、分级给付。

提前给付重大疾病保险在保险市场上已普遍存在,以附加险的形式附加在人寿保险主险中。中国平安人寿保险股份有限公司于2013年推出了一款"平安附加智慧星提前给付重大疾病保险"产品,该产品的特殊性体现在其重大疾病保险金的给付方式:当被保险人初次诊断为重大疾病时,保险公司根据该附加合同给付重大疾病保险金,主险合同的基本保险金按重大疾病保险金的给付相应减少,若主险合同基本保险金额减少至零,保险公司给付主险合同保单账户价值,主险合同随之终止。

多重给付是指将重大疾病保险按疾病性质分成若干小组,当被保险人患有保单列明的某一重大疾病时,保险公司对其进行赔付,获得赔付后间隔一段时间,被保险人若又患有另一疾病小组内的重疾,待等待期③满后,保险公司再对其进行二次赔付,赔付限额为保险合同约定的保险金额。多重给付的方式很大程度上提高了被保险人的保障程度。

分级给付是指当被保险人被确诊为保单中列明的重大疾病时,保险公司按照疾病的严重程度对被保险人进行赔付,这样可以使被保险人及时获得保险金赔偿并进行治疗,在实际运用中也可以防止道德风险的发生。

结合重大疾病保险逆选择风险大和高赔付率的两大特征,其产品的创新可以采用多重给付与分级给付并存的方式,在最大程度的保障被保险人利益的同时规避道德风

---

① "癌症",习惯上泛指所有恶性肿瘤。从医学上看,"癌"可以分成两类,一类是来源于上皮组织的恶性肿瘤,另一类是来源于间叶组织的恶性肿瘤,又称"肉瘤"。我国保险市场上对防癌疾病保险保单中"癌症"一词的解释:指恶性肿瘤细胞不受控制的进行性增长和扩散,浸润和破坏周围正常组织,可以经血管、淋巴管和体腔扩散转移到身体其他部位的疾病。经病理学检查结果明确诊断,临床诊断属于世界卫生组织《疾病和健康问题的国际统计分类》(ICD-10)的恶性肿瘤范畴。

② 提前给付,是指当被保险人被确诊为附加险条款中所列明的重大疾病时,保险公司将主险保额的一部分先行给付给被保险人,同时,主险保额相应减少,因此,一般提前给付重大疾病保险的保额小于等于主险保额。例如,主险的保额为30万元,附加提前给付重大疾病保险保额为10万元,当被保险人患有保单中列明的重疾时,保险公司先赔付10万元,被保险人身故时保险公司再赔付20万元,此时保险合同终止,如果被保险人没有发生重疾而身故,则按主险的30万元保额赔付,赔付后保险合同终止。

③ 保险等待期是指在保险合同生效期内,即使被保险人发生保单中所列明的保险事故,保险人也不给予赔偿。一般情况下,重大疾病保险的保险等待期为90—108天。

险，实现重疾险核心产品的创新。

二、疾病保险有形产品的创新

（一）创新需求导向型重大疾病保险

健康险市场的发展趋势是保险公司根据经济发展的不同阶段、不同层次的保险需求，开发针对性的保险产品，满足对不同投保人的差异化供给。创新需求导向型重大疾病保险产品，我国健康险保险公司可以从两个方向出发，分别推出适应女性需求的女性重大疾病保险产品和适应未成年人需求的儿童、青少年重大疾病保险产品。

与传统的重大疾病保险相比，女性重大疾病保险产品具有一定的细分性，是为女性量身定制的一类保险产品。早在1995年，中国香港地区就推出了女性重大疾病保险产品，并逐步获得了世界范围内的认可。女性重大疾病保险产品的保险利益主要包括三种：一是对女性疾病的保障，包括对女性最主要的疾病，如乳腺癌、宫颈癌和系统性红斑狼疮等的保险保障，还包括对由于外科手术等意外事故引起的面部整形、植皮等风险提供的保障；二是对怀孕、分娩并发症的保障，主要包括对宫外孕、葡萄胎、胎死宫内、与分娩有关的弥漫性血管内凝血、严重的惊厥症等的保险保障；三是对婴儿先天性缺陷的保障，即如果新生儿被确诊患有保险责任范围内的先天性缺陷，就可以获得保险公司的给付。目前，我国保险市场上在售的女性重大疾病保险产品以附加险和团体险的形式存在，如生命人寿保险股份有限公司于2011年推出的"富德生命附加红玫瑰女性重大疾病保险"就是典型的女性重大疾病保险附加险，附加于一般人寿保险的主险合同中。该附加险的保险责任包括：一般重大疾病保险金给付、女性特定重大疾病保险金给付、女性特定疾病保险金给付、女性特定疾病手术保险金给付以及身故保险金给付。另外，在售的团体险以北大方正人寿保险公司2012年推出的"团体女性重大疾病保险"为代表，该团体险的保险责任包括：女性癌症保险金给付、女性原位癌保险金给付以及特定手术[①]医疗保险金给付。现阶段而言，我国市面上在售的女性重大疾病保险仅有3款，不能满足实际市场需求，应大力发展单一险种、个性化的女性重大疾病保险，填补市场空缺。

与目前市场上在售的女性重大疾病保险相比，儿童重大疾病保险相对较多。随着我国现代化事业的全面发展，生存环境污染问题层出不穷，导致的白血病等少儿癌症及其他特有疾病病发率上升问题，使许多家庭望洋兴叹。少儿重疾不仅会带来沉重的经济负担，对家庭甚至祖国的未来也会造成打击，此时非常需要保险来转嫁风险。所

---

① 特定手术是指全乳房切除手术及子宫切除手术。

以，少儿重大疾病保险在我国具有很大的发展空间。然而，尽管儿童重大疾病保险的市场需求庞大，但其实际投保率并不高，原因有其险种单一、投保年龄限制严格，并且都是附加在特定的人身保险合同主险合同中。限制我国儿童重大疾病保险发展的根本原因是具体保险责任与实际儿童重疾保障需求之间的矛盾。以中国人寿保险股份有限公司于2009年推出的"国寿附加学生儿童重大疾病保险"为例，其作为附加险附属在公司特定个人人生保险合同中，保险责任包括十种重大疾病：恶性肿瘤、重大器官移植术或造血干细胞移植术、急性肾功能衰竭尿毒症期、急性或亚急性重症肝炎、良性脑肿瘤、脑炎后遗症或脑膜炎后遗症、双目失明、瘫痪、严重急性再生障碍性贫血、重症心肌炎伴充血性心力衰竭。显然，这些疾病多发生于成人而非儿童，所以，保险公司在制定儿童重大疾病保险的保险责任时，应结合儿童重大疾病发生率的情况，增加脊柱裂、唐氏综合征、唇裂、先天性髋骨节脱落、动脉导管未闭及"法乐式"四联症、生长发育迟缓、肛门闭锁、严重烧伤等儿童易患且治疗费用较高的疾病。另外，可以开发儿童重大疾病保险作为主险存在，满足投保人的独立需求。

简而言之，女性重大疾病保险产品和儿童重大疾病保险产品都是以市场的实际需求为导向，满足对社会弱势群体即妇女儿童的进一步保障计划，是重疾险发展不可或缺的支线和方向。

（二）创新与重疾相关的商业抵押贷款保险

与重疾相关的商业抵押贷款保险是指当被保险人诊断患有重大疾病而无力偿还抵押贷款的情况下，由保险人承担被保险人偿还贷款义务的保险。这一险种在欧洲市场尤其是英国市场上运用广泛，我国还未出现该特殊险种。但是，我国出现过类似的与抵押贷款相关的寿险产品，该类产品的保险金额为被保险人的贷款余额。

中国太平洋保险公司曾推出"太平洋喜气洋洋消费借贷者定期寿险"，该产品的保险责任在于：当被保险人因疾病或遭受意外伤害事故所致的身故或全残，保险人按照合同约定给予受益人以保险金，但是不包括保险事故发生之前被保险人未履约归还的款项。该类产品有利于降低被保险人无法偿还贷款的风险。由此可见，我国也可以发展与重大疾病相关的商业抵押贷款保险，将重大疾病的保险责任融入商业抵押贷款保险中去，既可以进一步细化保险责任范围，又可以拓展重大疾病保险产品的创新方向，为我国健康险市场的发展注入新的活力。

（三）创新与重疾相关的商业合伙企业保险

商业合伙企业是指由两个或两个以上的合伙人通过签订合伙协议，共同出资经营，共担风险，共享收益的合作性组织。商业合伙企业面临的最大风险在于当其中一位合伙人由于重大疾病导致伤残或死亡而无法参与企业经营时，其所拥有的股权由其继承人继承，继承人与其他合伙人的经营理念产生分歧很容易导致一个企业分崩离析，虽然合伙人有权回购继承人的股份，但是会出现资金不足的情况，使企业面临资产清算风险，严重损害合伙人的权益。此时，投保与重疾相关的商业合伙企业保险就可以解决这一难题。当发生上述情况时，其他合伙人可用保险公司给予的保险金赔付进行股份回购，以此解决合伙企业面临的解散风险。我国目前还未出现与重疾相关的商业合伙企业保险，但是创新这一险种，有利于深化保险与金融行业的协同合作，适应我国非公有制经济发展的需要。

（四）创新对自雇者和企业高管的重大疾病保险

为自雇者和企业高管投保重大疾病保险，不仅可以在其罹患重大疾病后防止对家庭财产造成重大损失，还可以防止由于企业关键人物身患疾病给企业财务带来重创。

与传统的重大疾病保险产品相比，创新对自雇者和企业高管的重大疾病保险在保险金额的确定方式上有很大区别：一方面，可以以被保险人的年收入为准，以其年收入的5—10倍作为重大疾病保险的最高保额；另一方面，可以与企业的效益相联系，以被保险人对企业所贡献的营业额和利润的一定比例来确定其保险金额。另外，对于超大企业贡献大及工龄长的员工，也可以投保该类重大疾病保险，保险金额的设计不仅要具备共性，而且要具备个性，以对公司创造效益的固定比例为基础，对每个人设置不同的保额，体现保险产品创新需满足的个性化原则。

三、疾病保险附加产品的创新

疾病保险附加产品的创新，可以借鉴医疗保险附加产品的创新，即建立医保大数据合作系统以及"互联网＋疾病保险"模式。大数据有利于保险公司了解被保险人的健康状况，由此判断其重疾发生率，便于保险定价；"互联网＋疾病保险"模式有助于投保人和保险人的相互沟通，实现信息化资源的普及，使疾病保险的投保、支付、理赔及核算环节更加便捷。

另外，疾病保险附加产品的创新需建立在疾病保险服务系统之上，类似于传统寿险业务的服务系统，包括五大服务模块：第一模块是服务定义，包括产品定义、网络管理和销售管理；第二模块是费用管理，包括结算管理和费用支付；第三模块是服务管理，包括体检、疾病管理和诊疗服务；第四模块是客户管理，包括建立健康档案、服务档案和风险档案；第五模块是统计分析，包括选取关键指标、数据统计和对业务报表的分析。五大模块形成统一的疾病保险服务系统，为疾病保险产品的创新提供基础服务框架，以此实现健康管理服务与保险业务的协同。

第三节　护理保险产品创新的方向

一、护理保险核心产品的创新

（一）护理保险保单内容的创新设计

护理保险保单内容的创新是核心产品创新的一部分，包括对投保年龄和给付期限的限制、保费支付的创新以及给付方式的创新。

（二）投保年龄

投保年龄是保险人规定的对被保险人参保年龄范围的限制。目前我国保险市场上的长期护理保险对投保年龄的限制较为严格，大部分都限制在 60 周岁以下，但实际上随着老年人年龄的增长，其对长期护理保险产品的需求更为迫切，这就产生了长期护理保险实际需求与供给之间的矛盾。借鉴发达国家长期护理保险产品对投保年龄的限制，其范围设定在 18—99 岁，另外，从实际销售的情况来看，55—75 岁之间的人投保长期护理保险的概率最大，因此，我国长期护理保险需要放松在投保年龄方面的限制，至少应将最高限制范围扩展到 75 岁以上，不仅可以扩展该保险的消费群体，还能增强社会效益，突出"保险姓保"的功能。

（三）给付期限

给付期限是指保险合同中约定的当被保险人出具保险金给付的申请书和证明材料后，保险人同意并进行给付的时间限制，一般为 5 日内做出核定，若情况复杂，核定时间限制在 30 日内。给付期限是保险公司服务效率的体现，原则上对被保险人来说，给付期限越短越好，保险公司在保障自身利益的前提下，应尽量缩短给付期限，提高对被保险人的保障效率。

（四）保费支付

长期护理保险一般采用均衡保费的支付方式，支付期间有 5 年、10 年、15 年及 20 年等，针对初次踏入工作岗位或新婚家庭等无较多存款的群体，长期护理保险的保费支付可以采取自然保费＋均衡保费的方式，这种缴费方式最大的优点在于投保前期可以以自然保费的形式缴纳少数保费，根据合同约定，当被保险人到达一定年龄之后，再转为均衡保费的方式进行缴费。该保费支付方式对年轻人这一社会群体的吸引力较大。

（五）给付方式

长期护理保险一般采用定额给付的方式，即一旦被保险人被认为具有申领保险金的资格，只要在保险保障范围之内，保险公司就可以对被保险人进行合同规定的一定额度的保险金给付，与实际发生费用无关。另外，细化保险给付方式，长期护理保险还可以在定额给付的基础之上采取分类定额给付的方式，分类定额给付可以根据人工护理、机构护理、购买护理设备等费用项目的分类来给付，或者按月、按季度、按年进行给付。为了控制风险和维持公平，还可以根据地域差异、文化差异、经济差异以及医疗水平的差异制定不同的给付比例，并合理规定免赔额和自付比例，以此完善给付。

（六）创新被保险人权益条款

发达国家的长期护理保险产品具有保障投保人的利益条款，通常包括保证可续保条款、抵御通货膨胀条款、可转移性条款、替代护理计划条款、护理协调条款、遗嘱利益条款、额外利益条款以及夫妇共保优惠条款[①]。结合我国人身保险的市场状况，我国长期护理保险产品需创新条款以保障被保险人的权益，提高产品对保险人的吸引力。

（七）保证可续保条款

保证可续保条款已存在于健康保险产品中，借鉴其在疾病和医疗保险产品中运用，该条款也可用于长期护理保险产品，即在前一段保险期限届满之后，当被保险人提出续保申请，保险人应按照原来合同约定的保险金额和保障范围同意被保险人续保。另外，为了防止道德风险的发生，该条款可以引入对被保险人的不可抗辩条款，即当被保险人表示放弃其续保权利之后，便不可再向保险人申请行使该项权利。

（八）抵御通货膨胀条款

由于通货膨胀风险的存在，长期护理保险的给付金额易被侵蚀，针对这一情况，我国长期护理保险产品可以引入抵御通货膨胀条款。抵御通货膨胀可采取两种措施：

---

① 夫妇共保优惠条款是指夫妇共同投保长期护理保险产品，共同分享同一个保险给付期限，当一方在没有用完保险给付期限前死亡，另外存活的一方可继续使用剩余的给付期限，且续保时保费较低。夫妇共保优惠条款还可以保证夫妇二人投保长期护理保险的保费低于二者分开投保的保费之和。

一种是保单规定赋予被保险人定期购买额外保险的权利，按照其购买时的年龄确定缴费费率，以此被保险人间接增加了其保险保额，从而应对通货膨胀风险；另一种是保单规定给付额按一定比例逐年增长，随着给付金额的增加，其抵御通货膨胀的能力越强。这两种措施都是从增加给付额的角度对通货膨胀进行抵御，相应的也增加了被保险人的缴费金额，造成被保险人经济负担，因此，在抵御通货膨胀条款中可规定保额增长期限及给付金额增长比例，在保障被保险人利益的前提下限定范围，合理抵御风险。

（九）不没收价值条款

与医疗保险和收入损失保险不同，长期护理保险承保时间长，保单具有现金价值。因此，可以设计不没收价值条款，在被保险人撤销其现存保单或选择退保时，该条款保障其"不没收价值"的权益。不没收价值条款可以通过三种形式来实现：第一种形式是若投保人已经缴付了一定数期的保费，那么保险条款可以转换为一种减额保险，但保险金的给付期限不变，或者保险金的给付期限变短，但保额不变；第二种形式是如果投保人停止缴费，保险公司仍然提供全额保障，而且保险金给付期限不变，但是要缩短保单的有效期；第三种形式是被保险人停止缴费，获得现金价值。

二、长期护理保险有形产品的创新

（一）创新开放型长期护理保险产品

随着我国老龄化社会的发展，老年人的护理问题日益严重，随之产生的长期护理保险产品需求旺盛，传统的长期护理保险限制较多，投保年龄的限制、承保期限的限制、保费赔付的限制等，从一定程度上遏制了长期护理保险的发展，因此，需开创开放型长期护理保险产品，该类产品限制条件少，更能满足投保人的投保需求。

我国设计开放型长期护理保险可在严格定义"日常生活活动"[①]的基础之上，设计护理需求等级，指导被保险人在相应的护理机构获得护理服务，护理机构设计分为专业护理机构、半专业护理机构和家庭护理。其中，专业的护理机构是为完全无法自己生活且病情严重的被保险人服务的机构，不仅可以护理被保险人的日常生活，还可

---

① 我国保险业对"日常生活活动"的定义包括六项生活能力：穿衣，自己能够穿衣或脱衣服；移动，自己从一个房间到另一个房间；行动，自己上下床或上下轮椅；如厕，自己控制进行大小便；进食，自己从已准备好的碗或碟中取食物放入口中；洗澡，自己进行淋浴或盆浴。长期护理保险条款中"丧失日常生活能力"是指被保险人经医院或本保险公司认可的鉴定机构诊断确定丧失独立完成六项"日常生活活动"中的三项或三项以上的活动能力。

以为被保险人提供专业的医疗服务。半专业护理机构是以给被保险人提供日常护理服务为主，基础医疗服务为辅的护理机构，专业性没有专业的护理机构强，但是高于家庭护理。家庭护理主要是依靠家人或雇佣护工提供日常生活服务，照顾被保险人日常起居，不包含任何医疗服务。这三种护理机构从服务内容上来看，专业性越来越弱；从服务人员的素质、机构的准入标准、费用水平上来看，都是依次下降的。

当然，创新开放型长期护理保险产品不仅可以从护理机构的等级上进行创新，还可以从缴费方式的选择，承保等级的选择，支付方式的选择等方面进行创新，总之限制条件越少，越能满足不同被保险人的个性需求。

（二）创新与年金保险给付方式相似的长期护理保险产品

开发长期护理保险产品可以借鉴年金保险的给付方式，以此实现长期护理保险在现实环境下满足的定额给付这一途径。需要注意的是，这不是将护理保险和年金保险混为一谈，护理保险的给付还需在保险期间内，以被保险人因保险合同约定的日常生活能力障碍引发护理需要为给付条件。借鉴年金保险的给付模式，将定额给付的长期护理保险费用部分或全部转换为按年、按月或按季度发放的年金，便于设计固定领取年限的长期护理保险以及终生领取的长期护理保险，当然，给付期由被保险人丧失日常生活能力之日起。

其中，养老保险作为年金保险的一种特殊形式，在具体长期护理保险中已得到了运用。人保健康在 2006 年推出的"全无忧长期护理险"，可以说是长期护理保险产品和养老保险产品相结合的复合型产品。其提供的主要保险利益包括：长期护理保险金、老年护理保险金、癌症保险金、老年疾病保险金以及身故保险金。据条款规定，该产品对 60 周岁以前发生的护理费用进行补偿，而 60 周岁以后不管是否发生护理费用，均按每年 8% 的比率予以给付，实际上相当于养老保险金的形式。除此之外，该产品还提供了针对被保险人健康状况的健康管理服务，是一项具有前瞻性的、先进的、具有综合保障特色的长期护理保险产品。

（三）创新与商业抵押贷款相结合的长期护理保险产品

近年来，保险行业"以房养老"的提出为有房产的老年人提供了一种新的养老解决方式，其呼声日渐高涨。2017 年 7 月 15 日，中国保监会发布《中国保监会关于延长老年人住房反向抵押养老保险试点并扩大试点范围的通知》，进一步强化了商业抵押与养老的紧密联系。"以房养老"的发展为我国长期护理保险与商业抵押贷款的结合提供了借鉴，长期护理保险的被保险人在年老患病，丧失日常生活能力时也能"以房养病"，即将房产作为抵押，换取其需要的医疗护理服务。但是这一模式存在一定缺陷，一方面，单靠市场化的运作无法从根本上实现"以房养病"，这需要政府的引导和政策支持；另一方面，中国人对待房产的固有观念是：房子是安身立命之所，是心灵栖息之地，有房才有家，因此，大部分人不愿意用房产作为商业抵押，这从根本上阻止了"以房养病，以房养老"的发展。

（四）创新与投资相结合的长期护理保险产品

2017年5月12日，中国保监会下发《中国保监会关于规范人身保险公司产品开发设计行为的通知》，该通知突出了"保险姓保"，即保险的保障功能，削弱了保险的投资理财功能，一定程度上遏制了保险用于投资，获得快速返还、高比例返还的保险产品的发展。

但是，在中国保监会规章制度的基础之上，长期护理保险可以保障被保险人失能后的护理，还可以与投资相结合。以人保健康推出的"福利双全保障计划"为例，该保险是2013年人身险费率改革后国内首款护理保险，也是人保健康2016年保费收入第一的个人护理保险，其在提供全面保险保障的同时，可以实现资金的快速增值，保险合同生效之后，每10 000元保费的现金价值可达到10 350元，即一年实现保费增值3.5%。投资的目的便是为了获得资金的增值，但需要在监管范围之内，实现资金的合理增值，满足保险产品设计的原则。

三、长期护理保险附加产品的创新

长期护理保险附加产品的创新即服务的创新。服务的创新包括基本服务、附加服务、衍生服务的创新。从基本服务的创新来看，保险公司可以从核保、承保、理赔等各个环节提高其服务效率，尤其是提高理赔环节的保险金支付效率；从附加服务的创新来看，保险公司可以提供被保险人免费定期体检的服务，便于按时了解被保险人的身体状况；从衍生服务的创新来看，保险公司需要利用各类服务机构的服务特点，结合被保险人的实际需求打造多元化的长期护理保险服务模式。例如，结合许多老人既希望得到专业的护理服务，又希望在家中养老的愿望，保险公司可以打造社区定点服务，在小区各类服务场所设置站点，建立社区护理服务站。另外，保险公司还可以出资推动对专业护理人员的培养和储备，对投保长期护理保险的被保险人给予合理的健康生活建议，打造专业化运动场所，降低失能风险概率。

第四节　失能收入损失保险产品创新方向

失能收入损失保险一般作为附加险附属于人寿保险或意外伤害保险合同，其给付方式包括每月按固定金额进行给付以及一次性给付两种。固定给付是指按被保险人原收入的一定比例进行给付；一次性给付是在满足保险合同约定的保险责任时，被保险人一次性领取保险金的方式。失能收入损失保险产品的创新可以引用固定金额给付和一次性给付相结合的方式，针对完全失能，可以采用一次性给付的方式；针对半失能，可以采用固定金额给付的方式，半失能的被保险人还有重返工作岗位的机会，若采用一次性给付，一旦被保险人开始重新获得工作收入，保险公司无法拿回已给付的保险金，容易诱发道德风险。因此，保险公司可设计固定给付及一次性给付并存的失能收入损失保险产品，谨慎设计终生赔付型的保险产品。

被保险人投保失能收入损失保险的保险金额必须低于其实际收入，超额投保[①]易造成逆向选择和道德风险的发生。一方面，被保险人可能夸大其病状以期获得索赔超过其实际收入的失能保险金；另一方面，过高的保险金会使被保险人产生懒惰心理，不会积极寻找工作进入新的岗位。因此，失能收入损失保险产品的创新应以限定保险金额为前提。

一、失能收入损失保险有形产品的创新

（一）创新限制性失能收入损失保险产品

限制性失能收入损失保险产品是指具有一定限制条件的失能收入损失保险产品。产品开发的关键是确定失能收入损失保险产品的给付条件和给付水平，并以此厘定保险费率，这一点在核心产品的创新上已有体现。目前我国还没有统一的类似国际成熟保险市场对"失能"的界定，即从职业性和工作任务两个方面对"失能"的界定，采用上述界定可以对我国失能收入损失保险产品的给付提供助力，但是这套标准的严格制定还需要有专业机构和专业人士的认定。因此，以职业性和工作任务对失能的判定缺乏实际操作基础，不利于收入损失保险产品的发展。

结合我国商业医疗保险的实际状况，以患有重大疾病或遭遇意外事故造成的全残[②]或伤残引起的收入损失作为失能收入损失保险的给付条件较为现实。另外，为了

---

① 一般可将保险金额分为三种情况：足额保险、不足额保险和超额保险。足额保险又称全额保险，是保险金额等于保险价值的保险；不足额保险是指保险金额低于保险价值的保险；超额保险是指保险金额高于保险价值的保险。

② 一般保险合同中对全残的定义是发生下列情况之一：一是双目永久不可逆失明；二是两上肢腕关节以上或两下肢踝关节以上缺失；三是一上肢腕关节以上及一下肢踝关节以上缺失；四是一目永久不可逆失明及一上肢腕关节以上缺失；五是一目永久不可逆失明及一下肢踝关节以上缺失；六是四肢关节机能永久不可逆丧失；七是咀嚼、吞咽技能永久不可逆丧失；八是中枢神经系统机能或胸、腹部脏器机能极度障碍，终身不能从事任何工作，为维持生命必要的日常生活活动，需他人扶助。

控制风险，应结合当地的经济发展水平以及被保险人的收入状况来衡量制定保障范围及给付额度，还可在条款中规定给付的终止条件，如以一定的给付期限或累计给付限额为给付的终止条件。给付期限可规定 3 年、5 年、10 年等，最高给付限额是指规定的保险人对被保险人进行保险金给付的最高额以及整个给付期限的总限额，达到最高给付限额时，保险责任终止。

（二）创新特殊职业失能收入损失保险产品

传统的失能收入损失保险产品保障范围广，一切因疾病或意外伤害造成的工作能力的丧失，都可作为保险金的给付条件。而针对高危行业、特殊职业的职工或个人，却缺乏相应的保险保障，因此保险公司可设计特殊职业失能收入损失保险产品，如飞行员失能收入损失保险。

飞行员失能收入损失保险的被保险人是保险公司规定的一定年龄范围内，持有相关飞行体检合格证，从事民用航空飞行工作的在职飞行员。保险责任为被保险人因疾病或意外伤害导致的暂时或永久丧失飞行能力，针对暂时丧失飞行能力的被保险人，保险公司采用每日给付保险金的方式进行给付，对于永久丧失飞行能力的被保险人，保险公司在扣除已给付的暂时丧失飞行能力的保险金后，一次性给付剩余保险金。其中，保险条款对永久丧失飞行能力和暂时丧失飞行能力应有严格界定，具有统一规范性。

另外，保险公司还可创新高级执业医师失能收入损失保险以及高级建筑师失能收入损失保险等，以满足特殊职业人员的不同需求。

（三）创新团体失能收入损失保险产品

失能收入损失保险的被保险人为有收入来源的人，与企业职工直接挂钩，并且市面上多数失能收入损失保险都以团体险的形式存在，所以创新发展团体失能收入损失保险产品，以团体险的形式保障企业职工的利益，具有现实可行性。

中国人民健康保险股份有限公司推出的"金福利团体失能收入损失保险"就是一种典型的团体失能收入损失保险产品，其保险责任包括完全失能保险金和部分失能保险金。其中，完全丧失劳动能力和部分丧失劳动能力的原因均分为工伤原因和非工伤原因，保险金领取方式如表 17.2 所示，由投保人自行选择月领或一次性领取。

但是，既然是对团体失能收入损失保险产品的创新，就不该局限于保险市场已有产品，在上述提及产品的基础上，作者认为还可以进一步细化保险责任，完善保险金支付方式。针对工伤引起的失能收入损失，可细分为工伤意外伤残和职业病伤残，根据国家标准化管理委员会批准发布的《劳动能力鉴定职工工伤与职业病致残等级》

表 17.2　　　　　　　金福利团体失能收入损失保险保险金领取方式表

失能程度	失能原因	保险金领取方式（月领）
完全失能	工伤	领取至下列任一情况发生时终止：按月给付至 120 期满，被保险人身故，被保险人恢复健康
	非工伤	领取至下列任一情况发生时终止：按月给付至 240 期满，被保险人身故，被保险人恢复健康
部分失能	工伤	领取至下列任一情况发生时终止：按月给付至 24 期满，被保险人身故，被保险人恢复健康
	非工伤	领取至下列任一情况发生时终止：按月给付至 48 期满，被保险人身故，被保险人恢复健康

（GB/T1680 – 2014）[①]，制定分等级给付标准，累积给付达到合同规定的保险金额时，保险责任终止。

二、失能收入损失保险衍生产品的创新

（一）创建"大数据"奠基失能收入损失保险产品开发

失能收入损失保险产品开发面临的最大困境，在于其产品定价所需的基础数据不足，数据连接共赢，大数据的运用，可以通过健康保障度、健康资料完整度以及健康活跃度为客户进行评分画像，基于每个用户在不同分数段的分布，推荐不同的产品及服务，一方面可以增加客户的黏性，另一方面为产品定价奠定基础。保险产品定价者通过数据对客户进行差异化分析，并根据客户的反馈，制定针对性的产品开发及定价，保险营销员了解客户的不同需求提供个性化产品，这一切都离不开"大数据"平台，数据的连接使各方实现价值的最大化，形成互利共赢的局面。保险需求者、保险营销者及产品开发者与大数据的关系如图 17.1 所示。

（二）创新理赔管理助力失能收入损失保险产品创新

理赔管理是失能收入损失保险产品服务创新的重要手段。失能收入损失保险产品在理赔方面本身存在弊端，对被保险人来说，由于存在免责期条款，被保险人在失能后的一段时间内，无法享受保险公司约定的给付保险金的权利。对保险公司来说，被

---

① 该文件从 2015 年 1 月 1 日开始执行，其在原有 2006 年版基础之上进行了技术修改和创新，主要包括介绍伤残的十个等级，将生活自理障碍护理分为三个等级并进行叙述以及列明了 530 条伤残条目，内容详见《劳动能力鉴定职工工伤与职业病致残等级》（GB/T1680 – 2014）。

第十七章
健康保险产品创新的方向

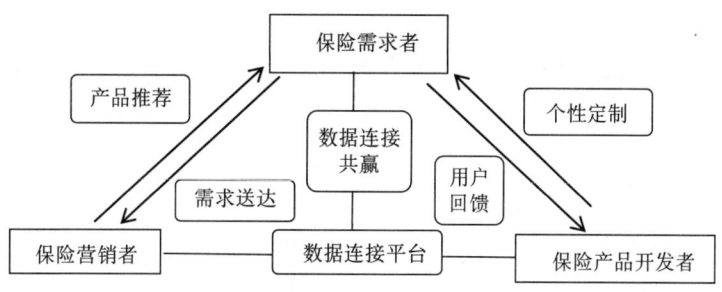

图17.1　保险需求者、营销者、产品开发者与大数据的关系图

保险人有了收入损失的保障，会缺乏及时返回工作岗位的动力，从而延长了赔付时间，导致赔款增加。因此，保险公司应加强理赔管理与服务。

加强理赔管理与服务，以服务创新管理，以管理创新产品。可以通过建立早期健康计划来降低索赔风险，通过制定半失能康复计划来缩短赔付期。另外，创新理赔的衍生服务，通过建立访问团队在索赔前对被保险人进行探访，预估失能状况和索赔期限，并与医疗机构或职业专家合作，提供专业的医疗建议，缩短康复周期，完善理赔经验。

第五节　医疗责任和医疗意外保险产品创新的方向

2014年11月17日，《国务院办公厅关于加快发展商业健康保险的若干意见》[①]，明确指出相关医疗责任保险和医疗意外保险属于健康保险的范畴。医疗责任保险是指在合同约定的保险期间内，医疗机构或医疗人员在诊疗过程由于医疗责任对患者产生的经济补偿或法律费用，由保险公司根据合同约定进行保险金给付的保险。医疗意外保险是指在保险期间内，患者在诊疗过程中由于自身病情异常或体质特殊而发生的死亡、残疾或功能障碍等不良后果，由保险公司按照合同约定对患者进行保险金给付的保险。随着国家政策[②]的引导以及医患矛盾的突出，创新医疗责任保险产品和医疗意外保险产品已成为健康保险的重点导向。

---

① 商业健康保险是由商业保险机构对因健康原因和医疗行为导致的损失给付保险金的保险，主要包括医疗保险、疾病保险、失能收入损失保险、护理保险以及相关的医疗意外保险、医疗责任保险等。

② 2015年1月28日，国家卫生计生委发布的《进一步改善医疗服务行动计划》中指出："积极建立以医疗责任保险为主、医疗风险互助金、医疗意外险等为补充的医疗责任风险分担形式，至2017年年底，全国二级以上医院医疗责任保险和医疗风险互助金参保率达90%以上。"2017年5月25日，中国保险行业协会发布《中国保险行业协会医疗责任保险示范产品（主险）——A款期内索赔制》及《中国保险行业协会医疗责任保险示范产品（主险）——B款事故发生制》，进一步提高了医疗责任保险的保障性和规范性。

一、医疗责任保险产品的创新方向

我国现有的医疗责任保险发展并不完善,现有产品的设计不能缓解医疗机构承担损害赔偿责任的风险,为提高风险承受力,衍生特殊保障,医疗责任保险有形产品的创新可以通过附加险进行创新,包括医疗责任保险附加医疗意外责任保险、医疗责任保险附加医师责任保险以及医疗责任保险附加医疗机构场所责任保险。

(一)医疗责任保险附加医疗意外责任保险

医疗责任保险产品的保险责任包括:保单列明的保险期间内,对于医务人员在诊疗护理活动中因执业过失造成患者的人身损害,由患者及其近亲属首次向被保险人提出索赔申请,依照我国法律应由被保险人承担的经济赔偿责任,保险人按照合同约定进行赔偿。另外,保险事故发生后,事先经保险人书面同意的法律费用,也由保险人在合同约定的范围内进行承担。当附加了医疗意外责任保险后,其对诊疗过程中由于患者体质特殊而无法预防造成的后果、按照正常的技术规范和现有科学技术仍难以避免的不良后果以及在危机情况下为抢救患者生命而导致的不良后果等附加合同中列明的其他原因造成的患者人身损害,保险公司都应承担合同范围内约定的保险金赔偿责任。

(二)医疗责任保险附加医师责任保险

在主保险合同中附加医师责任保险,承保合同约定的保险期间内,被保险医师代表医疗机构从事与其资格相符的医疗活动,因被保险医师的职业过失行为导致患者的人身损害,由患者或其家属向被保险人提出索赔申请,按照我国法律应由被保险医师承担的经济赔偿责任,由保险公司根据合同约定进行赔偿。

(三)责任保险附加医疗机构场所责任保险

责任保险附加医疗机构场所责任保险的特殊性承保范围包括:由于医疗机构的公共设施存在缺陷或不存在缺陷但被保险人或雇员对其操作不当,以及被保险人或雇员的过失行为造成的火灾、爆炸、食物中毒及相关食源性疾患等保单列明的其他原因造成的患者的人身伤害或财产损失,保险公司在合同约定的范围内对被保险人进行保险金补偿和给付。

二、医疗意外保险产品的创新方向

设计医疗意外保险产品,第一,要严格定义医疗意外,以此确定保险责任。目前保险市场上对其未有统一界定①,但是区分于医疗事故,医疗意外的界定需满足三大要素:一是其风险是客观的,而非人的主观行为;二是事件的发生具有偶然性,是难以预料或防范的;三是其损害的结果具有严重性。

第二,借鉴目前已存在的手术意外伤害保险产品,对医疗意外保险产品进行创新。手术意外险的实践:保险对象:被保险人为在保险人指定医院接受择期手术或介入诊疗的人员,投保人为具有完全民事行为能力的个人或对其具有保险利益的其他人。保险期间:自被保险人实际接受保单上载明的择期手术或介入诊疗时起至办妥出院手续时止,最长为180天。保险金额和保险费:保险金为保险人承担对被保险人给付责任的最高限额。保险费由保险合同双方共同约定。保险责任及给付:保险责任包括手术或介入诊疗过程中遭受合同中所列明的意外伤害事故时,承担的身故保险责任(对保险期间内因手术或诊疗意外导致身故,保险人一次给付身故保险金,保险合同至此终止)、伤残保险责任(在保险期间内因手术或诊疗意外导致的伤残,分伤残等级进行比例给付,参考《伤残程度与保险金给付比例表》,给付累积不得超过最高保险金额)以及并发症保险责任(对保险期间内因手术或介入诊疗意外导致的并发症,参考《并发症列表》进行给付,给付累积不得超过最高保险金额)。医疗意外保险,可以在手术意外险的基础之上,将因手术或介入诊疗意外产生的保险责任拓展至整个诊疗期间,即从被保险人接受保单上载明的符合要求的诊疗时刻起至办完出院手续或诊毕离开医院时止,一切医疗意外的发生形成的保险范围内的责任,保险人进行保险金给付。

第三,还可以结合手术麻醉意外险、视力矫正手术意外险等单一险种,开发满足不同被保险人个性化需求的具体医疗意外保险产品。

本章小结

本章首先简述了健康保险产品创新的两大原则、三种路径及四种方式。其中,两大原则是指循序渐进原则和辩证施治原则;三种路径是指核心产品的创新、有形产品的创新以及附加产品的创新;四种方式包括产品设计创新、产品运营创新、产品服务

---

① 通常情况下,医疗意外是指医务人员在从事诊疗或护理工作过程中,由于患者的病情或患者体质的特殊性而发生难以预料和防范的患者死亡、残疾或者功能障碍等不良后果的行为。我国人民健康保险股份有限公司对医疗意外的合同解释,包括两种情形:一是医院在药物过敏试验正常或按规定不需做药物过敏试验的情况下,对被保险人施用药物所引起的药物过敏反应所致意外;二是准备并按操作规程进行的肝、肾、心包等穿刺和特殊造影及心导管等检查时所致意外。

创新以及产品战略创新。其次，本章从核心产品的创新、有形产品的创新以及附加产品的创新三个角度分别探讨了医疗保险产品创新的方向、疾病保险产品的创新方向和护理保险产品的创新方向，医疗保险产品的创新包括衍生多保障医疗保险产品、创新无赔款优待条款和新型赔付模式的融入、创新中高端医疗保险产品、创新费用补偿型产品以及账户型终生产品，在此基础之上引入医保合作网络服务以及互联网＋医疗保险产品。疾病保险产品的创新包括衍生保障多病种和单一病种的重大疾病保险、创新多重给付与分级给付并存的产品、创新需求导向的重疾险、发展与重疾相关的商业抵押贷款保险以及商业合作伙伴企业保险等。护理保险产品的创新包括创新保费支付、给付方式以及各种条款、创新开放型长期护理保险、创新与年金保险给付相似的长期护理保险、创新与商业抵押贷款相结合以及与投资相结合的长期护理保险产品。另外，从有形产品创新和衍生产品创新的角度探讨了是能收入损失保险产品的创新，具体包括创新限制性失能收入损失保险产品、创新特殊职业和团体失能收入损失保险，并引入"大数据"奠基和理赔管理助力，提高失能收入保险产品的占比。最后，对医疗责任和医疗意外保险产品创新的方向进行探讨，从医疗责任保险附加医疗意外责任保险、附加医师责任保险以及附加医疗机构场所责任保险三个方面确定了医疗责任保险产品的创新方向，并从手术意外医疗伤害保险、手术麻醉意外险以及视力矫正手术意外险等方向确定了医疗意外保险产品的创新方向。

思考题

1. 请简述健康保险产品的创新应遵循的原则。
2. 请简述健康保险产品的创新包括哪几种具体的方式？
3. 请简述医疗保险产品的创新包括哪些方向？
4. 请简述疾病保险产品的创新包括哪些方向？
5. 请简述护理保险产品的创新方向。
6. 请简述解释夫妇共保优惠条款的含义。
7. 请简述我国保险业对"日常生活活动"的定义？
8. 请简述医疗责任保险产品和医疗意外保险产品的创新方向。

第十八章

健康保险产品创新的风险管理

前面分析了健康保险各险种核心产品、有形产品以及衍生产品的创新方向,本章在此基础上,通过对产品创新的方式,即设计创新、运营创新、服务创新以及战略创新过程中面临的风险进行分析,结合创新的内外部环境,提出针对具体产品创新的风险管理措施。

第一节 健康保险产品创新风险管理导论

一、健康保险产品创新的风险性

(一) 风险的定义及特性

从经济学角度对风险的定义是"生产目的与劳动成果之间的不确定性"。这一不确定性体现在收益的不确定性,也体现在成本或代价的不确定性。从保险的角度对风险的定义是"未来损失发生的不确定性"。显然,这个定义精炼而简洁,更能体现保险对风险的规避和保障功能。从风险管理的角度将风险定义为"不确定性对目标的影响"。这一定义来自国际标准组织(ISO)发布的《ISO Guide 73: 2009 风险管理——术语》,相比其他定义而言,其更具包容性,包括风险的各个管理领域,如保险、金融管理、社会管理等。由于本章研究的是对保险产品创新的风险管理,故选用最后一种定义较为恰当。从风险管理的角度来看，风险包括六种属性：

1. 未来性

未来性是风险的潜在属性。一方面，不确定性体现了未来属性；另一方面，目标的制定是对未来某一时间或某一范围内目标的选择。所以，风险与未来息息相关，预测未来，才能防范风险。

2. 双重性

不确定性对目标的影响是双重的。这里的影响，是偏离预期的，可以是正面的影响，也可以是负面的影响。同样，风险导致的结果也是双重的，既存在有利的结果，也存在不利的结果。

3. 不确定性

对目标的影响是风险的结果，不确定性是风险的核心，正是由于不确定性未来的存在，才有了风险的不确定性，因此，对风险的管理，就是对未来不确定的管理。

4. 事件性

风险是附属在未来某一项事件上的风险，事件是风险的载体，通常用潜在事件、后果或者两者之间的组合来区分风险。

5. 二维性

通常用事件后果和事件发生可能性的组合来表示风险，这一组合是二维组合，即在二维平面的坐标轴内，用事件后果和事件发生的可能性分别代表两个参数，形成坐标内某一定点，以坐标轴上的数值来反映风险的大小。

6. 信息性

对事件及其后果或可能性的信息缺失或了解片面的状态，是导致风险不确定性的主要原因。通常以对事件信息的了解程度来判定风险的大小，信息越多，判断越准确，人们对风险的管理以通过不同信息对风险进行判定为前提。

（二）健康保险产品创新容易引发的风险

1. 信用风险

此处的信用，既包括保险人的信用，也包括被保险人的信用，主要指由于一方的信用原因未能履行约定或产生欺骗、欺诈等行为而导致另一方遭受损失的风险。一方面，由于保险人在信用活动中的不确定性会使被保险人承担遭受损失的不确定性；另一方面，由于健康保险被保险人在投保过程中不履行告知义务，故意隐瞒身体状况等行为会使保险赔偿概率大大提高，从而导致保险人的经济损失。信用风险完全是由于个人主观原因造成的风险，难以计量，一般通过建立惩戒机制进行预防。

2. 技术风险

技术风险主要指健康保险产品在开发过程中所遭遇的建模技术、信息技术、知识产权保护等各种风险。由于保险产品的开发需要建立相应的精算模型，从而对产品的定价进行估算，因此，当精算模型运用错误或建模技术无法适应市场实际需求时，保险公司可能会因此蒙受经济损失。另外，健康险产品的创新包括对无形的保险服务的创新，其开发过程少不了保险企业的支持及技术人员的支持，当产品创新所需的技术支持与现有信息技术能力不匹配的情形出现，就会导致创新失败。除此之外，由于很多创新的保险产品无法获得专利保护，一个公司开发的保险产品销售较好时，其他公司就会竞相模仿，从而导致产品同质化严重，市场竞争激烈。

3. 声誉风险

声誉风险是针对保险企业来说的，主要指保险企业在经营管理过程中，由于员工行为或其他突发性事件所造成的保险消费者对保险公司负面评价的风险。使保险公司面临声誉风险的因素包括保险犯罪、权威机构评级下降、保监会行政处罚等，一旦这些事件发生，保险产品的销售额会骤降，客户退保率上升，使保险企业面临负债而无法正常经营或倒闭。

4. 商业风险

商业风险主要指保险公司由于保险产品创新战略、产品运营、客户服务等方面的原因所导致的保险企业可能面临损失的风险。如果保险公司产品创新的战略无法与公司的整体发展战略相契合，就很有可能导致产品绩效无法达到预定目标，从而出现亏损。产品运营方式及保险服务无法满足被保险人的需求时，会导致不保、退保等现象的发生。此外，创新产品的市场规模过小、市场定位偏差、产品定价策略不准确等原因都有可能产生创新保险产品的绩效无法满足现实需求的风险。

5. 市场风险

市场风险主要是指由于保险产品价格发生变化而导致保险公司资产负债变化并造成损失的风险。市场风险主要包括利率风险、汇率风险等影响保险产品价格的外部风险。利率风险主要是货币市场的利率变动，衍生发展至保险市场，从而影响保险企业受益和内在价值变化。汇率变动主要是由于国际利率差异、通货膨胀等因素引起的汇率水平波动，从而造成保险企业的盈利或亏损。

6. 其他风险

保险产品的创新还包括流动性风险、系统性风险和合规风险等一系列风险。流动性风险是指保险企业无法通过融资行为改变负债的增加，从而导致企业无法正常经营或破产清算的风险。系统性风险是指由于一项或多项风险造成的接连系统性风险的发生，从而导致企业倒闭的风险。例如，由于企业战略决策的失误，使企业面临负债端风险，而后引发融资风险，使企业资不抵债，最后进行破产清算。合规风险是指保险产品的创新不满足法律法规的要求，导致合同无法履行、发生法律纠纷的风险。

二、健康保险产品创新的风险管理

(一) 风险管理一般流程

风险管理的主体是企业，基础是对风险的识别和分析，关键是处理风险，目的是以最小的成本获得最大的经济保障。因此，风险管理是一种全面的管理职能，是经济单位或个人通过对风险的识别和分析，在此基础之上提出风险对策，以最小的成本取得最大安全保障的管理方法。风险管理措施包括控制型风险管理措施、融资型风险管理措施以及内部风险抑制。控制型风险管理措施通过事前降低损失频率或损失幅度的方式对风险进行改变，融资型风险管理措施通过事后的补偿对风险进行管理，二者都是通过降低损失期望值的方式对风险进行控制的。内部风险抑制与前两者最大的区别在于通过降低损失标准差的方式对风险进行管理。

风险管理的一般流程包括制定风险管理计划、风险识别、风险估测、风险管理对策以及评价风险管理效果。有效的计划可以促进风险管理的成功实施，因此，将制定风险管理计划作为风险管理的第一步，一方面需要明确风险管理的目标，另一方面需要出具风险管理策略书，确定各部门和主体之间的关系及各自的责任。其次，进行风险识别，即对所面临的风险类别、原因及影响进行归纳整理并判断的过程。包括对风险进行全面总结和归类，在此基础上进行识别与判断，并分析损失原因，按具体形态或特征再次进行分类。再者，在风险识别的基础之上进行风险估测，即将已分类好的风险通过概率论和数理统计等方法，进行风险的整体估测，预计发生比例，得出损失分布。接下来，在风险估测的基础之上，根据不同的损失分布，设计并选择恰当的风险管理措施，包括对风险的避免、预防、抑制、中和以及分散等方式。最后，对风险管理的效果进行评价，定期修正以适应新的风险管理方式的需要，做到风险管理的循环及优化。

(二) 创新、风险与风险管理之间的关系

产品创新、风险与风险管理三者之间相互联系，形成了健康保险产品创新风险管理的循环。产品的创新必定会引致风险，也正是由于风险的存在，市场参与者才会有风险管理的需求，只有对风险进行有效管理，才能从客观上促进新的保险产品的产生，这是产品创新的固有特征。因此，风险是创新的结果，风险管理是创新的具体措施，创新是风险管理的具体产物，三者相互存在，互为因果，为健康保险产品创新的风险管理提供依据。

第二节 健康保险产品创新风险分析与控制

一、健康保险产品创新风险的来源

健康保险产品创新的进程首先依托于市场中产品种类的不断丰富，而这一产品创新链条是由对不同风险的识别和控制逐步发展形成的。在保险市场上健康险产品种类繁多、衍生产品不断发展的趋势下，为控制产品创新风险以及完善保险市场产品结构，有必要探索创新风险的来源，为提出风险管理方案奠定基石。

（一）内部因素

内部因素，是指使健康保险产品创新风险形成的，来自保险企业内部的原因。具体从企业文化、企业领导和企业政策、公司经营、营销服务、人才机制、产品设计这六个方面来考虑。

1. 企业文化

企业文化由思维模式和行动模式两种体系构成，并通过基本价值、基本准则和基本规则最终实现。其中，思维模式主要体现在企业的目标决策，针对保险企业来说，其典型目标是满足需求，提供保险保障，在此基础上获取利润。行动模式主要体现在保险企业的创新，包括经营创新、服务创新、产品创新等。由于思维对行动的导向作用，可知企业的目标决策会影响企业的产品创新。

虽然企业文化在一定程度上难以描述，但是，毋庸置疑，企业文化对企业创新起着非常重要的作用。一方面，它可以适应市场需求，为创新提供导向；另一方面，它可以减少创新的复杂性，并纠正创新中遇到的错误。在企业再造过程中，企业文化作为导向和辅助决策的工具是有显著作用的，但是，在必须适应新情况、进行产品创新时，其制动作用是有害的。

2. 企业领导和企业政策

企业领导是指有权进行领导决策和下达命令的主管机关以及在主管机关中工作的人员。其基本职能是通过目标设置和控制来设计保险企业的经济活动。一个企业的领导方式[①]和领导者的个人素质对产品的创新具有重要影响,不恰当的领导方式或低下的管理者素质,都会给保险产品的创新带来风险。

企业政策是企业领导的实质内容,是在整个保险企业层面上和它的部门层面上确定目标、选择手段以及控制目标实现的过程。企业政策体现在企业经营管理的方方面面,包括增长政策、利润政策、维持政策、风险政策以及创新政策等。其中,创新政策是指在保险企业中对产品谱、保险产品、保险技术和经营技术方法的创新,本书研究的就是保险产品的创新,当企业政策对新产品的创新不利时,就会给创新带来风险,由此可见,企业政策是保险产品创新的风险来源之一。

3. 公司经营

健康保险公司的经营程度对健康产品创新的风险有很大影响。与人寿保险相比,健康保险的保险期限短、出险率高、赔付率高、服务管理难度大,这就对健康保险公司的经营管理有更高的要求。因此,保险公司要经营健康保险业务,除了设定健康保险业务发展战略、设计健康保险相关产品的整个完备系统之外,还必须有一个专业化的组织系统进行经营。我国的健康保险事业起步较晚。自2002年底中国保监会颁布《关于加快健康保险发展的指导意见》(保监发〔2002〕130号),以正式文件的形式鼓励保险公司推进健康保险业务的专业化经营以来,健康险的专业化经营发展仅仅走过了15个年头。迄今为止,我国商业健康保险公司的发展仍处于初级阶段,市场规模不足,专业化经营程度低是其主要特征,这就使健康保险在产品创新的过程中面临一系列风险,即创新产品的专业度也较低。

4. 营销服务

保险公司产品营销的主要过程包括核保、理赔以及客户服务等。从上一章健康保险产品的创新方向可以知道,保险产品的创新包括核心产品、有形产品以及衍生产品的创新,核保、理赔和客户服务均属于衍生产品的创新。

首先,从核保来看,引致创新风险的原因有保险市场竞争力过大、缺乏健康保险市场核保准则以及核保人员失职等。随着"健康中国"的发展理念上升到国家发展战略,健康保险市场蓬勃兴起,由此导致的行业竞争也接踵而至,出现了许多保险公司抢占保险市场、同质化产品严重等现象。由于竞争的需要,各大保险公司竞相降低

---

① 领导方式又称领导风格,包括专制式领导风格、分权式领导风格以及参与式领导风格。专制式领导风格是指上层领导对其下属具有绝对的决策、指令和控制的权利。优点在于能够最大限度地明确规则,缺点在于对下属缺乏激励,无法发挥下属在领导方面的潜力,因此在实践中,这种领导方式越来越少。分权式领导风格是指上层领导将决策、指令和控制权下放给下层领导,下层领导相互合作,各司其职,并具有一定的决策权力。优点是分业管理可以大大提高企业的运行效率,缺点是不利于决策之间的相互协调,且高度分权往往会损害企业的整体利益,这种领导形式大多出现在大型保险企业中。参与式领导风格是指上层和下层主管共同分享决策权、指令权和控制权。其优点在于将上层的决策和利用下层的能力结合起来,完美实现各方的价值,在实际运用中最为广泛。

第十八章
健康保险产品创新的风险管理

保费，提高核保通过率，人为地增加了健康保险产品的赔付风险。再者，健康保险市场对产品的核保缺乏统一的原则或标准，虽然国外已有成熟的核保机制，但是由于国情差异，我国不能完全借鉴国外的发展模式，还需根据本国的实际特征发展具有中国特色的健康保险核保规范，并且由于健康保险与其他险种存在较大差异，所以在核保原则的制定上具有特殊性。另外，核保人员的失职行为也是风险的来源之一。一方面，核保人员缺乏相关知识和经验，容易导致核保错误和核保效率低下等问题；另一方面，由于核保人员的主观因素，例如工作懈怠、道德素质等也会使核保存在风险。

其次，从理赔来看，引致创新风险最大的原因在道德风险和理赔人员的失职行为。道德风险存在于保险人和被保险人双方，从保险人的角度来看，健康保险公司属于商业性组织，其最终目标在于盈利，通过减少保险金给付与赔偿，可以有效增加承保收益，因此，个别保险代理人可能存在欺骗行为，骗取保费而不承担理赔责任，这是保险人的道德风险。从被保险人来看，被保险人在投保过程中可能会隐瞒自身身体状况，投保成功后可能会夸大自己的病情，以此获取更高的保险赔偿金，这是被保险人的道德风险。另外，保险公司理赔人员的失职行为也会带来理赔风险，同核保人员的失职行为一样，理赔人员的失职也包括自身专业知识的缺乏和主观的道德因素。

最后，从客户服务来看，引致创新风险的因素包括组织文化、员工行为以及服务设施。这里的组织文化是企业的软实力，也是企业文化的一部分，企业文化会影响企业的服务理念，从而创新客户服务的内容，同时也会带来一定风险。员工行为是影响客户服务质量感知的重要因素，提高服务质量，可以采取了解客户需求、提高客户服务标准等措施，员工行为可以从较大程度上影响创新带来风险的程度。另外，服务设施的建设也是加强客户服务的重要手段，从技术管理的角度来看，服务技术的建立会给健康保险产品创新带来技术风险，在提升服务质量的同时降低客户的感知度。

5. 人才机制

人才与创新息息相关，健康保险公司的产品创新、日常经营与管理离不开专业的人才与技术。这里的人才，不仅包括具有保险专业知识和技能，能够提供专业保险服务的人才，还包括具有健康方面的知识，例如医药、法律及护理等知识的人才。由于健康保险业务的经营对象是被保险人发生疾病或意外伤害的风险，涉及人的健康，必然涉及专业性及科学性都非常强的医药、护理学等专业领域，因而在建立人才机制的过程中，对人才技能有较高的要求，既包括人际沟通、社会调查及相关法律的运用技能，也包括多医疗活动的识别判定等技能。另外，在人才管理方面，企业是否建立相应的激励机制也会影响健康保险产品的创新，恰当的激励机制会促使产品研发人员加大对保险产品的创新；反之，一个缺乏人才激励机制的保险企业，会陷入人才流失、产品创新受阻、客户资源流失、企业绩效下降的恶性循环。由此可见，人才机制也是健康保险产品创新风险的来源。

6. 产品设计

健康保险产品的开发与设计，应当综合考虑社会经济环境、行业标准与发展趋势以及消费者的实际需求。就我国当前来说，社会医疗保障体系并不完善，商业健康保险市场发展时间短，专业化程度也不够，因此，在健康保险产品设计与开发方面，还存在着市场定位不准确、参考数据缺乏以及专业技术不足等问题。

首先，在健康保险产品开发的过程中，市场定位不准确，使产品开发缺乏专业化和针对性。从已有的创新产品来看，由于在开发过程中没有考虑消费者对医疗和护理的多方面需求，缺乏提供人性化的保险产品，导致长期护理保险作为单一险种的投保率低下，在健康险中的发展也相对滞缓，因此增加了健康保险产品在创新及经营过程中的风险。

其次，在产品设计方面，由于数据问题导致费率厘定缺乏合理性和现实性的问题长期存在。一方面，从数据的数量来看，我国发展健康保险产品的时间不长，统计资料及数据库存明显不足，且现有发病率的统计仅仅局限在保险公司单一方面对被保险人的记录，因此存在严重的数据缺乏问题；另一方面，从数据的质量看，之前保险业将健康保险的发展混迹于人身保险中，数据明显缺乏针对性，导致了健康保险数据质量低下，缺乏参考性。因此，数据问题已是健康保险产品创新风险存在的客观历史性问题。

最后，健康保险产品的设计还存在技术问题，保险精算中概率论与数理统计的运用、精算基本模型的选择，都需要有专业人士进行判定，而我国缺乏精算方面的专业人才，使得产品设计的技术不达标，造成保险公司产品定价不合理，无法与消费者的心理预期保持一致。由此可见，在产品设计过程中存在很多促使健康险产品创新出现风险的客观因素，并且需要很长一段时间来进行改善。

（二）外部因素

外部因素，是指使健康保险产品创新风险形成的、来自保险企业外部的原因。具体从逆向选择与道德风险、市场机制、社会环境、政策环境与国际环境这五个方面来考虑。

1. 逆向选择和道德风险

逆向选择是指由于交易双方信息不对称和市场价格下降导致的劣质品驱逐优质品，进而使市场交易产品的平均质量下降的现象。具体到健康保险行业，逆向选择一般表现为投保人的逆向选择。投保人较保险人而言，对自己的身体状况更为了解，身体素质差且患病风险高的人愿意投保健康保险，以此获得保障，身体素质强且患病风险低的人不愿意投保，这就造成了投保逆差。由于保费的设置是按照一般风险发生率进行测算的，投保人的逆向选择从一定程度上增大了保险人风险程度，使保险公司面临赔付风险，甚至可能出现亏损。

道德风险是指从事经济活动的人在最大限度地增进自身效果的同时做出不利于他人行为的风险，是健康保险行业中最难控制的外部风险。保险市场中的道德风险包括事前道德风险和事后道德风险。事前道德风险是指被保险人以危险的态度和行为来面对风险，增加风险事故发生的可能性。例如在投保的过程中，被保险人故意隐瞒自身的身体状况，使保险人降低赔付预期，从而导致保险公司的赔付率过高，造成经营风险。再者，在成功投保健康保险后，被保险人由于疾病或意外伤害导致的损失由保险人来承担，使得被保险人不太关注自己的身体健康，忽视对自身的保护，这就提高了被保险人患病的概率以及风险损失发生的可能性，造成保险公司的经营亏损。事后道德风险是指当被保险人获得保障的范围扩大时，以更自利的态度来面对风险，甚至通过不诚实的行为故意造成保险事故的发生，或者扩大风险的损失范围和损失程度，以此获得更多的保险金给付。例如，投保健康保险后，被保险人为了获得保险金赔偿，故意造成自身身体的损害并进行就医，或者在患病后要求过度医疗，提高医疗服务需求，甚至存在医患合作、联合骗保的现象，极大地损害了保险公司的利益，使保险公司面临过度赔偿，出现经营危机。

逆向选择和道德风险都是人为因素造成的，主观性强，且不仅存在于保险公司的承保理赔过程，还存在于公司经营管理的各个方面。在健康保险产品创新的过程中，逆向选择和道德风险是产品创新风险最难控制的外部来源，应纳入风险预测和损失发生度控制的范畴。

2. 市场机制

从经济学角度来看，健康保险产品创新的风险来源于市场机制作用的不充分以及市场机制作用的失效。一般而言，一个完善的保险市场需要具备四个要素：主体、客体、生产和资本，这四类要素必须共同发挥作用，才能形成健全的市场机制。其中，保险公司作为保险市场的主体，在市场机制中发挥重要的作用。

市场机制的不完善，主要体现在健康保险公司这一市场主体发展的不完善。2004年中国保监会批准筹建中国人民健康保险股份有限公司，至此，我国第一家专业性的健康保险公司才成立；2013年国务院出台《关于促进健康服务业发展的若干意见》，首次将商业健康保险作为一项政策要求单独提出。由此可见，商业健康保险公司在我国保险行业的起步较晚，且发展进程缓慢，无法形成足够的市场竞争压力。另外，市场经济健康运行所要求的产权制度和公司治理结构并没有真正落实到位，计划经济的经营思路在我国健康险市场上仍然存在，经营行为短期化的粗放式经营模式并没有得到有效逆转。大多保险公司重视产品营销，轻视产品开发和创新，没有意识到加大产品的创新对于提高行业竞争力、进阶行业层次具有重要意义，这就造成了市场机制发展的不完善和健康保险产品创新滞缓的现状。

经济发展的动力最终来自构成社会的成员，单个市场主体参与经济活动的动力来自它自身获取利益的动机，市场机制必须设立这种自利机制。市场机制的优越性表现在信息传递的有效性及自利机制下社会成员的创造性。但是，在保险市场中，保险产品自身的局限性使得其在创新的过程中无法得到充分的法律保护，进而使市场机制的作用大大削弱。相比金融市场的其他行业来说，保险市场创新的成本更高，前期投入大，经营战线长，获利绩效慢，存在严重的经济外部性[①]，从而极大地打击了健康保险市场进行产品创新的积极性，阻碍健康险产品的创新发展。

3. 社会环境

社会环境从主观和客观两个方面影响主体的创造性。马克思和恩格斯说过："人创造环境，同样环境也创造人。"社会环境对人产生的影响是潜移默化的，对于健康保险来说，社会环境影响人们对产品创新的主观行为，环境会激励人们创造新的保险产品，同样，也能给创新带来风险。

针对健康保险产品的创新，为了减少产品的风险，保证保险公司的稳健运营，对被保险人群体的年龄结构会有一定要求，如中等年龄比例高，低年龄和高年龄比例低，对于健康保险产品的设计来说，较为合理。但是，随着我国人口比例和结构的不断变化，老龄化程度越来越高，由于老年人较高的患病概率和对医疗护理的需求，他们更愿意投保健康保险，而高赔付率使得保险公司面临更大的承保风险，两者之间的矛盾就造成健康险产品的创新风险。另外，环境的污染、疾病发生率的社会环境变化也是健康保险产品创新应考虑的因素，尤其是医疗保险和重大疾病保险产品，在创新过程中需结合高血压、糖尿病及心脑血管疾病等高发率疾病的参考数据，合理厘定费率，平衡保险人和被保险人的差异需求。

4. 政策环境

我国是社会主义国家，政府在社会经济的发展中扮演着重要角色，尤其政府政策的出台，对我国健康保险行业的发展起着导向作用，因此，政策环境是影响我国商业健康保险产品创新的重要因素。与商业健康保险发展有关的政策包括福利政策、产业政策和税收政策等。

健康和医疗息息相关，为解决医疗领域的"市场失灵"和"政府失灵"，必须把市场的发展和政府结合起来，用政策导向推动医疗卫生事业的发展。2009年3月，中共中央发布了《中共中央国务院关于深化医药卫生体制改革的意见》（中发〔2009〕6号），主要是鼓励商业保险机构开发适应不同需要的健康保险产品，简化理赔手续，满足人民群众的多样化健康需求，还鼓励企业和个人通过参加商业保险及多

---

① 外部性由英国经济学家马歇尔在其《经济学原理》中首次提及。经济外部性是指在社会经济活动中，一个市场经济主体对另一个市场主体造成影响（这个影响可以是正面的，也可以是负面的），而受益一方没有向另一方给付任何费用或给出相应补偿的现象。经济外部性分为正外部性和负外部性。

种形式的补充保险解决基本医疗保障之外的需求。该政策的发布在推进我国基本医疗保障制度建设的前提下，促进了商业健康保险业务的发展，鼓励了健康保险产品的创新发展。简而言之，我国医药卫生体制改革是政府发布的一项具有代表性的福利政策，在医疗卫生服务领域引入市场机制，发挥市场机制调节资源配置的优势，从而提高医疗卫生服务效率，为健康保险产品的创新提供政策支持。

产业政策和税收政策为推动我国健康保险发展提供了不可或缺的政策支持。2013年9月，国务院发布《国务院关于促进健康服务业发展的若干意见》（国发〔2013〕40号），提出不断丰富健康保险产品；鼓励发展与基本医疗相衔接的商业健康保险；积极开发长期护理保险商业险及与健康管理、养老等服务相关的商业健康保险产品；发展多样化保险服务；结合国外经验和本国国情，健全、完善与健康保险相关的税收政策。2014年8月，国务院发布《国务院关于加快发展现代保险服务业的若干意见》（国发〔2014〕29号），提出发展多样化的健康保险服务，鼓励保险公司大力开发医疗保险产品、重大疾病保险产品及长期护理保险产品，并与基本医疗相衔接，进一步强调要完善与健康保险有关的税收政策。这些相关政策的实施将健康保险产品的开发与创新以及健康保险的税收支持提升到了新的高度，切实体现了政策环境对产品创新的影响力。

5. 国际环境

随着人类社会的不断进步和经济的快速发展，国际社会和越来越多的国家政府普遍认识到，健康权是人类的一项基本权利，是人类维护社会公平的基本诉求，应当得到基本的法律保障，因此，各国不断发展符合本国国情的医疗保障模式，以适应国际健康需求的大环境。例如，在美国，商业健康保险为国家医疗保障主体的制度，大多数美国人通过商业健康保险来获得医疗保障；并且，政府积极引导商业健康保险公司参与医疗保障项目经营，使健康保险公司逐渐成为商业健康保险市场的主体。在德国，政府通过严格明确法定医疗保险界限，促进商业健康保险市场的高度成熟，政府严格的分业监管使商业健康保险向专业化发展。在澳大利亚，政府允许商业健康保险公司经办法定医疗保险，为商业保险的发展提供了助力。由此可见，虽然由于各国医疗保险制度的差异而引起商业健康保险在医疗保障体制中的作用各不相同，但是，各国普遍重视商业健康保险发展的事实不容忽视。我国保险行业也积极创新多样化健康保险产品，以满足本国健康保险发展的需求，这也是国际大环境为我国健康保险产品创新带来的助力。

二、健康保险产品创新风险的特性

健康保险风险产生的形式主要包括疾病和意外伤害，加之风险本身具有客观性、损失性和不确定性的特征，使得健康保险产品创新的风险也具有这三种基本特性，即导致风险产生的原因具有客观性、风险产生的结果具有损失性以及风险的发生具有不确定性。另外，健康保险产品创新风险还具有风险因素的复杂性、风险来源的多样性、风险事故的多发性、风险损失的严重性以及风险计量的难控性等特性。

（一）风险因素的复杂性

健康保险产品特有的风险因素是疾病或意外伤害，延伸至健康保险产品的创新风险，其创新过程中所考虑的疾病因素、产品定价等因素具有复杂性。

疾病因素的复杂性，包括疾病产生的原因和疾病的种类两个方面。一方面，疾病产生的原因是复杂的，既包括经济基础下人们生活方式的改变、心理因素的变化以及环境问题的产生，也包括人们受教育的程度、风俗习惯及宗教等社会文化因素，不同单种因素或多种因素的结合是疾病产生原因的复杂性的根源；另一方面，疾病产生原因的复杂性导致了疾病的种类必定具有复杂性，即使是同样的致病因素，面对个体的差异，也会产生不同的疾病表现。在我国，影响健康常见的疾病包括高血压、糖尿病、肿瘤、心脑血管疾病等。健康保险产品的创新需结合不同疾病的发生率设置承保范围，尤其是重大疾病保险单险种产品的创新，需结合承保范围内疾病的发生率合理厘定费率，做到精算公平。

创新的健康保险产品是否能够满足人们的需求，是影响健康保险发展的因素之一。众做周知，不同医疗费用的负担方式影响着人们对医疗保险的需求，自负的医疗费用比例越高，人们参保的积极性就越低；反之，需要自付的医疗费用比例越低，人们就越愿意投保健康保险，这无形中给产品定价带来了压力。健康险产品同一般的商品或服务一样，价格与需求呈反向变化，保险的价格越高，保险公司承担的赔付比例就高，而一般的企业或个人都是希望以较少的保费支出获得更高的保障，这就形成了保险定价和消费者预期之间的矛盾。另外，健康保险产品的定价需考虑疾病发生率、治愈率、医疗机构的费用水平等多种因素，这些都会造成产品定价的复杂性。

（二）风险来源的多样性

一般金融产品的创新包括基础产品、衍生产品和结构性产品的创新，其风险来源于方方面面，例如股票价格的波动、债券市场的信用违约以及金融远期合约等等，健康保险产品虽然也属于金融产品，但其产品自身的特性使得创新过程中面临的风险与一般金融产品存在差异。从内部因素来看，包括保险企业文化、企业领导和企业政策、公司经营、营销服务、人才机制、产品设计等；从外部因素来看，包括逆向选择与道德风险、市场机制、社会环境、政策环境与国际环境等；除此之外，还包括保险产品的费率厘定、定价及产品服务创新等来源。由此可见，健康保险产品创新的风险来源具有多样性。

(三) 风险事故的多发性

产品创新是一个漫长的过程,在这个过程中面临许多不确定的因素。一方面,健康保险产品创新的风险与疾病的多样性及发生率有关,随着疾病范围的扩大及致损率的提高,健康保险产品创新的风险事故发生的概率也越来越大,疾病的多发性带来了风险事故的多发性;另一方面,健康险产品设计过程的复杂程序也是风险事故多发性的来源。从产品定价的角度来看,疾病发生率、疾病持续的时间、医疗价格以及地区的经济水平因素都需要纳入产品定价的考虑范围,而这些因素只要有一种发生变化都会影响定价的准确度,导致风险的发生。另外,计量模型的错误和被保险人的道德风险也会引发定价风险。从核保的角度来看,核保部门的管理及核保人员的素质会影响产品创新,管理绩效差、核保人员专业素质或道德素质低下都会引发创新风险事故的发生。从核赔的角度看,核保部门人员的核保能力、保险人和被保险人的道德素质都会影响保险产品的创新,核保人员工作能力差以及保险人或被保险人出现的道德风险都会引致保险事故发生。

(四) 风险损失的严重性

健康保险产品创新风险的损失具有严重性。从保险公司的角度来看,健康保险产品的创新需要投入大量的成本,其中,市场调查、产品设计、保险营销、保险服务等各个环节都投入了大量的人力、物力与财力。一旦创新的产品不适应市场的需求,会导致投保率低下,从而影响保险公司的经营和发展战略,导致公司破产清算,甚至影响整个健康险行业的发展。从被保险人的角度来看,创新产品的承保责任若不符合疾病发生的现实情况,当被保险人遭受重大疾病而得不到合理保障时,很容易导致家庭的财务危机,甚至是整个家族的经济损失。

(五) 风险计量的难控性

健康保险产品创新的风险难以计量且缺乏可控性。首先,在我国保险精算专业人才稀缺的背景下,计量模型运用的错误难以避免,且科学发展的程度还不足以填补计量存在的漏洞。其次,由于企业环境、行业环境、政策环境、国际环境以及逆向选择和道德风险等导致创新风险的因素都是定性因素,其导致的风险及对风险的影响程度难以用模型计量,所以损失难以估计。另外,由于国家层面法律政策及国际市场的大环境不属于健康保险市场可控的范围,其客观存在性使得健康保险产品创新必定存在一定的风险。

三、健康保险产品创新风险的管理

风险的管理是指风险管理者采取的降低其所面临的各种风险带来负面结果的措施。即在风险识别和风险估测的基础之上，对各种风险管理技术进行选择和优化组合，从而有效地控制风险并妥善解决风险所带来的损失后果，以期用最小的成本获得最大的安全保障。结合健康保险产品创新风险的来源和特性，可以分别从内部和外部两个方面提出对创新风险的具体管理措施。

（一）内部风险的管理

1. 产品设计管理

产品设计与开发中的风险管理措施主要包括数据收集、精算定价、确定免赔额和共付比例、设立观察期和等待期、无赔款奖励等。

首先，从数据收集来看，针对我国健康保险发展时间短、历史数据不足的现状，保险公司可以和医疗机构合作建立数据共享系统，便于将疾病发生情况与患者治疗情况纳入精算的定价因素中；另外，数据的审核是一项重要的工程，保险公司须吸纳专业的技术人才，对基础数据进行辨别和筛选，避免精算风险。从精算技术的角度来看，合理选用精算模型是规避定价风险的前提，并且在健康保险产品费率厘定的过程中，可以结合不同产品的特性，选择不同的方式，例如统一费率法、阶梯费率法或者定期费率法等。

其次，从有利于保险人的角度来看，在与被保险人达成一致的前提下，保险人在合同中明确列明免赔额和共付比例，明确双方承担损失的责任。免赔额是医疗保险的重要特征，因此，可以在定价中考虑免赔额，免赔额越高，保险费率越低。在医疗费用保险和疾病保险中，需要规定观察期，以此避免投保人的道德风险，防止已患病的消费者带病投保。在失能收入损失保险中规定等待期条款，不仅可以防止带病投保，而且还留出时间给保险人进行核保调查。一般来说，等待期规定的时间越长，保险费率就越低。

最后，健康保险产品的设计可以加入无赔款奖励，这是对被保险人的一种激励机制。投保成功后，部分被保险人存在道德风险，会由于拥有保险的保障而忽视对自身健康的保护，保险公司因此面临更高的赔付风险，无赔款奖励就可以有效避免这种风险，使健康险市场更加公平和规范。

2. 营销渠道管理

对保险营销渠道的管理，实质上就是利用保险营销渠道开展业务的动态化过程，主要包括对成员的选择、激励、影响和定期评估，对渠道的安排改进和冲突的解决这两个方面。

从对成员进行管理的角度来看,首先,要选择合适的代理机构。代理机构必须具备合适的市场覆盖范围、受称赞的社会声誉、强大的历史经验以及与保险公司合作的意愿。其次,对渠道成员进行激励,充分调动成员销售本公司产品的积极性。再者,利用企业的力量去影响渠道成员。例如,当成员不合作时,公司可以采用强制力量与成员终止合作;当成员工作突出时,公司可以采取奖励措施激发其内在动力;当成员凝聚力差时,公司可以利用感召力量促进成员之间的合作等。最后,保险公司对渠道内的成员需建立评估机制,从成员的销售业绩、成本支出、客户满意度以及进步程度等方面进行评价,决定是否继续合作。

从渠道管理的角度来看,当保险公司对渠道成员进行评估后,应根据评估的结果对渠道进行调整。一方面,可以提高渠道管理成员的素质以及调整渠道管理人员的数量;另一方面,可以增减某些特定类型的市场渠道,对于已经不适应市场发展变化的特定类型的渠道,保险公司应摒弃,对于有前景的特种渠道,保险公司要努力探索,尝试开发。在保险公司的经营过程中,各销售渠道之间竞争激烈,矛盾始终存在,这些矛盾不仅会影响自身的销售效果,而且会给公司的整体营销带来风险。因此,保险公司必须加大管理力度,通过制定一个共同的目标,鼓励成员之间相互沟通和了解,以此化解冲突,促进成员间的相互合作。

3. 核保管理

健康保险产品创新风险的管理可以从核保的角度提出管理措施,包括对核保人员的管理和对公司核保组织的管理。

从对核保人员的管理来看,保险公司可以加强核保人员的培训以及建立晋升和考核机制。培训不仅包括与健康保险有关的医学、财务、精算等相关知识的培训,还包括对法律、经济、心理学方面的培训。对于核保人员,特别是医学核保人员,在接受系统的医疗卫生专业知识训练的同时,还需要有敏锐的洞察力和信息分析能力,了解各类职业的性质和风险、了解整体经济的发展状况以及具备综合整理各风险资料的能力。另外,保险公司还需要培训核保人员的风险控制意识以及服务效率。就核保而言,花费时间的长短和核保结果的准确率是成正比的,快速的核保无法保证风险控制的质量,而过长的核保时间会降低服务效率,消磨客户的耐心,所以,保险公司须不断提高核保人员的信息敏感度,不断积累经验,使其在提升服务效率的同时保证服务质量。

从对保险公司核保组织的管理来看,我国健康险公司需要建立专业的核保组织架构,基本结构包括新契约部、核保部和体检中心。新契约部主要负责对新保单资料的录入和审核。核保部由核保小组组成,负责定期讨论一些典型或疑难案例,便于提高核保人员的案件处理效率。还可以成立核保委员会,由公司其他部门分派人员共同组成，提高总体的风险辨别能力。核保部门内部设置调查岗，在保险合同订立前后，调查客户的信用及周围环境，为评估风险提供辅助。体检中心由健康保险公司自己设立或与医疗机构合作，通过获取被保险人的健康资料，合理控制承保风险。

4. 理赔管理

健康保险产品创新风险的管理可以从理赔组织的角度提出具体的管理措施，包括组织架构和组织管理模式两个方面。

从组织架构的角度出发，可以在总公司设立健康保险理赔管理部门。具体包括两种模式：一种是单独设立理赔部门；另一种是根据健康保险产品的分类分别设置理赔部门。两种模式都属于集中式管理，但是，显然第一种模式更合理，更符合集体管理的特征。在总公司设立健康保险理赔管理部门的优点是：当接到索赔申请时，总公司的理赔管理部门直接开展理赔处理工作，不仅可以节省理赔人员的培训、管理费用，还可以方便各部门之间的协商沟通。

从组织管理模式的角度出发，健康险公司可以选择专业性管理模式，促进专业化管理的实现。由于引发风险的因素来源包括公司内部和外部等众多方面，为防止理赔不公，保险公司需要建立专业的理赔流程，组织专业的人员培训，并实时监督理赔工作。上级指导下级，不同级别的理赔人员在各自授权的范围内行使职责，这种模式可以明确理赔人员的权利、责任和义务，有利于理赔风险的评估和管理的有效控制。

5. 服务质量管理

服务质量管理作为服务管理的重要内容，是对于影响服务质量全部要素的管理。包括对组织文化的管理、员工行为的管理、客户心理的管理以及对服务设施和技术的管理。

首先，组织文化管理是对企业软实力的管理，健康保险公司需要通过管理文化，增强公司员工的凝聚力，体现文化的渗透作用，潜移默化地提高员工的整体素质，培养服务能力。其次，对员工行为进行管理，可以加强员工与顾客之间的交流互动，建立员工服务规范准则，定期测评员工的服务质量，并进行优化管理。另外，对顾客心理的管理，保险公司需要具备辨别客户隐形需求的能力，并将其显性化，实现客户对保险服务的期望。最后，从服务设施和技术上进行管理。技术革新是创新风险管理的重要因素，随着互联网时代的来临，技术传播速度的提高，人们的生活、工作越来越依赖于高科技的支持，保险公司在进行技术革新的服务管理时，可以建立技术服务感知系统，提高客户的服务感知能力，体验技术带来的服务变化。

（二）外部风险的管理

1. 医疗服务管理

健康保险是医疗服务的载体，健康保险的经营风险与医疗服务行为高度相关，因此，保险公司与医院需要建立良好的合作关系，介入医疗服务提供的全过程，参与对医疗费用支出和医疗质量的把控，才能有效地进行医疗服务管理。具体的管理措施包括事前介入和事后评估。

事前介入是指保险公司事先与医疗服务提供者达成合作共识，签订合同，监督管理医疗服务提供者为患者提供医疗的全过程，对医疗机构的服务有提出建议的权利。不仅可以改善医疗服务环境，还可以避免医疗管理风险。事后评估是指保险公司和一些定点医院达成共识，签订合同，向客户提供该定点医院的医疗服务，并对合作医院的医疗服务进行评估，提出调整和改善意见，保险公司有权决定是否与这些医院继续合作。

加强对医疗机构的管理，保险公司可以指定医疗服务机构网络，同时要求医疗服务机构网络遵循方便被保险人合理控制医疗费用的原则，引导被保险人合理选择医疗资源，控制医疗费用支出。适当介入医疗服务行为的过程，参与监督医疗服务提供的质量，控制医疗服务成本支出，从而将医疗服务管理从单纯的事后风险管理延伸到包括事前预防在内的全过程的风险管理，提高医疗服务效率，降低医疗服务风险。

2. 健康管理

健康管理是以现代健康概念和新的医学模式为指导，通过采用现代医学和现代管理学，对个人或群体健康状况进行检查，评价、估测影响其健康的因素，并提供连续跟踪服务的行为。其主要目的是对疾病进行事前控制，降低疾病发生率和医疗费用支出，从而有效地减少损失赔付。健康管理在我国健康险行业已有发展，但是还需要不断完善，具体措施包括对医疗服务提供者进行的管理和对信息系统服务的管理。

对医疗服务提供者进行管理。一方面，保险公司可以通过合同来约束医疗服务提供者的行为，使其遵守管理程序、提高医疗质量、培养对患者的诚信意识等，还可以对医疗服务提供者的服务进行评级，以此决定是否继续合作；另一方面，保险公司还需完善医疗管理体制，保证初级保健医生的质量，提高中高级主治医生的医疗服务水平，为患者提供最佳治疗；同时，提供除外服务，衍生健康管理服务范围，例如疗养院与高档医疗中心等。

对信息系统服务的管理，可以从多方面出发。一是从医疗服务者出发。通过信息系统为医疗服务者提供医学数据及最新技术，提高医疗服务者的水平，为患者的治疗提供保障。二是利用电子系统进行信息的交换和监测。信息的交换可以提高工作效率，降低管理成本；信息监测可以避免风险发生，提高风险反应能力。三是建立电子档案数据库。通过对患者历史患病情况的查询，可以免除重复诊断和医疗检测，避免医疗资源的浪费。四是建立网络初诊平台，为患者提供远程医疗服务。充分利用医学人才资源，不仅可以为慢性病患者提供健康建议，还可以为急性病患者提供最快的救助方案。

3. 基础设施管理

加强健康保险业的基础设施建设，可以对产品创新过程中面临的风险进行有效管理。具体措施包括：定期修订经验生命表、疾病发生率表、完善健康保险创新所需的风险数据、组建健康保险资金交易平台和资产托管平台等基础平台。这些基础设施的建设不仅给产品的定价带来依据，还夯实了健康保险业发展的基础，提升保险业的风险管理水平。

再者，加强基础设施的建设还包括完善我国的信用体系。加强信用体系建设，扩大健康保险业的信用记录覆盖面，保险公司可以建立信息共享机制和惩戒机制，对不同信用等级的被保险人差别定价，对讲信用的人给予经济激励，对于信用水平低的人，有效防范其逆向选择和道德风险。同时，保险公司还需要不断完善被保险人的信用档案，做到续保有据，促进健康险公司长期业务的发展。

另外，基础设施的管理还包括对政策、法律等外部环境的完善，由于这些措施属于国家范畴，保险公司无法对其进行直接引导，所以不再细述。

4. 共保与再保

实施共同保险与再保险的方式，可以转移健康保险产品创新过程中面临的经营风险。

共同保险是指两个或两个以上的保险人共同联合承保具有同一保险标的、同一保险利益、同一保险事故的保险，且其保险金额总和不超过保险价值。再保险是保险人在原保险合同的基础上，通过签订分保合同，将其所承保的部分或全部风险和责任转让给另一保险人的保险。共同保险和再保险最大的区别在于前者是对风险的第一次分担，后者是对风险的第二次转嫁。但是，它们共同的特征是分散风险，合理承担风险责任。针对健康保险产品中的高端医疗等保险金额较大的产品，保险公司可以采取共保和再保的方式，进行风险的分担和赔付的转移，这是降低经营风险的有效管理措施，同时，也为健康险的产品创新提供了方向。

本章小结

本章分为健康险保险产品创新风险管理导论以及健康险保险产品创新风险分析与控制两个部分。首先，对风险的定义、特性以及风险管理的一般流程进行描述。其次，从内部因素和外部因素两个角度分别探索了健康险保险产品创新风险的来源，内部因素包括企业文化、企业领导和政策、公司经营、营销服务、人才机制以及产品设计；外部因素包括逆向选择和道德风险、市场机制、社会环境、政策环境以及国际环境等等。最后,针对以上因素,基于对创新风险因素的复杂性、来源的多样性、事故的多发性、损失的严重性以及计量的难控性等特征,提出我国健康险保险产品创新的风险管理。具体管理措施包括内部管理和外部管理。对内,从产品设计、营销渠道、核保、理赔以及服务质量等角度提出风险管理建议;对外,从医疗服务、健康、基础设施、共保与再保等角度提出风险管理建议。

思考题

1. 从风险管理的角度来看,风险包括哪几种属性?
2. 健康保险产品创新容易引发哪些风险?
3. 风险管理的一般流程包括哪些?
4. 简述风险管理的具体措施。
5. 健康保险产品创新的风险来源于哪些因素?
6. 健康保险产品创新面临的风险具有哪些特性?
7. 论述健康保险产品创新风险的管理措施。
8. 健康保险产品创新风险的营销渠道管理包括哪两个方面?

第十九章

健康保险产品创新机制

第一节 健康保险产品创新动力机制

一、创新动力机制概述

（一）创新动力机制内涵

创新的动力机制是指创新主体在受到外来的或内在的激励或压力而进行创新活动的过程。首先，动力机制中同时有施力方和受力方，其中的创新主体即是受力方，创新主体可以是个人，也可以是企业；而提供激励或压力的即为施力方。其次，创新主体受到了激励或压力，即创新有主动和被动之分，激励着创新主体主动创新，而压力则要求创新主体不得不进行创新活动。再次，创新的动力机制是一个反馈的过程。创新活动是创新主体在受到激励或压力后的反馈，而激励或压力则是对创新主体现状评估后的反馈，两种反馈形成一个闭环，相互作用。最后，创新的动力机制是一个循环的过程。因为世界是发展的，内外部的动力因素会不断出现，创新主体也会不断进行创新活动，而创新活动又会成为下一轮创新活动产生的因素，新的因素又会产生新的创新活动，如此循环往复，无穷无尽。

（二）创新主体

健康保险产品的创新主体是指创新活动的承担者，包括保险企业以及保险企业中的企业家和产品研发人员，前者为创新的企业主体，后者即为创新的个人主体。

1. 企业主体

作为健康保险产品创新的企业主体，保险企业在产品创新活动中要承担多重角色：健康保险产品创新的投资主体、创新研发活动的主体以及创新损益的承担主体。作为产品创新的投资主体，保险企业要根据国家宏观政策和产业政策导向，结合市场实际需求和行业的竞争情况，选择与自身企业发展战略相符的、技术水平相当的、经济实力可以承受的健康保险产品创新项目进行投资。作为健康保险产品创新研发活动的主体，保险公司既要建立健全企业的人才培养机制，积极培养和引进产品研发人才，又要为产品研发活动提供配套的设施投入，使企业产品创新研发体系可以全流程顺畅地运转。此外，保险企业还可以以课题的形式与科研、教育机构进行合作研发，促进产、学、研的有机结合。作为产品创新损益的承担主体，保险企业承担着创新的风险，健康保险产品创新成功则为企业带来丰厚的回报，享受由此带来的经济收益；当健康保险产品创新项目失败时，保险企业也要承担相应的损失，因此，保险企业必须提前做好健康保险产品创新的风险管理和应急预案。

2. 个人主体

（1）企业家。作为保险企业的管理层，企业家通过发挥管理职能，制定企业创新战略和创新目标，整合企业内外部创新资源，开拓企业产品市场，监督创新活动。企业家的作用和管理职能贯穿于产品创新活动的每一步，从健康保险产品的创新设想到产品创新的实施、创新成果评价反馈的全过程都需要企业家的统筹协调。因此，企业家虽不直接参与健康保险产品创新的具体工作中，但却能够借助生产组织、管理活动为企业的产品创新活动创造良好的氛围，保证产品创新活动的顺利开展，提高产品创新活动的成功率，是健康保险产品创新的组织者和协调者。

（2）产品研发人员。企业的健康保险产品研发人员是产品创新活动的直接参与者和实施者，负责从产品创新开发到产品上市以及上市反馈的全过程，是企业产品创新活动的人力基础，在保险企业的健康保险产品创新活动中发挥着不可替代的作用。产品研发人员的素质在很大程度上决定着企业产品创新活动的最终结果。如果企业拥有一支高水平、高素质的产品研发人才队伍，那么企业产品创新的成功概率就会大大提高；反之，产品创新成功的可能性就会大打折扣。

二、外部创新动力因素

(一) 政府政策支持

创新是一项具有极强正外部性的活动,社会效益高于个人效益,个人成本高于社会成本,仅仅依靠市场自生的力量难以提供足够的创新成果,尤其是一些具有重大经济意义的创新,因此,政府政策支持就成为推动创新的重要动力因素。在健康保险产品创新领域,政府主要通过以下几个方面推动创新。

1. 法律法规

一国的法律法规体系对于健康保险产品创新活动起到了重要的保障和调整作用。完善的知识产权法律法规为产品创新提供了法律保护,严格的市场标准为产品创新提供了有序的竞争环境,如此等等。法律法规为产品创新活动提供的适宜的经济社会环境能够有效地促进产品创新活动的健康、高速发展。

2. 财税政策

国家通过财政出资鼓励和扶持高质量的健康保险产品创新项目,并通过税收政策为健康保险产品创新活动提供减免税优惠政策,从而降低产品创新的成本和风险,以此来解决产品创新过程中可能遇到的经济问题,避免优秀的产品创新项目因资金不到位而影响进程。

3. 信贷政策

信贷政策主要是指国家通过制定优惠的利率来鼓励保险企业创新投入。产品创新是一个技术密集型和资本密集型的活动,实施过程中需要大量的技术和资源投入,优惠的信贷政策为保险企业提供较低的利率和宽松的信贷抵押条件,覆盖保险企业在健康保险产品创新活动中的资金缺口,有效解决产品创新过程中的融资难问题,从而促进保险企业对产品创新活动的投入。

(二) 市场竞争环境变化

竞争是保险企业之间基本的经济关系,也是保险企业面临的基本生存环境。保险企业为了能够在市场竞争中争取到更多的市场份额和利润,保证自身不在竞争中被淘汰或兼并,就必须采取各种手段来增强自身的竞争力。短期来看,降低经营成本、节约费用开支是可选的有效途径,但长远来看,制定产品创新战略、优化产品结构,努力争取产品优势和垄断地位才是保险企业持续经营、取得高额利润的最有效手段。因此,竞争是激励保险企业进行健康保险产品创新的重要动力因素。当保险企业被置于激烈竞争的高压之下,为了更好地生存和发展,为了更多的市场话语权,就会不断进行产品创新,因为产品是保险企业的生命线,是其重要的现金流来源。可见,高效有序的竞争是保险企业进行健康保险产品创新的压力和动力。

(三) 市场需求多元化

市场需求是保险企业进行健康保险产品创新活动的起点,是产品创新活动的重要动力源泉和成功保证。市场需求为保险企业提供新的产品设计思路和市场机会,能够引导保险企业开发适销对路的健康保险产品,从而形成对健康保险产品创新的拉动和激励。同时,市场需求又是健康保险产品创新的终极目标,当产品创新满足了市场需求后又会激发出新的需求,从而拉动新一轮的产品创新。如此,市场需求与产品创新共同构成一个螺旋式上升的循环,市场需求成为产品创新的不竭动力。熊彼特有一系列著名的创新模型,其中较有代表性的就是需求拉动模型,该模型认为市场需求是创新的重要推动力。施穆克勒在研究了美国铁路业的发展轨迹后,提出了市场需求推动创新的观点,该观点认为市场需求使产品创新变得有利可图。

(四) 技术革新

历次技术革命的经验证明,科学技术的重大突破总能带来保险产品创新的高潮。由于技术具有一定的准入门槛,当新技术应用于健康保险产品并转化为创新成果后,总会给保险企业带来较高的垄断地位和垄断利润,能够提升保险企业的经营效率,为其开辟出新的市场空间。这就会激励保险企业积极吸收科技成果,并努力转化为创新的产品。虽然这种创新具有高难度,但高风险也意味着高收益,保险企业都愿意承受一定的风险来进行健康保险产品创新。2017 年以来,我国保险领域的创新业务发展十分迅猛,上半年互联网保险创新业务签单件数 46.66 亿件,同比增长 123.55%。其中退货运费险 27.35 亿件,同比增长 53.01%;责任险 4.19 亿件,同比增长 17.36 倍;保证险 6.98 亿件,同比增长 13.27 倍;意外险 3.36 亿件,同比增长 1.45 倍。[1]健康险领域也不断发力保险科技,目前,我国多地已经按照国家发改委、卫计委和人社部三部委联合下发的通知文件要求,推进按病种收费工作,此举将使医疗过程更加透明化,有效控制医疗费用支出,降低健康保险产品的道德风险,同时将推动健康保险产品的条款创新和赔付方式创新。此外,在共享经济、人工智能、区块链的热潮下,保险公司也都积极开发新的健康保险产品。

---

[1] 平安证券. 保险行业动态跟踪报告:上半年行业投资收益率 2.66%,产寿险险种结构优化成效明显. 2017 - 8 - 4.

三、内部创新动力因素

（一）利润驱动

作为健康保险产品创新的主体，保险企业的经营是以利润为目标的。保险企业的股东是保险企业的投资人，他们要求一定的投资回报率，因此，保险企业管理层会在股东的要求下采取多种措施提高经营利润，其中就包括产品创新。从长远看，健康保险产品创新有助于保险企业获得健康保险市场竞争的主动权，通过产品创新抢占健康保险市场蓝海，锁定目标客户群，开拓潜在的客户需求，扩大健康保险市场份额，取得更大规模的健康保险保费收入。同时，通过产品创新，优化产品现金流结构，降低逆选择和道德风险，提高承保利润，进而增加保险企业经营净利润。因此，在企业利润的驱动下，保险企业的股东和管理层更倾向于做出产品创新的决策。

（二）企业文化推动

企业文化是在保险企业经营和管理过程中形成的具有企业特色的精神财富和物质形态，是一种高度凝练的文化形象，并体现在保险企业日常运行的方方面面。企业文化对保险企业经营具有导向作用，企业文化的核心是企业的精神和价值观，企业员工在企业文化的引导下能够形成明确的目标意识和方向感。企业文化对经营和企业员工起到约束作用，主要通过完善的企业内部管理制度和道德规范来实现，进而使企业日常经营能够有序进行。企业文化还有助于提高企业员工的凝聚力，共同的价值观念形成共同的目标和理想，员工把企业看作一个命运共同体，把工作看成是实现共同目标的重要组成部分，从而在企业中营造一种团结友爱、相互信任的和睦气氛，强化团体意识。保险企业文化的导向、约束和凝聚作用推动保险企业积极进行健康保险产品创新活动，企业员工也能在企业创新文化的引导下认可产品创新战略并积极投身于产品创新活动，从而使企业的健康保险产品创新活动能够顺利进行。

（三）企业家精神的体现

保险企业的战略选择、经营风格很大程度上取决于企业家精神，富于挑战精神的企业家多倾向于选择较为激进的企业战略，企业经营的风险偏好较高，而富于创新精神的企业家则更倾向于创新型的企业战略，企业经营过程中敢于尝试新鲜事物，热衷于发现市场中未被发掘的潜在客户需求，并喜欢将最新的科学技术以及研发理念融入企业的产品创新活动中。因此，当保险企业有一位富有创新精神、具有前瞻性思维和眼界的企业家，那么这家保险企业会更加重视健康保险产品创新活动，制定长短期产品创新战略战术，发展技术密集型业务，增加产品创新投入，争做行业产品创新的领头羊。因此，企业家精神也是保险企业进行健康保险产品创新的一大动力因素，产品创新是企业家创新精神的体现。

（四）内部创新激励

保险企业内部创新激励通常是对产品创新活动中的个人或团体进行奖励。针对创新活动和创新成果的专项激励有助于调动企业员工的创新积极性、主动性，激发员工加入健康保险产品创新活动中，努力发挥自身创造性，争取更多更好的产品创新成果。这些激励政策包括但不限于直接与员工 KPI 考核挂钩、定期员工创新工作成果评比、物质及精神奖励等。这些内部产品创新激励政策有助于使企业员工以最高涨的热情、最充分的活力和最活跃的姿态参与健康保险产品创新活动中。由此可见，企业内部创新激励是鼓励健康保险产品创新活动的重要推动因素。

第二节　健康保险产品创新的内部条件

健康保险产品创新不仅仅是简单的产品研发，对保险公司内部的所有权制度、管理机制、组织经营、业务结构等都会产生深远影响。因此，为了更好地实现健康保险产品创新，作为产品创新主体的保险公司需要从自身出发，建立健全内部管理制度，为产品创新提供良好的内部条件。

一、依法实行公司制度

（一）国有保险公司率先垂范

我国健康保险市场上市场份额占比较高的保险公司大多是国有保险公司，这些公司既背靠国有资本，实力雄厚，又是行业龙头，其产品创新活动势必会对健康保险市场产生重大影响。因此，国有保险公司应当在市场中发挥产品创新带头作用，积极引领健康保险市场的产品创新趋势，为此，需要在公司内部尽快建立起完善的现代企业制度。中共十四届三中全会确定了国有企业改革的方向是建立"产权明晰、权责明确、政企分开、管理科学"的现代企业制度，使国有保险公司真正成为自主经营、自负盈亏的独立市场竞争主体。2017 年政府工作报告中也就深化国企改革做出了重要批示，指出"要以提高核心竞争力和资源配置效率为目标，形成有效制衡的公司法人治理结构、灵活高效的市场化经营机制"。因此，国有保险公司应依托自身资金优势和市场竞争优势，建立健全内部公司制度，加强内部管理，建立严格的内部控制制度，争取在健康保险产品创新方面先行先试，为健康保险行业的产品创新活动提供典型和标准。

（二）完善公司法人治理结构

保险公司要注重法人治理结构的完善，妥善处理好保险公司的股东与经营管理层之间以及管理层的董事、监事、高级管理人员之间的委托代理关系，建立健全监督约束机制，制定并遵守议事规则和决策程序。从公司战略大局出发，制定协调一致的经营目标，在健康保险产品创新问题上形成战略共识。

具体来说，董事会是保险公司的决策机构，负责保险公司的日常经营。董事会成员由股东大会选出，体现股东意志。董事会成员应当有合理的专业结构、年龄结构，以保证董事会职能的充分发挥、决策的合理化和治理的有效性。同时兼顾各方股东的利益，引入独立董事和其他利益相关者进入董事会。保险公司董事会的相关运作应当遵守《公司法》《保险法》以及《保险公司董事会运作指引》（保监发〔2008〕58号）和公司章程的有关规定，规范董事会运作，提高董事会决策质量。此外，所有保险公司需按照《关于规范报送〈保险公司治理报告〉的通知》要求于每年4月30日前，向中国保监会报送经董事会审议通过的上一年度公司治理报告。

监事会是保险公司的监督机构，应当充分发挥监督职能，确保董事会的经营决策不侵犯股东利益。为了使监事会能够真正独立地发挥作用，需要使监事的薪资报酬与公司脱钩，由股东支付，避免监事会成员因个人利益而无法客观独立地履行监事职责。

高级管理层是董事会从外部职业经理人市场选拔而来，接受董事会的监督。董事会与高级管理层之间的委托代理问题可以通过有效的管理层激励约束机制来解决，包括薪资、奖金、股票、期权等在内的高级管理层报酬计划。

总之，保险公司应当遵守法律法规的相关规定，在公司内部建立产权明晰、制度健全、管理科学的法人治理结构，健全公司内部规章制度和经营策略，使公司能够在产品创新等问题上目标一致，减少短视行为和内耗，不断创新进取，提高公司经营效率。

二、制定产品开发管理机制

（一）产品创新组织体系

健康保险产品创新是一个涉及市场分析、客户调研、险种分类评估、费率厘定、市场推广、合规评审等诸多环节的专业性极强的系统工程，因此要从公司战略大局的层面认识其重要性，加强产品创新工作的组织基础，建立起从上到下、总分联动的产品创新组织体系。在总公司层面设立健康保险产品创新委员会，负责产品创新计划的审批备案、产品创新项目的评审和产品创新策略的审核等工作。同时成立产品创新工作团队或是新产品研发部门专项负责健康保险产品创新工作的实施。

（二）产品创新作业流程

在健康保险产品创新工作流程的每一个环节，公司都要制定详细的、具有可操作性的工作规范、实施细则和工作指南，包括对产品创新项目的评估标准和评估流程、新产品特征的描述、目标客户群的描述、承保责任和财务现金流的描述以及产品创新过程中的承包责任设计、费率厘定模型、利润测算、财务核算等问题的规范，还包括新产品测试、市场推广、核保核赔、信息系统追踪等流程之间的配合衔接等问题。

（三）产品创新试验机制

由于健康保险产品的重大创新往往面临较大的不确定性，风险与收益并存，为了平抑新产品上市可能给保险市场和保险公司带来的较大影响甚至冲击，新产品可以选取部分地区先行尝试，在获得试点地区经验后再考虑全面推广。在试点过程中，保险公司研发部门要加强与市场推广部门的沟通协调，注重收集试点数据，及时发现并解决产品设计过程中存在的问题，调整产品与市场真实需求之间的偏差。还可以进一步用试点数据模拟产品推广对公司现金流、财务指标和偿付能力的影响，根据测试情况提前做好应对策略，确保公司稳健经营。

（四）风险补偿机制

健康保险产品创新是一个高风险与高收益并存的工作，新产品的研发需要公司大量人力物力的投入，创新成果面临设计风险、推广风险等多种风险，而新产品的推广又对公司的资金提出了更高的要求，因此，保险公司要为健康保险产品创新提供适当的风险补偿机制。例如组织成立新产品风险专项基金，专款专用，基金的主要用途可以有：覆盖新产品研发过程中的各项成本投入、奖励为新产品研发做出突出贡献的团队与个人、弥补新产品设计偏差导致的收益偏差等。

（五）快速反应机制

保险市场主体的增多、百姓保险意识和保险产品购买力的提升使得保险市场的交易愈发活跃，保险市场也是瞬息万变，新产品的研发和推广事关企业重要战略的实施和业务的开展，因此，保险公司应当建立新产品的快速反应机制，运用多种创新技术实时监控新产品的研发和推广过程，对于发现的问题做到及时快速响应、准确高效处理，最大限度地避免新产品研发风险的产生、扩大和蔓延。达到这个目标就需要保险公司加快实现自动化和系统化作业，加快对各类保险资料和产品数据的处理速度，及时、便捷地将处理结果反馈至研发部门，为产品创新提供技术支持。

三、建立保险精算制度和保险信息机制

（一）保险精算制度

精算是健康保险产品创新的核心技术，产品创新必须要有过硬的精算技术作支撑，精算师在整个健康保险产品创新过程中发挥着决定性作用。精算师的工作包括完整的产品开发流程，从产品形态设计、产品费率和业务规模的初步拟定到产品的售后跟踪分析，都需要精算师的全程参与。健康保险产品的精算工作有其特殊性，费率测算因子复杂多样，准备金计提标准严格，因此，做好健康保险产品创新工作需要保险公司建立起严格的健康保险精算制度。

具体来说，一是要细化精算模型。健康保险产品创新过程中要分险种细化定价因子，充分考虑客户个体风险差异和保障需求，并结合我国自然环境、各类疾病发生率的变化以及国民健康状况不断改进、优化精算模型。为了提高健康保险产品的认可度和接受度，精算师要简化相关条款设置，在条款后附上详细的名词解释，方便消费者阅读和理解。健康保险产品还要平衡好保额、承保条件和保费的关系，不能为了追求低保费而刻意设置苛刻的承保和理赔条件。

二是要规范精算责任人制度。中国保监会于2000年2月发布的《人身保险产品备案管理暂行办法》赋予了精算责任人产品报备签字权，实施精算责任人制度，增强保险公司根据市场的变化及时更新产品的能力。精算责任人的主要职责是要确保公司报备的创新的健康保险产品的精算基础、精算方法、精算公式符合精算原理、《保险法》和中国保监会的相关规定，精算结果准确、合理，并出具精算声明书。

三是要全面执行精算报告制度。《保险法》第八十五条规定："保险公司应当聘用专业人员，建立精算报告制度和合规报告制度。"这为我国建立精算报告制度提供了基本的法律依据。从防范风险的角度，保险公司在进行健康保险产品创新工作时，不仅要执行监管部门法定的精算报告制度，还要在公司内部建立起一套更全面的精算报告制度。全面执行精算报告制度既有利于监管部门实现对保险公司健康保险产品创新活动的监管，又有助于公司管理层和股东监控健康保险产品创新工作的进展，及时发现产品创新过程中存在的风险和问题。

（二）保险信息机制

保险业属于信息密集型产业，信息化对保险业的发展有着显著的推动作用，保险信息化建设有助于提升保险企业的核心竞争力。健康保险产品费率厘定是依据过去的、历史的数据来测算出能够覆盖将来可能发生的赔付成本和费用支出的保险产品价格，因此，健康保险产品精算工作依赖于大量、准确、有代表性的历史的基础数据，包括疾病发生率、死亡率、医疗费用、住院频率、保单数量、产品赔付率以及投保人信息等。建立保险信息机制，以大数据来充实保险公司信息数据库，有助于提高健康保险产品定价的准确性，并有效防范逆选择和道德风险。

具体来说，建立保险信息机制，一是要自上而下建立起一整套保险信息系统。健康保险产品创新从定义到定价再到营销推广，中间每一个环节都需要建立在大量的数据分析和经验论证的基础上，需要大量的数据支持。新产品的开发如果缺少必要的经验数据和信息渠道，就会导致新产品的定价和功能与市场需求产生偏差，产品的市场竞争力和吸引力就会随之减弱。因此，保险公司需要以高标准建立一套与健康保险产品创新相匹配的信息系统，一个统一的信息收集、储存和处理系统。同时要加强与同业信息系统交流，不断推进信息共享平台建设。

二是要加强保险信息统计分析能力，强化数据库功能。建立保险信息数据库，通过迅速获取信息、加工整理、补充数据资料、分析处理等方式，使保险精算建立在丰富、完整而又真实的资料基础之上。通过对数据库信息的统计分析能够透视市场需求，了解健康保险产品的消费情况、客户和保险标的的基本信息，对比得出不同风险类型的消费者的风险偏好和行为特征。在完善信息统计制度的基础上，保险公司在开发新的健康保险产品时，就可以逐步加强定量分析和实证分析，使产品定价、设计方面更加适应市场情况。

三是要加强对外信息披露，以方便消费者更好地了解保险公司以及公司产品。在健康保险产品创新活动中通过信息披露的方式与消费者互动可以得到来自市场的第一手资料反馈，并及时优化产品设计。

四、加强营销推广工作

在健康保险产品创新活动中，营销推广工作发挥着不可替代的作用。一方面，市场推广工作有助于为创新产品迅速开拓市场，获取市场份额；同时充分发挥大数法则的作用，增加新产品保费收入，提高承保利润，降低创新产品的风险；另一方面，市场营销获得的市场反馈给研发部门，帮助其进行后续的追踪和改进。于是，采取合适的营销策略成为市场推广工作的关键。健康保险产品客户群广泛，分布较广，但我国目前健康保险市场潜力巨大，民众的保险意识有待进一步提高，市场营销工作既是推广创新的健康保险产品，也是普及健康保险知识，因此，做好营销推广工作是健康保险产品创新的重要条件。

（一）产品策略

1. 采取组合营销策略

在进行健康保险新产品营销时，保险公司可以将新产品与其他现有的健康险产品进行组合营销，力争为消费者提供横向一体化的健康管理方案。以长期护理保险产品为例，主要可以有以下两种组合方式：一是商业长期护理保险＋商业健康、医疗、健康管理服务组合，这种组合为客户提供了长期护理保险之外的附加服务，健康管理等附加服务有助于提高客户黏度，让客户体验到全面的健康服务；二是各种不同的商业长期护理保险产品组合，提供的服务互为补充，满足客户多方面、多层次的护理需求。

2. 加强市场细分，以需求为导向

保单构成要素选择趋向于自由化，因而开发具有个性化的健康保险产品必然会成为未来的发展趋势。保险公司在设计健康保险产品时可以采用主条款与附加条款搭配承保的方式，增加客户的选择余地，即保险公司制定责任较为单一的主条款，并根据市场需求，设计若干附加条款，客户可以根据自身需要自由选择险种和责任，"量体定做"健康保险产品。

（二）价格策略

在控制定价风险的前提下，保险公司可以根据客户需求的差异进行定价。针对健康保险产品需求弹性较大的投保人群体，可以压缩附加利润，适当降低价格，虽然利润较薄，但能够吸引较多的这类潜在投保人来购买保单，从而实现薄利多销策略。针对健康保险产品需求弹性较小的投保人群体，应该提高附加利润，适当提高价格。当然高保费就要求服务质量的提高，相应有一部分经营费用的增加，并使成本上的增加低于价格提高带来的收益增加的幅度。

许多优质客户在购买健康保险产品后会因为多年未发生理赔而产生因吝惜保险费而终止合约的现象，这对客户和保险公司都将造成很大的损失。因此在新产品定价时可以借鉴车辆保险的操作方法，对于在一段时间内没有发生理赔的客户给予"保费优惠"。公司向客户提供健康管理服务，按照健康数据对客户进行分类，根据不同客户的风险等级决定续期保费和购买其他产品的费率。这种做法可以降低优质客户的退出成本，不仅吸引其增加新的购买，又减少了公司成本，可谓一举多得。

（三）渠道策略

传统和新型销售渠道并举，通过团险、个险、银保、互动、网销以及健康管理六大销售渠道为客户提供多层次、多样化的健康保险和健康管理服务。团险渠道要注重大客户资源的开拓和维护；个险渠道则要提高客户续签率，避免销售误导；银保渠道则要增强与银行的洽谈能力，降低渠道手续费，提高效率；互动渠道要加强财产保险、寿险和健康保险产品的交叉销售能力，充分发掘潜在客户资源的购买需求；网销渠道要积极借助电子商务平台推动业务发展，并将销售情况及时反馈给产品研发部门，帮助其开发更适合网销渠道的健康保险产品；在健康管理渠道，保险公司可以设计健康管理的移动终端软件，开发一个集健康保险产品、诊前健康管理、诊中就医服务及诊后健康关爱为一体的综合性健康服务平台，既能为客户提供便捷的健康管理一条龙服务，又能为保险公司的个性化健康保险产品开发提供基础数据。

（四）促销策略

健康保险产品促销策略就是要围绕投保人的利益点制定沟通策略，根据营销目标组合沟通战术。在充分了解投保人需求基础上，制定有别于竞争对手的独特品牌和品牌个性，并在传播组合中的每个环节，说服投保人相信公司所提供的健康保险产品和服务的优点。这就要求公司在不同角度与投保人沟通时，各部门人员应努力做到宣传口径统一，品牌特征一致。促销策略就强调多种沟通战术、沟通手段的综合运用和协调一致。

（五）服务策略

以客户为中心对保险公司而言并不陌生，许多公司多年以前就提出了"以客户为中心"的口号，并出台了上门理赔、建立客户服务中心等强化服务的举措，但这些并不是真正意义上的以客户为中心。真正要实现以客户为中心不仅仅是在服务上为客户提供更多的方便，而且意味着保险公司的经营模式要实现由以业务为中心向以客户为中心的转移。也就是说，不再局限于劝说客户购买保险，而是通过与客户的不断交流，全面了解客户的需求，从而决定如何为客户制定保险计划和提供服务。传统的服务往往是被动的，如果客户没问题，服务就不会展开。而以客户为中心经营模式下的服务是主动的，要主动积极与客户联络。例如，可以通过与社区卫生服务机构合作、为客户提供家庭医生等方式，定期为客户提供医疗体检服务，将公司的服务植入客户日常生活中，培养其消费习惯，建立长期稳定的合作关系。

五、完善保险服务

保险业本身也是服务行业，保险产品的非物质性决定了消费者在购买健康保险产品获得健康保障的同时还能享受到围绕健康保险产品的一系列服务。保险服务的质量在很大程度上影响着保险业的声誉。中国保监会保险消费者权益保护局与中国保险保障基金有限责任公司联合发布的2016年中国保险消费者信心指数结果显示，2016年中国保险消费者信心指数为71.2，比中值50高出42.4%，相比2015年69.2的水平有所提升，显示保险消费者信心进一步增强①，说明我国保险业突出保险的风险服务功能、坚持保障和服务优先的理念得到了保险消费者的认可。可见，做好健康保险产品服务是健康保险产品创新的一个重要内部条件。

从保险公司的部门组织来看，为了更好地提供健康保险服务，保险公司可以在运营管理中心下设客户服务部，专门处理客户服务事宜，解决对客户有关服务质量投诉与意见处理过程的督办和处理结果的反馈。负责大客户接待管理工作，维护与大客户长期的沟通和合作关系。当出现客户纠纷时，客户服务部应当及时与客户进行沟通，与客户建立良好关系，急客户之所急、想客户之所想；同时，了解客户的建议、投诉、需求等，并协调跟进处理。

从服务的基本内容来看，概括来说就是要保证基本服务，鼓励附加服务，创新延伸服务。(1) 在基本服务中，保险公司要注重健康保险产品的核保核赔工作。在核保端要注重审核被保险人资质，防止道德风险的出现。在核赔端，既要严格审核保险事故，防止骗赔事件，又要充分照顾消费者利益，避免盲目惜赔，损害产品和公司声誉。当出现拒赔时，要给出充分的能让消费者信服的理由。此外，核保核赔部门要与产品研发部门加强沟通，既要在新产品的承保责任、除外责任、年龄限制、健康状况限制以及专业词汇的解释上统一认识，提高工作效率；又要及时将工作中的数据反馈到产品研发部门，帮助其实现对新产品的追踪和市场评估。(2) 在附加服务中，保险公司可以为健康保险产品消费者提供免费体检、定期专项检查、就医绿色通道、专家号挂号等服务，还可以为未出险的消费者提供"保费优惠"条款，既能提高老客户转化率，又能降低公司展业成本。(3) 在延伸服务中，保险公司要有健康保产业链的思维，加强与上下游产业的交流合作，从而提升对客户服务品质和公司的品牌形象。具体来说，保险公司一是整合自身资源，开展健康咨询服务，在销售健康保险产品时为消费者赠送健康手册等预防保健服务，增加消费者的健康知识；二是要深化与医疗机构的合作，用多种形式打通与医疗机构的资源共享通道，控制医疗费用开支，实现保险公司、医疗机构和消费者三者的利益均衡；三是与健康管理机构合作，为客户提供个性化的健康服务。目前，我国健康保险市场上已经出现了一系列个性化的保险服务，例如，"一站式"健康保险服务、"健康顾问"服务、少数民族语言保单服

---

① 中国保险保障基金有限责任公司，http://www.cisf.cn/xxzs/zscg/1934.jsp，最后访问时间：2017年8月25日。

务等等。

第三节　健康保险产品创新的外部条件

健康保险产品创新除了需要公司内部完善的管理制度，还需要良好的外部环境予以支持和保障。外部环境主要包括法律保护和政府行政调解机制，前者主要从知识产权法的角度保障健康保险产品创新主体的利益，后者则通过各类行政手段鼓励健康保险产品创新活动，并对不适当的创新活动进行行政处罚。

一、法律保护

（一）《中华人民共和国著作权法》对健康保险产品创新的保护

1. 保护的可行性

《中华人民共和国著作权法实施条例》（2013 年修订）第二条和《中华人民共和国著作权法》（2010 年修止）（以下简称《著作权法》）第三条规定了我国《著作权法》的保障客体[①]，因此只要健康保险产品具有受《著作权法》保护的属性，则健康保险产品创新即可适用《著作权法》。

（1）健康保险产品属于人类智力成果。我国《著作权法》的实施目的在于鼓励有益于社会主义精神文明、物质文明建设的作品的创作，只有人类智力劳动才能被称为"创作"，而健康保险产品研发过程中的每一步都凝结了研发者的创造性智力劳动成果。在产品开发需求阶段，研发人员需要进行充分的市场调研，充分发掘市场对健康保险产品的多样化需求并了解其存在的原因，将其转化为健康保险产品研发思路，研究如何通过健康保险产品创新来满足潜在的市场需求。在产品开发实施阶段，研发人员需要对产品进行进一步的改造和调整，包括定义、定价、测试、营销和宣传，这一阶段需要保险公司各部门研发相关人员通力配合，共同完成产品开发。在产品管理阶段，研发人员需要对现有产品进行追踪评估、对已有产品进行停售和更新换

---

① 《中华人民共和国著作权法实施条例》（2013 年修订）第二条明确了我国著作权法所称作品，是指文学、艺术和科学领域内具有独创性并能以某种有形形式复制的智力成果。《中华人民共和国著作权法》（2010 年修正）第三条规定，作品具体包括文字作品、口述作品、音乐作品、戏剧作品、曲艺作品、舞蹈作品、杂技艺术作品、美术作品、建筑作品、摄影作品、电影作品和以类似摄制电影的方法创作的作品、图形作品、模型作品。

代等。①

(2) 健康保险产品能够被外界感知。《著作权法》所称作品必须具有客观表现形式，能够被外界感知。《伯尔尼公约》第二条规定，各本联盟成员国有权通过立法决定一般作品或某一特定种类作品，受保护客体的前提条件必须是以某种有形形式加以固定。我国《著作权法》虽不以作品具有某种客观表现形式为要件，而是一经创作完成即自动取得著作权，但第二条仍明确要求作品必须"能以某种有形形式复制"，因此只有具有某种客观的物质表现形式才能够得到复制和传播，而仅存在于人的意识中的抽象的思想感情并不属于《著作权法》所规定的作品。

健康保险产品具有客观表现形式，往往通过保单来体现，感知的内容包括健康保险产品的保险条款、费率标准、免责说明等；感知的形式既包括物理方式，如纸张印刷，也包括数字化的方式，如互联网、移动终端等。

(3) 健康保险产品是文学、艺术和科学领域内的成果。为了区别于其他知识产权法的保护对象，《著作权法》将保护对象的范围限定在文学、艺术和科学领域内。在文学和艺术领域，小说和绘画传达了作者的思想感情、文艺美感和艺术理念，在符合独创性的条件下，都是人们所熟知的表达形式。在科学领域，科学模型、产品设计图、工程设计图等表现形式都展现出了科学的魅力，健康保险产品属于社会科学领域内的成果。

(4) 健康保险产品具有著作权法要求的独创性。具有独创性是作品的必要条件。② 作品的关键在于独创性，这是作品区别于其他人类智力劳动的特征，但我国法律法规目前还没有明确的对作品独创性的判定标准。我国《保险法》第十八条对保险合同的内容做出了强制性规定，这些强制性规定在一定程度上限制了健康保险产品的独创性，压缩了健康保险产品在条款和格式上的创新空间，使得同类型的健康保险产品难以避免地出现相似的内容和格式，但只要是对健康保险产品的内容和格式有一些调整和改变，都是独创性的体现。

综上所述，健康保险产品具有《著作权法》规定的作品属性，因此能够纳入《著作权法》的保护客体范畴，并适用《著作权法》，健康保险产品创新活动可以通过《著作权法》进行保护。

2. 保护的可能路径

首先，可以在健康保险产品条款中声明著作权。我国《著作权法》第十一条规定："如无相反证明，在作品上署名的公民、法人或者其他组织为作者。"因此，著作权声明进一步明确了声明人即为健康保险产品的作者，一旦涉诉，可以很简单很直

---

① 编写组. 精算管理［M］. 中国财政经济出版社，2007.
② 刘春田. 知识产权法（第四版）［M］. 北京：北京大学出版社，2010：54.

接地证明自己是著作权人。声明著作权可以让他人知晓作者对健康保险产品创新保留有著作权,防止其无意侵犯著作权,而对于有意侵犯著作权的人,声明也能起到警示作用。

其次,可以申请著作权登记。我国《作品自愿登记试行办法》规定,作者可以按照自愿原则对作品进行登记。著作权登记有助于维护作者和其他著作权人的合法权益,更有效地解决因著作权归属造成的著作权纠纷,并为解决著作权纠纷提供初步证据。

最后,一旦被侵权,要求停止侵害、赔礼道歉、赔偿损失。我国《著作权法》规定侵权人有侵权行为使著作权人的著作权受到侵害时,应承担停止侵害、消除影响、赔礼道歉、赔偿损失等民事责任。如果侵权人不配合,著作权人可以向法院提起诉讼,保护其权益,弥补其损失。

3. 保护的局限性

局限性体现在著作权对思想的保护不具有排他性。要取得《著作权法》的保护,首先必须是作品,作品必须能够以有形形式进行复制。因此,存在于研发人员脑中的思想是无法受到著作权保护的,只有用有形形式将思想表达出来才能获得著作权保护。当几家保险公司的研发人员同时在脑中构思出一种健康保险产品研发思路,但不同公司的同一健康险险种用不同保单条款形式表达出来时,《著作权法》并不会认定这些保险公司的产品互相构成侵权。

当一家保险公司研发出一款健康保险产品并投入市场,由于能够复制,其他保险公司在获得该产品的条款后略作修改作为自己独创的产品,这种剽窃他人思想的行为是否构成侵权? 这事实上是由著作权侵权认定标准模糊造成的。

因此,本书建议对健康保险产品的著作权保护可以加入"首创性"的认定标准。

(二)《中华人民共和国商标法》对健康保险产品创新的保护

1. 保护的可行性

商标就是指商品的生产经营者在其商品或服务上使用的标记,该标记由文字、颜色、图形、三维标志或其组合构成,能够使公众区别于其他商品或服务来源,且具有显著特征。[①]《中华人民共和国商标法》(2013 年修正)(以下简称《商标法》)第三条对商标的类型进行了明确规定:"经商标局核准注册的商标为注册商标,包括商品商标、服务商标和集体商标、证明商标;商标注册人享有商标专用权,受法律保护。"保险公司可以将其设计开发的健康保险创新产品注册为服务商标,并以该方式获得 10 年的商标权保护期,并能够加以续展,还能在保险单上标志,以区别于其他

---

① 王莲峰. 商标法学(第二版)[M]. 北京:北京大学出版社,2007:2.

竞争对手的产品。因为《商标法》中有关商品商标的规定适用于服务商标,因此已经注册的服务商标,其他保险公司就不能在其健康保险产品上标注。如此,保险公司能够充分利用本公司和该产品的商誉、口碑等无形资产。《商标注册用商品和服务分类国际标准 2017》(第十一版)规定保险产品属于其中第三十六类金融经纪商标。

我国太平人寿于 2009 年将一款少儿保险产品品牌"太平小当家"成功申请为注册商标,这也是我国首例以注册商标的方式保护保险产品服务品牌的案例。太平人寿的这款注册商标既直接点明了公司的名称,又突出了这款产品的保障特色,即以少儿为保障对象,对宣传公司的产品服务、突出公司品牌具有重要作用。此后,越来越多的保险公司用注册商标来保护保险产品服务品牌,例如中信保的"信保通"、中国太平洋保险的"太易保"等保险产品服务。此外,还有许多保险公司还将自主研发的产品软件申请为注册商标。因此,通过《商标法》保障健康保险产品创新既有理论上的可行性,也有实践上的可行性。对于健康保险产品创新申请商标权保护既能有效保护创新者的合法权益,又有助于推动整个健康保险产业的产品创新。特别是当创新的健康保险产品得到广大消费者认可时,商标权的保护就显得更为重要。有了商标权的保护,即使其他保险公司也推出同样的健康保险产品,也不能够抢占其市场份额。

2. 保护的可能路径

一是要及时申请商标注册。我国《商标法》第三十一条对商标注册规定了申请在先的基本原则[①],即先申请者先得。因此,当保险公司研发出一款新的健康保险产品后,应当立即申请注册商标。当产品的知名度和认可度大幅提升并具有一定影响力后,可以申请驰名商标认定,以此来扩大《商标法》对其健康保险产品的保护范围。除申请在先原则外,对于先使用未注册的商标也有一定的限制,即使用在先、享有一定的市场声誉以及使用目的正当。因此,保险公司应当通盘考虑,积极利用《商标法》来保护健康保险产品创新。

二是一旦被侵权,要求停止侵害、赔偿损失。我国《商标法》明确规定了对注册商标专用权的保护,详细列明了侵犯注册商标专用权的行为类型,并规定了相应的处罚措施。当保险公司将其健康保险产品注册商标后,市场上仍有其他保险公司在相同或相似的健康保险产品上使用相同或相似的商标,混淆消费者、抢占市场份额,则商标注册人或者利害关系人可以向人民法院起诉,也可以请求工商行政管理部门处理。

3. 保护的局限性

《商标法》保护的是商标,即禁止他人在相同或相似的产品上使用与注册商标相

---

① 《中华人民共和国商标法》第三十一条规定:"两个或者两个以上的商标注册申请人,在同一种商品或者类似商品上,以相同或者近似的商标申请注册的,初步审定并公告申请在先的商标;同一天申请的,初步审定并公告使用在先的商标,驳回其他人的申请,不予公告。"

同或相似的商标。但他人在相同的产品上使用不同的或是不完全相似的商标，则并不违反《商标法》。于是，当某个保险公司研发出一款新的健康保险产品并成功申请到注册商标后，也不能阻止其他保险公司经营该产品。

（三）《中华人民共和国专利法》对健康保险产品创新的保护

1. 保护的可行性

《中华人民共和国专利法》（以下简称《专利法》）第二条明确了该法的保护对象，即发明创造。具体而言，发明创造是指发明、实用新型和外观设计。从定义上看，健康保险产品难以构成实用新型和外观设计，因此，健康保险产品创新能否适用《专利法》的关键在于其是否构成发明。该法规定，发明，是指对产品、方法或者其改进所提出的新的技术方案。因此，《专利法》保护的对象一定是一种技术方案。我国《专利法》第二十五条将一些内容排除出授予专利权的范围：（1）科学发现；（2）智力活动的规则和方法；（3）疾病的诊断和治疗方法；（4）动物和植物品种；（5）用原子核变换方法获得的物质；（6）对平面印刷品的图案、色彩或者二者的结合做出的主要起标识作用的设计。对前款第（4）项所列产品的生产方法，可以依照《专利法》规定授予专利权。在这几项中，与健康保险产品创新最有关联的是第二项：智力活动的规则和方法，因其未利用自然规律而不属于技术方案的范畴。

我国《专利法》第二十二条规定授予专利权的发明和实用新型应当具备新颖性、创造性和实用性。我国知识产权局发布的《专利审查指南》第二部分第九章中规定涉及计算机程序的发明也可以申请专利，因此，涉及计算机技术的健康保险产品创新也有可能申请到专利保护。因此，《专利法》保护健康保险产品创新还是具有很大的不确定性。

2. 保护的可能路径

一是及时申请专利。健康保险产品创新获得专利保护的前提是获得专利管理部门授予的专利权。专利管理部门采取的是"不告不理"的原则，即只有健康保险产品创新的一方主动提出专利申请，管理部门才会授予专利权。同时，专利权的申请也遵循"申请在先"的原则，即先申请的才会被授予专利权。因此，创新的健康保险产品应当及时向专利管理部门提出专利申请。

二是对他人的专利请求复审。我国《专利法》第四十八条规定："自发明专利申请公布之日起至公告授予专利权之日止，任何人均可以对不符合专利法规定的专利申请向国务院专利行政部门提出意见，并说明理由。"因此，保险公司发现专利管理部门向他人授予的健康保险产品专利和自己已经获得的健康保险产品专利相比没有实质性的区别时，可以提出复审请求，以保护自身利益。

三是一旦被侵权，要求停止侵权，赔偿损失。我国《专利法》第六十条规定：

"未经专利权人许可,实施其专利,即侵犯其专利权,引起纠纷的,由当事人协商解决;不愿协商或者协商不成的,专利权人或者利害关系人可以向人民法院起诉,也可以请求管理专利工作的部门处理。"因此,保险公司的健康保险产品创新获得专利权后,若他人未经许可擅自使用该专利,则保险公司可以要求对方停止侵权,赔偿损失。若双方协调不成,保险公司可以请求专利权管理部门处理,或是向法院起诉,以保护自身权益。

3. 保护的局限性

我国《专利法》对构成专利的保险产品创新的范围认定非常严格,保障客体必须是技术方案,而健康保险产品创新构成技术方案的难度较大,未必能得到专利管理部门的认可;而且,我国健康保险产品在这方面的成功实践较少,因此《专利法》保护健康保险产品创新的可能性较小。

(四)《中华人民共和国反不正当竞争法》对健康保险产品创新的保护

1. 保护的可行性

《中华人民共和国反不正当竞争法》(以下简称《反不正当竞争法》)规定,经营者不得侵犯商业秘密,侵犯商业秘密不仅要承担民事责任,还可能面临行政处罚。《反不正当竞争法》第十条规定:"商业秘密是指不为公众所知悉、能为权利人带来经济利益、具有实用性并经权利人采取保密措施的技术信息和经营信息。"因此,健康保险产品创新能否适用《反不正当竞争法》保护的关键在于产品创新是否适用商业秘密保护方式。

从内容上看,健康保险产品创新属于商业秘密。商业秘密可以分为技术性商业秘密和经营性商业秘密。前者是指生产制造过程中的秘密,这些秘密可以通过采取有效措施防止泄密,即在技术上能够做到保密;后者则是关于经营决策的秘密,涉及企业经营管理和组织架构、商业模式等方面的内容。后者若要做到保密,则需要所有购买健康保险产品的消费者事先签订保密协议,防止产品信息泄露,如此一来就会严重影响新产品的推广。

从产品期限上看,我国健康保险产品以长期产品为主,产品寿命较长,可以采取商业秘密保护。如此既可以避免产品寿命太短,泄密后来不及找到泄密者或是从泄密者处及时得到赔偿;又可以弥补专利权等保护期限短的不足,为保险公司提供尽可能全面的法律保护。

2. 保护的可能路径

一是严格采取保密措施。健康保险产品创新要成为商业秘密,必须能够不为公众所知悉,则权利人就必须主动采取保密措施。因此,保险公司在创新健康保险产品过程中的每一步骤中都需要采取严格的保密措施,在产品推广后还要采取进一步的措施来维持其创新产品的保密性。保险公司可以在健康保险产品保单上标明"商业秘密"以明示。

二是和相关主体签署保密协议。我国《反不正当竞争法》规定的保密义务主体是经营者，因此，经营者应主动与可能接触到商业秘密的相关主体签署保密协议，通过合同的方式保护商业秘密，界定相关主体的保密义务，并承担相应保密责任。

三是一旦被侵权，要求停止侵权，赔偿损失。保险公司采取保密措施后，若仍有负有保密义务的人泄露了商业秘密，则可以要求泄密者承担民事责任，停止侵权，赔偿损失。若泄密者不予配合，保险公司则可以参照《反不正当竞争法》的有关规定向工商部门举报或是向法院提起诉讼，以维护自身权益。

3. 保护的局限性

商业秘密保护更适合期限较长的、具有技术上或是经营上保密可行性的健康保险产品，而期限较短的健康保险产品则不太适用商业秘密保护，因此，商业秘密保护有其局限性。

（五）总结

综上所述，在我国现有的法律法规体系下，健康保险产品创新可以通过多种途径进行知识产权保护。保险公司创新健康保险产品可以通过明确著作权和注册商标来保护其合法权益，对于能获得相关管理部门专利认可的产品申请专利权保护，而长期健康保险产品可以考虑用商业秘密对其进行进一步保护。保险公司可以充分利用知识产权法、采取多样化的措施来保护健康保险产品创新，监管部门也应积极研究健康保险产品创新对现有法律体系的适用性问题。

二、政府调节机制

我国现有知识产权法律体系对健康保险产品创新的保护还不全面，因此在知识产权法律体系之外，还要有必要的政府调节机制来保护产品创新，借助行政手段建立起健康保险产品创新保护的制度。

（一）建立健康险新产品保护期制度

新产品保护期是指对于满足一定条件的健康保险新产品，允许其开发主体在一定期间内独家经营，有时也称为"独占使用期"。对新产品赋予独占使用期，在其他国家和地区都已经有较为成熟的经验：南斯拉夫给予新险种发明设计人专利权保护；中国台湾地区给予新产品三年的保护期，允许新产品研发主体享有三年的独占使用权；我国也曾尝试过推行独占使用期，中国人民银行于1996年7月25日颁发的《保险管理暂行规定》第四十五条规定:"保险公司在申报备案的新险种条款和保险费率时,可以向中国人民银行申请半年的新险种保护期。在保护期内,其他保险公司不得经营此险种。"但是在此后中国保监会制定的《保险公司管理规定》《财产保险条款费率管理暂行办法》以及《关于〈人身保险产品审批和备案管理办法〉若干问题的通知》中均未对此加以确认。

能够获得新产品保护期的产品必须符合严格的条件和标准,应当具备创新性、实用性和公益性。创新性意味着该产品是保险公司的独创,是产品研发人员利用公司资源研发出的新的健康保险产品,具有创造性和新颖性。实用性意味着该创新产品能够投入市场使用、满足市场需求,并产生积极的效果。因此,获得保护期授权的健康保险产品必须在一定时期内投入市场运行,否则保护期自动失效。公益性意味着该创新产品的社会效应更大、社会影响较好。需要注意的是针对新风险开发的险种不应当被赋予保护期,例如为应对急性传染病风险研发的险种,此类险种的发掘非常容易,若按照先申请原则赋予其保护期,既有失公允,也会损害社会公共利益。

在程序方面,新开发的创新健康保险产品应当向中国保监会申报审批或备案,若符合保护期授予标准,则在申报审批或备案时提出保护期申请。申请人应当提交书面材料,说明该产品在承保责任、定价费率、承保范围等方面的创新点。中国保监会在收到申请后,在一定期限内组织专家认定小组进行审核,同时向业内公示并征求意见,由专家认定小组结合公示期内收到的反馈意见进行评审。评审通过即获得保护期保护。保护期的期限以1—2年为宜。

同时要明确保护期的许可经营和权利转让。保护期的本质是一种优先经营权,由于我国保险市场上健康保险产品需要依靠营销团队去销售,而权利人却未必有很强的销售能力来满足市场需求,因此,如果增加权利人对这种优先经营权的处分权,譬如在保护期内许可他人经营该产品,或是向他人转让保护期的优先经营权,则既可以使权利人获得更大的利益,也可以兼顾社会需求和其他经营者的利益,实现全社会的帕累托改进,从而提高产品保护的效率。

(二) 改革保险财税制度,促进产品创新

在财政方面,国家财政应当鼓励保险公司积极开展健康保险产品创新研发活动,通过财政拨款建立健康保险产品创新专项基金,根据国家政策目标、健康保险产业政策以及市场健康风险保障需求确定健康保险产品创新的可能方向,由各保险公司申请产品创新项目,同时也鼓励各保险公司主动探索、自主研发新的健康保险产品。通过财政拨款设立创新专项基金,引导保险公司进行健康保险产品创新,明确政府鼓励和支持的健康保险产品创新方向和创新内容,同时还能吸引高校、研究机构等专业研究人员加入产品创新研究,以课题研究的形式与专业研究人员共同探讨健康保险产品创

第十九章
健康保险产品创新机制

新的可能性，促进产、学、研全面融合。对于保险公司自主建立的产品创新研究课题，财政可在验收其结项成果后给予一定的项目补助，以帮助保险公司加快将研究成果落实到实践中。

同时，还可以对积极进行健康保险产品创新的保险公司给予更优惠的融资政策。健康保险产品创新活动是一项耗费大量人力、物力的人类智力劳动，并且面临着巨大的风险，产品创新活动前期的资金投入较大，而创新成果却存在着极大的不确定性，这使得创新企业承受着巨大的财务压力。优惠的融资政策能够在一定程度上缓解保险公司的资金压力，降低融资成本，使保险公司能够集中更多的资源投入产品创新研发中，从而提高产品创新的积极性和效率。较低的贷款利率、较宽松的担保条款、有弹性的还款方式等都可以为产品创新活动注入更多活力。当然，信贷部门的信贷审核工作必须落实到位，应准确评估贷款人的风险级别，实时跟踪贷款人信用水平的变化，做到动态监控，严格防范风险。

在税收方面，国家应当加快改革保险业税收制度，通过给予健康保险产品创新活动一定的税收优惠政策来降低产品创新的成本和研发过程中的财务风险。由于产品创新研发周期较长，对于积极开展健康保险产品创新活动且创新成果显著的保险企业可以加计扣除创新研发费用。例如，对研发成本可以按所得税法相关规定予以50%的加计扣除，如此既可以降低前期的利润压力，又可以引导保险公司加大对产品创新研发费用的投入。对上述保险公司还可以适当减免其印花税和城建税；同时，政府也可以对创新的健康保险产品进行分类，对不同类型的险种采取分档税优的形式，对社会效益大于公司经营效益的保障型健康保险产品给予更多税收优惠，以此来避免保险公司的激进行为，创新出真正能够为健康风险提供高保障的健康保险产品，形成保险公司开发利己利人的健康保险产品的创新导向。

（三）明确不适当创新行为的认定和处罚机制

创新的健康保险产品需报中国保监会审批或备案，这是中国保监会作为监管部门的第一道把关。然而，由于保险条款具有专业性和复杂性，创新产品带来的很多问题往往在投入市场后才会逐渐暴露出来，监管部门的审批和备案并不能及时发现所有潜在的问题，因此，需要有对不适当创新行为的认定和处罚机制，在出现问题时，能够从多种渠道发现产品的问题来源并及时解决。

首先，明确健康保险产品不适当创新行为的认定标准和认定机构。现有的《人身保险产品审批和备案管理办法》和《财产保险公司保险条款和保险费率管理办法》已经对产品创新的适当性做出了规定，认定标准即保护公众利益和防止不正当竞争。上述两份规范性文件还列举了一些具体的不适当创新行为：（1）违反法律、行政法规或者中国保监会的禁止性规定；（2）违反国家有关财政金融政策；（3）损害社会公共利益；(4)内容显失公平或者形成价格垄断，侵害投保人、被保险人或者受益人的合法权益；(5)条款设计或者厘定费率、预定利率不当，可能危及保险公司偿付能力；(6)中国保监会基于审慎监管原则认定的其他事由。相比于财产保险产品和寿险产品，健康保险产品的专业性更强，在将来条件成熟时，监管部门可以出台专门的健康险产品审批和备案管理办法，以提高监管的针对性。

其次，保险业主管部门要定期开展专项检查。中国保监会在对保险机构的专项检查中势必会涉及产品创新。而且专项检查更为全面，掌握的保险机构的信息更加充分，可以更加深入地评估保险机构的健康保险产品创新工作的市场效果和社会影响，更便于发现产品创新过程中存在的问题。对于检查中发现的违法违规等问题可以进行现场处置或立即上报，由中国保监会专门组织人员做进一步的核查和处理。

再次，其他政府部门应当配合进行情况通报。健康保险产品创新活动并不单单是保险行业的活动，更涉及社会关系的方方面面，工商管理、财政、税务、医疗机构等部门都有可能在日常工作中发现健康保险产品创新过程中存在的问题。同时，金融混业发展的趋势加强了一行三会的监管信息共享和监管协调。因此，相关政府部门应当与中国保监会一道积极发现不适当的健康保险产品创新行为，并配合通报和处理。

最后，要充分发挥社会监督的积极性。健康保险产品创新的直接受益者就是保险消费者，不适当的健康保险产品创新会损害人民的利益，只有符合人民需求的产品创新才是具有社会正能量的，因此，对健康保险产品创新的社会监督必不可少。信访投诉、消费者协会监督、传媒舆论等都是可行的社会监督途径。

本章小结

本章从健康保险产品创新的动力机制以及产品创新的内外部条件三个方面讲述了健康保险产品的创新机制。健康保险产品创新主体在内外部创新动力的推动下产生健康保险产品创新的意愿，健康保险产品创新的内外部条件增强了创新主体的产品创新能力。健康保险产品创新的动力机制和内外部条件有如"车之双轮""鸟之双翼"，二者缺一不可。只有当创新意愿和创新能力同时具备时，保险公司才能够为健康保险市场创新出好的健康保险产品。因此，我国保险监管部门要努力为保险公司创造宽松的外部环境；保险公司要积极加强自身建设，打铁还需自身硬；而保险消费者在加强保险意识和保险认知的同时，也要积极履行监督职责，及时将自身需求和问题反馈到保险公司和监管部门，形成监管—企业—消费者三位一体、充分发挥市场各方积极性的健康保险产品创新机制。

第十九章
健康保险产品创新机制

思考题

1. 请简述健康保险产品创新的核心风险点有哪些。
2. 请简述健康保险产品创新风险有哪些特征。
3. 请简述健康保险产品如何进行风险管理。
4. 请从政府角度论述健康保险产品创新的外部调节机制。

论述题

1. 请论述健康保险产品创新的可能主体有哪些。
2. 请论述健康保险产品创新的动力机制。
3. 请论述健康保险创新的主要外部风险因素组成。
4. 请详细论述健康保险风险管理的一般流程。

第二十章

我国健康保险产品监管和政策建议

无论发达国家还是发展中国家，发展商业健康保险的关键问题在于，如何组织和如何将商业健康保险计划和社会保险系统有机结合。只有权责分工定位明确，才能保证社保和商保双方在共同管理服务过程中相互不缺位、不失位、不越位。随着社会老龄化的加剧，卫生总费用不断增长，医疗保险费用和财政负担持续上升，政府包揽全方位高水平的医疗保障服务难以为继，大多通过发展商业健康保险，在社会医疗保险和商业健康保险之间达到均衡。积极发挥商业健康保险的补充作用，委托和受委托方共同利用政策杠杆和协议约束，服从于整个医疗保障体系。要注意从保障范围和保障水平差异定位，协同互补。发挥商业保险参与社会保障体系建设的积极性，进一步消除商业保险参与医保经办服务的制度约束。

可以预测的是，在监管机构鼓励发展风险保障型产品的政策环境下，健康保险的产品将会不断升级，消费型健康险产品创新将持续涌现。互联网健康险的成功已经让保险公司看到了商机所在，未来将有更多物美价廉的产品进入市场，消费者将有更大的选择权。健康管理等增值服务是健康保险破解同质化竞争的法宝，健康保险的增值服务将会越来越多元化，未来消费者购买健康保险不仅要关注保障额度，更会关注产品背后的高品质健康服务，所以保险公司更加重视医疗产业布局，为健康保险服务奠定基础。同时，保险公司和医疗机构正在紧锣密鼓地推进一站式服务，简化理赔流程，减轻患者负担，健康保险和医保体系将逐步实现无缝对接，甚至保险主体将广泛开展医保经办，实现整个医疗费用报销和支付的无盲区监控，管理效率也将得到提升，健康保险和医保体系的对接将越来越紧密。目前的税优健康险实验色彩和宣传作用更大一些，但不得拒保、保证续保、高赔付率等设定，表明其仍然是一款性价比很高的健康险产品。或许在试点到达一定阶段后，将出台更大力度的优惠政策和更人性化的规定,未来健康保险的政策支持力度将越来越大。可穿戴设备等技术已经开始在健康管理和改善生活习惯方面发挥效应,未来基因工程、物联网和区块链技术发展将进一步解决健康保险的服务和经营痛点,保险科技的发展将成为健康保险价值创造能力的重要组成部分。

在顶层设计、政策支持、产品创新、经营升级等方面对健康保险的利好推动下,消费者也将享受到更好的产品服务,但是健康保险产品创新也会带来直接和衍生风险,这就需要监管适应未来健康保险产品创新的方向,提前做好准备。

第一节 我国健康保险产品监管规定发展脉络

我国对健康保险产品的监管规定大多融合在人身保险产品规范性文件中,并没有专门针对健康保险产品的监管分类,所以本节将对涉及健康保险产品的监管规定[①]进行梳理,分析监管规定的脉络发展。

一、人身保险产品管理文件

对于人身保险产品的监管,2000年中国保监会颁发了《人身保险产品备案管理暂行办法》,主要明确了对传统产品的备案管理程序。这之后,随着投连、分红、万能等新型产品的问世并逐步成为市场主流,中国保监会又颁布了《分红保险管理暂行办法》和《投资连结保险管理暂行办法》,提出了对分红保险和投资连结保险产品的审批要求,形成了目前的对传统产品事前报备,对投连、分红等新型产品进行审批的产品监管格局。2003年5月,中国保监会出台的关于人身保险新型产品的精算规定则为产品监管的进一步改革提供了坚实的技术标准基础。

(一)《人身保险产品审批和备案管理办法》提高了监管效率

2000年以来,对各类人身保险产品实施事前审批和备案制度,而随着产品数量的增多,事前审批和备案工作量不断加大,监管成本巨大,但效果并不理想。为了落实2004年全国保险工作会议关于"修改和完善保险产品审批和备案管理制度"的工作部署,配合《行政许可法》的实施,中国保监会人身保险部从2004年2月起,进行了人身保险产品审批和备案管理制度改革。在充分听取意见的基础上,将其中涉

---

① 主要是产品开发与创新方面。

产品制度改革的内容修改补充后整理为《人身保险产品审批和备案管理办法》，将其中可能在短期内有所调整的内容和部分补充说明整理为《关于〈人身保险产品审批和备案管理办法〉若干问题的通知》，首次提到了"强化公司责任"的原则，明确了保险公司、精算责任人和法律责任人在产品开发上的责任。保险公司应对保险产品的开发管理负总责。要把风险管理前置，注重防范产品设计、销售环节的种种风险。通过这项改革，产品监管工作重心由对大量产品的具体审批进一步转移到对相关规则的制定与完善上来。

（二）《人身保险产品管理办法（草案）》征求意见稿透露出进一步加强人身保险产品管理的意图

2007年4月，中国保监会对《人身保险产品管理办法（草案）》征求意见，这是在2004年发布的《人身保险产品审批和备案管理办法》基础上进一步加强人身保险产品的管理，规范人身保险产品的审批与备案程序。

草案规定中国保监会认定的关系社会公众利益的产品、依法实行强制保险的产品和中国保监会认定的新开发的人寿保险三类产品应当报中国保监会审批，规定以外的其他产品应当报送备案。

草案对审批时限、审批流程等具体细则，明确了保险公司的总精算师和法律责任人应付责任，应当分别对产品精算和法律事务负责。[①] 对保险公司停售产品做出规定[②]，保险公司未按规定报送产品审批、备案的，或者将按照规定须经审批而只报送备案的，也有相应罚则。[③]

（三）不断更新人身保险公司保险条款和保险费率管理办法

中国保监会多次修订了《人身保险条款和费率管理办法》[④]，不断推动人身保险产品"通俗化、简单化、标准化"，实施人身保险条款编码查询，不断夯实产品监管

---

① 草案规定，保险公司的总精算师和法律责任人应当分别对产品精算和法律事务负责，总精算师负责签署精算报告、费率浮动管理办法或者产品参数调整办法，出具总精算师声明书，并对产品承担精算方面的责任。法律责任人负责出具法律责任人声明书，并对产品承担法律方面的责任。

② "保险公司决定停售产品的，应当在不迟于产品停售后10日内向中国保监会报告，并说明停售原因、停售地区、善后措施等。""保险公司备案后的产品一年内无保费收入的，视同停售产品，应在备案一年后向中国保监会进行报告。"

③ 保险公司的备案产品有下列情形之一的，由中国保监会责令保险公司停止销售该产品，并根据有关法律、行政法规对保险公司及其高级管理人员和其他直接责任人进行处罚：（一）违反法律、行政法规或者中国保监会的禁止性规定；（二）违反国家有关财政金融政策；（三）损害社会公共利益；（四）内容显失公平或者形成价格垄断，侵害投保人、被保险人或者受益人的合法权益；（五）条款设计或者厘定费率、预定利率不当，可能危及保险公司偿付能力；（六）中国保监会基于审慎监管原则认定的其他事由，由中国保监会责令保险公司停止销售该产品，并根据有关法律、行政法规对保险公司及其高级管理人员和其他直接责任人进行处罚。

④ 最近一次修订在2015年。

的制度基础。加强了人身保险公司(以下简称"保险公司")保险条款和保险费率的监督管理,保护投保人、被保险人和受益人的合法权益,维护保险市场竞争秩序,鼓励保险公司进行产品创新。

(四)《关于强化人身保险产品监管工作的通知》规范产品开发与防范产品风险并重

针对保险市场的快速发展,人身保险产品开发主体日益多元化,产品开发管理工作也出现了一些新情况、新问题。一是产品种类多,满足消费者真实需求的少;二是同质化产品多,差异化、个性化产品少;三是备案产品数量多,有产能的产品少。基于此,为强化人身保险产品监管,规范产品开发设计,防范产品风险,进一步推进人身保险供给侧结构性改革,中国保监会在2016年9月印发了《中国保监会关于强化人身保险产品监管工作的通知》(保监寿险〔2016〕199号)。国际上对新型保险产品一般采取比普通型保险产品更为严格的监管政策,该通知的出台,秉承了原有的监管思路,进一步强化了对新型保险产品的全流程监管,有利于保护消费者合理权益,促进人身保险业持续健康发展。

《中国保监会关于强化人身保险产品监管工作的通知》以优化产品供给为基本目标。通过负面清单明确产品开发设计边界,鼓励保险公司开发更多满足消费者真实需求的保险产品,进一步深化产品供给侧改革,进一步完善人身保险产品监管框架。在明确人身保险产品实行事后备案和事后抽查管理的基础上,通过建立和完善产品退出机制、问责机制、回溯机制和信息披露机制,形成各机制协调联动、各方各负其责的监管架构。①

通过把产品开发设计权交还给市场,缩短了产品从开发到上市的周期,充分发挥保险公司的经营自主性,进一步解放和发展人身保险生产力,有效释放了行业发展活力。引导公司提升产品质量,增强合规意识,实施精细化产品管理,提高产品生命周

---

① 强化后端监管力度,明确保险产品在销售之后的十日内向中国保监会备案,中国保监会将对已收到保险产品加强事后抽查力度;建立产品退出机制,对于违规产品,责令公司停止销售,并做好信息披露等后续工作;对于消费者认可度不高、销量不佳等方面的产品,要求公司及时采取适当措施进行清理,提升产品供给的有效性;强化产品问责机制,明确在产品开发设计销售环节,保险公司、公司总经理、总精算师、法律责任人等产品相关人员的具体责任,对存在违法违规问题的进行追责,督促各相关责任人切实发挥管理作用;建立产品回溯机制,要求公司成立产品开发管理工作组,对产品精算、财务、销售、投资等产品经营各环节进行全流程管理和风险评估,对于回溯工作中问题不整改、产品不退出、经营指标不调整的采取监管措施;完善信息披露机制,解决行业当前产品信息披露不全面、不及时问题,要求公司主动通过官网或行业协会平台将保险产品有关材料充分对外披露,进一步强化产品公开性和透明性,接受社会监督;加强新型产品管理(包括针对当前新型产品宣传、销售、利益演示等方面的多发问题进行规范,切实防范新型产品的误导销售风险;加强万能型保险的经营管理,万能险结算利率水平与公司实际投资收益率挂钩并合理确定,防范公司通过不合实际的结算利率进行恶性竞争等问题)。

期质量追溯能力,提升对产品精算、法律合规等方面的重视程度,将倒逼公司提升产品开发管理能力。引导公司转变产品发展模式,注重产品开发与公司各经营环节的对接,尊重保险消费者的真实需求和权利维护,让更多保障高、有特色的产品上市,让不符合消费者需求的产品退出,实现产品的有效供给和差异化发展,对接消费者真实需求,推进产品差异化发展。

(五)《关于规范人身保险公司产品开发设计行为的通知》封堵了"反客为主"的产品形式

此处的"反客为主"指的是有些公司的产品开发现象,采取主险附加万能险或投资连结保险的形式,把万能险等新型险种附加在健康险上,通过较高的结算利率吸引保户,表面上销售的是保障型的健康保险,其实是利用监管漏洞打着主险是保障型险种的幌子,利用附加险将整个险种变成了以获取投资收益为目的的险种。2016 年以来,保险监管部门对负债业务从精算定价、业务规模、期限结构等方面提出明确要求。2017 年 5 月 16 日,中国保监会发布了《关于规范人身保险公司产品开发设计行为的通知》,为人身险公司的产品开发划定了"能与不能"的界线,防范风险,引导产品回归保险本源。明确规定,万能型保险产品、投资连结型保险产品设计应提供不定期、不定额追加保险费,灵活调整保险金额等功能,保险公司不得以附加险形式设计万能型保险产品或投资连结型保险产品。该条规定的出台,封堵了"反客为主"的现象。

(六)《关于进一步完善人身保险精算制度有关事项的通知》推动全行业进一步调整和优化业务结构

个别公司基于发展策略的不同和经营管理水平的差异,逐步暴露出业务结构单一等风险隐患。2016 年 9 月,中国保监会印发了《关于进一步完善人身保险精算制度有关事项的通知》(保监发〔2016〕76 号)(以下简称《通知》),进一步将人身保险产品主要年龄段的死亡保险金额比例要求由 120% 提升至 160%,该风险保障要求超过美国、欧洲、亚洲等世界主要国家和地区保险监管部门要求。另外,《通知》下调万能保险责任准备金评估利率。根据市场利率下行情况,调整了万能保险的评估利率[①],以防范利差损风险。同时,为保持产品之间的平衡,鼓励发展风险保障类业务,普通型人身保险产品评估利率维持 3.5% 不变。《通知》还对中短存续期业务占比提出比例要求,继续保持对中短存续期业务规模的管控,同时对中短存续期业务规模在公司业务结构中的占比提出了明确的比例要求,要求自 2019 年开始中短存续期

---

① 将万能保险责任准备金评估利率上限下调 0.5 个百分点至 3%。

业务占比不得超过50%，2020年和2021年进一步降至40%和30%，给市场以明确预期，引导部分保险公司逐步调整业务结构，避免"急刹车"，形成现金流风险。

《通知》的发布，有利于进一步坚持"保险姓保"，有利于为资本市场、实体经济以及国家重点基础设施建设等提供长期、稳定的资金支持，更好地服务经济社会发展大局。有利于人身保险业提升保障水平，万能保险等人身保险产品的保险保障功能进一步提升，定价利率和负债成本回落，产品激进定价和高结算利率行为受到显著遏制，业务结构逐步优化。

（七）《关于加强和改进保险资金运用比例监管的通知》和《关于规范高现金价值产品有关事项的通知》扭转产品设计初衷

针对违背保险产品保障的设计初衷，主要是与银行1年或3年期产品竞争的高现值保单，虽然保单在设计上是5年以上保单，但是1年后投保人主动或被动退保率很高，更贴近理财产品，这类产品容易对保险公司现金流形成较大的压力。这两个文件在防范退保、给付风险的同时，由于保险公司可以通过提高资本金来保证偿付能力充足率，因而不会硬性压制保险公司对高现金价值产品的销售，其更多的是市场导向作用。

（八）"1+4"系列文件①多次提到产品管理制度建设

在《中国保监会关于强化保险监管打击违法违规行为整治市场乱象的通知》中提出的八大市场乱象中，其中一项就是产品不当创新②；在《关于弥补监管短板构建严密有效保险监管体系的通知》中，夯实保险产品管理制度亦位列其间。

在监管部门引导保险业回归保障本源的背景下，保险公司优化产品和业务结构的脚步在加快。督促保险机构坚守保险保障本位，强化保险产品保障属性，体现保障特征，不得炒作概念和制造噱头，要不断优化产品和业务结构，规范产品开发管理。这个文件透露出中国保监会开始着力整治产品不当创新，及时清退违规产品。对违法违规问题坚决查处，并采取一定期限内禁止申报新产品等监管措施，对履职不到位的高管人员从严从重追究责任。

---

① "1+4"系列文件指的是2017年中国保监会连续出台的5个文件。"1"指的是《关于进一步加强保险监管维护保险业稳定健康发展的通知》（保监发〔2017〕34号）；"4"分别指的是《中国保监会关于进一步加强保险业风险防控工作的通知》（保监发〔2017〕35号，2017年4月21日）、《中国保监会关于强化保险监管打击违法违规行为整治市场乱象的通知》（保监发〔2017〕40号，2017年4月28日）、《中国保监会关于保险业支持实体经济发展的指导意见》（保监发〔2017〕42号，2017年5月4日）、《中国保监会关于弥补监管短板构建严密有效保险监管体系的通知》（保监发〔2017〕44号，2017年5月5日）。

② 文件中所提"不当创新"指的是个别险企将保费收取当作融资手段，以"资产驱动"模式冒险博取高收益，通过开发各种保本保息类的理财产品或者各种五花八门的万能险，变相吸纳保险资金。

(九) 其他系列文件一步步夯实了保险产品创新基础

针对人身保险产品在不同阶段所暴露出的不同问题，中国保监会出台过一系列文件，对人身保险产品开发产生了深远的影响。有的虽然已经废止，但为后续规定的出台奠定了基础，提供的思想仍然影响着后续的人身保险产品创新。比如在推进人身保险条款通俗化工作中，对人身保险产品备案、审批中和各保监局在日常监管工作中发现的条款问题进行了整理，印发了《人身保险条款存在问题示例的通知》（保监发〔2004〕51号）；针对多次收到关于人身保险公司在保险产品销售过程中存在不当税收优惠宣传的投诉，为保护广大投保人的合法权益，维护保险公司的社会形象，在2008年印发过《关于人身保险产品税收宣传有关事项的通知》（保监发〔2008〕43号，已废止），要求各人身保险公司在保险产品税收优惠宣传中应严格按照国家税收法规和政策进行宣传，不得向投保人夸大或变相夸大保险产品税收优惠利益，严禁销售人员通过虚假税收优惠宣传欺骗投保人等；为适应行政审批制度改革，在2003年4月印发了《关于调整人身保险产品监管方式的通知》（保监发〔2003〕46号，已失效）等。

二、健康保险产品监管文件

2002年底，中国保监会颁布《关于加快健康保险发展的指导意见》，以正式文件形式鼓励保险公司推进健康保险专业化经营。2004年中国保监会批准人保健康等5家专业健康保险公司筹建，新公司专注于健康保险业务，积极探索健康保险专业化经营模式。目前市场上实施的《健康保险管理办法》始于2006年，《健康保险管理办法》的出台是中国保监会促进健康保险专业化经营的延续，是促进专业化经营的重要举措。对商业健康保险的经营提出过包括制度建设、信息系统建设、人员建设和培训等方面的专业化条件和要求。近十年来，保险公司对健康保险的专业化发展进行了不断探索，取得了很好的成效，健康保险的专业能力不断提升，但部分公司还存在只重保费规模、轻专业能力建设，以普通寿险的经营方式来运作健康保险的现象。在人口老龄化加剧、医疗技术变革等背景下，健康险的市场定位和职责将迎来巨变，配套的监管规定也在不断进化中。

(一)《健康保险管理办法》（2006版）奠定了健康保险产品监管的基础

2006年9月1日，我国第一部专门规范商业健康保险业务的部门规章——《健康保险管理办法》正式实施，与之配套的还有《关于〈健康保险管理办法〉实施中有关问题的通知》（保监发〔2006〕95号）。该文件突出了医疗保险产品的创新，要求保险公司在设计费用补偿型医疗保险产品时，必须区分被保险人是否拥有公费医疗、社会医疗保险的不同情况，在保险条款、费率以及赔付金额等方面予以区别对待。除此之外，文件的贡献在于把健康保险分为疾病保险、医疗保险、失能收入损失保险和护理保险四种基本类型，首次增加了"护理保险"。同时，将原"收入保障保险"调整为"失能收入损失保险"，突出了"失能"这一健康相关因素；修订了"医疗保险"的定义，明确医疗保险"以约定医疗行为的发生为给付保险金条件"，使之包含费用补偿型医疗保险和定额给付型医疗保险，更准确地体现了医疗保险特点。为体现健康保险的地域性、个性化要求，在短期个人健康保险方面，允许保险公司在销售产品时在基准费率基础上，在费率浮动范围内，根据投保人实际情况合理确定保险费率。在短期团体健康保险方面，允许保险公司根据投保团体的具体情况，对保险金额、除外责任等产品参数进行调整。规范了健康保险专业化经营的基本条件，要求经营健康保险的公司建立健康保险业务单独核算制度、精算制度和核保理赔制度以及功能完整、相对独立的健康保险信息管理系统等。明确规定了医疗保险产品和疾病保险产品不得包含生存给付责任；长期健康保险中的疾病保险产品，可以包含死亡保险责任，但死亡给付金额不得高于疾病最高给付金额。此举旨在进一步推进健康保险产品专业化，避免出现健康保险"该保的不保""不该保的也保"等现象。这样的理念，即便在目前，也是非常先进的。

（二）《关于健康保险产品提供健康管理服务有关事项的通知》提供了健康保险产品开发专业化方向指导

2012年9月印发的《关于健康保险产品提供健康管理服务有关事项的通知》（保监发〔2012〕73号）要求健康险产品提供健康管理服务应根据市场情况合理定价，规范了现有健康险市场上的健康管理服务，统一定义了健康管理服务"指保险公司针对被保险人相关的健康风险因素，通过检测、评估、干预等手段，实现控制风险、改善健康状况的服务"。通过对现有市场上健康管理服务的规范，来推动健康管理服务的产品化[①]，满足消费者多元化的健康需求。为未来健康险产品的多样化、个性化、创新性、高保障性提供了政策支持与方向指导。健康管理和健康保险都方兴未艾，却举步维艰。坚持专业化的经营方向是打造良好的健康险产品与健康管理服务的基础。

---

① 健康管理服务产品化可加快发展健康险产品的多样性与创新性，使健康管理成为健康保险未来发展方向。作为健康保险，其服务的内容除了保险是作为金融服务产品（主要包括保险合同中约定的费用保障服务，保险行业人员为被保险人提供的投保服务、理赔服务、核算服务及保全服务等），还涉及与被保险人的健康关系密切的、专业性很强的健康服务，这有别于一般的保险服务，比一般保险服务有更远、更深、更专业的延伸。专业的健康管理服务可以成为健康保险产品创新点，其对一个公司的企业形象、服务形象、品牌形象、差异化竞争优势的建立可以起到重要作用。

(三)《健康保险管理办法(征求意见稿)》将进一步推动和规范健康保险发展

2017年11月15日,中国保监会对拟修订的《健康保险管理办法(征求意见稿)》(以下简称《征求意见稿》)公开征求意见,旨在促进健康保险的发展,规范健康保险的经营行为,保护健康保险活动当事人的合法权益,提升人民群众健康保障水平。《征求意见稿》第三章"产品管理"中新增了6条;第四章"销售管理"中新增了3条;新增了第六章"健康管理服务与医保合作"。

第三章产品管理板块新增的6条,体现两大特点:一是适应健康险发展的新形势,保险产品要把新药品、新医疗器械、新诊疗方法纳入保障范畴,充分利用互联网手段简化理赔流程[1];二是充分保护被保险人的权利。[2]

在实践中,产品停售和向中国保监会备案通常有一定的时间差,有部分保险公司对外发布产品停售通知,但未及时向监管备案。针对市场中的不良现象,第四章"销售管理"新增的3条,核心是规范市场行为,要求保险公司合规经营,体现了对被保险人的权益保护。例如第三十四条,按照新办法,在此期间,消费者仍有权购买该产品,并能依法获得保障。该条款的设置,一方面能够充分保障投保人的权益,另一方面倒逼保险公司停售产品行为和保监备案同步,促进合规经营。而第三十六条则彻底封堵部分公司或产品借基因检测为名,非法搜集、获取被保险人除家族病史之外的遗传信息、基因检测资料进行所谓的产品创新和销售。

结合最近管理式医疗模式在中国的发展,鼓励健康保险与健康管理相结合[3]是《征求意见稿》中的亮点,并首次提到健康管理服务与医保合作。专门新增第六章"健康管理服务与医保合作",其核心是健康管理服务[4]和管理式医疗。[5] 如果《征求意见稿》能够顺利实施,将对今后健康保险产品从给付到服务转变提供重要的政策依据。

---

[1] 分别表现在第三十条:"鼓励医疗保险产品对新药品、新医疗器械和新诊疗方法在医疗服务中的应用支出进行保障。"和第三十一条:"对于事实清楚、责任明确的健康保险理赔申请,保险公司可以借助互联网等信息技术手段,对被保险人的数字化理赔材料进行审核,简化理赔流程,提升服务效率。"

[2] 主要体现在自主决定理赔申请顺序和等待期不超半年两方面,分别对应第二十五条:"被保险人同时拥有多份有效的费用补偿型医疗保险保险单的,可以自主决定理赔申请顺序。"第二十七条:"疾病保险、医疗保险、护理保险产品的等待期不得超过半年。"

[3] 保险公司可以将健康保险产品与健康管理服务相结合,提供健康风险评估和干预,提供疾病预防、健康体检、健康咨询、健康维护、慢性病管理、养生保健等服务,其分摊的成本不得超过净保险费的20%。超出以上限额的服务,应当单独定价,不计入保险费,并在合同中明示健康管理服务价格。

[4] 第五十二条、第五十三条、第五十四条,分别从服务方式、服务合同/条款、服务价格三方面对健康管理服务做了规范。

[5] 第五十五条、第五十六条鼓励保险公司与医疗机构等进行合作,并介入费用管控环节。

（四）税优健康险系列文件开拓出税优健康险产品

在保险业大力发展商业健康保险，积极参与医药卫生体制改革、服务医疗保障体系建设的背景下，商业健康保险的发展一方面满足了人民群众多样化、多层次的医疗保障需求，提高了群众的医疗保障水平，缓解了"看病难、看病贵"问题；另一方面也减轻了基本医保的压力，对全民医保体系的建设起到了积极作用。从国际经验来看，税收优惠是鼓励市场机制发挥作用、发展商业健康保险最有效的政策杠杆之一。党的十八大以来，国家出台了一系列支持商业健康保险发展的文件，明确提出要完善健康保险税收支持政策。2013年9月，国务院下发的《关于促进健康服务业发展的若干意见》提出要"借鉴国外经验并结合我国国情，健全完善健康保险有关税收政策"。在这一背景下，为推动商业健康保险的发展，国家决定对个人购买商业健康保险给予税收优惠政策。这项政策的出台，一方面可以鼓励个人积极购买商业健康保险，增强个人的健康风险意识和责任意识；另一方面可以提高医疗保障水平，减轻群众的医疗负担，同时也有利于加快构建多层次的医疗保障体系，维护社会稳定。

为推动商业健康保险个人所得税政策试点工作顺利实施，根据《财政部 国家税务总局 保监会关于开展商业健康保险个人所得税政策试点工作的通知》（财税〔2015〕56号）、《财政部 国家税务总局 保监会关于实施商业健康保险个人所得税政策试点的通知》（财税〔2015〕126号），中国保监会出台了一系列税优健康险文件，包括《关于印发〈个人税收优惠型健康保险业务管理暂行办法〉的通知》（保监发〔2015〕82号）的相关规定，《关于开展个人税收优惠型健康保险业务有关事项的通知》（保监厅发〔2016〕1号），要求各保险公司应高度重视商业健康保险个人所得税政策试点工作，充分认识试点工作的重要意义。拟参与试点的保险公司要加大支持力度，完善业务流程，加强内部管理，做到开好头、起好步，确保试点工作健康、可持续推进。

《个人税收优惠型健康保险业务管理暂行办法》主要从促进健康保险专业化经营的角度，对个人税优健康保险业务①的经营条件提出了明确要求。健康保险是人身保险业务的一类，与寿险业务在精算原理、风险管控、经营模式等方面有明显不同，要取得健康保险的发展，就必须遵循其经营特征和内在发展规律。2006年，中国保监会制定了专门规章，对商业健康保险的经营提出过包括制度建设、信息系统建设、人

---

① 试点产品仅限于医疗保险，主要是基于以下几个方面的考虑：首先，医疗保险是以医疗行为的发生为给付条件的险种，保险公司作为支付方，可以通过医疗保险介入医疗行为的管控中，切实发挥保险公司的优势，规范医疗行为，降低不合理的医疗费用，真正参与医改进程。其次，人民群众排在第一位的保险保障需求就是医疗保险，且医疗保险的赔付概率比其他健康险要高，在试点期间，有利于满足最广大人民群众的保障需求，从而有利于试点的顺利推进。

员建设和培训等方面的专业化条件和要求。十年来，健康保险的专业能力不断提升，但部分公司还存在只重保费规模、轻专业能力建设，以普通寿险的经营方式来运作健康保险的现象。而税收优惠政策的出台，为健康保险的专业化提供了机会，《个人税收优惠型健康保险业务管理暂行办法》对个人税收优惠型健康保险业务的经营条件提出了明确要求：一是除专业健康保险公司外，其他人身保险公司应设立健康保险事业部；二是要具备相对独立的健康保险信息管理系统，并与商业健康保险信息平台对接；三是要配备专业人员队伍，健康保险事业部具有健康保险业务从业经历的人员比例不低于50%，具有医学背景的人员比例不低于30%。保险业必须切实按照规定，以个人税优健康保险业务为契机，推动健康保险专业化水平提升。

不少保险公司健康保险产品开发和创新实力在本次个人税优健康保险业务中得到体现。《个人税收优惠型健康保险业务管理暂行办法》明确了个人税优健康保险产品管理原则，要求保险公司应按照长期健康保险要求经营个人税收优惠型健康保险，不得因被保险人既往病史拒保，并保证续保。① "不得拒保"的规定突破了商业健康保险的一般规则，这对保险公司的产品设计能力和风险防范能力提出了更高要求。

第二节 改进我国健康保险产品监管的建议

一、警惕不具备资格的主体开办类健康保险服务（或产品）

（一）类保险产品②产生的背景

我国保险市场主体在健康保险服务化进程中不断进步，以前仅将健康保险理解为当被保险人发生保险事故时提供给付、赔偿服务，如今的健康保险在向提供预约挂

---

① 主要考虑到两个原因：一是基于公平性。因为国家的税收优惠政策是针对所有纳税人的，也就是说只要是纳税人，都可以购买个人税优健康保险产品，保险公司不能拒保。二是基于行业主动承担社会责任。国家给予保险业税收优惠政策，实际上是将一定的财政收入让渡给保险业，保险业应主动承担起减轻医疗负担、服务医改的社会责任，做到应保尽保。

② 本章所述的类保险产品是指开办主体收取固定的费用保证当发生特定事故时，按照约定在一定范围内予以提供许诺的服务或商品。保险产品与类保险产品的根本区别是，保险产品交易的一般等价物是货币，货币流向可以是双向的，即保险公司收取货币（保费），当发生保险事故时，保险公司赔付的还是货币（保险金）；而类保险产品的主办方收取的是货币（有时以保费的名义），当发生约定的事件时，"理赔"的是服务或商品（而不是货币）。正因为其中一端不以货币结算，所以不具备金融属性，但因此具有相当大的迷惑性，属于监管真空。

号、就医问诊、全程陪护、医疗费用先行垫付或报销等方面转化，保险服务化逐渐体现。除此之外，还有着从发生保险事故提供保险服务到未发生保险事故提供健康管理①服务转变的趋势，而且，健康管理服务产品化可加快发展健康险产品的多样性与创新性，使健康管理成为健康保险未来的发展方向。《健康保险管理办法（征求意见稿）》新增的第六章"健康管理服务与医保合作"，将对今后健康保险产品从给付到服务转变提供重要的政策依据。为了达到服务效果，保险公司不断尝试与医疗机构开展合作，两个行业的资源整合不仅限于保险产品的提供和单纯的股权收购，多元化的资源整合有望出现，跨界合作必然会将提供的服务以健康保险产品创新的形式体现出来。

健康保险产品创新能促进健康保险市场繁荣，满足消费者的多样化需求。但是，在健康保险产品转型的过程中，暴露出的风险点需要早做准备。保险公司设计的健康保险产品需要在中国保监会备案、审批才能在保险市场销售，甚至有的产品还需要回溯以检查产品的科学性，有完善的流程，经过多重审核以保证风险可控。可是，类保险服务形成的类保险产品并不具备上述安全性，与保险公司提供的健康管理服务不可同日而语。

保险公司提供的健康管理服务根据市场服务费用，有前期的市场调研，有严格的成本核算，有强大的资本金做后盾，有监管部门进行各项监管，消费者有流畅的渠道可以投诉，以保障权益；而类保险产品的提供者如果不是保险机构，则技术能力、资金实力等无法得到保障，许诺的服务很可能最终无法实现，消费者投诉无门，产生不安定因素。

（二）类保险服务（或产品）的特征

1. 以"保险"或"互助"字眼进行宣传

类保险产品在宣传时，为了能让人快速易懂，通常会使用接近的词语，而最接近其运作特性的就是保险。因此，他们在宣传时会使用到保险相关术语。

2. 定价方法简单，有的仅以概率发生估值

定价方法通常简单粗糙，不考虑服务周边支出等相关费用，仅以想象的发生概率或损失率作为定价依据。

3. 价格极其低廉

价格低廉的原因有多种，有的是因为定价方法简单，考虑因素不足所导致的价格低廉；有的是为了达到吸引眼球，刻意制定较低价格，待获得一定知名度后再行提

---

① 将健康管理的概念引入保险经营中。健康管理是指对个人或群体的健康危险因素进行全面管理的过程，主要通过实施健康教育、健康咨询、预防保健等干预措施，达到促进健康的目的。

价；有的甚至没有持续性计划，通过类保险产品的销售收取"保费"并不提供相应服务，或根本就未打算提供相应服务，此种情况危害度最大。

4. 缺少或根本没有准备金计提

技术力量相对薄弱，没有计提准备金的方法及系统，甚至有的连计提准备金的想法都没有，当发生约定事件与预估不一致时，极易崩盘。

5. 以保险产品创新名义依靠互联网为传播渠道

这类产品通常选取互联网为渠道进行快速和低成本传播，并且打着保险产品创新的名义，有的甚至宣称资金管理受到政府监管。

6. 挤压正规健康保险产品市场

类保险产品以保险的形式进行宣传，以约定的事件作为提供服务的激发条件，某种程度上对健康保险产品产生挤出效应。

（三）类保险产品的风险

1. 定价技术和准备金技术的缺失导致容易破产

最初用于吸引眼球的低廉价格、不充分的定价策略，导致类保险产品从一开始就先天不足；后续准备金意识的缺失，又极易导致其在财务稳定性和赔偿能力方面没有充分保证，最终难以为继。

2. 消费者机会成本高

类健康保险产品对正规健康保险产品产生挤出效应，消费者通常在选择类健康保险产品后，会放弃正规的健康保险产品，当发生事故后无法获得相应服务保障的同时，也丧失了享受正规健康保险服务的机会。

3. 非法集资可能性高

不同于保险机构需要足够的实缴资本作为开设条件，开办类保险产品的主体资金实力大多不足，当业务难以持续时选择逃避的可能性更大。没有资本的约束，很容易发生卷款逃跑的事件。

4. 主管机关不明带来的群体性事件风险

开办类保险产品主体当发生破产或主要负责人卷款潜逃的事件后，或者当消费者的权益没有正规渠道反映、解决时，考虑到该类产品无论是宣传、销售时都对标正规保险产品，消费者很容易联想到中国保监会及其派出机构是主管单位，当诉求得不到满足时，极易发生群体性事件。

目前，由保险公司或中介机构开办的健康保险服务或健康管理服务是在中国保监会及其派出机构监管下进行的，其风险是相对可控的。风险较大而又容易被监管忽视的恰是不具备开办保险服务的主体，属于监管的真空地带。按照狭义理解，中国保监会及其派出机构的监管对象是各级保险公司，也就是说具备开办保险、经营保险的企业法人；对于非保险公司，是没有管辖权限的。但是，从广义上理解，监管的内容除了保险公司的行为等，还应该包括整个保险市场，如果有损害保险市场的行为就应该制止，如果有损害保险市场的主体就应该查处，如果法律没有直接赋予权力，就应该联合其他部门合力查处。

二、以香港保险为代表的非法销售保险产品

近几年，出现了香港保险在内地销售的现象，基本是针对重疾险和储蓄分红险两个险种，其中重疾险属于健康保险产品。香港的健康保险产品最初带来的新鲜感逐渐被证明只能满足小部分人，而不符合大多数内地居民的保险需求，关于产品特性和对比已在诸多公众号①上多有论述，读者可自行搜索阅读，本书不再重复。

2016年2月5日，国家外汇管理局新闻发言人就银行卡境外购买保险管理有关问题答记者问；2016年4月，中国保监会网站发布了《关于内地居民赴港购买保险的风险提示》；2017年6月，中国保监会发布消息严厉打击境内机构非法代理香港保险产品行为。

外汇管理局出台的措施旨在防范非正常外汇流失，通过限制银联卡交易限额手段，在保险公司缴费处使用终端机支付保费时使用任何中国银联信用卡及借记卡，每次上限为5 000美元；有VISA和万事达等国际卡组织标识的境内银行卡，外汇局也已要求其按照合规性、真实性的要求，执行金额限制类商户的规定。

中国保监会从主管机关的角度，意识到香港与内地保险业务在适用法律、监管政策以及保险产品等方面存在诸多差异，故对赴港购买保险出台相关风险提示，主要包括：香港保单不受内地法律保护②、存在汇率风险和外汇政策风险③、保单收益存在

---

① 比如公众号"人民精算师"，就有专门板块对香港保险进行分析。
② 内地居民投保香港保单，需亲赴香港投保并签署相关保险合同。如在内地投保香港保单，则属于非法的"地下保单"，既不受内地法律保护，也不受香港法律保护。内地居民投保香港保险适用香港地区法律。如果发生纠纷，投保人需按照香港地区的法律进行维权诉讼。与内地相比，香港法律诉讼费用较高，可能面临较高的时间和费用成本。此外，除了法律诉讼之外，投保人也可选择向香港的保险索偿投诉局投诉与理赔索偿有关的纠纷，但该局目前可裁决的赔偿上限是100万元港币，大额保单的赔偿纠纷无法通过该局裁决处理。
③ 一方面，内地居民在香港购买的保单，赔款、保险金给付以港币、美元等外币结算，消费者需自行承担外币汇兑风险；另一方面，内地居民个人到境外购买人寿保险和投资返还分红类保险，属于金融和资本项下的交易，是现行的外汇管理政策尚未开放的项目，存在一定的政策风险。此外，如以期缴保费方式购买长期寿险保单，也可能存在因外汇支付政策变化导致无法缴纳续期保费的风险。

不确定性①、保单前期现金价值低退保损失大②、需认真阅读保险产品条款。③

以香港保险为代表的非法保险产品、非法代理行为，除了对消费者进行风险提示外，需要监管警惕的仍有不少方面。

（一）这些非法行为扰乱了正常的健康保险市场

1. 经营机构非法

有的以各类理财、咨询机构为主导。这类机构或依托境外背景以内地机构反向设立或收购境外中介机构，或与境外中介机构建立业务合作关系，将内地客户转给境外中介机构并收取佣金；利用境外机构或中介机构在内地的子公司，通过私人银行或家族办公室为有外币资产配置需求的高端客户推荐境外业务；个人代理，主要是部分有境外金融代理资格的人到内地驻点，或内地居民到境外考取代理资格后返回内地开拓业务。

2. 销售行为非法

这类机构不具备境内从事保险中介业务资质，却在公司网页、微信公众号以及内地市场监督管理局商事主体信用信息平台中声称具备业务经营资质，经营范围包括保险经纪和代理业务，并且通过网站及微信公众号公开宣传推荐境外保险产品。

3. 保险产品不符合境内产品管理规定

无论是条款表述还是保险责任均与境内保险相关法规冲突，这类保险产品打着产品创新的名义在境内保险市场宣传与销售，势必扰乱来之不易的有序的内地保险市场。

（二）破坏了个人和家庭的保障体系建设，不利于保护消费者合法权益

根据我国法律，如果没有特别的约定，境外保单的争议无法适用内地的法律，也就无法受到内地法律的保护；内地投保人缴纳保费后，很难鉴别所收到的保单和保费收据的真伪，这对内地投保人来说有相当大的风险。即使是真正推销境外保险的代理人，不仅其资质难以保证，还可能会误导、欺骗投保人，借故多收保费，侵吞和克扣赔款，售后服务难以得到保障；销售地下保单的境外保险公司在内地均未设立合法的营业机构，很难保证及时、有效的服务。索赔难，诉讼更难。如果投保人与境外保险公司发生争议，就要适用港澳或其他国家、地区的法律。

---

① 主要针对分红保险。

② 中途退保时，投保人只能获得保单的现金价值。香港监管部门对保险产品的现金价值无具体要求，大多数长期期缴保单在保单前期现金价值很低，前两年甚至为零，客户如果退保将承受较大的损失。

③ 香港保险产品条款使用繁体字，表述方式与内地不尽相同。投保人需认真阅读保险条款，充分理解保险责任、理赔条件等重要内容，避免因对条款理解不准确而引发合同纠纷。

危害最大的是投保人和被保险人认为已经购买了保险保障，而实际上保障不足甚至没有，耽误了个人及家庭的保障体系构建，机会成本不可估量。结合机会成本和维权成本考虑，必须严厉打击非法销售境外保险产品、特别是以产品创新的名义非法销售行为，以维护消费者及潜在消费者的合法权益。

（三）干扰国家外汇管理秩序，不利于金融稳定

内地居民赴港投保从2009年的30亿元港币，增长到2015年的316亿元港币，6年间猛增了近10倍，造成资产外流甚至"黑钱"清洗。在大力反腐倡廉的形势下，对于贪官富豪来讲，香港保险除了避税避债、资产传承等优势外，还可以逃避国内相关部门的追查和监管，无疑为国内的不明资金提供了良好的避风港湾；而且，如此大量的外汇流出，对人民币贬值起到推波助澜的作用。

本章小结

本章从健康保险产品监管规定发展脉络和监管政策建议两个角度概述了我国健康保险产品监管。基于健康保险产品在分类上属于人身保险产品的现实情况，梳理监管规定发展脉络时分为人身保险产品管理文件和专门的健康保险产品监管文件两方面，通过文件的梳理了解监管动态。改进建议章节中，对今年产生的类保险产品或服务、非法销售等不合规或者"擦边球"现象不同表现形式进行了简述，并总结了他们的特征与风险。

思考题

1. 请简述我国对健康保险产品的监管规定大多融合在哪些人身保险产品规范性文件中。
2. 请简述保险公司被监管机关责令停止销售产品的情形。
3. 请简述《健康保险管理办法》（2006版）对健康保险产品监管的贡献。
4. 请简述类保险服务（或产品）的特征。
5. 请简述类保险产品的风险。
6. 请简述《关于强化人身保险产品监管工作的通知》主要内容。

论述题

1. 请论述对非法保险产品的风险。
2. 请论述我国健康保险产品监管规定发展脉络。

参考文献

[1] 王冶军，王沁. 健康保险概念辨析与理论综述 [J]. 中国卫生政策研究，2016（8）：55—60.

[2] 朱铭来，奎潮. 论商业健康保险在新医疗保障体系中的地位 [J]. 保险研究，2009（1）：70—76.

[3] 曾卓，李良军. 商业健康保险的定义及分类研究 [J]. 保险研究，2003（4）：20—22.

[4] 何兴强，史卫. 健康风险与城镇居民家庭消费 [J]. 经济研究，2014（5）：34—48.

[5] 陈肖哲，冯玉梅. 我国健康险需求影响因素的实证研究 [J]. 济南金融，2007（12）：80—82.

[6] 龙卫洋. 论当前商业健康保险产品的发展与创新战略 [J]. 保险职业学院学报，2006（1）：11—13.

[7] 杨庆祥. 从《健康保险管理办法》看人身险"补偿原则"的适用 [J]. 上海保险，2009（9）：27—28.

[8] 万声宇. 论健康保险产品组合的设计 [J]. 保险研究，2000（7）：17—18.

[9] 张俊岩. 保险产品的知识产权属性及其保护 [J]. 法学家，2010（2）：158—166.

[10] 郭玉华，尹静. 基于博弈论模型的保险产品创新保护研究 [J]. 金融与保险，2011（10）：80—81.

[11] 盛和泰. 论保险产品创新的实现条件 [J]. 保险研究，2002（4）：26—27.

[12] 马旭东. 数字产品创新激励机制：知识产权保护维度研究 [J]. 财经理论研究，2014（6）：19—25.

[13] 华灯峰，樊一阳，廖雅. 基于期权的保险行业创新保护机制研究 [J]. 保险研究，2009（10）：21—26.

[14] 唐金成，梁悦. 我国保险企业知识产权保护状况之比较分析 [J]. 青海金融，2008（8）：33—36.

[15] 毕泗锋. 中国保险产品创新理论的发展：一篇文献综述 [J]. "落实科学发展观，又快又好发展山东保险业"论文评选，2006：177—184.

[16] 潘兴. 商业健康保险创新发展模式研究——基于产品和服务角度的分析 [J]. 南方金融, 2013 (11): 85—89.

[17] 侯妍珂. 创新健康保险产品的相关建议 [J]. 中国保险, 2012 (6): 49—50.

[18] 欧伟, 冯博, 健康保险的风险特征与产品创新 [J]. 保险研究, 2007 (3): 54—55 +61.

[19] 吴新春. 新形势下我国商业健康保险面临的机遇和挑战 [J]. 上海保险, 2015 (3): 29—32 +37.

[20] 锁凌燕, 完颜瑞云, 陈滔. 我国商业健康保险地区发展失衡现状及原因研究, 2015 (1): 42—53.

[21] 冯鹏程. 产业链思维：健康保险发展的新思路 [J]. 金融教学与研究, 2007 (6): 61—62.

[22] 朱俊生. 商业健康保险在医疗保障体系中定位的理论阐释 [J]. 人口与经济, 2011 (1): 57—61.

[23] 裘光. 中国保险业监管研究 [M]. 北京：中国金融出版社, 1999.

[24] 日本生命保险协会《2016年寿险状况报告》及协会官网.

[25] Organisation for Economic Co-operation and Development [M]. Private Health Insurance in Oecd Countries. 2015.

[26] KozoTatara, EtsujiOkamoto. Health systems in transition vol. 11, No. 5, 2009.

[27] 厚生劳动官网. Health and Welfare Services for the Elderly.

[28]《中国保险科技发展白皮书 (2017)》.

[29] 艾瑞《2017年中国商业健康险行业研究报告》.

[30]《相互保险管理办法》.

[31] 吴昊. 从大数据征信看银行风险控制创新.

[32] https://www.aiavitality.com.hk/vmp-hk/.

[33] 2017年人工智能行业研究报告.

[34] 宋占军, 胡祁. 我国商业健康保险发展现状及展望 [J]. 中国医疗保险, 2017 (6): 62—66.

[35] 代涛. 健康医疗大数据发展应用的思考 [J]. 医学信息杂志, 2016 (2): 2—7.

[36] 王沁, 王志军. 我国商业健康保险发展现状及趋势分析 [J]. 中国医疗保险, 2017 (1): 63—67.

[37] 刘水杏, 王国军. 中国商业健康保险发展的构想 [J]. 中国保险, 2017 (5): 11—15.

[38] 范娟娟. 专业健康保险公司的发展路径 [J]. 中国金融, 2012 (10): 51—52.

[39] 荆涛, 杨舒. 商业健康保险在多层次医疗保障体系中的地位与发展现状 [J]. 中国医疗保险, 2016 (6): 18—22.

[40] 宋占军. 台湾地区全民健康保险制度考察 [J]. 中国医疗保险, 2015 (2): 68—70.

[41] 王飞鹏. 台湾地区全民健康保险制度改革的成效及经验借鉴 [J]. 当代经济管理, 2014 (11): 78—81.

[42] 陈孝平. 台湾全民健康保险的成就、挑战与改革 [J]. 海峡两岸农村社会保险理论与实践研究, 2011: 70—97.

[43] 王琬. 台湾医疗保险组织体制：演进路径及其动因分析 [J]. 武汉大学学报, 2013 (1): 57—61.

[44] 阮向前. 台湾社会医疗保障体系的发展及启示 [J]. 新经济, 2016 (12): 18—20.

[45] 朱铭来, 龚贻生, 吕岩. 论台湾地区全民健康保险财务危机 [J]. 保险研究, 2010 (6): 107—117.

[46] 翟方明, 汪莉. 中国台湾地区医疗保险制度研究 [J]. 社会保障, 2014 (12): 55—58.

[47] 陈秀娟. 偿二代下寿险公司的应对 [J]. 中国金融, 2017 (2): 45—47.

[48] 中国精算师协会. 健康保险（第一版）. [M]. 北京: 中国财政经济出版社, 2011.5.

[49] 潘兴. 商业健康保险创新发展模式研究——基于产品和服务角度的分析 [J]. 南方金融, 2013 (11): 85—89.

[50] 龙卫洋. 论当前商业健康保险产品的发展与创新战略 [J]. 保险职业学院学报, 2006 (2): 11—13.

[51] 潘兴. 商业健康保险创新发展模式研究——基于产品和服务 [J]. 上海保险, 2014 (2): 5—9 + 14.

[52] 侯妍珂. 创新健康保险产品的相关建议 [J]. 中国保险, 2012 (6): 49—50.

[53] 马绍东, 陈滔. 失能收入损失保险定价方法研究 [J]. 数理统计与管理, 2011 (9): 904—911.

[54] 陈滔. 商业健康保险经营中的核心技术 [J]. 中国保险, 2008 (8): 27—29.

[55] 李翔. 国外典型医疗保障制度解读与借鉴 [J]. 重庆科技学院学报, 2009 (9):

76—77.

[56] 白明, 卢祖洵. 荷兰的健康保险系统 [J]. 国外医学, 2003 (20): 1—3.

[57] 吴亚玲. 荷兰管理竞争模式对中国健康保险的启示 [J]. 金融经济, 2011 (20): 23—25.

[58] 荆涛, 朱庆祥, 赵洁, 冯鹏程. 论社会医疗保险和商业健康保险的有效衔接——以荷兰、法国、爱尔兰、澳大利亚的做法为例 [J]. 中国医疗保险, 2012 (4): 64—67.

[59] 王敏, 黄宵. 商业健康保险参与医疗保障体系建设的国际经验与启示 [J]. 社会福利, 2015 (7): 5—7.

[60] 宋艳霞. 欧元区商业健康保险参与医疗保障体系建设的经验与启示 [J]. 中国保险, 2013 (3): 62—64.

[61] 吉宏颖. 英国商业健康保险发展模式的经验借鉴 [J]. 海南金融, 2014 (2): 72—75+88.

[62] 张遥, 张淑玲. 英国商业健康保险经验借鉴 [J]. 保险研究, 2010 (2): 124—127.

[63] 龚文君. 英国NHS制度的理念嬗变及对我国新医改的启示 [J]. 当代经济管理, 2012 (9): 56—58.

[64] 陈滔. 中国健康保险精算的现状、问题和对策 [J]. 财经科学, 2004 (3): 108—111.

[65] 余艳莉, 朱华琳. 我国商业健康保险发展的探索 [J]. 现代商业, 2017 (23): 31—32.

[66] 龙卫洋. 论当前商业健康保险产品的发展与创新战略 [J]. 保险职业学院学报, 2006 (1): 11—13.

[67] 潘兴. 商业健康保险创新发展模式研究——基于产品和服务 [J]. 上海保险, 2014 (2): 5—9+14.

[68] 朱铭来, 王美娇. 税收优惠政策对商业健康险激励效应研究 [J]. 保险研究, 2016 (2): 47—58.

[69] 朱铭来, 万禹. 完善健康保险税收优惠政策的若干思考 [J]. 中国医疗保险, 2017 (8): 65—68.

[70] 刘金霞, 杨艳艳. 我国商业性长期护理保险产品: 现状、问题与优化建议 [J]. 南方金融, 2017 (8): 79—86.

[71] 周玉萍. 中国健康保险制度研究 [D]. 武汉大学, 2013.

[72] 曹勇. 中国人身保险产品发展方向研究 [D]. 南开大学, 2009.

[73] 姚鑫. 中国商业健康保险产品开发研究 [D]. 西南财经大学, 2014.

[74] 王晔. 专业化经营对我国商业健康保险发展的影响研究 [D]. 江西师范大学, 2016.

[75] 朱铭来, 宋占军. 发展商业健康保险的思考 [J]. 中国金融, 2015 (2): 63—64.

[76] 刘京生. 中国健康保险发展研究 [M]. 中国社会科学出版社, 2011.

[77] 荆涛. 人寿与健康保险 [M]. 北京大学出版社, 2011.

[78] 袁辉. 健康保险制度创新研究 [M]. 中国社会科学出版社, 2010.

[79] 孙祁祥, 郑伟. 商业健康保险与中国医改——理论探讨、国际借鉴与战略构想 [M]. 经济科学出版社, 2009.

[80] 阎建军. 中国医改方向与商业健康保险发展路径 [M]. 中国金融, 2015.

[81] 李玉泉. 中国健康保险发展研究报告 [M]. 中国经济出版社, 2013.

[82] 荆涛, 杨舒. 商业健康保险在多层次医疗保障体系中的地位与发展现状 [J]. 中国医疗保险, 2016 (6): 18—22.

[83] 肖月, 赵琨. "健康中国2030" 综合目标及指标体系研究 [J]. 卫生经济研究, 2017 (4): 3—7.

[84] 曹勇. 中国人身保险产品发展方向研究 [D]. 南开大学, 2009.

[85] 姚慧. 商业健康保险未来发展空间在供给端 [N]. 中国保险报, 2015-12-15 (001).

[86] 李画. 发展商业健康保险服务 "健康中国" [N]. 中国保险报, 2015-12-08 (001).

[87] 王治超. 商业健康保险在新医改中应大有作为 [N]. 中国保险报, 2010-10-26 (002).

[88] 汤子欧. 《关于加快发展商业健康保险的若干意见》对健康保险业的影响 [N]. 中国保险报, 2014-12-03 (005).

[89] 王绪瑾. 保险学 (第六版) [M]. 北京: 高等教育出版社, 2017.

[90] 李琼. 解读健康保险 [M]. 武汉大学出版社, 2009.

[91] 周远. 资本市场产品创新与风险管理 [M]. 经济管理出版社, 2013 (8).

[92] 雷星晖. 保险公司风险管理观念发展与产品管理创新——现代企业管理新论, 2001 (8).

[93] 潘兴. 商业健康保险创新发展模式研究——基于产品和服务角度的分析 [J]. 南方金融, 2013 (11): 85—89.

[94] 侯妍珂. 创新健康保险产品的相关建议 [J]. 中国保险, 2012 (6): 49—50.

[95] 张维功. 商业健康保险产品的行业困境与创新突破 [J]. 清华金融评论,

2016（11）：44—46.

[96] 刘利霞. 我国商业健康保险产品开发研究 [D]. 西南财经大学，2011.

[97] 吴迪. 我国商业健康保险风险控制研究 [D]. 河南大学，2013.

[98] 李晶. 我国商业医疗保险的风险与风险控制研究 [D]. 苏州大学，2013.

[99] 姚鑫. 中国商业健康保险产品开发研究 [D]. 西南财经大学，2014.

[100] 潘兴. 我国商业健康保险风险管理研究 [D]. 对外经济贸易大学，2014.

[101] 娄宇. 瑞士医保改革与先行义务健康保险制度 [J]. 天津社会保险，2012（6）：44—46.

[102] Introduction of Medisave [EB/OL]. (2014 – 12 – 23) [2015 – 1 – 3].

[103] Medisave Contributions in 2015 [EB/OL]. (2014 – 12 – 23) [2015 – 1 – 3].

[104] Introduction of Medisave [EB/OL]. (2014 – 12 – 23) [2015 – 1 – 3].

[105] Hanvoravongchai P. Medical Savings Accounts: Lessons learned from limited international experience [R]. Geneva: World Health Organization. 2002.

[106] Liu C. Feng Z. Morv. Health Care Expenditure and Financing in Singapore [J]. J Am Geriatr Soc. 2014. 62 (2): 16 – 17.

[107] Haseltie WA. Affordable Excellence: The Singapore Healthcare Story [M]. Washington D. C: Ridge Books. 2013.

跋

"完善国民健康政策，为人民群众提供全方位全周期健康服务"，这是中国共产党十九大对全国人民作出的深入民心的伟大承诺，是进一步实施健康中国、惠及万民的伟大战略。

中国共产党已经将保障人民健康当作了党和国家的一项重要工作，把为人民健康服务提升到了一个前所未有的高度。健康保险作为国家健康服务产业中的关键一环，在提升国民整体健康水平与健康保障方面，都面临着前所未有的发展机遇与空间，无论是现在还是将来，都会发挥着越来越重要的作用。

人食五谷，焉得无病？人的一生，总是在健康与不健康状态之间徘徊，但福寿安康是人们亘古通今的幸福期许。随着我国迈进上中等收入国家行列，人们对健康生活愈加渴望，对健康保障和健康服务的需求愈加多样，也自然会进一步提高对商业健康保险服务的要求。

已经成立十余年的我国首家专业健康保险公司——中国人民健康保险股份有限公司，以"让每一位中国人的健康更有保障、生活更加美好、生命更有尊严"为其崇高的使命，以"人民保险，服务人民"为其矢志不渝的追求，在"健康中国"建设的征程中，肩负着服务"国家治理体系和治理能力现代化"这一历史角色的重担，在建设"政府信任、人民满意的中国健康保险第一品牌"的道路上走出了成效。在近五年来，人保健康构建了清晰的发展模式；实现了多元化销售渠道建设和业务转型；达到了服务能力的明显提升；成为国家医疗保障体制改革的积极参与者和重要推动力量。在实现两个一百年奋斗目标和中华民族伟大复兴中国梦的文化大背景下，人保健康将继续把握战略机遇，牢记时代赋予健康保险的重要使命，致力于打造成服务"健康中国"建设的领军企业，成为国际一流的健康保险供应商。

党的十九大报告提出要"加强应用基础研究"，要"建立以企业为主体、市场为导向、产学研深度融合的技术创新体系"。人保健康理应责无旁贷地承担起健康保险综合研究这一具有里程碑意义的开创性工作，因此，公司决定协调和组织一批知名专家学者，立足国内实际，借鉴国际经验，编著一套具有中国特色的《健康保险系列丛书》，系统梳理健康保险的基础理论和经营实践，初步构建相对系统、科学、完整的健康保险理论体系，为培养健康保险行业高水平人才奠定坚实的基础。

《健康保险系列丛书》项目由人保健康党委书记、总裁宋福兴同志亲自挂帅，组建了以公司高管为成员的高规格编委会，邀请保险、财税、公共管理、社会保障、医疗卫生领域近40位著名专家，共同编著。

为确保专业性和权威性，丛书编委会多次召开由多位专家学者参加的专题研讨会。整体来看，丛书既考虑了健康保险的既往经验、现实状况和未来发展趋势，体系上比较完善；同时又对健康保险的相关领域作了探索研究，拓宽了研究范围。从功能定位看，丛书体现了理论与实践并重的编写特色：既要有理论高度，具有一定的前瞻性，达到高等教育教材的编写水平；同时要有实效性，能满足专业健康保险公司经营发展中的现实需求。专家们认为，丛书对把握健康保险经营规律以及行业的可持续发展具有重大意义，充分体现了中国人保一贯以社会责任为己任的优良传统，利于当代、功在千秋。

在丛书的编著工作中，专家学者们都全情投入，科学严谨地为编著工作贡献着智慧。马海涛教授、王欢教授、王国军教授、王绪瑾教授、王稳教授、朱铭来教授、孙祁祥教授、李晓林教授、杨燕绥教授、张晓教授、卓志教授、赵尚梅教授、郝演苏教授、辛丹博士等专家学者负责各分册编著工作，李保仁教授、魏华林教授、庹国柱教授、李玲教授、孙洁教授、郑伟教授、于保荣教授、余晖教授、朱恒鹏教授、朱俊生教授、董朝晖博士等专家学者给予丛书编写许多指导和帮助，在此一并表示最衷心的感谢！

本丛书是对健康保险经营实践经验的阶段性总结和思考。但由于编写时间紧，难免有疏漏之处。而且随着健康保险专业化经营不断深化，还会有很多需要改进的地方。我们希望本丛书能构建起健康保险行业的理论体系与研究架构，对引领健康保险规范、良性和可持续发展起到积极作用。我们也希望借助本丛书，能培养出一批高素质的干部员工队伍，为"健康中国"的建设添砖加瓦，为实现两个一百年奋斗目标和中华民族伟大复兴中国梦贡献力量。